中国法学教科书·原理与研究系列
"十一五"国家重点图书出版规划

International Law

国际法

（第四版）

杨泽伟　著

高等教育出版社·北京

内容简介

本书作为"'十一五'国家重点图书出版规划——中国法学教科书·原理与研究系列"之一，主要特点有：第一，在体例结构上，全书分总论和分论。前者包括国际法的基本理论和基本原则，后者则涵盖国际法的具体制度和规则。第二，就内容而言，力求准确阐释国际法的概念和制度，突出重点，并注意吸纳先进的研究成果，使内容具有前沿性。第三，从撰写形式上看，每章以案例引入使之生动形象，并辅以插图便于理解。第四，在论述方法方面，深入浅出，简洁明了。每章都附有"思考与探索"以及"复习题"。"思考与探索"着重指出值得进一步研究的问题，以激发读者的兴趣。此外，本书还通过二维码关联有关的案例或法规，作为相关内容的有益补充和拓展。

本书可用于法学专业本科生和研究生的国际法教学，也可作为国际法研究的参考书，还可供从事国际法实践活动的人员学习和使用。

图书在版编目（CIP）数据

国际法 / 杨泽伟著. -- 4 版. --北京：高等教育出版社,2022.9

ISBN 978-7-04-059188-0

Ⅰ.①国… Ⅱ.①杨… Ⅲ.①国际法-高等学校-教材 Ⅳ.①D99

中国版本图书馆 CIP 数据核字（2022）第 139281 号

GuoJiFa

策划编辑	姜　洁	责任编辑	姜　洁　肖　文	封面设计	张　志	版式设计	徐艳妮
责任绘图	邓　超	责任校对	刘　莉	责任印制	刘思涵		

出版发行	高等教育出版社	网　　址	http://www.hep.edu.cn
社　　址	北京市西城区德外大街4号		http://www.hep.com.cn
邮政编码	100120	网上订购	http://www.hepmall.com.cn
印　　刷	北京汇林印务有限公司		http://www.hepmall.com
开　　本	787 mm×1092 mm　1/16		http://www.hepmall.cn
印　　张	22.5	版　　次	2007 年 8 月第 1 版
字　　数	540 千字		2022 年 9 月第 4 版
购书热线	010-58581118	印　　次	2022 年 9 月第 1 次印刷
咨询电话	400-810-0598	定　　价	48.00 元

物 料 号　59188-00

作者简介

杨泽伟，1968年9月生，湖南新宁人。法学博士、武汉大学珞珈杰出学者、二级教授、国家高端智库武汉大学国际法研究所博士生导师，国家社科基金重大招标项目、国家社科基金重大研究专项以及教育部哲学社会科学研究重大课题攻关项目首席专家，湖北省有突出贡献的中青年专家、德国马克斯·普朗克比较公法与国际法研究所访问学者、英国邓迪大学访问教授，曾入选教育部"新世纪优秀人才"支持计划，获霍英东教育基金会高等院校青年教师基金资助。总主编"新能源法律政策研究丛书"（十三卷）和"海上共同开发国际法理论与实践研究丛书"（九卷），独著有《国际法析论》（第五版）、《国际法史论》（第二版）、《主权论》和《中国能源安全法律保障研究》等，在《法学研究》《中国法学》《世界历史》《人民日报·理论版》，*Journal of East Asia & International Law* （SSCI），*HongKong Law Journal*（SSCI），*Journal of the History of International Law*，*Groningen Journal of International Law* 等发表中英文学术论文数十篇。

第四版修订说明

近年来国际关系正经历第二次世界大战以来最深刻的变化，被誉为"百年未有之大变局"。一方面，"逆全球化"的潮流汹涌激荡，大国战略竞争、对抗的现象凸显，尤其是中美战略竞争、对抗多点展开。另一方面，随着综合国力的不断提升，中国不断走近世界舞台的中央，积极参与并引领国际规则的制定。特别是，2019年，党的十九届四中全会明确提出，"建立涉外工作法务制度，加强国际法研究和运用"。2020年，党的十九届五中全会进一步指出，"加强国际法运用，维护以联合国为核心的国际体系和以国际法为基础的国际秩序"。2020年，习近平总书记在中央全面依法治国工作会议上强调，要坚持统筹推进国内法治和涉外法治。2021年《中华人民共和国国民经济和社会发展第十四个五年规划和2035年远景目标纲要》也明确提出："加强涉外法治体系建设，加强涉外法律人才培养。"与此同时，学术界和相关的实务部门还在讨论新设国际法一级学科问题。可见，国际法在新时代的重要性进一步增强。

为此，《国际法》第四版的修订内容，主要体现在以下两个方面：

第一，在宏观方面，紧扣新时代脉搏，把握国际法理论研究和实践的前沿，立足于国际法教学、科研和现实需要。

第二，在微观方面，增加了"共商共建共享原则"，从而进一步丰富了国际法基本原则的内容；较为详细地阐释了"新时代中国国际法学的主要特点、问题及发展方向"；对相关的资料进行了更新，涉及"国际法的基础""国际法上的居民""领土法""海洋法""空间法""国际人权法""国际组织法"和"条约法"等诸多章节。

本书多次修订、再版，凝聚着姜洁老师、肖文老师、李文彬老师和李江泓老师以及出版社其他相关工作人员的智慧和汗水，在此表示衷心的感谢！

杨泽伟

2022年1月于武汉

第三版修订说明

《国际法》第三版主要作了如下修订：

一是通过二维码的形式在每一章均关联了有关案例、法规或资料等，作为相关内容的有益补充和拓展，从而为读者提供更多的学习资源。

二是更新了相关的数据、信息，如国际法委员会编纂工作的新进展、海洋法和空间法的新发展等，力图反映自 2012 年 3 月第二版问世以来有关立法的新动态和国际法研究的新成果。

三是补充了国际法院就"科索沃单方面宣布独立是否符合国际法"发表的咨询意见、"外层空间活动的其他国际法问题"以及"上海合作组织"等内容，以弥补第二版有关内容的缺失。

四是探讨了如何进一步加强中国国际法理论和制度创新、2016 年中菲"南海仲裁案"仲裁庭裁决的无效性、"定点清除行动"的合法性及其规制等问题，以激发读者对学习和研究国际法的兴趣。

责任编辑姜洁女士为本书的修订提供了诸多帮助，特致谢忱。

杨泽伟

2016 年 9 月于武大珞珈山

第二版修订说明

本书源于作者在中南财经政法大学（原中南政法学院）和武汉大学给本科生授课的讲义。2007年应高等教育出版社的约稿，本书作为"'十一五'国家重点图书出版规划——中国法学教科书·原理与研究系列"之一，推出了第一版。

近几年来，无论是国际关系还是中国的国际影响，都发生了许多重大的变化。就国际关系而言，气候变化会议、朝核和伊核问题以及中东北非局势等，都令人目不暇接。特别是2008年由美国次贷危机所引发的全球金融动荡，使发达国家的经济遭受严重打击，国际力量对比发生了较大变化，"G8峰会"也变成了"G20峰会"。而从中国的国际影响来看，作为世界上最大的发展中国家和联合国安理会常任理事国，中国奉行和平发展战略，在促进世界经济的复苏和地区热点问题的解决等方面，都发挥了不可或缺的作用。总之，国际社会的结构性变化、国际体系向多极化方向转型以及中国国际地位的提升，对国际法在世界范围内的进一步发展产生了重要影响。

为此，作者对本书第一版的体系和内容重新进行了仔细的审读，在认真考虑一些读者意见和建议的基础上，除了更正书中的一些错漏之外，主要是补充了近年来国际法领域的一些新发展，如"国际法律责任""海洋法""领土法"和"国际组织法"等；提出了一些新的理论观点，如"晚近国际法发展的新趋势"等；并增加了"国际组织的责任""大陆架界限委员会""国际海底区域制度的新发展""国际海洋法法庭"以及附录"常用国际法术语（英汉对照）"和"常用国际法网址"等内容。

虽然是第二版，但本书仍然是一本需要不断完善的著作。书中的缺漏、不当之处，敬请读者指正。

杨泽伟

2011年9月于武汉大学国际法研究所

第一版前言

作为调整国际关系特别是国家间关系的国际法，总是伴随着国际关系的演进而不断发展变化。进入 21 世纪，特别是"9·11"事件后，国际法面临一系列的挑战，出现了很多新的变化。与此同时，随着中国和平发展战略的实施，中国提出了构建和谐社会的理念和推动建设和谐世界的主张，并正得到越来越多国家的理解和赞同。在此背景下，撰写一部适当反映国际法新发展的教材，实属必要。

本书主要有以下特点：

第一，在体例结构上，全书分为总论和分论两部分。前者包括国际法的一些基本理论问题和国际法基本原则，其内容对整个国际法体系、国际法各个分支都有指导意义。后者则涵盖国际法的具体规则和制度，其内容为国际法的具体规范。

第二，就内容而言，一方面针对国际法的基本概念、原理以及制度和规则追本溯源，力求表述准确、重点突出；另一方面，跟踪学术动态，注意吸纳国际法学界先进的研究成果，反映国际法的一些新发展，如联合国国际法委员会的最新报告、国际关系中的一些新问题，使其内容具有前沿性。

第三，从撰写形式上看，每一章的开头，以案例或相关的简短阅读材料引入，使之生动形象；同时结合教材内容，对一些章节（如海洋法）以图辅助教学，使读者易于理解。

第四，在论述方法上，深入浅出，简洁明了。每一章正文结束后，都附有"阅读提示"与"思考题"。其中，"阅读提示"是对本章主要教学内容的补充，或目前国际法学前沿问题的介绍，并着重指出值得进一步研究的一些问题，以激发读者的兴趣；"思考题"主要是便于学生温习掌握该章的主要教学内容。

然而，学术著作就像一件有缺陷的艺术品，由于时间和水平所限，本书必然会存在种种不足和错漏，恳请读者批评指正。

杨泽伟

2007 年 4 月于武汉东林外庐爱庐园

目　　录

总　　论

分　　论

Contents

总　　论

第一章 国际法的基础

引 言

2003 年 3 月 19 日，时任美国总统布什在宣布对伊拉克开战的电视讲话中说："我国和其他国家政府获得的情报毫无疑问地表明，伊拉克继续掌握并在隐藏人类所能设计出来的最为致命的武器。这个政权曾经用大规模杀伤性武器对付其邻国和伊拉克人民。这个政权有无故侵略别人的历史，它对美国和我们的朋友怀有刻骨的仇恨。它支持、庇护恐怖主义分子，包括基地组织的人员。恐怖分子可以从伊拉克得到化学、生物武器或者核武器，用于杀死我国或其他国家成千上万的无辜人民。"然而，事实上，美国发动伊拉克战争是典型的违反国际法的行为。那么，究竟什么是国际法？国际法有哪些特征？为什么说美国发动伊拉克战争违反了国际法？国际法是否有约束力？它有何作用？国际法与国内法的关系怎样？这些都是本章所要解决的问题。

第一节 国际法的概念与性质

一、国际法的定义和特征

（一）国际法的定义

到目前为止，国际法还没有一个公认的定义。各国国际法学者从不同的角度出发，给国际法下过种种定义，在不同程度上概括了国际法的本质属性。

英国学者詹宁斯（Sir Robert Jennings）、瓦茨（Sir Arthur Watts）在其修订的《奥本海国际法》中指出："国际法是对国家在它们彼此往来中有法律拘束力的规则的总体。这些规则主要是支配国家的关系，但是，国家不是国际法的唯一主体。"①

美国学者凯尔森（Hans Kelsen）认为："国际法或万国法是一系列规则的总称，这些规则——按照通常的定义——调整各国在其彼此交往中的行为。这些规则被称为法律。"②

德国学者魏智通（Wolfgang Graf Vitzthum）提出："国际法是规范国际法主体间法律关系的、并不属于国内法的法律规范的总和。"③

苏联学者科热夫尼科夫（F. I. Kozhevnikov）宣称："现代国际法是以一般公认原则和

---

① ［英］詹宁斯、瓦茨修订：《奥本海国际法》（第一卷第一分册），王铁崖等译，中国大百科全书出版社 1995 年版，第 3 页。

② ［美］汉斯·凯尔森：《国际法原理》，王铁崖译，华夏出版社 1989 年版，第 1 页。

③ ［德］沃尔夫刚·格拉夫·魏智通主编：《国际法》，吴越、毛晓飞译，法律出版社 2002 年版，第 20 页。

规范为其主要内容，这些原则和规范的使命是调整国际交往中各主体间基于和旨在于确保国际和平、并首先是和平共处（在一种场合）和社会主义国际主义（在另一种场合）的各种各样的关系。"①

阿尔及利亚学者贝贾维（Mohammed Bedjaoui）认为：国际法是"旨在调整国家相互间关系的，成文的或不成文的规范的总体。因此，原则上它主要规范国家的行为而不是个人的行为"②。

我国学者周鲠生指出："国际法是在交往过程中形成的，各国公认的，表现这些国家统治阶级的意志，在国际关系上对国家具有法律的约束力的行为规范，包括原则、规则和制度的总体。"③

结合国际关系的实践和国际法的特点，我们可以将国际法定义为：国际法是在国际交往中形成的，用以调整国际法主体间权利义务关系的，有法律约束力的各种规范的总体。

（二）国际法的基本特征

作为法律的一个特殊体系，国际法主要有以下基本特征：

第一，国际法主要是国家之间的法律。这是由国际法的调整对象所决定的。与国内法的调整对象是法人、自然人和其他组织不同，国际法的调整对象主要是国家，或者说是国家间的关系。诚如英国学者阿库斯特（Michael Akehurst）所言："国际法（又名国际公法或万国公法）是调整国家之间关系的法律体系。过去一度只有国家才在国际法上具有权利和义务，但是，今天国际组织、公司和个人有时也在国际法上享有权利和承担义务。虽然如此，如果说国际法主要是有关国家的法律，那仍然是正确的。"④ 美国哥伦比亚大学教授亨金（Louis Henkin）也认为："国际法是民族国家国际体系的法律。"⑤

第二，国际法的制定和实施依靠国家本身。在由国家组成的国际社会里，其成员均为平等、独立的主权国家。国际社会不可能有任何超国家的立法机关来制定法律。因此，国际法主要由主权国家通过协议的方式来制定。同样，国际社会也没有一个超国家的行政机关来执行法律。国际法的强制实施主要依靠国家本身。

（三）国际法与国际道德和国际礼让

国际法与国际道德和国际礼让不同。国际道德（international morality）是指"调整国家之间相互关系的伦理性行为准则和规范"⑥。国际法是国际社会中在事实上被各国承认而遵守的一切规则，而国际道德是国际社会中在观念上被各国视为应该遵守的规则。⑦ 因此，国家不遵守国际道德规范，只被认为是不道德的或不友好的国际行为，有可能影响有关国家之间的和睦关系，但不构成国际不法行为，也不产生法律后果。

国际礼让（international comity）是指"国家在彼此交往中所遵守的礼貌、便利、善

① ［苏联］Ф. И. 科热夫尼科夫主编：《国际法》，刘莎等译，商务印书馆1985年版，第19页。
② Mohammed Bedjaoui（ed.），*International Law*：*Achievements and Prospects*，UNESCO，1991，p.2.
③ 周鲠生：《国际法》（上册），商务印书馆1976年版，第3页。
④ ［英］M. 阿库斯特：《现代国际法概论》，汪瑄等译，中国社会科学出版社1981年版，第1页。
⑤ Louis Henkin，*International Law*：*Politics and Values*，Martinus Nijhoff Publishers，1995，p.1.
⑥ 王铁崖主编：《中华法学大辞典》（国际法学卷），中国检察出版社1996年版，第179页。
⑦ 参见苏义雄：《平时国际法》，三民书局1996年版，第6—7页。

意的规则"①。例如，对外国元首的尊称、鸣放礼炮以及驻在国对外交使节的某些礼仪等，都属于国际礼让。国际礼让不是国际法、不具有法律义务，即使违反它，也不能作为违法行为而追究国家责任。国际礼让可以通过制定国际条约的方式转化为国际法规则，如外交特权与豁免最初只是一种国际礼让行为。另外，某些传统国际法规则也可能丧失其法律效力，而成为一种国际礼让，如船舶在公海上相遇时相互敬礼的航海仪式规则。

二、国际法的现实基础②

国际法的产生和发展，有其特定的现实基础，即众多主权国家同时并存、平等共处。

（一）众多国家的存在是国际法产生的前提

国际法主要是通过各国的协作而产生和发展的，所以国际法假定有众多国家的存在。因此，如果世界上只有一个单独的国家存在，就不可能有国际法。例如，中世纪的欧洲在理论上仍是一个大一统的国家，罗马教皇和神圣罗马帝国皇帝是至高无上的权威，其他国家的主权被否定，因而国际法的发展几乎处于一种停滞状态。只有在众多独立国家同时并立的条件下，国际法才能发展。当今，国际社会已有近 200 个国家。虽然各个国家在领土面积、人口数量、经济实力、军事力量等方面存在着差异，其文化传统、政治制度也有诸多不同，但在现代国际法上，它们都是独立主权国家。由上述众多主权国家组成的国际社会，是国际法最重要的现实基础。

（二）各国间的平等共处是国际法产生的基础

由于各国都是平等共处的主权国家，没有凌驾于其上的权威，在各国之上也不可能有一个超国家的世界政府存在。有学者称之为"无政府状态"（anarchy），并且认为这种"无政府状态是现代国际法存在的一个必要前提"③。主权国家间的平等共处表明，在各主权国家之间，不存在"垂直"的义务，只存在"水平"的义务。各国之间既没有一个统一的最高立法机关来制定法律，也没有一个处于国家之上的司法机关来适用和解释法律，更没有一个凌驾于国家之上的行政机关来执行法律。因此，国际法是平等共处的各主权国家在相互协议的基础上逐渐形成的、是各国相互协调关系的产物，但反过来它又对这种关系起引导、协调作用。

（三）建立国际法律秩序是国家间交往的内在需要④

奥地利国际法学者菲德罗斯（Alfred Verdross）曾经指出："哪里有往来，哪里就有法。"⑤ 出于实际的需要，各国自愿形成相互间的交往关系，而这种交往行为又促成了在国际社会建立国际法律秩序的紧迫需求方面的普遍共识，从而产生了很多国际法规范，以便尽可能减少国家间的冲突，建立和发展平等互利的国际关系。否则，整个国际社会就要处于极端混乱的状态，正常的国际关系就难以存在、维持和发展。正如美国哥伦比亚

---

① 日本国际法学会编：《国际法辞典》，外交学院国际法教研室总校订，世界知识出版社 1985 年版，第 500 页。
② 关于国际法的社会（学）基础，参见［奥］阿·菲德罗斯等：《国际法》（上册），李浩培译，商务印书馆 1981 年版，第 10—19 页；梁西主编：《国际法》（修订第二版），武汉大学出版社 2000 年版，第 5—9 页。关于国际法的政治基础，参见杨泽伟：《论国际法的政治基础》，《华冈法粹》2004 年第 31 期。
③ ［美］熊玠：《无政府状态与世界秩序》，余逊达、张铁军译，浙江人民出版社 2001 年版，第 10 页。
④ 参见梁西主编：《国际法》（修订第二版），武汉大学出版社 2000 年版，第 6 页。
⑤ ［奥］阿·菲德罗斯等：《国际法》（上册），李浩培译，商务印书馆 1981 年版，第 16 页。

大学教授列斯金（Lissitzyn）所指出的："在一个分成许多小国并日趋依赖遥远国度的供应商和市场的大陆上，国内法本身将不足以提供必需程度的安全。在那里，需要有一些为各国政府所承认并遵循的正式的行为准则。""国际法可用于防范政府间本可避免的摩擦及对于价值观和资源的损毁。"① 可见，国际社会的交往的需要决定了国际法存在的价值，决定了国际法的生命力。国际法正是通过这种国际社会交往的需要而产生和发展的。

三、国际法的法律性质

"几乎从国际法学创立时开始，人们就讨论国际法是否为通常意义的法律的问题。"② 17 世纪的法学家普芬多夫（Samuel Pufendorf）曾经对这个问题作出了否定的回答，他从自然法的角度否定作为一种法律的国际法的存在。19 世纪的法学家奥斯汀（John Austin）及其门徒采取了同样的态度，他们从实在法的角度否认国际法的法律性。

然而，事实上几个世纪以来，国际法一直作为对国家有约束力的行为规范而存在。

（一）一些重要的条约都明确规定了国际法的效力

虽然国际社会没有像国内社会那样的立法机关来制定法律，但 19 世纪以来，国际立法盛行，条约大量增加。据有关学者统计，仅从 19 世纪初至第一次世界大战前夕，各国所签订的双边及多边条约就不下 15 000 个，其中包括许多实体的国际法规范。③ 第二次世界大战以来一些重要的条约都明确规定了国际法的效力。例如，《联合国宪章》序言特别强调，各缔约国决心"尊重由条约和国际法其他渊源而起之义务"，并依"国际法之原则调整或解决足以破坏和平之国际争端"。1969 年《维也纳条约法公约》明确规定，"凡有效之条约对其各当事国有拘束力"，"一当事国不得援引其国内法规定为理由而不履行条约"。1970 年《国际法原则宣言》不但承认国际法的法律性质，而且有每个国家一秉诚意履行其依公认的国际法原则与规则所负的义务。

（二）世界各国都公认国际法的法律性

"国家不仅在无数条约中承认国际法规则具有法律约束力，而且经常确认它们之间存在有法律的事实。它们还要求它们的官员、法院和国民遵守国际法对国家所设的义务，从而承认国际法。"④ 很多国家在其宪法中还明文确认国际法的效力。例如，《美国联邦宪法》第 6 条规定："本宪法和依本宪法所制定的合众国法律，以及根据合众国的权力已缔结或将缔结的一切条约，都是全国的最高法律。"此外，第一次世界大战后的德国、奥地利的新宪法，1931 年西班牙共和国宪法以及第二次世界大战后法兰西第四共和国宪法、日本新宪法等，都有类似条款。有学者统计，21 个亚洲国家在宪法中规定，国家在发展国际关系或制定外交政策时遵守或秉持公认的国际法原则或准则。⑤ 美国联邦最高法院法官还一再承认国际法的法律效力。

---

① 参见［美］熊玠：《无政府状态与世界秩序》，余逊达、张铁军译，浙江人民出版社 2001 年版，第 4 页。
② ［英］詹宁斯、瓦茨修订：《奥本海国际法》（第一卷第一分册），王铁崖等译，中国大百科全书出版社 1995 年版，第 6 页。
③ 参见梁西主编：《国际法》（修订第二版），武汉大学出版社 2000 年版，第 28 页。
④ ［英］詹宁斯、瓦茨修订：《奥本海国际法》（第一卷第一分册），王铁崖等译，中国大百科全书出版社 1995 年版，第 8 页。
⑤ 参见戴瑞君：《认真对待国际法——基于对亚洲各国宪法文本的考察》，《国际法研究》2016 年第 4 期。

（三）主权国家通常均遵守国际法

阿库斯特曾指出，实际上大多数国家通常都在认真履行国际法上的义务；违反国际法的现象虽然存在，但属例外，而遵守国际法则是正常状态。[1] 违反国际法的国家不但应承担法律责任，而且还可能受到法律制裁。例如，《联合国宪章》第七章明确规定了对侵略行为的强制行动，以实施集体制裁。联合国在其发展历程中，也曾对南非、伊拉克分别宣布进行经济制裁和武器禁运。2006 年 10 月，联合国安理会 15 个成员国一致通过了关于朝鲜核试验问题的第 1718 号决议；决议对朝鲜核试验表示"最严重的关切"，并决定针对朝方核、导等大规模杀伤性武器和金融等相关领域采取制裁措施。[2] 又如，2011 年 2 月，联合国安理会就利比亚问题一致通过决议，决定对利比亚实行武器禁运，禁止利比亚领导人卡扎菲和其家庭主要成员等人出国旅行，并冻结卡扎菲和相关人员的海外资产。

（四）国际社会的法治意识也不断增强

随着全球性问题的凸显、多极化趋势的增强，世界各国日益重视利用国际法规则来缓和矛盾、解决争端。在国际交往中遵循国际法规则，成为国际社会的客观要求和自觉追求，也是衡量一个国家软实力和影响力的重要指标。[3] 例如，2013 年俄罗斯出台的"外交政策构想"，就将维护和巩固国际法规则作为俄罗斯外交的优先方向之一。无独有偶，中国国家主席习近平在 2014 年中、印、缅三国共同举办的"和平共处五项原则发表 60 周年纪念大会"上明确指出，"应该共同推动国际关系法治化。推动各方在国际关系中遵守国际法和公认的国际关系基本原则，用统一适用的规则来明是非、促和平、谋发展……在国际社会中，法律应该是共同的准绳……应该共同维护国际法和国际秩序的权威性和严肃性，各国都应该依法行使权利"。[4] 2021 年《中华人民共和国国民经济和社会发展第十四个五年规划和 2035 年远景目标纲要》也明确提出，"加强涉外法治体系建设，加强涉外法律人才培养"。

四、国际法效力的根据

国际法效力的根据是国际法上一个十分重要的理论问题。围绕这一理论问题，中外国际法学界众说纷纭，形成了各种不同的学派。

（一）自然法学派

自然法学派（Naturalists）认为，国际法的约束力来自自然法。国际法是自然法的一部分，国家间的一切关系都受自然法规范；自然法则是指理性、正义和良知等。在国际法的发展史上，自然法曾经发挥了很大的作用，尤其是为国际法提供了不可忽视的道德和伦理基础，使国际法受到普遍尊重。[5] 自然法学派的代表人物有维多利亚（Francisco de Vitoria）、普芬多夫等。

---

[1]　See Alexander Orakhelashvili, *Akehurst's Modern Introduction to International Law*, 8th ed., Routledge, 2019, p. 8.

[2]　2016 年 3 月，联合国安理会又通过了第 2270 号决议，决定对朝鲜实施一系列新的制裁措施，以遏制其核、导计划。

[3]　参见徐宏：《法律外交理论和实践创新恰逢其时》，《法律与外交》2016 年第 1 期。

[4]　习近平：《弘扬和平共处五项原则　建设合作共赢美好世界——在和平共处五项原则发表 60 周年纪念大会上的讲话》（2014 年 6 月 28 日），人民出版社 2014 年版，第 11 页。

[5]　参见俞宽赐：《新世纪国际法》，三民书局 1994 年版，第 28 页。

（二）实在法学派

实在法学派（Positivists）指出，国际法有约束力是因为国家同意的缘故。因此，同意是国际法效力的基础。根据这一学说，条约规则体现的是国家的明示同意，而习惯规则被认为是国家的默示同意。实在法学派的代表人物有苏支（Richard Zouche）、奥本海（Lassa Francis Lawrence Oppenheim）等。

（三）格劳秀斯学派

格劳秀斯学派（Grotians）又称折中学派，他们强调，国际法之所以对国家有约束力，一方面是依据自然法、出于理性，另一方面是依据各国的同意。因此，国际法也可以分为两部分：自然法和制定法。格劳秀斯学派的代表人物有格劳秀斯（Hugo Grotius）、瓦特尔（Emmerich de Vattel）等。①

（四）规范法学派

规范法学派（Normativist）认为，一切法律规范的效力来源于上一级的法律规范，而最高级的法律规范就是法律的基本规范；国际法的效力根据来源于国际法规范体系中的一个最高规范，即"约定必须信守"原则。规范法学派的代表人物有凯尔森、菲德罗斯等。

（五）政策定向学派

政策定向学派（Policy-oriented School）提出，国际法的效力根据取决于国家的权力或政策，尤其是国家的对外政策。政策定向学派的代表人物有麦克杜格尔（Myres McDougal）、拉斯韦尔（Harold Lasswell）、雷斯曼（Michael Reisman）等。

（六）意志协调学派

我国国际法学界较普遍地承认，国际法的约束力来源于各国意志之间的协调。这一学派，虽然将各国体现于所缔结的条约之中的意志作为国际法效力的根据，但是认为，这种意志不可能是各缔约国的共同意志，而只是各国意志在求同存异基础上的一种协调或协议。②

另外，我国还有学者认为，"国际法的效力根据应该是国家之间的协议"③。各国间协议表达了各自的意志，承诺了国际法上的权利和义务，自愿受自己承诺的约束。因此，各国之间的协议成为各国必须和应该遵守的具有法律拘束力的规范，同时，它是各国强制执行国际法的根据。

第二节　国际法的作用

国际法在国际关系、国际政治中的作用是无可否认的。尽管国际社会是一种横向的"平行式"社会系统，不存在任何超越主权国家之上的国际权威。然而，由于主权国家之间的相互制约和国际社会存在一定的法律规范，国际社会又表现出一定的有序性。因此，任何国际关系主体、国际政治主体的行为都不是绝对没有限制的，而是要受到国际法律规范的约束和其他国际政治主体的制约。国际法既然是主权国家间为协调彼

---

① 参见杨泽伟：《国际法史论》，高等教育出版社 2011 年版，第 106—110 页。
② 参见梁西主编：《国际法》（修订第二版），武汉大学出版社 2000 年版，第 12—13 页；周鲠生：《国际法》（上册），商务印书馆 1976 年版，第 8 页；王铁崖主编：《国际法》，法律出版社 1995 年版，第 9 页。
③ 李双元、黄惠康主编：《国际法》，中南工业大学出版社 2000 年版，第 13 页。

此之间的相互关系而达成的国家间的协议，那么国际法一经确立，甚至在其确立的过程中，就对国家间的相互关系包括国际政治关系发挥着重要的影响，并成为国际关系和国际政治研究的一个重要内容。① 具体来讲，国际法的地位和作用主要表现在以下四个方面。

一、约束

"国际法是民族国家为了管制和调整它们各自在相互关系中的行为，以有助于保证有限的稳定性和可预见性，或者用我们的语言来说是以有助于确保秩序而创立的一套规范。"② 换言之，国际法为国家间的相互关系提供了一系列基本的法律规范和制度。这些规范和制度要么是在长期的国际关系实践中所形成的国际习惯，要么是国际社会的成员所达成的国际协议。它们作为指导主权国家和其他国际政治行为主体对外行为和对外关系的基本指导规范，对主权国家和其他国际政治行为主体加以约束。国际法在国际政治中的这种约束功能（binding function）体现在很多方面。

首先，各国都把国际法作为处理包括贸易、金融、投资、安全、文化和科技等众多国际事务的一种不可缺少的工具。③ 况且，随着国家间相互依存性的与日俱增、国家间交往的日趋频繁和广泛，国际法的地位和作用显得越来越重要。

其次，许多国家甚至包括一些大国都在外交部门设立了条法司或法律顾问办公室，并把为数不少的相关专家委派到这些部门。其任务是草拟条约、解释国际法、与其他部级官员和政治家商讨该国应该履行的国际法律义务以及分析与该国有关的国际法律形势。在一些国家，如中国、日本、韩国等，条法司被认为是外交部最重要的机构之一。可见，如果国际法没有任何用处或价值的话，那么就很难解释为什么各个国家会委派众多的国际法专家前往条法司或法律顾问办公室。

再次，有关国家即使是在违反国际法时，也并不否认国际法的存在，而是想方设法去寻找国际法上的种种理论依据和借口，以证明其行为的合法性。④ 尽管许多国际关系的学者并不赞成这一观点。他们认为各国的领导人在作出决策时，多数情况下往往把国际法的限制作为次要因素来考虑。其实，在国际关系的实践中，违反国际法而不否认国际法存在的例子很多。例如，在越南战争期间，美国政府就以国际法上的"集体自卫权"来为其军事行动的合法性辩护。又如，在1971年印度军事干涉巴基斯坦、1979年坦桑尼亚入侵乌干达、越南入侵柬埔寨等事件中，这些国家都拒绝承认违反国际法，而是用"国家的自卫权"来证明其军事行动的合法性。但实际上，这些事件是很难用自卫权来论证其军事行动的合法性的。此外，尽管2003年3月美国发动的对伊拉克战争是典型的违反国际法的行为，但美国政府仍以伊拉克拥有大规模杀伤性武器、与恐怖组织有联系等为由，为其不法行为辩护。

最后，一些国际法律文件明确规定各国有受国际法约束的义务。例如，《联合国宪章》的序言庄严宣布各缔约国决心"尊重由条约和国际法其他渊源而起之义务"，并强调依"国际法之原则调整或解决足以破坏和平之国际争端"；《国际法院规约》第38条则明

---

① 参见冯特君、宋新宁主编：《国际政治概论》，中国人民大学出版社1992年版，第140—148页。

② ［美］熊玠：《无政府状态与世界秩序》，余逊达、张铁军译，浙江人民出版社2001年版，第243页。

③ See Onuma Yasuaki, "International Law in and with International Politics: The Functions of International Law in International Society", *European Journal of International Law*, Vol. 14, No. 1, 2003, p. 124.

④ 参见梁西主编：《国际法》（修订第二版），武汉大学出版社2000年版，第10页。

确规定,"法院对于陈诉各项争端,应以国际法裁判之";1969 年《维也纳条约法公约》第 26、27 条也指出,"凡有效之条约对其各当事国有拘束力,必须由各该国善意履行","一当事国不得援引其国内法规定为理由而不履行条约"。

那么,各国在国际关系的实践中受国际法约束的原因又是什么呢?

第一,国际合作的需要。国家作为国际社会的成员,是不可能孤立地存在于真空中的。国家的这种社会属性,决定了它必须发展同其他国家的关系。而国际法有助于建立和发展这种关系、增进国际合作。尽管国际法的有关规则并不十分明确,国际法也不可能完全消除国家间的分歧,但它至少可以缩小分歧的范围,从而减少摩擦,或使有关争端更容易解决。

第二,国家利益的考虑。在某些情况下,国家利益可能是促使或影响国家遵守国际法的重要因素。[①] 由于国际法是各国妥协与合作的产物、是各国协调意志的体现,一国不可能创立一些不利于自己或者自己打算破坏的法律,国际法的制定反映了一国总体或长远利益。因此,在正常情况下,各国往往愿意并实际上是遵守国际法的。换言之,对于一个国家来说,遵守国际法符合其自身利益。况且,国际法还是"互惠法"(law of reciprocity)。国际法的很多规则是在互惠的基础上发展起来的,如外交特权与豁免、引渡、贸易以及交通和通信等。甚至在权力政治最激烈的战争状态,也有国际人道法、中立法和战争法等互惠规则的存在。所以,遵守国际法对一国来说是利大于弊,它所获得的国家利益远远超过违反国际法所付出的代价。

第三,国家声誉的维护。"人们经常以为只有小国才需要操心赢得守法的声誉,不过,这样的声誉甚至对最强大的国家的对外政策来说也是必不可少的财富。"[②] 各国"深知违反国际法的坏名声是要付出高昂的代价的"[③]。正如英国学者阿库斯特所言:"一个国家违犯了一项习惯法规则,就可能发现自己创立了一个当未来援引这一规则以维护自己利益时,不但原来的受害国、而且第三国也可以用来反对自己的先例。由于认识到这种可能性,所以各国往往避免破坏国际法。"[④]

二、促进

现代国际法在促进国际社会迈向更文明的发展道路以及国际争端的和平解决等方面,有着不可磨灭的作用。

(一)促进国际社会迈向更文明的途径

1. 禁止以武力相威胁或使用武力已成为国际强行法规则

第一次世界大战以前,国际法并未从根本上限制战争,它为各个国家保留了诉诸战争的绝对主权权力。1919 年巴黎和会通过的《国际联盟盟约》首次规定,国际争端在提交一定程序解决之前不得诉诸战争。1928 年《非战公约》又宣布废弃战争作为实行国家政

---

① See Jianming Shen, "The Basis of International Law: Why Nations Observe", *Dickinson Journal of International Law*, Vol. 17, No. 2, 1999, p. 345.

② [英] M. 阿库斯特:《现代国际法概论》,汪瑄等译,中国社会科学出版社 1981 年版,第 13 页。

③ Onuma Yasuaki, "International Law in and with International Politics: The Functions of International Law in International Society", *European Journal of International Law*, Vol. 14, No. 1, 2003, p. 128.

④ [英] M. 阿库斯特:《现代国际法概论》,汪瑄等译,中国社会科学出版社 1981 年版,第 11 页。

策的工具。1945 年《联合国宪章》第 2 条之（4）则郑重宣告，所有成员国在其国际关系中，不得以武力相威胁或使用武力来侵害任何国家的领土完整或政治独立，亦不得以任何其他同联合国宗旨不符的方式以武力相威胁或使用武力。因此，"宪章关于禁止'使用武力'的规定，比《非战公约》关于禁止'战争'的规定更为广泛。宪章确认一切武装干涉、进攻或占领以及以此相威胁的行为，都是违反国际法的"①。另外，在《联合国宪章》的基础上，1970 年《国际法原则宣言》、1987 年《加强在国际关系上不使用武力或进行武力威胁原则的效力宣言》都有"禁止以武力相威胁或使用武力"的规定。正因为如此，第二次世界大战以后国际战争逐渐减少。最近一二十年来发生的武装冲突，绝大多数也均为国内冲突。

2. 民族自决与非殖民化运动取得重要进展

民族自决最初是一个政治概念，直到第二次世界大战以后，才作为国际法原则逐步获得国际社会的承认。《联合国宪章》是第一个正式规定民族自决的条约，该宪章第 1、55、63 和 76 条，都有"人民平等权利和自决原则"的规定。联合国成立后，在联合国的推动下，民族解放运动高涨，殖民主义体系也迅速瓦解。在此过程中，联合国通过了一系列关于民族自决和非殖民化的决议和宣言，如 1952 年《关于人民与民族的自决权的决议》、1960 年《关于给予殖民地国家和人民的独立的宣言》、1965 年《关于各国内政不容干涉及其独立与主权之保护宣言》、1970 年《国际法原则宣言》、1974 年《各国经济权利和义务宪章》等。《联合国宪章》的有关条款与上述宣言和决议，构成了民族自决和非殖民化运动的法律基础。总之，自 20 世纪 60 年代以来，殖民体系迅速瓦解，各非自治领土相继独立，新独立的亚非拉国家已经超过 100 个。②

3. 人权国际保护的范围不断扩大

在 20 世纪以前，人权基本上属于国内法的调整范围。第二次世界大战后，人权问题已由国内法进入国际法领域。"人权作为具有全球性规模之正统性的理念获得了普遍的承认。"③ 同时，联合国主持制定了一系列的国际人权法律文件，如 1948 年《世界人权宣言》、1966 年《经济、社会、文化权利国际盟约》与《公民及政治权利国际盟约》等。这些文件分别采用宣言、公约、议定书和规则等形式，涉及人权的各个方面，从而使人权国际保护的范围不断扩大。例如，人权保护从仅限于种种自由权的有限的保护，发展成为包括经济、社会、文化权利在内的全面性的国际人权保护；民族自决权等集体人权获得承认；在人权国际保护的历史中，长期以来实际上被排除在外的妇女、儿童、"有色"人种等也开始受到保护；人权保护已成为国家的义务，而且在联合国国际法委员会制定的《国家责任条款草案》和许多学说中，对基本人权的大规模和严重侵害被认为构成国际犯罪，等等。

4. 弱小国家的权益同样受到国际法的保护

当代国际法与传统国际法在作用上最大的不同是，它已不再是一边倒地为国际强权服务。弱小国家与民族，在当代国际法中受到的保护，远比以前任何时代都更多，也更明显。

---

① 梁西主编：《国际法》（修订第二版），武汉大学出版社 2000 年版，第 34 页。
② 参见梁西著、杨泽伟修订：《梁著国际组织法》（第六版），武汉大学出版社 2011 年版，第 165 页。
③ ［日］大沼保昭：《人权、国家与文明》，王志安译，生活·读书·新知三联书店 2003 年版，第 97 页。

例如，1984 年 4 月尼加拉瓜向国际法院提出请求书，指控美国在其境内对尼加拉瓜采取的军事和准军事行动，请求法院责令美国立即停止上述行为并对尼加拉瓜及尼加拉瓜国民所受的损失给予赔偿。该案是国际法院第一次对一个大国进行缺席审判。尽管尼加拉瓜要与美国抗衡，貌似以卵击石，可是，国际法院最终裁定，美国在尼加拉瓜所进行的军事性和准军事性的行动构成违反国际法的行为，美国应对此承担国际责任。①

又如，作为一项国际法原则，内陆国（是指没有海岸的国家）通过毗邻沿海国出入海洋的权利，在 20 世纪缔结的多边和双边条约中都曾经加以规定，并在逐步执行。② 特别是 1982 年《联合国海洋法公约》第十部分专门规定了"内陆国出入海洋的权利和过境自由"。该公约第 125 条明确规定："为行使本公约所规定的各项权利，包括行使与公海自由和人类共同继承财产有关的权利的目的，内陆国应有权出入海洋。为此目的，内陆国应享有利用一切运输工具通过过境国领土的过境自由。"由上可见，这种对处于弱势地位国家的法律保障，是十分明显的。

（二）为国际争端的和平解决提供政治和法律方法

欧美学者把解决国际争端的方法分为两大类："和平的解决方法"和"武力或强制的解决方法"③。其中，和平的解决方法又可分为政治的解决方法（亦称外交的解决方法）和法律的解决方法，前者如谈判、斡旋、调停、和解、国际调查以及在联合国组织主持下解决；后者如仲裁和司法解决。

第二次世界大战后，和平解决国际争端正式成为国际法上的一项基本原则。《联合国宪章》把"以和平方法且依正义及国际法的原则，调整或解决足以破坏和平之国际争端或情势"列为联合国的宗旨之一，并把"各会员国应以和平方法解决其国际争端，俾免危及国际和平、安全及正义"列为联合国及其会员国都应遵守的原则。该宪章第 33 条还规定："任何争端当事国，于争端之继续存在足以危及国际和平与安全之维持时，应尽先以谈判、调查、调停、和解、公断、司法解决、区域机关或区域办法之利用，或各该国自行选择之其他和平方法，求得解决。"《国际法原则宣言》也强调："每一国应以和平方法解决其与其他国家之国际争端，俾免危及国际和平、安全及正义。"该宣言还进一步规定，争端当事国如未能就某一和平方法解决有关争端，则"有义务继续以其所商定之他种和平方法寻求争端之解决"。1982 年《关于和平解决国际争端的马尼拉宣言》进一步庄严宣告："所有国家应只以和平方法解决其国际争端，俾免危及国际和平与安全及正义。"而且，"任何争端当事国不得因为争端的存在，或者一项和平解决争端的程序的失败，而使用武力或以武力相威胁"。上述规定及和平解决国际争端原则的确立，促进了国际争端的和平解决。

三、调整

国际法是以国际关系为调整对象的，其中主要是调整国家之间的各种权利义务关系。国际法的这种调整功能主要包括国家行为的以下领域：

① 参见陈致中编著：《国际法案例》，法律出版社 1998 年版，第 104—117 页。
② 参见陈德恭：《现代国际海洋法》，海洋出版社 2009 年版，第 396 页。
③ See I. A. Shearer, *Starke's International Law*, Buterworths, 1994, pp. 441–442.

1. 管辖权

国际法对国家管辖权的规定，将使一国能够了解何时它才具有为自身或代表其国民的管辖能力。同时，当国家之间发生管辖权冲突时，国际法为解决这些冲突提供了指南，从而使冲突双方有可能不必诉诸武力行为。

2. 各国权利与义务

国家的主权属性使国家享有国际法上的各种权利。国家的基本权利与义务的存在，已为国际实践所肯定。例如，1948 年《美洲国家组织宪章》第三章规定了国家基本权利与义务的内容；1949 年联合国国际法委员会拟订了《国家权利义务宣言草案》；《联合国宪章》和联合国大会（以下简称"联大"）的许多决议，对于国家的基本权利和义务也有明确的规定和体现。国际法律文件对各国权利与义务的具体规定，使得各国在国际关系的实践中能清楚地知道哪些行为是国际法所允许的；同样，违反国际法的行为也变得显而易见，从而对国家的不法行为起到一定的警醒作用。

3. 国家责任

在国际关系的实践中，对他国利益的损害，包括对外国公民利益的损害，时有发生。因此，国际法规定了哪些要素构成国际不法行为，有关国家应为此承担国家责任；国家责任的形式有哪几种；在什么情况下可以排除行为的不法性，从而免除国家责任；等等。

4. 领土的取得

第二次世界大战以后发生的多次武装冲突，其中大部分起因于领土问题或边界争端。因此，如何解决国家之间的领土争端是国际社会面临的一个重要课题。当代国际法不但规定了领土的取得与变更的方式，而且还规定了解决国家之间领土争端的方法，从而消除了许多潜在的国际冲突。所以，可以通过解决当今一些相互冲突的领土要求，援引一整套现成、明确的国际法规范来确定领土主权，从而在一定程度上减少武装冲突。

5. 海洋体制

海洋是生命的摇篮，也是人类进行交往、发展贸易的一个重要通道。当代国际法不但对各国在各种海域如领海、毗连区、专属经济区、大陆架、海峡、群岛、公海、国际海底区域等的权利与义务作了明确的规定，而且还对各国在各种海域从事航行、资源开发与利用、海洋科学研究以及海洋环境保护等活动予以规范和调整。这种海洋行为规则体制的确立，使各国的权利与义务的界限得到了清楚的界定，从而使各国能更好地利用海洋为人类造福。此外，南北极和外层空间等领域也受到国际法的规范和调整。

总之，正是由于国际法在国际关系中的这种规范和调整作用，防止或减少了在上述领域内的国际冲突。

四、缓和

国际法除了约束、促进和调整的功能以外，它在国际政治关系中还发挥了缓和的功能。

（一）缓和安全困境的影响

在国际政治理论中，有一种被称为"安全困境"（security dilemma）的现象。它是指在主权国家并存的国际社会里，国家必须依靠它们自己来保护其安全与独立。但是，它们在寻求自身安全的同时却引发了别国的不安全感，以致感受到威胁的国家增强其军备来作出回应，从而出现了军备竞赛。这通常会使所有国家的安全度降低，因为它增加了每个国家都将面对的潜在威胁的程度。换言之，安全困境意味着：一国的安全也许意味着另一国的不安全，在昨天开始加强军备并导致军备竞赛的国家，在今天也许会发觉自己的安全度比以前降低了。①

国际法具有减轻安全困境影响的作用。

第一，国际法为各国提供了国际合作的法律框架，促进了各国间的相互交流，增强了主权国家之间的相互信任。

第二，国际法所作出的统一规定或相互关系安排中的对称性，通常会在一定程度上消除国际合作的障碍。因为国际法中有关各国间相互责任和义务的规定，减少了不确定性因素并缓和了对"相对获益"的担忧。

第三，建立在国际法基础上的国际组织如联合国等，能代表相互间平等的各个主权国家采取行动。

（二）缩小各国实行自助选择的范围

广义的自助（self-help）包括不同的形式，如加强军备、权力均衡、自卫、集体安全以及干涉等。其中，自卫是自助的最主要的形式。由于《联合国宪章》明确宣告禁止所有会员国在它们的国际关系中以武力相威胁或使用武力，因而自卫成为禁止使用武力原则中的合法使用武力的例外。自卫权就是国家在遭到武装侵犯时，采取武力反击的权利。对于自卫权，《联合国宪章》作了明确的规定。该宪章第51条宣布："联合国任何会员国受武力攻击时，在安全理事会采取必要办法，以维持国际和平及安全以前，本宪章不得认为禁止行使单独或集体自卫之自然权利。会员国因行使此项自卫权而采取之办法，应立即向安全理事会报告，此项办法于任何方面不得影响该会按照本宪章随时采取其所认为必要行动之权责，以维持或恢复国际和平及安全。"按照《联合国宪章》的这一规定，国家行使自卫权应以遭到外国武力攻击为条件，不得对他国构成威胁，更不得以自卫之名，行侵略之实。

综上所述，国际法对国际关系、国际政治的作用与影响是多方面的。尽管国际法是一种"以规则为导向"而非"以结果为导向"的行为准则，但国际法这种"以规则为导向"的性质不会损害其在国际关系、国际政治中作为严肃的行为准则的地位。② 正如美国学者亨金曾经在其《各国如何行动》（How Nations Behave）一书中所指出的："法律是国际事务中一个重要力量；各国在它们的关系中的每一个方面都依赖它，引用它，遵从它，并受它的影响。"国际法毕竟是"国际事务中的一股力量"③。美国学者福尔克（Richard Falk）和科普林（William Coplin）也认为："尽管国际法的约束力比较弱，但它仍在国际政治中发挥重要作用。"④

---

① 参见［美］熊玠：《无政府状态与世界秩序》，余逊达、张铁军译，浙江人民出版社2001年版，第34页。
② 参见［美］熊玠：《无政府状态与世界秩序》，余逊达、张铁军译，浙江人民出版社2001年版，第56页。
③ 王铁崖：《国际法引论》，北京大学出版社1998年版，第3页。
④ Onuma Yasuaki, "International Law in and with International Politics: The Functions of International Law in International Society", *European Journal of International Law*, Vol. 14, No. 1, 2003, p. 111.

第三节　国际法的历史及其发展趋势

一、国际法的历史发展

（一）古代国际法的遗迹（远古—475 年）①

拉丁谚语云："有社会，必有法"。国内社会是如此，国际社会亦然。早在原始氏族制度的条件下，以千百年的习惯为基础，形成了部落间和部落联盟间最初的一些交往规则，如普遍适用的进行谈判的使节不可侵犯权、举行宗教仪式和作为协议保全手段的宣誓等。"这就是恩格斯称为'母权'和'父权'的前国际法。"②

在人类历史发展过程中，随着氏族制度的解体和奴隶社会的逐步形成，两河流域和尼罗河畔涌现出最早的一批奴隶制国家，原始的国际法规范也就应运而生。就目前所知，最古老的国际法律文件是美索不达米亚（Mesopotamia）平原的两个城邦国家拉伽虚（Lagash）和乌玛（Umma）大约在公元前 3100 年签订的条约。③ 此外，在古希腊、古罗马和古印度都有一些国际法因素或国际法规则的初步轮廓。

（二）国际法在中世纪的萌芽（476—1647 年）

"中世纪的欧洲是不利于国际法的发展的。"④ 在中古时代，欧洲在政治上是在神圣罗马皇帝的统治下，精神方面则由教皇统治。因此，欧洲在理论上仍是一个大一统的国家。在这种大一统的制度下，现代以独立平等国家为基础的国际法当然无从发展。中世纪后期，国际法的萌芽又再度缓慢生长，如条约的增多、海事法的编纂、外国人地位的提高、领事制度与使馆制度的出现、仲裁的频繁和战争的温和化等。⑤

（三）近代国际法（1648—1913 年）

近代国际法的萌芽于 16 世纪前后在欧洲开始出现，17 至 18 世纪形成体系，到 19 世纪趋于稳定。近代国际法可以称为古典国际法（classical international law）。1648 年威斯特伐利亚和会揭开了近代国际法的序幕。近代国际法主要有以下特点：

1. 欧洲中心主义

近代国际法主要适用于欧洲国家之间的关系。国际法长期是以"欧洲中心主义"为主导思想的。广大的殖民地、附属国被视为所谓"非文明或半文明国家"，被排斥于国际法的适用范围之外。

2. 协定国际法的勃兴

到 19 世纪，近代国际法有了长足的发展，国际条约大量增多，且以通商、航海、领事、引渡、货币、邮电、交通、渔业和版权等事项为其主要内容。

3. 战争的人道化

瑞士人杜南特（Jean Henri Dunant）最先倡导了战争的人道主义化运动。1864 年，12

---

① 详见杨泽伟：《国际法史论》，高等教育出版社 2011 年版，第 7—24 页。
② ［苏联］Д. И. 费尔德曼、Ю 巴斯金：《国际法史》，黄道秀等译，法律出版社 1992 年版，第 1 页。
③ See Arthur Nussbaum, *A Concise History of the Law of Nations*, Macmillan Company, 1954, p. 1.
④ Arthur Nussbaum, *A Concise History of the Law of Nations*, Macmillan Company, 1954, p. 17.
⑤ 详见杨泽伟：《国际法史论》，高等教育出版社 2011 年版，第 28—33 页。

个国家签署了《改善战地伤兵境遇的日内瓦公约》（Convention for the Amelioration of the Condition of the Wounded in Armies in the Field，简称《日内瓦公约》）。此外，19 世纪末 20 世纪初的两次海牙和会，对战争法的规范化和改进，都作出了重要的贡献。

4. 国际仲裁制度的进步

到 19 世纪，国际仲裁的实践日益增多，国际仲裁制度也得到了长足的发展。

5. 国际行政联盟的产生

19 世纪下半叶以来，特别是在交通、通信、经济、卫生、科技等一定的专门行政事务领域内，根据条约而设立的一种国际机构，称为国际行政联盟（International Administrative Unions）。它是当今许多政府间国际组织的雏形，特别是联合国专门机构的雏形。①

（四）现代国际法（1914—1945 年）

第一次世界大战极大地破坏了国际法，使国际法面临严重危机。然而，国际法并没有消亡，仍然随着国际关系的演变而继续发展。现代国际法主要有以下特点：

1. 集体安全制度初步形成

进入 20 世纪以后，国际组织有了较大发展，国际社会的集体安全制度开始受到重视。集体安全制度是指"以维护国际和平及安全为宗旨、以'天下一家'的整体安全观念为理论基础、以对使用武力实行国际法律管制为核心、以集体强制力为后盾、以普遍性国际安全组织为存在形式的安全保障体制"②。真正第一次将集体安全概念具体适用于整个国际社会的，是国际联盟。诚如有学者所指出的："集体安全，一个国际法上的新原则，作为《国际联盟盟约》的基石产生了。"③

2. 国际司法制度渐趋健全

"国际联盟体系的建立，标志着人类历史上第一个常设国际法院的诞生。"④ 而常设国际法院的成立，表明两次世界大战期间国际司法制度的一种进步。⑤ 此外，在国际仲裁领域，19 世纪开始出现的广泛强制仲裁体系的发展趋势，在两次世界大战期间得到了进一步发展。

3. 中立制度的新发展

早在 1920 年，国联行政院的一个决议就表明，"国联成员国中立的概念并不符合如下原则：所有成员国在实施针对盟约违反国的行动方面有合作的义务"。1934 年，国际法协会通过了《非战公约》的解释条款，并指出，在交战双方都违反该公约的情况下，可以免除中立国的传统法律义务。1935 年，美国制定了使原来的中立法面目一新的新中立法。然而，代替中立而允许非交战国支持武装冲突中的一方这一新发展从未得到国际社会所有成员的正式接受，也未被编纂为国际法。⑥

---

① 参见日本国际法学会编：《国际法辞典》，外交学院国际法教研室总校订，世界知识出版社 1985 年版，第 499 页。

② 黄惠康：《国际法上的集体安全制度》，武汉大学出版社 1990 年版，第 9 页。

③ Charles G. Fenwick, *International Law*, 4th ed., Appleton-Century-Crofts, 1965, p. 26.

④ Wilhelm G. Grewe, "History of the Law of Nations World War Ⅰ to World War Ⅱ", in R. Bernhardt (ed.), *Encyclopedia of Public International Law*, Vol. Ⅱ, Amsterdam, 1995, p. 845.

⑤ See Arthur Nussbaum, *A Concise History of the Law of Nations*, Macmillan Company, 1954, p. 268.

⑥ See Wilhelm G. Grewe, "History of the Law of Nations World War I to World War Ⅱ", in R. Bernhardt (ed.), *Encyclopedia of Public International Law*, Vol. Ⅱ, Amsterdam, 1995, p. 846.

（五）当代国际法（1945 年至今）

第二次世界大战使人类经受了更加毁灭性的灾难，国际法体系也遭到了严重的破坏。然而，战争并没有中断国际法的发展。相反，在第二次世界大战结束后，国际法迅速得到恢复，与第二次世界大战以前的情况相比，还有了明显的新发展。当代国际法的发展有以下四大特点：

1. 国际组织的数量激增

第二次世界大战结束以来，新兴的发展中国家不但参加了原来成立的国际组织，而且还设立了许多经济方面的区域合作机构。同时，科学技术以及交通和通信的巨大进步，使各种国际组织，特别是国际性的科学、技术及行政机构有增无减。[1]

2. 集体安全制度进一步完善

《联合国宪章》中的集体安全制度有了明显的进展。《联合国宪章》不但当然禁止战争，而且以普遍禁止使用武力为原则。这就使一切武装干涉、进攻、占领或武力封锁以及以此相威胁的行为，都成为违反国际法的行动。这一规定，对国家的国际责任产生了深刻的影响；同时，它也是当代国际法形成与发展中的一个重要里程碑。[2]

3. 国际司法制度的发展

当代国际司法制度的发展主要表现在国际法院的设立及其运作上。其具体内容，将在本书第十三章"国际争端的和平解决"中论及，兹不赘述。

4. 国际法新分支的产生

第二次世界大战以后，出现了许多国际法的新分支，如国际经济法、国际人权法、国际环境法、国际组织法、国际发展法、国际能源法[3]、国际刑法等。

二、晚近国际法发展的新趋势

进入 21 世纪以来，国际关系发生了许多变化：无论是"9·11"事件，还是全球性金融危机，乃至气候变化会议，都令人目不暇接。伴随着国际格局的演变、国际社会的结构性变化，国际法也出现了许多新现象、面临许多新挑战。[4]

（一）"全球市民社会"的兴起、国际社会组织化趋势进一步增强

1. "全球市民社会"的兴起

20 世纪 90 年代以来，随着科学技术的进步带来的交通与通信手段的历史性突破、现代市场经济前所未有的全球扩张以及全球性问题的日益严重，在国际关系和国际政治领域逐渐出现了一个新的术语——"全球市民社会"（global civil society）。"全球市民社会"主要是指"存在于家庭、国家和市场之间，在超越于国家的社会、政治和经济限制之外运作的思想、价值、制度、组织、网络和个人的领域"[5]。"全球市民社会"蕴含了一种对人类规范价值的渴求，昭示了人们全球身份的认同感和全球意识。"全球市民社会"的兴起，对国际和平与安全、环境保护、气候变化、经济发展、社会进步、妇女权益、人权

---

[1] 参见梁西著、杨泽伟修订：《梁著国际组织法》（第六版），武汉大学出版社 2011 年版，第 23 页。

[2] 参见梁西著、杨泽伟修订：《梁著国际组织法》（第六版），武汉大学出版社 2011 年版，第 181—182 页。

[3] 参见杨泽伟：《中国能源安全法律保障研究》，中国政法大学出版社 2009 年版，第 226—245 页。

[4] 参见杨泽伟：《国际法史论》，高等教育出版社 2011 年版，第 305—329 页。

[5] Helmut Anheier etc., *Global Civil Society 2001*, Oxford University Press, 2001, pp. 16—17.

保障以及民族和宗教问题等均产生了重要影响。

2. 国际社会组织化趋势进一步增强

与"全球市民社会"的兴起遥相呼应、交互影响的是国际社会组织化趋势进一步增强，它主要体现在以下几个方面：

（1）国际组织的数量呈爆炸性增长。国际联盟的设立是国际社会组织化（institutionalization of the international community）的最初尝试。第二次世界大战后建立的联合国，是国际社会组织化的决定性步骤。① 联合国成立以后，随着殖民体系的逐步瓦解、新兴独立国家的日益增多和国家间交往的日趋频繁，70 多年来，各种全球性与区域性国际组织的发展非常迅猛。尤其是国际经济组织和各种各样的专门性机构，在数量上更是有了爆炸性增长。据统计，目前全世界各种大小的国际组织已达 74000 多个，其中政府间的重要组织早已超过 7000 个，非政府间组织有 51000 多个，90% 以上的国际组织是在 20 世纪 50 年代之后发展起来的。②

（2）国际组织的活动范围不断扩大，职能日益膨胀。各种类型的国际组织活跃在国际社会的众多领域。无论是政治、经济、军事，还是教育、科技、文化、卫生等各个方面，都成了国际组织工作的对象。大到全球的气候变化、世界战争，小至人类的生老病死和衣食住行，均与国际组织的活动密切相关。可以说，国际组织职能的扩张是与国际生活紧密相连的。"国际组织数量的激增及其职权的相继扩大，使全世界彼此影响的各式各样的国际组织已经形成为一个巨大的'国际组织网'，出现了国际社会进一步组织化的新趋势。"③

（3）国际社会的组织化使国家主权的保留范围相对缩小。进入 21 世纪以来，随着国际格局向多极化方向发展，国际组织的潜力很快被释放出来。国际组织的触角不断地深入国家主权的管辖范围，使国家军备、人权、贸易、关税、投资、环境保护、知识产权等诸多方面，都受到不同程度的影响。④ 与此同时，有关国家还甘心让国际组织暂时行使主权权利，或将部分主权权利持久地转让给国际组织。欧洲联盟是主权权利持久地转让给国际组织的最突出的代表。特别值得注意的是，2007 年 12 月，欧盟领导人还正式签署了《里斯本条约》。《里斯本条约》是在原《欧盟宪法条约》的基础上修改而成的。在机构设置方面，它有几项重大举措：其一，设立常任欧盟理事会主席职位，取消目前每半年轮换一次的欧盟主席国轮替机制；主席任期两年半，可以连任。这样，欧盟将破天荒出现一个超越国家的领导人。其二，将欧盟负责外交和安全政策的高级代表和欧盟委员会负责外交的

① See Bruno Simma, "From Bilateralism to Community Interest in International Law", *Recueil des Cours*, 1994, Ⅵ, pp. 257-258.

② 据国际组织年鉴（Yearbook of International Organizations）的统计，截至 2022 年 1 月，全世界各种大小的国际组织的总数已达 74000 个，每年还大约新增 1200 个国际组织。详见国际组织年鉴网站：https://uia.org/yearbook。

③ 梁西著、杨泽伟修订：《梁著国际组织法》（第六版），武汉大学出版社 2011 年版，第 349 页。

④ 1995 年 12 月，相关各方在美国签署了《代顿协议》，决定设立国际社会驻波黑高级代表。该高级代表由联合国、世界银行、北约等国际组织和美、英、德、法、俄、日等国组成的"波黑和平执委会"提名，联合国安理会确认。高级代表的职责主要是监督《代顿协议》的执行，并对其认为违反《代顿协议》的法律、人事任免等进行干涉，这种独特的立法权和罢免权被称为"波恩权力"。2021 年 7 月，第七任国际社会驻波黑高级代表瓦伦丁·因兹科利用"波恩权力"对《波黑刑法》进行了修改，规定"禁止否认和美化波黑战争时期种族灭绝"，违反者将被定罪。刑法的修改在波黑内部引发了不同反响。可见，国际社会驻波黑高级代表因兹科对《波黑刑法》的修改，明显地是行使主权国家立法权的行为。

委员这两个职权交叉的职务合并，设立欧盟外交和安全政策高级代表一职，全面负责欧盟对外政策。这样就大大加强了欧洲的声音。

（二）国际法全球化与碎片化共存的现象明显

冷战结束以来，国际法的发展呈现出两种重要的趋势：一是国际法的适用范围不断扩大，国际法越来越全球化；二是各种规范之间的冲突和矛盾加剧，国际法的体系结构愈益碎片化。

1. 国际法的全球化

就国际法而言，国际法的全球化（globalization of international law）主要体现在以下两个方面：

（1）国际法适用于整个国际社会。[1] 依据传统的见解，国际法是所有文明国家间的行为规则，并普遍适用于全世界的国际关系领域。然而，十月革命后社会主义国家苏联的出现，对这种看法提出了挑战。苏联的法学家否认有共同的国际法存在。[2] 特别是在第二次世界大战后，随着东欧社会主义国家的建立以及越南、朝鲜及中国革命的胜利，世界划分为两大阵营，国际关系的形态大为改变，而相应出现的所谓社会主义国际法体系的提法，使原有国际法的单一体系发生了动摇。这种情况也使欧美国际法学界的一些学者对国际法是否仍有单一体系的问题抱有悲观的看法，如英国学者史密斯（H. A. Smith）[3]、美国学者孔慈（J. Kunz）[4] 与威尔克（Kurt Wilk）[5] 等。此外，第二次世界大战后亚非拉地区有大批新兴国家出现，形成所谓的第三世界，它们对国际法的态度也使一部分学者忧虑国际法的普遍性。[6] 这些国家对当时国际法的内容多有不满，要求修正或制订一些新的原则。

然而，由于国际社会结构的变化，两极对峙的冷战格局的结束，目前没有任何国家集团或意识形态再对国际法体系作有力挑战，使国际合作有可能加强。在当今和可预见的将来，世界各国将奉行一个国际法的体系，[7] 但由于许多新兴国家的参加，这个国际法体系的内涵已不是原来以西欧基督教文化为主，而是被世界各个不同文化国家所贡献的内涵所平衡。值得注意的是，詹宁斯和瓦茨在其修订的《奥本海国际法》第九版中也指出："国际法律秩序适用于整个由国家组成的国际社会，并在这个意义上具有普遍的性质。"[8]

（2）许多全球性问题需要国际法来调整。各国日益相互依存、相互联系，影响国际法的发展。当今，国际社会更加需要发展普遍性的国际法规范以应付全球性问题。特别是进入 21 世纪以来，无论是汇率、货币政策，还是军备控制、化学武器、地雷、应对气候变化、濒危物种、森林保护、少数民族权益、国际贸易或区域一体化、政策的选择权等，

---

① 参见杨泽伟：《晚近国际法发展的新特点及其影响因素》，《中国法学》2000 年第 6 期。

② See M. Chakste, "Soviet Concepts of the State, International Law and Sovereignty", *American Journal of International Law*, Vol. 43, 1949, p. 27.

③ See H. A. Smith, *The Crisis in the Law of Nations*, Stevens and Sons, 1947, pp. 1-32.

④ See Joseph L. Kunz, "The Changing Law of Nations", *American Journal of International Law*, Vol. 51, 1957, pp. 73-83.

⑤ 威尔克认为在主要国家间存在意识形态冲突的世界，已不可能有共同的国际法存在。See Kurt Wilk, "International Law and Global Ideological Conflict", *American Journal of International Law*, Vol. 45, 1951, pp. 648-670.

⑥ See Oliver J. Lissitzyn, "International Law in A Divided World", *International Conciliation*, No. 542, 1963, pp. 37-62.

⑦ 参见丘宏达：《现代国际法》，三民书局 1995 年版，第 32 页。

⑧ ［英］詹宁斯、瓦茨修订：《奥本海国际法》（第一卷第一分册），王铁崖等译，中国大百科全书出版社 1995 年版，第 50 页。

都日益受国际法的约束。①

在这些关系到全球性的问题中，最明显的是环境保护和应对气候变化。② 在当今世界，应对气候变化的挑战史无前例。正如有学者所指出的："一个在美国排放的二氧化碳分子对中国人的害处，与一个在中国排放的二氧化碳分子对美国人的害处是一样的，或者说对地球上任何一个人的害处都是一样的，这一事实意味着，没有一个人可以逃脱我们都无法逃避的共同命运。"③ 这种新的现实威胁迫切需要世界各国作出一整套全新的反应。在这方面，国际法应该能够建立一致的普遍性规范来处理这些威胁。④ 此外，国际恐怖主义行为、国际犯罪行为（如灭绝种族罪和战争罪）和使用核武器都产生了同样的全球性问题，它们被提上国际议程已有一段时间，迫切需要用国际法来加以解决。

2. 国际法的碎片化

国际法的碎片化（fragmentation of international law）⑤ 主要是指在人权法、环境法、海洋法、欧洲法、世界贸易组织法、国际贸易法、国际投资法、国际难民法、国际能源法等国际法的一些领域或分支，出现了各种专门的和相对自治的规则或规则复合体、法律机构以及法律实践领域。⑥ 由于这种专门法律的制定和机构建设，一般是在比较忽视邻近领域的立法和机构活动、比较忽视国际法的一般原则和惯例的情况下进行的，因而造成各种规则或规则体系之间的冲突。⑦

其实，早在 20 世纪 50 年代初，詹克斯（Wilfried Jenks）就注意到了国际法的碎片化问题，认为产生国际法碎片化的主要原因是国际社会缺乏一个总的立法机构。⑧ 他还预言，需要一种类似于冲突法的法律来处理这类碎片化问题。2000 年，国际法委员会在第 52 届会议上决定将"国际法碎片化引起的危险"专题列入其长期的工作方案。2006 年 5—8 月，在日内瓦召开的第 58 届国际法委员会会议上，以科斯肯涅米（Martti Koskenniemi）为首的研究小组提交了"国际法碎片化问题：国际法多样化和扩展引起的困难"（Fragmentation of International Law: Difficulties Arising from the Diversification and Expansion of International Law）的研究报告。该报告主要分七个部分，较为系统地阐述了国际法的碎片化问题及其解决办法。

应当指出的是，碎片化不是国际法的一个新现象，而是国际法体系固有的结构特征，只不过在当代国际法多样化、全球化及其扩展的条件下才凸显出来，并成为影响国际法适用效力的严重问题。国际法碎片化的确有产生各种相互冲突和不相容的原则、规则、规则体系和体制惯例的危险，但它也反映出国际法律活动迅速扩展到各种新的领域及其目标和

① See Philip Alston, "The Myopia of the Handmaidens: International Lawyers and Globalization", *European Journal of International Law*, Vol. 8, No. 3, 1997, p. 435.

② See Jonathan I. Charney, "Universal International Law", *American Journal of International Law*, Vol. 187, 1993, p. 529.

③ Asia Society Center on U. S.-China Relations, Pew Center on Global Climate Change, "Common Challenge, Collaborative Response: A Roadmap for U. S.-China Cooperation on Energy and Climate Change", available at http://www. pewclimate. org.

④ 2015 年 11 月签署的《巴黎协定》，正式启动了 2020 年后全球温室气体减排进程；该协定还确定了国家自主贡献在全球温室气体减排中的法律地位等。

⑤ 有学者把它译为"国际法不成体系"。

⑥ See Malcolm N. Shaw, *International Law*, 9th ed., Cambridge University Press, 2021, pp. 54-55.

⑦ See Report of the Study Group of the International Law Commission, "Fragmentation of International Law: Difficulties Arising from the Diversification and Expansion of International Law", available at http://daccessdds. un. org.

⑧ See Wilfried Jenks, "The Conflict of Law-Making Treaties", *British Year Book of International Law*, Vol. 30, 1953, p. 403.

手段的多样化。①

（三）国际法的刑事化现象不断增多、国际法的约束力不断增强

1. 国际法的刑事化现象不断增多

国际法刑事化现象（criminalization of international law）的产生经历了一个渐进的过程，但在 20 世纪 90 年代以来的国际法的发展中尤为明显。

第二次世界大战后由战胜国设立的纽伦堡国际军事法庭和东京国际军事法庭是这一过程的第一个步骤。② 许多德、日法西斯战犯被指控反人道罪和反和平罪，并受到了相应的惩罚。后来，国际法委员会还把两个军事法庭所阐明的国际法原则加以编纂。

20 世纪 60 年代，弗雷德曼（Wolfgang Friedmann）出版了其名著——《变动的国际法结构》（The Changing Structure of International Law）。他认为《欧洲国际军事法庭宪章》的影响将扩大国际罪行。这种扩大，是通过正在确立的对某些国际承认的犯罪行为如屠杀、驱逐和计划、准备以及发动侵略战争等的个人责任来完成的。③因此，他预见这种个人责任将对国家和政府的法律责任产生重大影响。除了这些规范性的分析以外，弗雷德曼的著作还从制度方面作了探讨。他断言："国际法的扩展最终将会要求创建国际刑事法庭。"④ 他的这一预见现已通过联合国的努力实现了。自弗雷德曼的书出版后，除了一些对战争罪和反人道罪的国内起诉外，并没有太多的国际实践推动国际法的刑事化。然而，在这一时期在法理上对纽伦堡原则的合法性的国际认同、对国际罪行的普遍管辖原则的适用性以及惩罚那些大规模违反国际人道法的行动的需要却加强了。

"前南斯拉夫和卢旺达国际刑事法庭的设立反映了国际法的日益刑事化现象。"⑤在前南斯拉夫境内的暴行震惊了人类的良知。在短时间内，这些事件引发安理会根据《联合国宪章》第七章颁布了《前南斯拉夫问题国际刑事法庭规约》⑥ 和《卢旺达问题国际刑事法庭规约》⑦，同时也推动了国际法委员会通过提议的《国际刑事法庭规约草案》。这两个特别法庭规约代表了《欧洲国际军事法庭宪章》的一个重要发展。首先，关于严重违反《日内瓦公约》和灭种罪的规定占据了规约的中心地位。其次，前南规约确认了非国际武装冲突（不限于国际战争）中的反人道罪。而卢旺达规约则承认即使在平时也能产生这种罪行。⑧ 海牙法庭在 Tadic 一案的上诉裁决中对这种违反人道罪的广泛性给予了司法上的确认。再次，强奸已被定性为一种反人道罪。⑨ 最后，也是最重要的是，承认共同违反《日内瓦公约》第 3 条及其第二附加议定书是犯罪行为，《卢旺达问题国际刑事法

---

① See Steven R. Ratner, "Regulatory Takings in Institutional Context: Beyond the Fear of Fragmented of International Law", *American Journal of International Law*, Vol. 102, 2008, p. 3.

② See Malcolm N. Shaw, *International Law*, 9th ed., Cambridge University Press, 2021, p. 38.

③ See W. Friedmann, *The Changing Structure of International Law*, Columbia University Press, 1964, p. 168.

④ W. Friedmann, *The Changing Structure of International Law*, Columbia University Press, 1964, p. 168.

⑤ Theodor Meron, "Is International Law Moving Towards Criminalization?", *European Journal of International Law*, Vol. 9, 1998, p. 18.

⑥ Report of the Secretary-General Pursuant Paragraph 2 of Security Council Resolution 808 (1993), UN Doc. S/25704 &Add. 1, 1993, Annex.

⑦ Statute of the Rwanda Tribunal, SC Res. 955, UN SCOR, 3453 rd Mtg, UN Doc. S/RES/955, 1994.

⑧ See Theodor Meron, "International Criminalization of Internal Atrocities", *American Journal of International Law*, Vol. 89, 1995, p. 557.

⑨ Yugoslav Statute, Article 5.

庭规约》构成了一个涉及国内暴行的国际人道法的特别积极的声明。

前南斯拉夫国际刑事法庭和卢旺达国际刑事法庭的设立,进一步引起了国际社会对建立一个常设刑事法院以起诉大规模屠杀和战争犯罪的关注。1998 年 7 月,160 个国家在罗马开会,讨论建立一个常设的国际刑事法院以审判那些犯有严重的灭种罪、战争罪和反人类罪的人,并通过了《罗马公约》。2002 年 7 月,国际刑事法院在海牙正式成立,将对战争罪、反人类罪和灭种罪等重大罪行进行审理并作出判决。

可见,在个人的刑事责任方面,国际法已经明显地走向更广泛的刑事化。[1] 就国际范围而言,它体现在国际人道法和国际刑事法庭的设立[2];在国内方面,它扩大了法人的刑事责任。在国内法体系中,普遍性管辖和保护性管辖的概念已经增强。国际组织,特别是国际刑事法庭促进了国际刑法的发展。国际法刑事化的命运将主要取决于国际刑事法院的功效以及前南斯拉夫国际刑事法庭和卢旺达国际刑事法庭的成就。

2. 国际法的"硬"性因素呈逐渐增加之势[3]

由于国际法基本上是一种以主权者"平等、协作"为条件的法律体系,是一种国家之"间"的法律体系,因此,国际法常常被认为是一种"弱法"(weak law)或"软法"(soft law)。但是,国际社会的组织化趋势,使国际法的实质内容正处于变动之中,国际法的约束力不断增强。

(1)国际社会已公认有若干强制规范的存在。第二次世界大战后,国际社会出现了强行法(jus cogens)理论。尤其是,1969 年《维也纳条约法公约》第 53 条和第 64 条明确规定:"条约在缔结时与一般国际法强制规律(强行法)抵触者无效"。当今,虽然国际法的主要规范仍为意志法,但国际社会已公认有若干强制规范的存在。这无疑增强了国际法的约束力。

(2)国际组织强制行动(enforcement action)的约束力也有明显加强。《联合国宪章》第七章以较大的篇幅对此作了详细规定。特别是在冷战结束以来变化的世界秩序中,复活的、积极的联合国安理会在某些领域具有立法与行政作用。不仅在海湾战争(1990—1991年),而且在索马里(1992 年)和前南斯拉夫(1991—1994 年),安理会宽泛地解释了其依据《联合国宪章》第七章所行使的权力,以认定是否存在对和平的威胁、破坏和平或侵略的行为。正如亨金教授所指出的:"安理会已宽泛地解释其权力为'决定',即作出具有法律拘束力的决定——施加强制性的经济制裁,授权军事行为,建立前南国际刑事法庭。"[4]

(3)近些年来,国际社会还出现了不少对国家领导人的公职行为进行刑事追诉的事例。例如,1998 年 10 月,应西班牙法官加尔松等人的要求,英国司法机关拘禁了智利前总统皮诺切特,启动了引渡的司法程序,开创了对前国家元首在职时的公职行为进行追诉的先例;1999 年 5 月,前南斯拉夫国际刑事法庭检察长阿尔伯尔决定起诉时任南联盟总统的米洛舍维奇及其他四位南联盟高级官员并发出了国际逮捕令,开创了对现任国家领导

---

① See Theodor Meron, "Is International Law Moving Towards Criminalization?", *European Journal of International Law*, Vol. 9, 1998, p. 30.

② 除了前南斯拉夫国际刑事法庭和卢旺达国际刑事法庭外,联合国塞拉利昂特别法庭、东帝汶法庭及柬埔寨特别法庭都已经建立。

③ 参见梁西著、杨泽伟修订:《梁著国际组织法》(第六版),武汉大学出版社 2011 年版,第 352 页。

④ Louis Henkin, *International Law: Politics and Values*, Martinus Nijhoff Publishers, 1995, p. 4.

人的公职行为进行刑事追诉的先例；2001 年，柬埔寨特别法庭启动了审判原红色高棉领导人的司法程序；等等。此外，2009 年 3 月，国际刑事法院宣布以涉嫌在苏丹达尔富尔地区犯有战争罪和反人类罪为由，正式对时任苏丹总统巴希尔发出逮捕令。这是国际刑事法院自 2002 年成立以来，首次对一个国家的在任元首发出逮捕令。2011 年 5 月，国际刑事法院检察官请求该法院法官对时任利比亚领导人卡扎菲发布逮捕令，以起诉其犯有战争罪和反人类罪。2011 年 12 月，科特迪瓦前总统巴博在国际刑事法院出庭受审，他因此成为国际刑事法院成立以来首位被审判的前国家元首，巴博面临四项反人类罪指控。2013 年 6 月，塞内加尔宣布逮捕已在本国避难长达 23 年的乍得前总统哈布雷，随后在塞内加尔成立的"特别非洲分庭"（Extraordinary Africa Chambers）正式指控哈布雷在任期间涉嫌犯有战争罪、反人类罪和酷刑罪。2013 年 9 月，联合国塞拉利昂特别法庭在海牙对利比里亚前总统泰勒的上诉作出终审判决，即以战争罪和反人类罪判处他 50 年监禁，这是第二次世界大战结束以来，首名被国际法庭判处有罪的前国家元首。上述例子，都在一定程度和范围内，体现了国际法在执行方面的效力。

此外，加强履约义务的监督核查机制和争端解决机制、违约惩治的力度和国际司法裁判机制等，也进一步增强了国际法的约束力。①

（四）国际法与国内法相互渗透、相互影响的趋势更加凸显

1. 国内法对国际法的影响

"作为一种后发的法律秩序，国际法在形成和发展过程中受到国内法的影响是很自然的。"② 影响国际法的首先是罗马法。"罗马法在国际法的发展史上占有非常重要的地位"③。国际法中有许多罗马法的遗迹。④ "万国法"这个词的运用就来源于罗马法。国际法中的"先占"（occupation）是指占领他国领土或取得一块无主地，它来自罗马法中"*occupatio*"，意思是占用某物，不管是动产或是不动产，但此物不属于任何人。"国家地役"（state servitude）来源于罗马法的"*servitus*"，它与奴隶制无关，而是指在他人土地上的通行权或类似的权利，它直接限制了一块土地的所有权。此外，"添附"曾出现在《查士丁尼法典》中。"时效及其取得""消灭"也来源于罗马法。当然，罗马法的一些术语在融入国际法的过程中，大部分在新的条件下已经完全被赋予了新的意义。总之，罗马法在某种程度上加快了国际法的形成过程。⑤

今天，欧美发达国家的国内法对国际法发展的影响同样巨大。就多边贸易体制而言，美国和欧盟即是推动多边贸易体制发展进程的核心力量。⑥ 此外，"欧盟还被称为当今国际能源法律制度最为先进的实验室"⑦，它不但为其成员国而且为世界上其他国家的能源立法提供了某种样板。

---

① 参见黄惠康：《中国特色大国外交与国际法》，法律出版社 2019 年版，第 114 页。
② 蔡从燕：《国内公法对国际法的影响》，《法学研究》2009 年第 1 期。
③ 杨泽伟：《国际法析论》（第四版），中国人民大学出版社 2017 年版，第 213 页。
④ See Arthur Nussbaum, *A Concise History of the Law of Nations*, Macmillan Company, 1954, p. 12.
⑤ 参见杨泽伟：《国际法史论》，高等教育出版社 2011 年版，第 20 页。
⑥ See Ernst-Ulrich Petersmann, "Constitutionalism and WTO Law: From A State-Centered Approach Towards A Human Rights Approach In International Economic Law", in Daniel L. Kennedy, James D. Southwick (eds.), *The Political Economy of International Trade Law*, Cambridge University Press, 2002, pp. 32-33.
⑦ Thomas W. Wälde, *International Energy Law: Concepts, Context and Players*, available at http://www.dundee.ac.uk.

2. "国际法国内化"①

现在许多国际法原则、规则都要求各国制定相应的国内法规范,以切实履行国际法上的义务。1995 年成立的世界贸易组织,其有关规定尤为典型。世界贸易组织规则具有双重的法律效果:"不但使通过规定的途径达到国家的法律体系,而且使国际一级的准则法律化。"②《建立世界贸易组织的马拉喀什协议》对此作了明确规定。例如,该协议第 2 条指出:"附件一、附件二和附件三中的各协议及其法律文件均是本协议的组成部分,并约束所有成员。"该协议第 16 条则进一步规定:"每一成员应当保证其法律、规则和行政程序,与所附各协议中的义务相一致。"因此,世界贸易组织确定了其有关规范优于成员方的国内法的宪法性原则。

世界贸易组织所确定的这种国际法效力优先的原则,不但得到大多数国家国内法的认可,而且也为其他的国际条约所证实。例如,《维也纳条约法公约》第 27 条规定:"一当事国不得援引其国内法规定为理由而不履行条约。"此外,在司法实践中,同样要求国内法院在国际法与国内法发生冲突的情况下,适用国际法,否则就构成国际不法行为。

总之,由于仅仅依靠国内法或国际法的调整不足以解决许多法律关系和法律问题,许多问题的解决需要国内法与国际法的共同规范,因此国内法与国际法交叉与融合的现象越来越明显。例如,国际能源法和国内能源法虽然是两个不同的法律体系,但由于国内能源法的制定者和国际能源法的制定者都是国家,因此这两个体系之间有着密切的联系,彼此不是互相对立而是互相渗透和互相补充的。③ 首先,国际能源法的部分内容来源于国内能源法,如一些国际能源公约的制定就参考了某些国家能源法的规定,国内能源法还是国际能源法的渊源之一。④ 其次,国内能源法的制定一般也参照国际能源公约的有关规定,从而使其与该国承担的国际义务相一致。最后,国际能源法有助于各国国内能源法的趋同与完善。

(五)国际法的调整范围不断向非传统安全领域延伸

"非传统安全"是指由非政治和非军事因素所引发、直接影响甚至威胁本国和别国乃至地区与全球发展、稳定和安全的跨国性问题以及与此相应的一种新安全。"非传统安全观"的出现,实际上反映了人们对安全问题认识的变化和国家安全观的扩展,即安全意识与安全概念从政治、军事领域逐步扩展到经济、文化、社会、资源、环境、科技、信息、舆论等领域;国家安全概念已从过去只是针对外部军事入侵和战争威胁的传统含义,扩展到保持本国稳定、发展和有序;安全认识和关注的对象不仅包括国家,还扩大到作为公民的个人和整个人类。⑤

科学技术的进步极大地拓宽了人类的生存空间和活动天地——人类的足迹上到外层空间,下至海床洋底。国际法的适用范围亦随之扩大。今天国际法的调整范围已非常宽广:

---

① [英]苏珊·马克斯:《宪政之谜:国际法、民主和意识形态批判》,方志燕译,上海世纪出版集团 2005 年版,第 145 页。

② 潘抱存:《论国际法的发展趋势》,《中国法学》2000 第 5 期。

③ 参见杨泽伟:《国际能源法:国际法的一个新分支》,《华冈法粹》2008 年第 40 期。

④ 例如,国际石油合同的性质就是双重的,既含有国际公法的成分,也包括国际私法的因素。不过,一般都认为国际石油合同是投资合同或商业合同,不是国际条约。它应受缔约国国内法的调整。See Zhiguo Gao, *International Petroleum Contracts: Current Trends and New Directions*, Graham & Trotman Limited, 1994, pp. 209-210.

⑤ 参见陆忠伟主编:《非传统安全论》,时事出版社 2003 年版,第 19—23 页。

"从外层空间探测的规则到大洋洋底划分的问题；从人权的保护到国际金融体系的管理；其所涉领域已从以维护和平为主扩大到包括当代国际生活的所有方面"①。正如联合国前秘书长安南所言："今日之世界已完全不同于1945年。"② 我们现在和未来几十年所面临的最大的安全威胁已经绝不仅仅是国家发动的侵略战争了，这些威胁扩大到恐怖主义、毒品和武器交易、跨国有组织犯罪、气候变化、民族和宗教冲突、邪教猖獗、金融动荡、信息网络攻击、基因与生物事故、非法移民、地下经济及洗钱、能源安全、武器扩散、传染病蔓延、海盗和贫穷等"非传统安全"领域。③ 况且，上述"非传统安全"领域的威胁还在不断加剧，并以前所未有的范围和强度对国家、地区乃至全球的发展、稳定和安全造成强烈的冲击。因此，当代国际法的调整范围逐步从过去的以和平与安全为主扩大到"非传统安全"领域。

因为国际法调整领域的进一步拓展，所以国际法学者以后的研究范围将更加宽广，不仅包括传统国际法的一些领域，还包括国际法上出现的新问题。例如，能源安全问题是包括中国在内的许多国家当前面临的现实问题，需要包括法学在内的多学科的系统研究和交叉研究。研究能源安全问题以及如何实现"能源供给革命""能源技术革命""能源消费革命"和"能源体制革命"，既能为维护中国的能源安全提供法律与政策的智库保障，又将极大地丰富国际法的理论，促进国际能源新秩序的建立。此外，发达国家新能源法律与政策也是一个值得研究的问题。因为进入21世纪以来，在能源需求增长、油价攀升和气候变化问题日益突出等因素推动下，新能源再次引起世界各国的重视，掀起了新一轮发展高潮；发展新能源也是中国应对世界能源系统变化、建设资源节约型和环境友好型社会的现实需要。

又如，《巴黎协定》背景下中国应对气候变化的法律问题，将成为未来中国国际法学界研究的热点之一。因为2015年《巴黎协定》，开启了全球新的应对气候变化进程。中国在《巴黎协定》谈判中的积极态度，赢得了国际社会的赞誉。在新的应对气候变化的国际形势下，中国应如何履行《巴黎协定》的义务？《巴黎协定》对次国家级气候治理有何影响？《巴黎协定》有哪些不确定性和缺陷？上述问题都值得关注。

三、当代国际法的应有价值与时代使命

国际法作为主要由主权国家组成的国际体系中的法律，反映了该体系中的政治主张、应有价值与时代使命，并服务于各种目标。因此，国际体系的转型带来的支配国际体系的政治力量及其政治主张的变化，必然会引起国际法价值观念的某些变动。④ 由于国际法的价值问题很少在国际法律文件中提及，所以我们只能从国际法律体系的基本规范和长期的国际关系实践中推断出来。特别是进入21世纪以来，国际社会对国际法的需求比

① Malcolm N. Shaw, *International Law*, 9th ed., Cambridge University Press, 2021, p. 36.
② Edward C. Luck, "How Not to Reform the United Nations", *Global Governance*, Vol. 11, 2005, p. 407.
③ See Mark Udall, "Collective Security and the United Nations", *Denver Journal of International Law and Policy*, Vol. 33, No. 1, 2004-2005, p. 4. 此外，"威胁、挑战和改革问题高级别小组"在其《一个更安全的世界：我们的共同责任》报告中，将当今世界面临的各种威胁归纳成以下六组：经济和社会威胁，包括贫穷、传染病及环境退化；国家间冲突；国内冲突，包括内战、种族灭绝和其他大规模暴行；核武器、放射性武器、化学和生物武器；恐怖主义；跨国有组织犯罪。2005年3月，联合国时任秘书长安南在其《大自由：实现人人共享的发展、安全和人权》报告中采纳了上述高级别小组报告中的观点。
④ See Louis Henkin, *International Law: Politics and Values*, Martinus Nijhoff Publishers, 1995, p. 1.

冷战期间更为紧迫，在许多方面，国际法所肩负的期望和使命也越来越大。①

（一）发展、安全、人权等价值目标

1. 发展

发展涉及多层面的问题：从两性平等到公共卫生，从教育到环境，不一而足。关于发展问题的国际法律文件，最早可以追溯到《联合国宪章》和《世界人权宣言》，尽管这两者并没有明确提出发展的概念。1986 年 12 月，联合国大会通过了《发展权宣言》，正式确认了发展权。2000 年，各国在《联合国千年宣言》中承诺，"使每一个人拥有发展权，并使全人类免于匮乏"。2015 年第 70 届联合国大会通过了《改变我们的世界：2030 年可持续发展议程》，宣布了 17 个可持续发展目标和 169 个具体目标。可见，发展问题已成为当代国际法上的一项重要内容。诚如《改变我们的世界：2030 年可持续发展议程》所指出的："没有和平与安全，就不可能有可持续发展；没有可持续发展，就会危及和平与安全。"②

2. 安全③

在现代国际关系中，各个国家都把安全作为其战略目标的最高诉求。因此，"国际法的价值之一，就在于通过界定其主体间权利义务和协助解决争端来维持和平、保障安全"④。进入 21 世纪以来，对和平与安全的威胁不仅包括国际战争和武装冲突，也包括国内暴力、有组织犯罪、恐怖主义、大规模毁灭性武器以及极端贫穷、致命传染病和环境退化等。在这种背景下，国际社会达成了新的安全共识，即各种威胁彼此关联，发展、安全和人权相互依存；任何国家都无法完全靠自己实现自我保护；所有国家都需要一个符合《联合国宪章》的宗旨和原则的有实效和效率的集体安全体系。⑤

3. 人权

第二次世界大战结束以来，"各国在人权意识和道德感悟程度上的提高，是至关重要的新的体系价值兴起的一个明显的标志"⑥。联合国成立后，一直决心为创建一个以对人权普遍尊重为基础的和平、公正的世界而奋斗。1946 年 6 月，联合国经社理事会通过决议设立了人权委员会。联合国人权委员会是经社理事会附属机构的职司委员会之一。2006 年 3 月，联大通过决议决定，设立人权理事会，并作为联大的下属机构，取代了人权委员会。联合国人权理事会负责对联合国所有成员国作出阶段性人权状况回顾报告，理事会成员在任期内必须接受定期普遍审查机制的审查。

值得注意的是，近年来欧盟对外关系中呈现出越来越明显的"人权导向"：其他欧洲国家在申请加入欧盟时，必须满足一定的"人权条件"；在向第三国提供发展援助时，将尊重人权作为必要条件，并在第三国违反人权时取消相应的财政和技术援助；在共同外交与安全政策框架下坚持开展"人权外交"。

---

① 参见万鄂湘、王贵国、冯华健主编：《国际法：领悟与构建——W. 迈克尔·赖斯曼论文集》，马轶男等译，法律出版社 2007 年版，第 142 页。

② 《改变我们的世界：2030 年可持续发展议程》，A/70/L. 1，2015 年 9 月 18 日。

③ 有学者认为，"善意践行废除公然的侵略行为"具有核心价值的地位。See Thomas K. Plofchan Jr., "A Concept of International Law: Protecting Systemic Values", *Virginia Journal of International Law*, Vol. 33, 1992–1993, p. 212.

④ 高岚君：《国际法的价值论》，武汉大学出版社 2006 年版，第 61 页。

⑤ 参见联合国秘书长的报告：《大自由：实现人人共享的发展、安全和人权》（2005 年 3 月 21 日），载于联合国网站：http://www.un.org.

⑥ ［美］熊玠：《无政府状态与世界秩序》，余逊达、张铁军译，浙江人民出版社 2001 年版，第 155 页。

应当指出的是，2005 年 3 月，时任联合国秘书长安南在其《大自由：实现人人共享的发展、安全和人权》（In Larger Freedom, Towards Development, Security and Human Rights for All）报告中指出，"我们处在一个技术突飞猛进、经济日益相互依存、全球化及地缘政治巨变的时代。在这一时代，发展、安全和人权不但都有必要，而且互为推动"①。该报告不但明确指出了发展、安全和人权等价值目标，而且提出了实现这些价值的具体措施和步骤。2005 年 10 月，联合国世界首脑会议再次重申："和平与安全、发展和人权是联合国系统的支柱，也是集体安全和福祉的基石。我们认识到，发展、和平与安全、人权彼此关联、相互加强"②。可见，发展、安全、人权等价值体系在某种程度上已经得到了国际社会的认可。总之，发展、安全和人权这三大价值目标密不可分。"没有发展，我们就无法享有安全；没有安全，我们就无法享有发展；不尊重人权，我们既不能享有安全，也不能享有发展"③。而国际法的社会建构作用不可或缺，它是实现和平、繁荣和有效的国际合作等所有价值目标的最重要的工具。④

（二）国际法的宪法功能

冷战结束以来，国际法的宪法功能成为欧美国际法学界的时髦话题。其实，早在 1926 年，奥地利学者菲德罗斯就首次使用了"宪法"一词。⑤ 菲德罗斯认为，普遍的国际社会的宪法是"以下列一些规范为基础的：这些规范，在各国形成国际法的时候被假定为有效，而且此后通过国际习惯法和一些个别的集体条约得到了发展"⑥。自从国际联盟成立后，国际社会就有了一个宪法性文件——《国际联盟盟约》。因为《国际联盟盟约》第 20 条规定盟约项下的义务具有优先性，有学者称之为"更高的法律"⑦。

《联合国宪章》作为联合国的组织法和现代国际法的重要内容之一，目前被当作一项宪法性文件，或者被看作是国际社会的"宪法"⑧。

首先，《联合国宪章》的有关规定，如禁止以武力相威胁或使用武力、和平解决国际争端等，都已具备了国际强行法的性质。

其次，《联合国宪章》第 103 条规定，该宪章项下的义务具有优先性。这正如有学者所指出的："有充分的理由假定，与第三方国家缔结的明显或至少表面上与《联合国宪章》抵触的条约，不但是不可强制执行的，而且对这些国家来说也是无效的……第三方国家在其条约关系和其他方面，必须尊重《联合国宪章》为联合国会员国规定的义务。"⑨

---

① 联合国秘书长的报告：《大自由：实现人人共享的发展、安全和人权》（2005 年 3 月 21 日），载于联合国网站：http://www.un.org.

② 《2005 年世界首脑会议成果》，联合国大会决议 A/RES/60/1，2005 年 10 月 24 日。

③ 联合国秘书长的报告：《大自由：实现人人共享的发展、安全和人权》（2005 年 3 月 21 日），载于联合国网站：http://www.un.org.

④ See Gabriella Blum, "Bilateralism, Multilateralism, and the Architecture of International Law", *Harvard International Law Journal*, Vol. 49, No. 2, 2008, p. 332.

⑤ See Bruno Simma, "From Bilateralism to Community Interest in International Law", *Recueil des Cours*, 1994, Ⅵ, p. 21.

⑥ ［奥］阿·菲德罗斯等：《国际法》（上册），李浩培译，商务印书馆 1981 年版，第 170 页。

⑦ H. Lauterpacht, "The Covenant as the Higher Law", *British Year Book of International Law*, Vol. 17, 1936, pp. 54-56.

⑧ See Laurnce R. Helfer, "Constitutional Analogies in the International Legal System", *Loyola of Los Angels Law Review*, Vol. 37, 2003, p. 193; Leland M. Goodrich and Edvard Hambro, *Charter of the United Nations: Commentary and Documents*, Stevens & Sons Limited, 1949, p. 519.

⑨ Bardo Fassbender, "The United Nations Charter as Constitution of the International Community", *Columbia Journal of Transnational Law*, Vol. 36, 1998, p. 532.

最后，根据《联合国宪章》的有关条款，联合国安理会负有维护国际和平与安全的主要职责；联合国大会有权审查联合国安理会和联合国其他机构的工作报告，尤其是预算报告；国际法院类似于《联合国宪章》"合法性"的监护人，并被赋予潜在的、具有"保护性"色彩的角色。①

随着国际社会组织化趋势的进一步增强，虽然时下国际法学界对国际法是否正在"宪法化"或在何种程度上在"宪法化"存在较大争议，但是不可否认的是，国际宪法思潮已经成为国际法学界不能回避的课题。有学者甚至提出，国际宪法（international constitutional law）将成为国际法上新的次一级的学科。②

（三）国际法的民主与法治价值

1. 民主

传统国际法是很少涉及民主话题的。然而，冷战结束以后，随着亨廷顿（Samuel Huntington）提出"民主第三波"（Third Wave of Democratization）理论，美国纽约大学弗兰克（Thomas Franck）教授也指出，"民主治理规范"或"民主治理的权利"（the right to democratic governance）正在国际法上出现。③ 弗兰克认为，所谓的民主治理规范首先意味着政府的合法性是由国际标准而不纯粹是由国内标准来决定的；其次，只有民主政府才会被接受为合法政府；最后，把获得民主治理确立为一项人权，这项权利应当通过恰当的监督和执行程序受到保护。④ 可见，"民主治理规范"将使获得民主治理成为一项普遍的权利，具有对抗所有国家的执行力，无论这些国家是否是人权条约的成员。弗兰克的观点得到了不少欧美知名学者的赞同，如塞尔纳（Christina Cerna）、克劳福德（James Crawford）、福克斯（Gregory Fox）和诺尔特（George Nolte）等。哈佛大学斯劳特（Anne-Marie Slaughter）教授甚至指出："国际法学说由于未能充分重视民主和平而有所缺陷。"⑤

"民主治理规范"理论正越来越引起国际社会的重视。⑥ 例如，在 2000 年《联合国千年宣言》中，每个会员国都承诺要提高贯彻民主原则和推行民主体制的能力。同年，联大还通过了一项关于促进和巩固民主的决议，并有 100 多个国家签署了《民主共同体华沙宣言》⑦。此外，许多区域性国际组织也将促进民主视为一项核心工作，如 2001 年 6 月美洲国家组织第 28 次特别会议一致通过了《美洲民主宪章》。该宪章正式阐述了美洲国家组织的民主观，成为该组织促进西半球民主的行动指南。2005 年，时任联合国秘书长

---

① 参见万鄂湘、王贵国、冯华健主编：《国际法：领悟与构建——W. 迈克尔·赖斯曼论文集》，马轶男等译，法律出版社 2007 年版，第 420 页。

② See Bardo Fassbender, "The Meaning of International Constitutional Law", in Ronald St. John Macdonald, Douglas M. Johnston (eds.), *Towards World Constitutionalism*, Martinus Nijhoff Publishers, 2005, p. 838. See Andrew Clapham, *Brierly's Law of Nation: An Introduction to the Role of International Law in International Relations*, 7th ed., Oxford University Press, 2012, p. 92.

③ See Cecile Vandewoude, "Book Reviews: Democracy and International Law by Richard Burchill", *European Journal of International Law*, Vol. 19, 2008, p. 234.

④ See Thomas M. Franck, "The Emerging Right to Democratic Governance", *American Journal of International Law*, Vol. 86, No. 1, 1992, pp. 46-91.

⑤ ［英］苏珊·马克斯：《宪政之谜：国际法、民主和意识形态批判》，方志燕译，上海世纪出版集团 2005 年版，第 49 页。

⑥ 参见王家兵：《国际法视野下国家民主治理问题研究》，武汉大学 2014 年博士学位论文。

⑦ See A/55/328，附件一。

安南在其《大自由：实现人人共享的发展、安全和人权》报告中提出，"民主不属于任何国家或区域，而是一项普遍权利"；并建议"在联合国设立民主基金，以便向设法建立或加强民主体制的国家提供援助"①。2005 年联合国世界首脑会议也重申："民主是一种普遍价值观，基于人民决定自己的政治、经济、社会和文化制度的自由表达意志，基于人民对其生活所有方面的全面参与……民主、发展与尊重所有人权和基本自由是相互依存、相互加强的。"②

然而，一些学者对"民主治理规范"理论提出了质疑。例如，美国亚利桑那州立大学罗思（Brad R. Roth）教授认为，"民主治理规范潜藏着使国际法沦为干涉主义强国之玩物的危险。"③ 芬兰赫尔辛基大学科斯肯涅米（Martti Koskenniemi）教授也断言，"民主治理规范理论被怀疑为一种新殖民主义的策略，有可能带来帝国主义的重新抬头"④。本书认为，当代国际法将民主作为其一种新的价值取向，有助于提升全球善治的整体水平，但是"民主治理规范"应更多地着眼于国际组织自身的民主治理、国际决策的民主，从而达到进一步增强国际法民主化的目的。

2. 法治

法治是与民主密切相关的一个问题，它同样涉及国内和国际两个层面。每一个在国内宣称实行法治的国家，在国外也必须尊重法治。每一个坚持在国外实行法治的国家，在国内也必须实行法治。与 19 世纪的维也纳体制、20 世纪初的国际联盟体制不同，建立在第二次世界大战废墟上的联合国体制，以《联合国宪章》为基础倾向于"规则之治"，从而有助于推进国际法治进程。

进入 21 世纪以来，国际社会要求加强法治的呼声不断高涨。例如，2000 年，《联合国千年宣言》重申了所有国家对法治的承诺，并将法治视为促进人类安全和繁荣的一个积极重要的框架。2005 年，安南在其《大自由：实现人人共享的发展、安全和人权》报告中呼吁，联合国所有会员国"必须通过普遍参与多边公约加强对法治的支持"，并建议"在拟议的建设和平支助厅内专门设立一个主要由联合国系统现有工作人员组成的法治援助股，负责协助各国努力在冲突中和冲突后社会重建法治"⑤。同年，联合国世界首脑会议再次强调："需要在国家和国际两级全面遵守和实行法治，为此重申决意维护《联合国宪章》的宗旨和原则以及国际法，并维护以法治和国际法为基础的国际秩序，这是国家间和平共处及合作所不可或缺的。"⑥ 特别值得一提的是，近些年来诸如国际刑事法院等各类国际刑事司法机构相继设立，以及针对达尔富尔、东帝汶和科特迪瓦等问题专门设立专家委员会和调查委员会，都有利于推进国际社会的法治。

---

① 联合国秘书长的报告：《大自由：实现人人共享的发展、安全和人权》（2005 年 3 月 21 日），载于联合国网站：http://www. un. org。

② 《2005 年世界首脑会议成果》，联合国大会决议 A/RES/60/1，2005 年 10 月 24 日。

③ Brad R. Roth, "Democratic Intolerance: Observations on Fox and Nolte", *Harvard International Law Journal*, Vol. 37, 1996, p. 236.

④ Martti Koskenniemi, "Intolerant Democracies: a Reaction", *Harvard International Law Journal*, Vol. 37, 1996, p. 231.

⑤ 联合国秘书长的报告：《大自由：实现人人共享的发展、安全和人权》（2005 年 3 月 21 日），载于联合国网站：http://www. un. org.

⑥ 《2005 年世界首脑会议成果》，联合国大会决议 A/RES/60/1，2005 年 10 月 24 日。

总之，在国际体系转型背景下，今后国际法的重要性将日益增强。特别是"随着世界各国之间实力差别的下降，国际法的相关性增加了……国际协议和国际法的管辖对于合理使用全球的公共地区以及由自我控制和集体实施共同商定的原则为指导的国际秩序，是很有必要的"①。

（四）国际社会共同利益与国际新秩序的建立

人类社会的发展，推动了人类认识的进步。早在 1968 年，哈丁（Garret Hardin）就最早提出了"公地悲剧"的隐喻，其精髓是"公地的自由使用为所有人带来了毁灭"②。为了避免"公地悲剧"在国际社会重演，在当代国际社会中，各个国家根据国家主权原则追求各自的利益，但也尊重相互的利益，这就是主权独立、平等互利的国际社会的发展，使人们越来越多地关注"国际社会共同利益"（the common interests of the international community）。③ 一个国家的民族利益离不开全人类的共同利益。"共同体的利益高于共同体组成部分（国家）的利益，也作为现代国际关系的（新）前提得到了确立。"④

今天，"国际社会共同利益"的理念比以前更深刻地渗透到国际法中。⑤ 国际法已从传统的双边主义（bilateralism）扩展到有组织的国际合作，特别是经济、社会、文化、交通等方面的合作。此外，海洋资源的开采、外层空间的利用、国际环境的保护、防止核武器的扩散、国际新秩序的建立等都体现了"国际社会共同利益"。这种认识已使人们超越了过去那种国际关系的局限，逐渐懂得全人类的相互依存。尽管这种发展还受到民族利己主义的严重干扰，但人们对"国际社会共同利益"的关注这一因素越来越影响新的国际法规则的制定，体现着国际法进步发展的一个方向。诚如有学者所说，在 21 世纪由于科学技术的高度发达造成的全人类相互依赖性的增强和全人类共同面临的客观困境共同提出了新的要求：所有的国际法规则均必须受到"国际社会共同利益"的制约，必须为"国际社会共同利益"服务；"国际社会共同利益"成为国际法的最终目的性价值。⑥

综上，随着国际体系的转型、国际社会基本结构的新变化，当代国际法的价值目标与时代使命在变化中进步：从开始注重调整非传统安全领域到发展、安全和人权等多元价值的兼顾；从进一步推动国际社会组织化到对国际法的"宪法化"问题的思考；从考虑国际社会的民主法治要求到对全人类共同利益的关注等。

四、影响当代国际法新发展的因素

（一）科学技术

科学技术的进步促进了社会生产力的发展，不断为人类活动开辟新领域。世界的范围相对地缩小了，人类的关系空前地密切了。科学技术对国际关系的深刻影响，也必然会反

① ［美］卡尔·多伊奇：《国际关系分析》，周启朋等译，世界知识出版社 1992 年版，第 276 页。
② ［美］熊玠：《无政府状态与世界秩序》，余逊达、张铁军译，浙江人民出版社 2001 年版，第 189 页。
③ 参见潘抱存：《中国国际法理论新探索》，法律出版社 1999 年版，第 93—95 页。
④ ［美］熊玠：《无政府状态与世界秩序》，余逊达、张铁军译，浙江人民出版社 2001 年版，第 196 页。
⑤ See Bruno Simma, "From Bilateralism to Community Interest in International Law", *Recueil des Cours*, 1994, Ⅵ, p. 234.
⑥ 参见高岚君：《国际法的价值论》，武汉大学出版社 2006 年版，第 138 页。

映在国际法的发展上，从而使国际法伴随着科学技术的进步而不断变化。近现代国际法如此，当代国际法亦然。[①] 今天，科学技术的进步对人和社会的深远影响尤为明显，也深刻地影响国际关系的发展，[②] 推动国际法各个分支的演进。

外层空间法是在科学技术的推动下产生的一个国际法的新分支。随着人类外空活动的增加，有关月球和其他天体的法律问题提上了国际社会的议事日程，产生了诸如"探索和利用"以及"和平利用外层空间"等概念。此外，诸如无线电波段和频率的分配、地球静止轨道的合理利用、卫星遥感地球、卫星直接电视广播、空间碎片、外层空间的商业化利用以及空间站的法律问题等，都需要国际法规范的进一步调整。

海洋法虽是一个古老的法律部门，但随着科学技术的进步，它已从过去的海面法向纵深方面发展直至海床洋底，产生了新的海底开发制度。1982年《联合国海洋法公约》、1994年《关于执行1982年12月10日〈联合国海洋法公约〉第十一部分的协定》以及目前正在起草的《国家管辖范围以外海域生物多样性国际协定》，就是明显的例子。可以说，"大多数新的海洋法规，包括大陆架、海床、航行、国家管辖和海洋科学研究都是科学技术的巨大变化的结果"。[③]

国际环境法是国际法上较新的一章，也是现代科学技术发展的结果。近年来，国际社会日益关注臭氧层的问题，制定了《保护臭氧层的维也纳公约》。国际社会还多次召开了世界性环境与发展会议，呼吁加强对环境的保护。同时，世界各国还密切关注全球气候变化问题，制订了"巴厘岛路线图"，并于2015年11月签署了《巴黎协定》，开启了全球新的应对气候变化进程。另外，知识产权的国际保护、国家责任等受科学技术的影响也非常明显。

值得注意的是，随着云计算、大数据、量子科技、区块链、物联网、工业互联网、5G、人工智能等新一代信息技术加速突破运用，人类社会已迎来了数字经济时代。所有这些，无疑需要新的国际法规则予以规制、应对。[④]

可见，"科学技术的发展促进了国际造法过程、加速了习惯法的形成"[⑤]。

总之，回顾国际法的演进，我们能够找到许多反映科学技术对国际法规则的产生和发展有影响的例证。然而，国际法的发展经常滞后于科学技术的进步，不能很好地适应国际社会的需要。这在很大程度上是由于科学技术的进展所带来的严重的利益冲突所导致的。这几乎体现在国际法的各个领域。例如，发展中国家和发达国家在外层空间的探索和利用、国际海底区域开发制度、人权的国际保护、知识产权以及如何弥补南北经济发展的鸿沟等问题上存在很大分歧。科学技术本身当然不能为自己制定规则，人类也同样不能成为

① 参见杨泽伟：《晚近国际法发展的新特点及其影响因素》，《中国法学》2000年第6期。
② See Manfred Lachs, "Thoughts on Science, Technology and World Law", *American Journal of International Law*, Vol. 86, 1992, p. 683.
③ Manfred Lachs, "Thoughts on Science, Technology and World Law", *American Journal of International Law*, Vol. 86, 1992, p. 691.
④ 2018年11月，一位中国科学家宣称利用CRISPR-Cas9技术创造出世界首例基因编辑婴儿。这一消息震惊了全世界。对此世界卫生组织警告说，"基因编辑可能会产生意想不到的后果"，并表示正在组建一个专家小组，在研究伦理和安全问题后就基因编辑制定明确的指导方针和标准。
⑤ Manfred Lachs, "Thoughts on Science, Technology and World Law", *American Journal of International Law*, Vol. 86, 1992, p. 684.

科学技术的奴隶。唯一的选择是伴随着科学技术的进步，不断制定新的国际法规范以适应国际社会的需要。

（二）国际政治

国际法不可能是一种孤立的存在，它深受国际社会各个方面，特别是国际政治的制约。① 事实证明，公正、合理的国际关系有助于国际法的发展，而国际强权政治会窒息国际法的生机，因为它为国际法划定了一个非常狭窄的天地。人们从国际法的历史演进中可以发现，国际法对国际政治有一种畸形的从属性。中世纪和近现代国际法，都是如此。

强权政治在近代国际法中留下了深刻的烙印。主权平等原则实质上只适用于所谓的欧洲文明国家。即使在所谓的欧洲文明国家之间，受国际强权政治的制约，主权平等原则也"大打折扣"。进入 20 世纪，第一次世界大战的爆发是帝国主义国家公然无视国际法的具体体现。第二次世界大战后，虽然成立了联合国，然而，在战后的各个历史时期和全球的各个地区，恃强凌弱的事件时有发生，恣意干涉别国内政及其他违反国际法的行为迭出不止。在强权的阴影下，现代国际法屡遭践踏，显得苍白无力。

尽管在国际法的发展过程中，国际政治不时制约国际法的发展，但是从国际法的发展前景来看，减少或逐步摆脱国际政治的影响和束缚是必然趋势。其原因主要有：世界和平与发展的需要，国际法的民主性逐步加强，国际法的约束力呈逐渐增加之势。

（三）国际社会的共同利益

关于国际社会共同利益对国际法发展的影响，在本节的前面部分已经述及，在此不再赘述。

<h2 style="text-align:center">第四节　国际法的渊源</h2>

一、概说

像国内法一样，国际法也有它的渊源。国际法的渊源（sources of international law）分为实质渊源（material sources）和形式渊源（formal sources）两类。前者是指在国际法规则产生过程中影响这种规则内容的一些因素，如法律意识、正义观念、连带关系、国际互赖、社会舆论、阶级关系等；后者是指国际法规则由以产生或出现的一些外部形式或程序，如条约、国际习惯、一般法律原则等。国际法学者所着重研究的主要是国际法的形式渊源。②

《国际法院规约》第 38 条第 1 款虽然没有明确规定国际法的渊源问题，但是它通常被认为是对国际法渊源的权威说明。③ 该条指出："（国际）法院对于陈诉各项争端，应依国际法裁判之，裁判时应适用：（子）不论普通或特别国际协约，确立诉讼当事国明白

---

① 参见梁西：《论国际法的发展》，《武汉大学学报》（社会科学版）1990 年第 5 期。

② 参见李浩培：《国际法的概念和渊源》，贵州人民出版社 1994 年版，第 52 页。

③ See Andrew Clapham, *Brierly's Law of Nations: An Introduction to the Role of Internation of Law in International Relations*, 7th ed., Oxford University Press, 2012, p. 54.

承认之规条者。（丑）国际习惯，作为通例之证明而经接受为法律者。（寅）一般法律原则为文明各国所承认者。（卯）在第 59 条规定之下，司法判例及各国权威最高之公法学家学说，作为确定法律原则之补助资料者。"

基于这一规定，我们可以把国际法的渊源分为两大类：一类是国际法的主要渊源，包括条约、国际习惯；另一类是国际法的辅助渊源，包括一般法律原则、司法判例、权威公法学家学说和国际组织的决议等。

二、国际法的主要渊源

（一）条约

条约（treaty）是指"国际法主体间缔结而以国际法为准，旨在确立其相互间权利与义务关系的国际书面协议"①。在国际法的发展史上，条约是仅次于国际习惯的第二个国际法渊源。然而，随着条约数量的大量增加，条约已成为现代国际法的首要渊源。

《国际法院规约》第 38 条第 1 款将条约分为"普通条约"（general treaties）和"特别条约"（particular treaties）两种。"普通条约"又称"造法性条约"（law-making treaties）或"规范性条约"（normative treaties）②、"国际立法"（international legislation）③，是指数目较多的国家用以制定一般国际法规则以便相互遵守的条约，如《维也纳外交关系公约》《联合国海洋法公约》等。一般认为，只有造法性条约才能成为国际法的渊源。

"特别条约"又称"契约性条约"（contractual treaties or treaty-contracts），是指缔约国之间就一般关系或特定事项上的相互权利和义务而签订的条约，如边界条约、通商条约和同盟条约等。

应该指出的是，在国际实践中，这两类条约是很难严格区分的。因为，一方面在同一条约内有些条款属契约性质，而另一些条款则属造法性质；另一方面，有时契约性条约也会产生"立法效果"，并成为解决缔约国间争端的重要法源。1959 年国际法院"某些边境土地主权案"（the Case Concerning Sovereignty over Certain Frontier Lands）④ 就是其中的一个典型例子。

（二）国际习惯

拓展阅读

1959 年国际法院"某些边境土地主权案"

国际习惯（international custom）是"各国在其实践中形成的一种有法律约束力的行为规则"⑤。国际习惯是国际法的主要渊源之一，也是国际法最古老和最原始的渊源。

国际习惯的形成，有两个要件：第一是客观要件，又称物质要件（material element），是指有"通例"（a general practice）的存在。它包括时间上的连续性和空间上的普遍性，即同一情况下的同一行为或实践连续进行，且这种行为或实践被国际社会普遍认可。第二

---

① 万鄂湘等：《国际条约法》，武汉大学出版社 1998 年版，第 3 页。

② See I. A. Shearer, *Starke's International Law*, Butterworths, 1994, p. 39.

③ See M. O. Hudson（ed.）, *International Legislation*, 9 Vols, the Carnegie Endowment for International Peace, pp. 1931-1935.

④ See ICJ Reports, 1959, pp. 209-258.

⑤ 梁西主编：《国际法》（修订第二版），武汉大学出版社 2000 年版，第 45 页。

是主观要件，又称心理要件（psychological element）´，是指各国在从事同一行为时具有"法律确信"（*opinio juris*），认为采取这种行为是一项法律义务，并且深信只有这样做才符合国际法的要求。这两个要件缺一不可。

国际习惯是不成文法。为了证明一项国际习惯规则的存在，就需要查找国际习惯存在的证据。1947 年 11 月，联大通过的《国际法委员会规约》第 24 条规定：国际法委员会应"考虑使国际习惯法的证据易于查找的方法和途径，如收集与出版有关国家实践的文件和关于国际法的国内或国际法庭的判决，并就此事向大会报告"①。因此，国际习惯存在的证据，只能从国际关系的实践和司法判例中去寻找。

值得注意的是，2012 年联合国国际法委员会第 64 届会议决定将"习惯国际法的形成与证据"（formation and evidence of customary international law）专题列入工作方案，并任命迈克尔·伍德爵士（Sir Michael Wood）为特别报告员。2013 年，联合国国际法委员会第 65 届会议决定将专题标题改为"习惯国际法的识别"（identification of customary international law）。2018 年，联合国国际法委员会第 3412 次会议二读通过了关于习惯国际法的识别的整套结论草案。该草案分为以下七个部分：第一部分论及范围和目的；第二部分阐述习惯国际法的基本识别方法，即"两要素"方法；第三和第四部分就习惯国际法的两个构成要素提供进一步指导，这两个构成要素也是习惯国际法的识别标准，即"一项一般惯例"和"被接受为法律"（法律确信）；第五部分论及在识别习惯国际法规则时频繁援引的某些类别的材料；虽然习惯国际法规则对所有国家具有约束力，第六和第七部分论及两种例外情况，即一贯反对者和特别习惯国际法（仅在数量有限的国家之间适用的习惯国际法规则）等。②

三、国际法的辅助渊源

（一）一般法律原则

《国际法院规约》第 38 条规定，国际法院在裁判案件时，应适用为文明各国所承认的"一般法律原则"（general principles of law）。然而，"一般法律原则"是否为国际法的渊源？它的含义是什么？中外国际法学者对此有不同的看法。

以童金、凯尔森、周鲠生等学者为代表，主张否定"一般法律原则"属于国际法的渊源的性质；劳特派特、李浩培等学者则认为，"一般法律原则"是不同于国际条约和国际习惯的第三种国际法渊源，劳特派特甚至提出"一般法律原则"是最重要的国际法渊源。③

关于"一般法律原则"的含义，有学者认为它至少有以下七种不同的解释：（1）一般正义原则；（2）自然法；（3）从私法类推出来的原则；（4）比较法的一般原则；（5）国际法的一般原则（这是苏联某些学者的观点）；（6）法的一般理论；（7）一般法律概念。④

---

①　Louis B. Sohn, *Basic Documents of the United Nations*, Foundation Press, 1968, pp. 35–41.

②　See "Identification of Customary International Law", available at https://legal.un.org.

③　参见王铁崖：《国际法引论》，北京大学出版社 1998 年版，第 88—91 页；李浩培：《国际法的概念和渊源》，贵州人民出版社 1994 年版，第 106—107 页。

④　See I. A. Shearer, *Starke's International Law*, Buterworths, 1994, p. 29.

其实，从国际实践来看，不论是国际法院还是国际仲裁机构，都很少单独适用"一般法律原则"来裁决有关的案件。《国际法院规约》之所以对"一般法律原则"作出规定，是为了填补条约和国际习惯的不足，以避免出现国际法院在裁决案件时因无可适用的法律而拒绝作出判决的情形。因此，"一般法律原则"不是一种独立的国际法渊源，而是一种辅助性渊源，在国际法的渊源体系中处于次要地位。

值得注意的是，2018 年国际法委员会第 70 届会议决定将"一般法律原则"专题列入其工作方案中。2020 年，在国际法委员会第 72 届会议上，特别报告员马塞洛·巴斯克斯-贝穆德斯（Marcelo Vázquez-Bermúdez）作了题为"关于一般法律原则的第二次报告"（Second Report on General Principles of Law）的报告。该报告论述了《国际法院规约》第 38 条第 1 款（c）项意义上的一般法律原则的识别问题。它主要分为以下五个部分：第一部分论述了关于识别的一些一般问题；第二部分论述了源自国家法律体系的一般法律原则的识别；第三部分涉及在国际法体系内形成的一般法律原则的识别；第四部分论述一般法律原则的辅助识别资料；第五部分简要阐述了未来工作方案。[①]

（二）司法判例

按照《国际法院规约》第 38 条的规定，国际法院在裁判案件时可以适用"司法判例"（judicial decisions），作为确定法律原则的辅助资料，但其适用受第 59 条的限制，即"法院之裁判除对于当事国及本案外，无拘束力"。这一规定说明：一方面，"司法判例"本身不构成国际法的直接渊源，而只是认证国际法的辅助手段；另一方面，国际法院并不采用英美法系"依循先例"（stare decisis）的原则。

"司法判例"主要是指国际司法机构和仲裁法庭所作的裁决。国际司法机构的裁决，对国际法规则的认证和解释，发挥了重要作用，推动了国际法的发展。例如，1951 年 12 月，国际法院在"英挪渔业案"（the Anglo-Norwegian Fisheries Case）的判决中指出，在划定领海基线时，除了应考虑地理上的因素外，还可以考虑有关地区的特殊经济利益。[②]后来，1958 年制定的《领海及毗连区公约》采纳了这一规则。该公约第 4 条第 4 款明确规定："确定特定基线时，对于有关地区所特有的并经长期惯例清楚地证明其为实在而重要的经济利益，可予以考虑。"

（三）权威公法学家学说

《国际法院规约》第 38 条同样规定，国际法院在裁判案件时可以适用"权威公法学家学说"（teachings of highly qualified publicists），作为确定法律原则的辅助资料。因此，"权威公法学家学说"也是国际法的辅助渊源之一。

拓展阅读

1951 年国际法院"英挪渔业案"

"权威公法学家学说"在国际法的发展史上曾经产生了重大的影响。虽然随着国际条约的大量增加、各种国际法资料的增多，现在"权威公法学家学说"在国际法渊源方面的地位有所降低，但是"权威公法学家学说"在确定国际法的规则甚至在国际法的发展方面，目前仍有相当的作用。

[①]　See "Second Report on General Principles of Law by Marcelo Vázquez-Bermúdez, Special Rapporteur", 9 April 2020, A/CN. 4/741, available at https://documents-dds-ny.un.org.

[②]　See Fisheries Case（Judgement of 18 December 1951），available at http://www.icj-cij.org.

（四）国际组织的决议

国际法的渊源问题，是随着国际关系的演进而发展变化的。由于第二次世界大战后国际组织数量的急剧增加、国际组织作用的日益增强，它们"对国际法渊源有很大的影响"①。因此，很多学者认为，重要的"国际组织的决议"（resolutions of international organizations），也应该是确立法律原则的一种非常有价值的补助资料，而且就其广泛代表性和舆论价值来说，它们在国际司法活动中的地位和作用，应高于"司法判例"和"权威公法学家学说"。②

第五节　国际法的编纂

一、概说

（一）国际法编纂的含义

大部分国际法原则、规则和规章、制度，最初是国际习惯法的性质，其最大缺陷是过于分散和不够精确。为了弥补这一缺点，国际法的编纂应运而生。国际法编纂（codification of international law），即国际法的法典化，是指把各种国际法原则、规则和规章、制度编成系统化的法典。

国际法编纂有两种形式：一是全面的编纂，即把所有的国际法原则、规则和制度纳入一部法典之中；二是个别的编纂，即将国际法的原则、规则和制度按部门编成几部或许多部法典。迄今，国际法编纂仅仅是个别部门法的编纂。

国际法编纂有两种类型：一是个人或民间学术团体的编纂；二是国际外交会议或政府间国际组织的编纂。

（二）国际法编纂的历史发展

一般认为，18 世纪末英国学者边沁（Jeremy Bentham）最早倡议编纂国际法。此后，一些民间团体和个人也从事这方面的工作。19 世纪开始有了由国际外交会议出面进行国际法编纂的活动。特别是 1899 年和 1907 年的两次海牙和平会议，对和平解决国际争端和战争法的编纂，作出了重要贡献。第一次世界大战后，在国际联盟的主持下，1930 年在海牙召开了有 48 个国家、120 多名代表参加的国际法编纂会议。这次会议虽然没有取得令人满意的成就，但它表明了国际法编纂工作中存在的困难和限制，同时也为联合国国际法委员会的编纂工作提供了有益的经验和深刻的教训。③

二、联合国国际法委员会与国际法的编纂

（一）联合国国际法委员会的组成及职能

联合国的缔造者比较重视国际法的发展与编纂工作。《联合国宪章》第 13 条第 1 项

---

① ［英］詹宁斯、瓦茨修订：《奥本海国际法》（第一卷第一分册），王铁崖等译，中国大百科全书出版社 1995 年版，第 27 页。

② 参见梁西主编：《国际法》（修订第二版），武汉大学出版社 2000 年版，第 49 页；王铁崖主编：《国际法》，法律出版社 1995 年版，第 18—20 页。

③ 参见杨泽伟：《国际法史论》，高等教育出版社 2011 年版，第 174 页。

特别规定了"提倡国际法之逐渐发展与编纂"。1947 年，联合国大会通过了《国际法委员会规约》（Statute of International Law Commission），① 国际法委员会（International Law Commission）正式成立。

国际法委员会是联合国负责国际法编纂工作的主要机关。按照《国际法委员会规约》的规定，"各委员应为公认合格的国际法人士"，"应确能代表世界各大文化体系和各主要法系"；各委员在各会员国政府提名的基础上由联大选举产生，任期 5 年，并且可以连选连任。② 最初，国际法委员会由 15 名委员组成，从 1981 年开始增至 34 名。③

1981 年 11 月，联合国大会通过了第 36/39 号决议，将国际法委员会的当选名额作如下分配：非洲国家 8 名，亚洲国家 7 名，东欧国家 3 名，拉丁美洲及加勒比海国家 6 名，西欧与其他国家 8 名；另外，1 名由非洲国家与东欧国家轮流担任，1 名由亚洲国家与拉丁美洲和加勒比海国家轮流担任。此外，1997 年国际法委员会还设立了一个计划委员会、两个起草委员会和四个工作组。

国际法委员会的职能是促进国际法的编纂与逐渐发展。按照《国际法委员会规约》第 15 条的规定，国际法的编纂是指"在已经存在广泛的国际实践、先例和学说的领域内，对国际法规则进行更精确的制定和系统化"。国际法的逐渐发展（progressive development of international law）是指"对尚未为国际法所规定的或在各国实践中有关法律尚未得到充分发展的问题，拟定草案"。虽然《国际法委员会规约》对这两项职能分别加以规定，但实际上这两项职能是无法截然分开的。

（二）联合国国际法委员会的编纂成就

自从 1949 年第一届会议以来，国际法委员会已经讨论了许多问题，其中不少已经讨论完毕并向联合国大会提出最后报告，如《国家权利与义务宣言草案》等。在国际法委员会提出的条文草案的基础上，由联合国大会召开外交会议或大会直接通过而形成的国际公约也有很多，如 1958 年日内瓦海洋法四公约和 1961 年《减少无国籍状态公约》等。④

目前，国际法委员会正在讨论、研究的议题主要有："国家官员的外国刑事管辖豁免"（immunity of state officials from foreign criminal jurisdiction），"有关武装冲突的环境保护"（protection of the environment in relation to armed conflicts），"一般国际法强制规范（强行法）"（peremptory norms of general international law, jus cogens），"国家责任方面的国家继承"（succession of states in respect of state responsibility），"一般法律原则"（general principles of law），"与国际法有关的海平面上升"（sea-level rise in relation to international law）。⑤

总之，70 多年来国际法委员会对国际法的编纂及其逐渐发展作了较大贡献。⑥ 诚如前

① See Louis B. Sohn, *Basic Documents of the United Nations*, Foundation Press, 1968, pp. 35-41.
② 一般来讲，安理会常任理事国推荐的候选人能够当选。然而，2016 年 11 月举行的联合国国际法委员会换届选举中，法国提名的候选人福特（Mathias Forteau）竞选连任失败。这是十分罕见的现象。
③ 自国际法委员会成立以来，我国学者徐叔希、薛毓麒、刘锴、倪征燠、黄嘉华、史久镛、贺其治、薛捍勤都曾当选为国际法委员会委员。我国现任委员是黄惠康。
④ 自 1949 年以来，国际法委员会已经审议 57 项专题，其中的 42 项已完成，其最终成果包括 22 套旨在就特定事项缔结国际公约的条款草案，余下的议题正在审议中。
⑤ 详见国际法委员会网站：http://legal.un.org/ilc/。
⑥ 2018 年是联合国国际法委员会成立 70 周年，联合国在纽约和日内瓦分别举办了"为未来谋平衡"的主题纪念活动，与会各方充分肯定了国际法委员会 70 年来在国际法编纂与逐渐发展方面所取得的卓越成就。

联合国秘书长德奎利亚尔在对国际法委员会工作的评价中所指出的："委员会努力为国际公法的许多基础部分成功地奠定了基础。譬如，国家间的日常交往由外交代表和领事代表进行，而联合国在国际法委员会所拟草案基础上订立的《维也纳外交关系公约》和《维也纳领事关系公约》，就是当今这种关系赖以存在的基础。正如合同法是私法的基础一样，条约法构成国际法的基础，为此，国际法委员会在《维也纳条约法公约》中成功地对条约法方面的问题进行了编纂。"① 可以说，联合国在国际法的编纂和逐渐发展方面的成就，已经超过了 19 世纪和国际联盟加在一起的总成就。② 国际法委员会黄惠康委员曾经总结了国际法委员会对当代国际法的形成与发展的三大贡献：一是对国际法形成的贡献——基于国际法委员会条款草案的国际公约；二是国际法逐渐发展的贡献——重大理论突破；三是其他重大贡献——"软法"性质的法律指南。③

值得注意的是，除国际法委员会外，联合国的其他一些辅助机关，也在进行国际法的编纂工作，如国际贸易委员会、和平利用外层空间委员会的法律小组委员会等。联合国设立的一些特设委员会，如各国依《联合国宪章》建立的友好合作关系特设委员会、侵略定义问题特设委员会等，也涉及此项工作。另外，在联合国主持下召开的一些国际会议，如第三次联合国海洋法会议等，也对国际法的逐渐发展和编纂做出了贡献。

第六节　国际法与国内法的关系

一、国际法与国内法关系的理论

长期以来，关于国际法与国内法的关系，是国际法学界争论很激烈的一个基本理论问题。关于这一问题，中外国际法学界主要有四种学说：国内法优先说、国际法优先说、国际法与国内法平行说、国际法与国内法相互联系说。其中，国内法优先说和国际法优先说，又被称为"一元论"（monism）；国际法与国内法平行说和国际法与国内法相互联系说，又被称为"二元论"（dualism）。

（一）国内法优先说

国内法优先说产生于 19 世纪末 20 世纪初，最早出现在德国，代表人物有耶利内克（Jellinek）、佐恩（Zorn）和温泽尔（Wenzel）等。他们认为，国际法与国内法同属一个法律体系，在此体系中，国内法优于国际法，国际法从属于国内法；国际法是国家依主权所制定的国内法中的"对外关系法"。国内法优先说的实质，是否定国际法。因此，第一次世界大战后，国内法优先说逐渐衰落。

（二）国际法优先说

进入 20 世纪后，国际法优先说的系统理论逐步形成。其主要代表人物有凯尔森和菲德罗斯等。他们主张，国际法与国内法虽然在本质上同属一个法律体系，但在此体系中，

---

① The United Nations (ed.), *Forty Years of the United Nations*, New York, 1985, p.150.

② See S. K. Kapoor, *International Law*, Allahabad, 1992, p.105.

③ 参见黄惠康：《论国际法的编纂与逐渐发展——纪念联合国国际法委员会成立七十周年》，《武大国际法评论》2018 年第 6 期。

国际法的效力高于国内法，国内法从属于国际法，国内法的效力是国际法赋予的，而国际法的效力则来自于一个最高规范，即"条约必须遵守"。

国际法优先说对于维护国际法律秩序、促进国际关系的健康发展，是有一定的积极作用的。然而，由于国际法优先说过分强调国际法的绝对效力，容易导致对国家主权的否定，故招致不少国家的反对。

值得注意的是，有学者认为，国际法优先说是目前国际法学界的主流学说。其理由有三：第一，既然国内法优先说不能成立，那么国际法在同一法律体系中自然居于优先地位；第二，国际法优先说有助于构建各国主权独立与国家地位平等；第三，国际法优先说有助于实现国际社会的永久和平与持续发展。①

（三）国际法与国内法平行说

国际法与国内法平行说在 19 世纪末开始出现，以特里佩尔（Triepel）、奥本海（Oppenheim）和安齐洛蒂（Anzilotti）等为其代表人物。1899 年，特里佩尔在其名著《国际法与国内法》中阐明了二元论学说。此说主张，国际法与国内法是互相平等、平行存在和各自独立的法律体系；它们在规范对象、法律渊源和效力性质等方面都完全不同。

国际法与国内法平行说，"从实在法出发，较正确地分析了国际法与国内法的不同性质，论证两者是两种效力范围不同的法律体系，这是国际法理论上的一个重要发展"②。然而，该说割裂了国际法与国内法的内在联系，也有些脱离了国际社会的现实。

（四）国际法与国内法相互联系说

国际法与国内法相互联系说，是当前我国国际法学者的主要观点。他们指出，虽然国际法和国内法是两个不同的法律体系，但由于国内法的制定者和国际法的制定者都是国家，这两个体系之间有着密切的联系，彼此不是互相对立而是紧密联系、互相渗透和互相补充的。③

应该肯定的是，国际法与国内法相互联系说，是比较符合当今经济全球化背景下国际法与国内法相互渗透、相互转化的客观事实和发展趋势的。

二、处理国际法与国内法关系的实践

如何处理国际法与国内法的关系，即国际法怎样在国内发生效力以及国内法院如何适用国际法规则，国际法上并没有统一的规定。因此，原则上各国可以根据本国的法律来处理国际法与国内法的关系。

关于国际习惯，包括英国、美国、日本、德国、意大利和法国等在内的很多国家，都明确承认国际习惯法规则的效力，并把它作为国内法的一部分来适用。

对于国际条约，各国的实践差别很大。例如，美国、日本、法国和德国等明确承认国际条约在国内的效力或是国内法的组成部分，这种方式被称为"并入"。而按照英国的法律，国际条约只有经议会的立法程序后，才能在国内适用，这种方式被称为"转化"。

---

① 参见吴嘉生：《国际法与国内法关系之研析》，五南图书出版公司 1998 年版，第 24 页。
② 梁西主编：《国际法》（修订第二版），武汉大学出版社 2000 年版，第 18 页。
③ 参见王铁崖：《国际法引论》，北京大学出版社 1998 年版，第 192 页；梁西主编：《国际法》（修订第二版），武汉大学出版社 2000 年版，第 18—19 页；端木正主编：《国际法》，北京大学出版社 2000 年版，第 32 页。

三、国际法在我国国内法上的效力

概言之，我国国内法对国际法原则、规则的基本立场是，尊重国际法，忠实履行包括国际条约和国际习惯所确立的国际义务；运用国际法，用统一适用的国际法规则来明是非、促和平、谋发展；发展国际法，推动国际关系法治化。[①]

（一）国际条约在我国国内法上的地位

关于国际条约在我国国内法上的地位问题，我国《宪法》并没有明确的规定。然而，从相关的实践来看，我国的做法主要有以下两种：

（1）很多部门法明确规定了国际条约在我国的效力和适用。例如，《民事诉讼法》第260条规定："中华人民共和国缔结或者参加的国际条约同本法有不同规定的，适用该国际条约的规定，但中华人民共和国声明保留的条款除外"。《民事诉讼法》关于适用国际条约规定的原则，实际上是我国国内法关于国际条约适用问题的一项通常做法。[②] 我国的许多其他法律、行政法规中也有类似的规定，如《海商法》《民用航空法》《票据法》《海洋环境保护法》等。

（2）根据国际条约制定新法规或修改国内法。例如，根据《维也纳外交关系公约》和《维也纳领事关系公约》，我国制定了《外交特权与豁免条例》和《领事特权与豁免条例》，并且相应地在《刑法》第11条规定："享有外交特权和豁免权的外国人的刑事责任，通过外交途径解决。"

（二）国际习惯在我国国内法上的地位

关于国际习惯在我国国内法上的地位问题，我国《宪法》也没有作出统一的明确规定。然而，我国的一些具体的单行法，不但承认国际习惯的效力，而且对其适用作出了明确规定。例如，《中华人民共和国民法典》第10条规定："处理民事纠纷，应当依照法律；法律没有规定的，可以适用习惯，但是不得违背公序良俗。"[③]

此外，在立法和外交实践中，我国对国际习惯一贯采取积极的态度：不但肯定国际习惯是国际法的重要渊源，而且在与外国签订的大量双边条约中吸取了若干国际习惯规则；对于新的国际习惯规则，我国亦持支持态度。

综上可见，关于国际法在我国国内法上的效力问题，可以归纳为以下三点：

第一，我国缔结或参加的国际条约，除声明保留的条款外，在我国具有法律效力。

第二，在我国缔结或参加的国际条约与我国国内法规定不一致时，国际条约在国内适用中处于优先地位。然而，因为我国《宪法》对于国际条约与国内法的关系未作直接的规定，所以即使在若干部门法中为此设有专门条款，我们亦不能说国际条约优于国内法是在我国国内法体系中已经完全确立的普遍性原则，尽管这是比较明显的立法政策倾向。

第三，国际习惯在我国具有法律效力，但在适用上处于补充或补缺的从属地位。它的效力既低于国际条约，又低于国内法。

---

① 参见王毅：《中国是国际法治的坚定维护者和建设者》，《光明日报》2014年10月24日。

② 值得注意的是，2021年1月1日施行的《中华人民共和国民法典》对国际条约在中国的效力和适用问题，缺乏具体规定。

③ 不过，这条规定的"习惯"是否就是指"国际习惯"，还有待进一步明确。

第七节　国际法的主体

一、国际法主体的概念

国际法主体（subject of international law），又称国际法律人格者（international legal persons）或国际人格者（international persons），是指被赋予国际法律人格而有能力享有和承担国际法上的权利与义务的实体。[①] 作为国际法主体，必须具备以下两个条件：

第一，能直接参加国际法律关系。这是某一实体成为国际法主体的先决条件。国际法是调整国际关系的法律，因此，国际法的主体必须具备独立参加国际法律关系的资格，不受其他实体的限制，也无须其他实体的授权。

第二，能直接承担国际法上的权利和义务。这是某一实体成为国际法主体的实质条件。国际法律关系其实就是国际法主体间的权利义务关系。因此，国际法主体必须能够直接承担国际法上的权利和义务。只有这样，国际法律制度才能得到遵守。不过，不同类型的国际法主体，其参与国际法律关系的权利能力和行为能力是有差别的。诚如1949年国际法院在"关于为联合国服务而受损害的赔偿咨询意见"（Advisory Opinion on Reparation for Injuries Suffered in the Service of the United Nations）中所指出的："在任何法律制度下的法律主体，其性质或其权利范围并不需要相同，它们的性质取决于社会的需要。"[②]

二、国际法主体的类型

关于国际法主体的类型，在理论上是有争议的。一般认为，国际法主体包括国家、国际组织和争取独立的民族。相对其他主体而言，国家是国际法的基本主体。

（一）国家是国际法的基本主体

国家之所以成为国际法的基本主体，是由以下情况决定的：

第一，国际关系主要是国家间关系。在当今种类繁多的国际关系中，最基本、最重要的是国家间关系，国家始终居于最主要的地位并起着最重要的作用。国家在国际关系中的这种特殊重要地位，决定了它是国际法的基本主体。

第二，国际法主要是国家间的法律。从国际法的内容来看，国际法主要是调整国家之间关系的有法律约束力的原则、规则和规章、制度的总体。"国际法的大部分是由约束国家的规则组成的。"[③]

第三，国家具有完全的权利能力和行为能力。由于国家具有主权，因而它具有完全的权利能力和行为能力。而其他国际法主体的权利能力和行为能力是有限的。正如李浩培先生所言："主权国家是完全的国际法主体，因为国际法全部适用于它们，它们也享有和负担国际法上的全部权利义务，而绝大部分其他国际法主体只是部分的国际法主体，因为按照它们的性

① See Bin Cheng, "Introduction to Subjects of International Law", in Mohammed Bedjaoui (ed.), *International Law: Achievements and Prospects*, UNESCO, 1991, p. 23.

② See "Reparation for Injuries Suffered in the Service of the United Nations" (Advisory Opinion of April 1949), available at http://www.icj-cij.org.

③ I. A. Shearer, *Starke's International Law*, Butterworths, 1994, p. 62.

质和职能，国际法只是部分适用于它们，它们也只享有和负担国际法上的部分权利义务。"①

（二）国际组织的国际法主体资格

第二次世界大战后，随着国际组织数量的迅猛增加和其作用的不断增强，国际组织的国际法主体资格逐步得到确认。国际组织在一定范围内能独立参与国际法律关系，并能享有和承担国际法上的权利和义务。

值得注意的是，国际组织毕竟不同于国家。国际组织的权利能力和行为能力，是由其成员国通过协议赋予的。因此，国际组织是派生的、有限的国际法主体，是一种不同于国家的特殊的国际法主体。

（三）争取独立的民族的国际法主体资格

20 世纪初，争取独立的民族的国际法主体资格问题开始显露。第二次世界大战结束后，在联合国的推动下，随着民族解放运动的勃兴，争取独立的民族的国际法主体资格问题被正式提出来，并逐步得到国际社会的承认。

应该指出的是，虽然争取独立的民族具有一定的参与国际关系、享受国际法上的权利和承担国际法上的义务的能力，但这种能力是受到一定限制的。因此，争取独立的民族是一种准国家的、过渡性的国际法主体。

（四）个人的国际法主体地位问题

怎样确定个人的国际法主体地位，是一个比较复杂的理论问题。中外国际法学界对此众说纷纭，莫衷一是。概言之，主要有以下三种观点：一是认为个人是国际法主体，而且是唯一的主体；二是否认个人的国际法主体地位；三是主张个人是部分国际法主体。笔者赞同第三种观点，其理由主要有：

第一，个人的人权和自由受到国际人权公约的保障。第二次世界大战后，在联合国的推动下，国际社会制定了一系列的国际人权公约，对个人的权利和自由作了明确的规定。

第二，个人能直接承担某些国际法上的义务。第二次世界大战后，纽伦堡国际军事法庭的判决指出："'法庭规约的本质的核心'是'个人有国际义务'，因而确立了除国家应为其国际不法行为负担传统的集体责任外，个人也应为其违反国际法的犯罪行为负担个人的刑事责任。"② 此外，一些国际公约还规定，对于实施国际犯罪行为（如海盗、灭绝种族、贩卖奴隶、贩卖毒品、战争罪等）的个人，应予惩处。③ 近年来，国际社会还出现不少对国家领导人进行刑事追诉的例子。

第三，个人在一些国际司法机构享有申诉权和诉讼权。一些国际条约明确规定，个人在国际法庭上享有诉讼权或申诉权，如 1907 年《中美洲法院条约》、1919 年《凡尔赛和约》、1950 年《欧洲人权公约》等。此外，联合国秘书处工作人员与秘书处之间的争端，可以直接向"联合国行政法庭"（the United Nations Administrative Tribunal）起诉。④

---

① 李浩培：《国际法的概念和渊源》，贵州人民出版社 1994 年版，第 5 页。

② 李浩培：《国际法的概念和渊源》，贵州人民出版社 1994 年版，第 24—25 页。

③ 有学者指出，国际法把责任归诸个人的这种趋势，在《防止及惩治灭绝种族罪公约》中再次得到确认，并较纽伦堡原则前进了一步。See I. A. Shearer, *Starke's International Law*, Butterworths, 1994, p. 55.

④ 2007 年，联大决定在联合国采用处理内部纠纷和纪律问题的新司法系统（the UN Internal Justice System）。从 2009 年 7 月 1 日开始，在无法通过非正式手段达成解决方案时，在工作人员对管理评价结果不满意时，联合国秘书处工作人员可以向一审法院——"联合国争议法庭"（the UN Dispute Tribunal, UNDT）提出申请。此外，联合国秘书处工作人员和管理当局，还均可就"联合国争议法庭"的裁决，向"联合国上诉法庭"（the UN Appeals Tribunal, UNAT）提出上诉。

需要特别强调的是，个人是部分国际法主体，并不表示其与国家一样，拥有完全的权利能力和行为能力。在当今的国际社会中，个人只是一个不完整的国际法主体，享有一部分国际法上的权利并承担一部分国际法上的义务，其地位根本不能与国家相提并论。换言之，个人的国际法主体资格的范围，只局限于国际法的某些领域，如国际人权法、国际责任法、国际争端法和国际刑法等。因此，个人虽然可以成为国际法主体，但仅仅是部分国际法主体。

第八节　中国与国际法

一、中国古代国际法的遗迹

古代中国和世界其他地方一样，也曾有过一些国际法的痕迹。在春秋战国时期，国家关系中已有一些规则和惯例。诚如丁韪良（此为中文名字，原名为 Willian Martin）在《中国古代万国公法》所言："今试读春秋战国之史，纵不得竞谓之公法，然其迹有不可泯者；不见夫同文同伦同教之数十国，有交际通商之政乎？不见其遣使往来，有宾客宴享之仪乎？不见其会盟立约，藏之盟府以为信乎？不见其寓均势之法于纵横之中，以御强而保弱乎？不见其约法相循，俨然有局外权利之守乎？不见夫智谋之士，专事揣摩，以与人家国乎？"[1] 然而，这些制度和规则甚为原始，很不确定。况且，这些诸侯国也不是一般意义上的国家，并未形成一个真正的国际社会。因此，当时很难有一种真正国际法规则的存在。

秦统一中国后，虽然中国历史上还出现过三国、两晋、南北朝以及五代十国等短暂分裂时期，但都只是昙花一现。在两千多年的时间里，大一统的中国封建王朝，只承认"天朝"是国家，有所谓"普天之下，莫非王土；率土之滨，莫非王臣"之说，而"视远夷为蛮夷，责万国以臣属"。它与周邻各国不是平等交往，而是一种阶层关系。邻国成了向中国纳贡和受封的"藩属"。这正是有"国"而无"际"。[2] 因此，在这种关系中，没有发展国际法的基础，自然也就没有国际法的存在。

二、近代国际法输入中国及其影响

17 世纪中叶，中国开始接触近代国际法。有学者认为，早在 1648 年前后，马丁（Martin Martini）教父就曾经将西班牙神学家苏亚利兹（Francisco Suarez）的国际法著作译成中文，尽管没能完成出版。[3] 1839 年，林则徐奉清廷之命到广州查禁鸦片。他曾托美国医生伯驾（Peter Pardker）翻译瑞士滑达尔（Emmerich de Vattel，现译瓦特尔）的《国际法》中有关战争、封锁、扣船部分内容。

近代国际法正式、系统地被介绍到中国是 19 世纪 60 年代。1862 年，清政府设立同文馆后，聘请美国传教士丁韪良为总教习。丁韪良将当时最新的、为西方国家公认的国际法权威著作——1836 年出版的惠顿（Henry Wheaton）所著的《国际法原理》（Elements of International Law）译成中文，并由美公使蒲安臣（Anson Burlingame）介绍，呈送总理衙门，

① 刘达人、袁国钦：《国际法发达史》，商务印书馆 1936 年版，第 23 页。
② 参见陈顾远：《中国国际法溯源》，商务印书馆 1934 年版，第 10 页。
③ 参见丘宏达：《中国国际法问题论集》，台北商务印书馆 1972 年版，第 2 页。

要求出资刊行。清政府派人将稿修改后，于 1864 年由京都崇实印书馆正式刊刻问世，题名为《万国公法》。该书后由同文馆多次再版。① 这是介绍到中国来的第一本国际法著作。

国际法输入中国后，清政府已开始注意利用国际法来维护本国的权益。清代官员及学者对国际法的看法可分为两类：一类以郑观应、薛福成、张之洞和马建忠等为代表，他们对国际法并没有太大的信心，认为国际法固然对中国不无助益，但关键仍在国家是否强盛，强则可享国际法上的利益，弱则国际法并不可恃；另一类以端方、李鸿章、李佳和曾纪泽等为代表，他们认为西方国际法的内容很完美，作用也很大，可以倚信它保卫国家安全、维护世界和平。②

三、中华民国时期的国际法

1912 年中华民国建立后，随着国内民族主义运动和革命运动的高涨以及国际形势的变化，废除不平等条约运动进入一个新的时期，并逐渐取得重大进展。

中国对创建联合国作出了巨大贡献。早在 1942 年 1 月 1 日，中国就签署了《联合国家宣言》。1943 年 10 月，中国驻苏大使徐秉常签署了《莫斯科宣言》。1944 年 5 月下旬，美国国务卿赫尔正式邀请中、英、苏三国使节于当年 8 月 21 日至 10 月 7 日在敦巴顿橡树园会议讨论战后国际机构的筹设问题。中国对《联合国宪章》第 1、2、13 条等条文作出了重要贡献。③

1945 年 4 月，中国 10 位代表出席了在美国旧金山举行的联合国家关于国际组织的会议。他们是代表团团长宋子文，团员顾维钧（宋子文离职后实际的代表团团长）、王宠惠、魏道明、胡适、吴贻芳、李璜、张君劢、董必武（作为中国共产党及解放区的代表）、胡霖。秘书长胡世泽以及顾问、专门委员、秘书和随员等一共 90 人左右。1945 年 6 月，旧金山会议通过《联合国宪章》，中国代表顾维钧第一个签字。④

四、中华人民共和国与当代国际法

中华人民共和国成立后，我国提出了和平共处五项原则，参加制定了亚非会议十项原则，并在国家承认、国家继承、双重国籍、国际条约、和平解决争端、"一带一路"倡议和"人类命运共同体"的构建等重大国际法问题的理论与实践上，作出了非常有价值的贡献。⑤ "中国以建设性姿态参与国际规则制定，在事关国际法解释、适用和发展的重大问题上积极发声。中国已缔结了 23 000 多项双边条约，加入了 600 多项多边条约，参与了几乎所有政府间国际组织，按照'条约必须信守'原则不折不扣地履行条约义务，严肃对待国际责任"⑥，在当代国际法律秩序的维护与发展方面，发挥着日益重要的作用。

（一）中国国际法学的主要特点

1. 注重运用国际法原理、规则分析国际关系中的热点问题

中华人民共和国成立以来，国际关系中发生了许多重大事件，中国国际法学者都予以

---

① 参见邹振环：《京师同文馆及其译书简述》，《出版史料》1989 年第 2 期。
② 详见杨泽伟：《国际法史论》，高等教育出版社 2011 年版，第 346—349 页。
③ 参见王聿修等：《纪念崔书琴先生政治学术论文集》，中华丛书委员会 1958 年版，第 90 页。
④ 参见梁西著、杨泽伟修订：《梁著国际组织法》（第六版），武汉大学出版社 2011 年版，第 64 页。
⑤ 参见杨泽伟：《新中国国际法学 70 年：历程、贡献与发展方向》，《中国法学》2019 年第 5 期。
⑥ 王毅：《中国是国际法治的坚定维护者和建设者》，《光明日报》2014 年 10 月 24 日，第 2 版。

了关注，并撰写了相关的论著进行国际法评析，如 1956 年第二次中东战争、1979 年伊朗人质事件、1982 年《联合国海洋法公约》的签署、1991 年海湾战争、2001 年"9·11"事件、2014 年克里米亚公投事件等。此外，还有学者从国际法的角度专门研究了 WTO 的理论与实践①、联合国的改革②、国际刑事法院、传染病的预防与控制、《联合国反腐败公约》等问题，具有鲜明的时代特征。理论与实践的紧密结合，为中国政府的有关决策提供了重要的法律依据。

2. 注意结合中国的实践

中国国际法学研究注意结合中国的实践。例如，我国学者就中国国际法史③、中英建交问题、新中国与承认问题、和平共处五项原则、中印边界问题、湖广铁路债券案④、"银河号"事件、中日钓鱼岛主权争端、南海仲裁案⑤、南海共同开发问题⑥、G20 杭州峰会等建言献策。此外，随着中国国家领导人提出"中国梦"⑦、"一带一路倡议"⑧、以及"构建人类命运共同体"⑨ 等，中国国际法学界又开始关注这些重大的理论与现实问题。

3. 研究领域不断拓展

众所周知，近代国际法是以战争法为主、平时法为辅的。格劳秀斯的名著《战争与和平法》即为其中一例。然而，第二次世界大战结束以后，欧美的国际法教科书都以平时法为主，对"战时法或是根本不提、或只作简单介绍"⑩。特别是，随着科学技术的进步，国际法涉及的范围不断扩大成为现代国际法发展的一个重要趋势。⑪ 鉴于此，中华人民共和国成立以来，中国国际法学者也在不断地开拓新的研究领域，寻找新的学科增长点。例如，空间法是第二次世界大战以后逐渐发展起来的，中国国际法学者及时予以了关注。⑫ 又如，从 20 世纪 70 年代开始，环境问题逐渐引起国际社会的重视，国际环境法也成为现代国际法的新分支。此外，国际组织法、国际人权法、国际刑法等不但成为现代国际法的新分支，也是中国国际法学者研究的重要领域。另外，随着移民和难民问题的日益凸显，有

① 具体内容可参见孙琬锺、孔庆江主编：《WTO 理论和实践研究》，浙江大学出版社 2007 年版。

② 具体内容可参见袁士槟、钱文荣主编：《联合国机制与改革》，北京语言学院出版社 1995 年版；杨泽伟主编：《联合国改革的国际法问题研究》，武汉大学出版社 2009 年版等。

③ 具体内容可参见王铁崖：《公法学会——中国第一个国际法学术团体》，载《中国国际法年刊》（1996），法律出版社 1997 年版，第 372—376 页；田涛：《国际法输入与晚清中国》，济南出版社 2001 年版；林学忠：《从万国公法到公法外交：晚清国际法的传入、诠释与应用》，上海古籍出版社 2009 年版；杨泽伟：《国际法史论》，高等教育出版社 2011 年版等。

④ 具体内容可参见陈体强：《国家主权豁免与国际法——评湖广铁路债券案》，载《中国国际法年刊》（1983），中国对外翻译出版公司 1983 年版，第 31—53 页。

⑤ 中国国际法学会不但公开发表了《菲律宾所提南海仲裁案仲裁庭的裁决没有法律效力》，而且出版了《南海仲裁案管辖权问题专刊》《南海仲裁案裁决之批判》中英文版。参见《中国国际法年刊：南海仲裁案管辖权问题专刊》，法律出版社 2016 年版；中国国际法学会：《南海仲裁案裁决之批判》，外文出版社 2018 年版（本书有英文版）。

⑥ 具体内容可参见杨泽伟主编：《海上共同开发国际法问题研究》，社会科学文献出版社 2016 年版。

⑦ 具体内容可参见杨泽伟：《"中国梦"的国际法解读》，《武大国际法评论》2014 年第 1 期。

⑧ 这方面的研究成果很多，如漆彤：《"一带一路"国际经贸法律问题研究》，高等教育出版社 2018 年版。

⑨ 具体内容可参见王瀚主编：《"一带一路"与人类命运共同体构建的法律与实践》，知识产权出版社 2018 年版。

⑩ 参见陈体强：《国际法论文集》，法律出版社 1985 年版，第 267 页。

⑪ See Malcolm N. Shaw, *International Law*, 9th ed., Cambridge University Press, 2021, p.36.

⑫ 这方面代表性的著作主要有：贺其治：《外层空间法》，法律出版社 1992 年版；王瀚、张超汉、孙玉超：《国际航空法专论》，法律出版社 2017 年版等。

学者对此也开展研究。① 值得一提的是，杨泽伟教授及其研究团队成员在国内较早地开展了国际能源法的研究②，并较为系统地论证了国际能源法是国际法的一个新分支，国际能源法的出现是国际法发展的新突破。③ 应该指出的是，中华人民共和国成立以来中国国际法学的研究成果产出不均，后 35 年的成果要远远超过前 35 年。

（二）中国国际法学存在的主要问题

1. 对新中国国际法的理论与实践的系统总结有待进一步加强

如前所述，中华人民共和国成立以来，与新中国有关的国际法理论与实践非常丰富，中国国际法学在诸多领域对现代国际法的发展作出了重要贡献，如国际法的效力依据、国际法与国内法的相互关系、和平共处五项原则在现代国际法基本原则体系中的地位、中国的承认与继承问题、"莫里斯旧债券"案引发的国家豁免问题、双重国籍问题、和平解决国际争端的理论与实践、"和谐世界"的国际法基础、"中国梦"的国际法蕴涵、"一带一路"倡议的法律保障问题、构建"人类命运共同体"涉及的重大国际法问题等。鉴于目前中国国际法学界还没有对上述有关新中国国际法的理论与实践进行全面的总结，因此有组织地系统研究这些与中国国际法理论与实践密切相关的问题，不但能够较好地体现和展示中国国际法学的特色，而且有助于提炼、形成中国的国际法观。④

2. 对国际立法和国际司法活动的参与度有待进一步提高

由于种种原因，直到 1971 年新中国才恢复在联合国的合法席位。之后，中国政府派代表团参加了第三次联合国海洋法会议。中国政府推荐的候选人也先后当选为联合国国际法委员会的委员、国际法院的法官、国际海洋法法庭的法官、前南斯拉夫国际刑事法庭的法官、世界贸易组织争端解决机制的法官以及一些政府间国际组织的负责人等。然而，从某种意义说，在国际立法和国际司法活动中，中国参与度并不高。例如，在国际条约制定过程中的议题设置和约文起草方面，多年来中国一般采取所谓的"事后博弈"的方式，即由发达国家主动设置议题、提出国际条约草案，中国仅扮演一个"参赛选手"的角色⑤，总是被动应对⑥。在 WTO 规则和应对气候变化问题等方面，就有典型的例子。在国际司法方面，中国对利用

---

① 参见翁里：《国际移民法理论与实践》，法律出版社 2001 年版；刘国福：《国际难民法》，世界知识出版社 2014 年版；刘国福：《中国难民法》，世界知识出版社 2015 年版等。

② 截至 2017 年 12 月，国内已有多部这方面的著作出版。参见杨泽伟：《中国能源安全法律保障研究》，中国政法大学出版社 2009 年版；高宁：《国际原子能机构与核能利用的国际法律控制》，中国政法大学出版社 2009 年版；谭民：《中国—东盟能源安全合作法律问题研究》，武汉大学出版社 2016 年版；郭冉：《国际法视阈下美国核安全法律制度研究》，武汉大学出版社 2016 年版；吕江：《能源革命与制度建构：以欧美新能源立法的制度性设计为视角》，知识产权出版社 2017 年版；程荃：《中国与欧盟能源应急合作法律问题研究》，武汉大学出版社 2017 年版。此外，杨泽伟总主编了"新能源法律与政策研究丛书（共 13 卷）"，由武汉大学出版社出版。

③ 参见杨泽伟：《中国能源安全法律保障研究》，中国政法大学出版社 2009 年版，第 226—245 页；杨泽伟：《国际能源法：国际法的一个新分支》，《华冈法萃》2008 年第 40 期。

④ 令人欣慰的是，2011 年法律出版社出版了时任外交部条约法律司司长段洁龙主编的《中国国际法实践与案例》，该书可能是中华人民共和国成立以来第一部较全面、系统论述中国政府对国际法解释和适用的著作；2018 年，中华人民共和国外交部条约法律司又编著了《中国国际法实践案例选编》，由世界知识出版社出版。

⑤ 有学者曾经一针见血地指出："中国并不是议程的制定者。中国常常对别国提出的议案做出反应。事实上，中国的被动性表现使发展中国家的外交家感到惊讶。中国在联合国大会或安理会上很少提出建设性的解决办法。"参见江忆恩、肖欢容：《美国学者关于中国与国际组织关系研究概述》，《世界经济与政治》2001 年第 8 期。

⑥ 曾令良教授也认为："虽然中国几乎参与了各种国际法律起草或编纂机构，但是鲜有中国代表和专家作为专题报告人或召集人；中国对有关的国际法议题也很少提交原创性的动议，往往只是就已有的草案发表原则性的评论和意见。"参见曾令良：《中国践行国际法治 30 年：成就与挑战》，《武大国际法评论》2011 年第 1 期。

国际司法的方法解决国际争端持一种消极的态度，迄今尚未向国际司法机构提交一件争端案，亦未主动请求国际法院和国际海洋法法庭发表咨询意见。① 并且，在国际司法机构的判决中，中国籍的法官提出的独立意见也明显偏少。

3. 为中国对外政策或外交实践提供前瞻性的理论支撑尚显不足

众所周知，国际法在国际关系、国际政治中的作用是无可否认的。各国都把国际法作为处理包括贸易、金融、投资、安全、文化和科技等众多国际事务的一种不可缺少的工具。②因此，国际法对一国外交政策的支撑作用尤为重要。③近代国际法是如此，现代国际法亦然。例如，在近代，格劳秀斯的"海洋自由论"和宾刻舒克（Cornelius van Bynker-shoek）的"大炮射程说"，为荷兰的海洋扩张政策提供了重要的理论依据。又如，现代苏联国际法学者提出的所谓"社会主义国际法"的学说④，为巩固华沙条约组织、扩大苏联的影响发挥了不可或缺的作用。⑤ 进入 21 世纪以来，美国提出了"先发制人"战略和"预防性自卫"理论⑥、加拿大"干预和国家主权国际委员会"提出了"保护的责任"理论⑦，尽管存在较大争议，但均在国际社会产生了较大的影响。然而，透视中国国际法学70 多年的发展历程，我们可以发现中国国际法研究侧重于传统理论和个案的实践，未能同国家的整体发展战略或外交实践紧密地结合起来，或者说，没有紧扣国家发展的大局。正因如此，中国国际法学界还没有推出富有世界影响并被不少国家接受的国际法理论，而且为中国对外政策或外交实践提供前瞻性支撑的理论也尚显不足。诚如有学者所指出的："与传统国际法强国相比，我国运用国际法的意识、经验、能力和机制还存在发展不平衡不充分的问题，在参与和利用国际司法机构等局部领域有明显短板。"⑧

4. 具有世界性影响的国际法论著尚不多见

如前所述，中华人民共和国成立以来中国国际法学界成果丰硕，几乎涵盖了现代国际法的所有领域；一些学者如陈体强、王铁崖、李浩培和薛捍勤等的论著还产生了较大的国际影响。然而，由于中文还不是世界国际法学者的主要语言，加上国际法原本属于来自西

---

① 值得注意的是，近年来中国政府主动参与了国际司法机构的相关程序。例如，国际法院"科索沃单方面宣布独立咨询意见案"，中国深入参与该案的审理过程，于 2009 年 4 月 16 日提交了书面意见。这是新中国首次参与国际法院司法活动，具有重要意义。又如，在国际海洋法法庭受理的第一个咨询案"担保国责任咨询意见案"中，中国政府于 2010 年 8 月 9 日向国际海洋法法庭提交担保国责任咨询案书面意见，反映了中国在国际海底区域内活动中担保国责任问题上的基本立场。此外，2018 年，中国政府就国际法院"查戈斯群岛咨询意见案"提交了书面意见。中国政府高度重视该案在"非殖民化和民族自决"和"当事国同意原则"两方面将产生的重要意义。

② See Onuma Yasuaki, "International Law in and with International Politics: The Functions of International Law in International Society", *European Journal of International Law*, Vol. 14, No. 1, 2003, pp. 90—124.

③ 参见 ［俄］格·童金：《国际法原论》，尹玉海译，中国民主法制出版社 2006 年版，第 221 页。

④ 参见 ［苏联］Ф. И. 科热夫尼科夫主编：《国际法》，刘莎等译，商务印书馆 1985 年版，第 62—75 页。

⑤ 拉丁美洲的厄瓜多尔于 1907 年提出的"托巴主义"、墨西哥于 1930 年提出的"艾斯特拉达主义"，也均产生了一定的影响。而马耳他常驻联合国代表阿维德·帕多（Arvid Pardo）于 1967 年提出的"人类共同继承财产"原则，更是被广泛接受，成为国际海底区域法律制度的基本原则。

⑥ See "The National Security Strategy of the United States of America" (September 2002), available at http://www. whitehouse. gov.

⑦ 参见"干预和国家主权国际委员会"的报告：《保护的责任》（2001 年 12 月），载于加拿大"干预和国家主权国际委员会"网站：http://www. iciss. ca；杨泽伟：《"保护的责任"及其对国家主权的影响》，《珞珈法学论坛》2006 年第 5 卷。

⑧ 中华人民共和国外交部条约法律司编著：《中国国际法实践案例选编》，世界知识出版社 2018 年版，第 20 页。

方的"舶来品"以及中国社会发展的风云激荡等原因，由中国学者撰写的具有世界性影响的国际法论著尚不多见。因此，随着中国综合国力的进一步增强、"一带一路"建设的推进，推出诸如格劳秀斯《战争与和平法》、瓦特尔《国际法》和《奥本海国际法》等既能满足时代的现实需要，又能被国际社会普遍接受和认可的学术巨著，已成为新时代对中国国际法学者的重要呼唤。

（三）中国国际法学的发展方向

随着国际关系的发展变化，未来中国国际法学的发展将呈现出以下主要趋势：

第一，国际法的解释和适用问题将更加受重视。表现为文字的法律文件难免会产生歧义，特别是作为国际法主要法律渊源的国际条约和国际习惯更是如此。一方面，缔约国为了尽快就条约文本达成一致，可能会故意采用一些原则性或模糊性的规定以弥合彼此间的分歧；另一方面，国际社会对于某一规则是否已成为习惯国际法规则，也不容易形成共识。更为重要的是，近年来在 WTO 法等领域国际法的碎片化现象日益增多；一些国际人权条约机构的扩权行为不断增加；类似国际海洋法法庭等国际司法机构的越权行为更加凸显；在国际法院的判决中法官的独立意见也越来越多；等等。这些新的动向，在一定程度上体现了目前国际社会各利益攸关方，包括主权国家，为了寻找法律依据以维护其自身利益，不惜对国际条约和国际习惯片面地作出有利于自己的解释。最典型的例子，就是2013 年菲律宾单方面发起的"南海仲裁案"，该案的起因及其裁决结果，充分体现了菲律宾和仲裁庭对《联合国海洋法公约》有关条款的曲解。因此，中国国际法学者应更加重视国际法的解释和适用问题，以更好地维护中国的国家权益。

第二，国际法的理论创新将进一步加强。近年来，国际关系出现了较大变化。一方面，美国的综合国力相对下降并实行战略收缩政策，而新兴力量不断崛起；另一方面，中国国际地位明显提升，中国不但是世界第二大经济体，而且在国际舞台上具有很大的政治影响力。在此背景下，国际法理论为中国整体发展战略和外交实践提供理论支撑的作用将更加突显；进一步加强中国国际法的理论创新，也成为新时代对中国国际法学者的必然要求。此外，国际法的法理分析也日益受到中国国际法学者的重视，不少学者开始探讨研究诸如国际法的理念、国际法的价值、国际法的方法论以及国际法的认识论等问题。对国际法基本理论问题的深入探索，必然有助于国际法的理论创新。

第三，增强国际法发展的中国话语权，将成为中国国际法学者的重要使命。"虽然中国现在几乎参加了所有重要的国际组织和国际会议，而且国际话语权在逐步增强，但这与国际社会对中国作为一个负责任大国的期待还有一定的距离。"[1]特别是，随着中国综合国力的日益增强，中国国家利益涉及的范围日益宽广，"贡献处理当代国际关系的中国智慧，贡献完善全球治理的中国方案"[2]，"努力从根本上实现中国从国际秩序、规则和理念的接受者、参与者向建设者、贡献者和引领者转变"[3]，既是世界各国对中国国际法学者的期待，也是新时代中国国际法学者的应有担当。因此，中国国际法学界首先应基于新中国 70 多年来的国际法理论与实践，提出在内容上具有中国特色、又能够被国际社会大多数国家接受的中国国际法理念或中国国际法观。其次，在国际法发展的新领域如网络治

① 曾令良：《中国践行国际法治 30 年：成就与挑战》，《武大国际法评论》2011 年第 1 期。
② 庞中英：《全球治理的中国角色》，人民出版社 2016 年版，第 143—144 页。
③ 中华人民共和国外交部条约法律司编著：《中国国际法实践案例选编》，世界知识出版社 2018 年版，第 21 页。

理、人工智能、外层空间、国际海底区域以及极地问题等，应加强国际议题的引领和规则内容的主导等方面的作用。最后，从维护和争取国家利益的角度出发，应注意到发展中国家已经分化的事实，寻找不同的利益共同体。

综上所述，国际法在 21 世纪的作用将更加明显，国际争端法律化的趋势日益凸显，各国也会更多地利用国际法来维护本国的权益。中国国际法学界需要顺应这一历史潮流，加紧培养国际法人才，整合国内国际法研究的力量，合理规划，分工协作，密切配合，拓宽进一步推动中国国际法学研究发展的路径，改变我国国际法学在研究和教学方面的落后局面，缩小与欧美国家之间的差距，进一步开展国际法理论创新，提炼和打造有中国风格和气派、蕴含时代特征、有道义感召力的国际法理念①，从而为促进世界和平与发展、维护我国的国家权益做出更大的贡献。

思考与探索

本章值得进一步研究的问题：国际法的法律性质，国际法在国际关系中的作用，国际法的效力根据，国际法的渊源，国际法与国内法的关系，个人的国际法主体资格，非政府组织（Non-Governmental Organizations，NGO）在国际法上的地位，中国对国际法发展的贡献，中国国际法学的未来发展方向，新时代中国国际法观等。这些问题在国际法学界还存在很大的分歧，应该重点予以探讨和研究。

复习题

1. 国际法是法吗？它在国际关系中有何作用？
2. 当代国际法的发展有什么新的特点？
3. 如何理解国际法的渊源？
4. 你认为国际法与国内法应是一种什么样的关系？
5. 论个人在国际法上的地位。
6. 中国国际法学主要有哪些特点？存在哪些问题？中国国际法学未来发展将呈现怎样的趋势？

---

① 值得注意的是，2020 年习近平总书记在中央全面依法治国工作会议上强调，要坚持统筹推进国内法治和涉外法治。2021 年《中华人民共和国国民经济和社会发展第十四个五年规划和 2035 年远景目标纲要》也明确提出："加强涉外法治体系建设，加强涉外法律人才培养。"

第二章　国际法基本原则

引　言

1954年，周恩来代表中国政府访问印度和缅甸，同两国总理分别发表联合声明，共同倡导和平共处五项原则，即互相尊重主权和领土完整、互不侵犯、互不干涉内政、平等互利、和平共处。和平共处五项原则成为中国处理对外关系的基本准则。那么，和平共处五项原则与国际法基本原则的关系如何？它的意义何在？在21世纪新的国际关系背景下，和平共处五项原则是否应当进一步发展？应如何发展？特别是"一带一路"倡议自提出以来，其国际影响与日俱增。"一带一路"沿线国家和众多政府间国际组织纷纷与中国签订了有关国际合作的法律文件。而上述国际合作法律文件均强调要坚持"共商共建共享原则"。那么，"共商共建共享原则"的内涵是什么？该原则是否具备现代国际法基本原则的主要特征？该原则对现代国际法基本原则有哪些新的发展？这些都是本章所要解决的问题。

第一节　概　　述

一、国际法基本原则的概念与特征

（一）国际法基本原则的概念

关于国际法基本原则在国际法体系中的地位问题，中外国际法学界有不同的看法。欧美一些代表性的国际法著作，如《奥本海国际法》等，都没有以章节的形式来专门论述"国际法基本原则"。而中国学者都比较重视，一般把"国际法基本原则"专列为一章或一节。[①]

国际法原则可以分为两大类：基本原则和具体原则。其中，在国际法上占有特殊地位和发挥重要作用的是基本原则，因为很多国际法的原则、规则、规章和制度都是在基本原则的基础上引申和发展起来的。那么，究竟什么是国际法基本原则呢？一般认为，国际法基本原则（basic principles of international law）是指在国际法体系中那些被国际社会公认的、具有普遍约束力的、适用于国际法各个领域并构成国际法基础的法律原则。

（二）国际法基本原则的特征

国际法基本原则的上述定义，体现了国际法基本原则的四大特征：

---

① 相关著作可参见王铁崖主编：《国际法》，法律出版社1995年版；梁西主编：《国际法》（修订第二版），武汉大学出版社2000年版；端木正主编：《国际法》，北京大学出版社2000年版；曾令良主编：《国际法学》，人民法院出版社、中国社会科学出版社2003年版；邵津主编：《国际法》（第五版），北京大学出版社、高等教育出版社2010年版；王虎华主编：《国际公法学》（第四版），北京大学出版社2015年版；等等。

1. 国际社会公认

国际社会公认是国际法基本原则最重要的特征。一项原则要想成为国际法基本原则，必须获得国际社会公认。如果一国或数国提出的原则，尽管可能具有重大的政治或法律意义，但在国际社会公认之前，还不能称之为国际法基本原则。当然，所谓国际社会公认并不是指所有国家的公认，而是指多数或绝大多数国家的公认。

2. 具有普遍约束力

具有普遍约束力是指国际法基本原则具有国际强行法的性质。它不但对某些国家具有约束力，而且对所有国家都有约束力。

3. 适用于国际法各个领域

适用于国际法各个领域是国际法基本原则与国际法具体原则的最大区别。国际法基本原则带有全局性质，适用于国际法律关系的所有领域，对国际法的各个分支具有普遍性的指导意义，如禁止以武力相威胁或使用武力原则。而国际法的具体原则则只适用于国际法的某一特定领域，如或引渡或起诉原则。

4. 构成国际法的基础

构成国际法的基础是指国际法基本原则是国际法其他具体原则、规则和制度得以产生和确立的法律基础。一方面，国际法具体原则、规则和制度是从国际法基本原则中引申和发展起来的；另一方面，国际法具体原则、规则和制度都必须符合国际法基本原则，不能与之相冲突，否则就是非法的、无效的。

二、国际法基本原则的历史发展

国际法基本原则是随着国际关系的演变而产生发展的。自从近代国际法产生之后，国际社会就出现了一系列指导国际关系的一般原则，如国家主权原则、不干涉内政原则、国家平等原则等。例如，1793 年《法国宪法》就提出了不干涉内政原则。该宪法第 119 条规定，法国人民不干涉其他国家政府事务，也不允许其他民族干涉法国的事务。

第一次世界大战后，随着世界上第一个社会主义国家苏联的出现和国际联盟的建立，国际法基本原则的发展进入了一个新的阶段，并初步确立了互不侵犯原则、和平解决国际争端原则等。

第二次世界大战后，由于国际政治力量对比的重大变化，国际法基本原则的内容得到了不断的充实和完善。一些重要的国际文件倡导、确立了一系列国际法基本原则。例如，《联合国宪章》提出的七项原则、中国与印度以及缅甸共同倡导的和平共处五项原则、亚非会议十项原则、1960 年《给予殖民地国家和人民独立宣言》中详细阐明的民族自决原则、1962 年《关于自然资源之永久主权宣言》所确立的自然资源永久主权原则、1965 年《关于各国内政不容干涉及其独立与主权之保护宣言》重申的不干涉内政和主权原则、1970 年《关于各国依联合国宪章建立友好关系及合作之国际法原则之宣言》（简称《国际法原则宣言》）的七项原则、1974 年《各国经济权利和义务宪章》的十五项原则等。

此外，1981 年《不容干涉和干预别国内政宣言》、1982 年《关于和平解决国际争端的马尼拉宣言》和 1987 年《加强在国际关系上不使用武力或进行武力威胁原则的效力宣言》等，分别对不干涉内政原则、和平解决国际争端原则和禁止以武力相威胁或使用武力原则进行了重申、强调或详细的阐释。

至此，现代国际法基本原则的体系，已初步形成。

三、《联合国宪章》与国际法基本原则

第二次世界大战虽然使世界遭到了巨大的破坏，但是也推动了国际法的发展。在联合国成立以前，虽然诸如《国际联盟盟约》《巴黎非战公约》等一些国际公约也都曾提出过一些基本原则，但总的来说，国际法基本原则仍然处于一种零散状态。

而在战争废墟上孕育出来的《联合国宪章》首次全面系统地确认了国际法基本原则。该宪章第 2 条规定了七项原则，即会员国主权平等、善意履行宪章义务、和平解决国际争端、禁止以武力相威胁或使用武力、集体协助、确使非会员国遵行宪章原则和不干涉内政。

虽然《联合国宪章》第 2 条是从组织法的角度，规定了联合国本身及其会员国在一切行动中应作为法律义务而遵守的若干原则，[1] 但国际法的实践已经证明宪章所确立的七项原则已经成为现代国际法基本原则的核心。《联合国宪章》生效后，各种国际文件所提出的基本原则，尽管在形式上可能有所不同，但在实质上都是在宪章所确立的基本原则基础上的引申和发展。其中，最突出的、最有代表性的是和平共处五项原则和《国际法原则宣言》。

四、国际法基本原则与国际强行法

国际强行法是"国际法上一系列具有法律拘束力的特殊原则和规范的总称，这类原则和规范由国际社会成员作为整体通过条约或习惯，以明示或默示的方式接受并承认为具有绝对强制性，且非同等强行性质之国际法规则不得予以更改，任何条约或行为（包括作为与不作为）如与之相抵触，归于无效"[2]。

强行法（jus cogens）是一个源于罗马法的概念。1969 年《维也纳条约法公约》首次正式使用了国际强行法概念。该公约第 53 条规定："一般国际法强制规范指国家之国际社会全体接受并公认为不许损抑，且仅有以后具有同等性质之一般国际法规范始得更改之规范。条约在缔结时与一般强制规律抵触者无效。"该公约第 64 条还有"一般国际法新强制规范（绝对法）之产生"的如下规定："遇有新一般国际法强制规范产生时，任何现有条约之与该项规范抵触者即成为无效而终止。"2015 年，联合国国际法委员会决定将"一般国际法强制规范（强行法）"专题列入其工作计划，并指定南非籍委员特拉迪（Dire Tladi）为特别报告员。该专题将专门研究违反"强行法"的国际法律后果问题。

从国际强行法的定义和《维也纳条约法公约》的相关规定可以看出，国际法基本原则与国际强行法既有联系，又有区别：

就二者的联系来说，国际法基本原则一般都属于国际强行法的范畴；国际法基本原则与强行法维护的对象相同，都是国际社会的整体利益；国际法基本原则与国际强行法的效力都具有普遍性。

从二者的区别来看，国际法基本原则是适用于一切国际法领域的一般性指导原则，从而构成国际法的基础；国际强行法规范有可能是某一特定国际法部门的具体规则。具有强行性的规范不一定都是国际法基本原则。例如，有关惩治诸如海盗、恐怖活动等国际犯罪

---

① 参见梁西著、杨泽伟修订：《梁著国际组织法》（第六版），武汉大学出版社 2011 年版，第 74 页。

② 张潇剑：《国际强行法论》，北京大学出版社 1995 年版，第 51 页。

行为的规则，被认为具有强行性，但并不是国际法基本原则。

第二节 《国际法原则宣言》

1970 年，联合国大会以全体一致的方式通过了《国际法原则宣言》①，郑重明确地宣布了如下七项原则：禁止以武力相威胁或使用武力原则、和平解决国际争端原则、不干涉内政原则、国际合作原则、民族自决原则、国家主权平等原则、善意履行国际义务原则。该宣言还在其"总结部分"要求"所有国家在其国际行为上"，作为"国际法之基本原则"予以"严格遵守"。《国际法原则宣言》是国际社会首次以联合国大会通过宣言的方式来列举并确认国际法的基本原则，这对所有国家在其国际行为上遵守国际法和贯彻《联合国宪章》的各项宗旨和原则，具有非常重要的意义。有学者认为，《国际法原则宣言》作为一种权威解释和联合国宪章之原则的适用，可以具有直接法律效力②。

一、禁止以武力相威胁或使用武力原则

禁止以武力相威胁或使用武力原则是指各国在其国际关系上不得为侵害任何国家领土完整或政治独立的目的，或以任何其他与联合国宗旨不符的方式以武力相威胁或使用武力；以武力相威胁或使用武力的行为，永远不应作为解决国际争端的方法。

与国际法其他基本原则相比较，禁止以武力相威胁或使用武力原则是一项较新的国际法基本原则。它是在第二次世界大战以后确立起来的。1919 年《国际联盟盟约》对战争权作了一定的限制，但没有废止侵略战争。1928 年《巴黎非战公约》首次宣布废弃以战争作为推行国家政策的工具，但没有明确区分侵略战争与非侵略战争、正义战争与非正义战争。

在国际法上第一个明文规定禁止以武力相威胁或使用武力原则的国际公约是《联合国宪章》。该宪章第 2 条第 4 项规定："各会员国在其国际关系上不得使用威胁或武力，或以与联合国宗旨不符之任何其他方法，侵害任何会员国或国家之领土完整或政治独立。"

《国际法原则宣言》重申了禁止以武力相威胁或使用武力原则，并对其内容作了详细的规定。该宣言指出，以武力相威胁或使用武力，构成违反国际法及联合国宪章；每一个国家都有义务避免以武力相威胁或使用武力侵犯他国现有的国际疆界；每一个国家都有义务避免组织或鼓励组织非正规军或武装团队，包括雇佣兵在内，侵入他国领土；在涉及以武力相威胁或使用武力的限度内，每一国家都有义务避免在他国发动、煽动、协助或参加内争或恐怖活动。

此外，1987 年联合国大会通过的《加强在国际关系上不使用武力或进行武力威胁原则的效力宣言》，再次庄严宣告了禁止以武力相威胁或使用武力原则。

需要强调的是，按照《联合国宪章》的有关规定而采取的集体强制措施、单独或集体自卫和区域机关采取的强制行动以及殖民地半殖民地人民为争取民族独立而进行的武装斗争，不受此原则的限制。

---

① 该宣言全称为《关于各国依联合国宪章建立友好关系及合作之国际法原则之宣言》。
② See James Crawford, *Brownlie's Principles of Public International Law*, 9th ed., Oxford University Press, 2019, P. 10.

值得注意的是，1986 年国际法院"对尼加拉瓜进行军事和准军事行动案"（Case Concerning Military and Paramilitary Activities in and against Nicaragua），是一起涉及"禁止以武力相威胁或使用武力原则"的重要案件。

拓展阅读

1986 年国际法院"对尼加拉瓜进行军事和准军事行动案"

本案是国际法院判案史上第一次对现代国际法的若干主要基本原则作出全面阐述的案件。① 本案的判决充分阐述了禁止使用武力原则，论证了禁止使用武力原则作为一般习惯国际法规则之确立。

应该指出的是，进入 21 世纪后，禁止以武力相威胁或使用武力原则面临严峻的挑战。特别是"9·11"事件后，一些发达国家认为当今国际社会面临的主要威胁是大规模杀伤性武器、恐怖主义和侵犯人权，并主张将它们列入《联合国宪章》第七章"对于和平之威胁、和平之破坏及侵略行为之应付办法"，以此重新划定使用武力的界限。这些国家还建议安理会应通过一项决议，凡符合下列三个条件之一者就是对和平构成足够大的威胁，从而有充分理由对其使用武力：拥有大规模杀伤性武器，或有清楚而令人信服的证据说明企图拥有这些武器；有计划有步骤地侵犯人权的行为，它表明这样的国家缺乏制约政府行为的内部机制；有迹象表明侵略其他国家的意图。②

2004 年 12 月，"威胁、挑战和改革问题高级别小组"（the High-level Panel on Threats, Challenges and Change）在其《一个更安全的世界：我们的共同责任》（A More Secure World：Our Shared Responsibility）的报告中明确指出："安理会在考虑是否批准或同意使用武力时，不管它可能会考虑的其他因素为何，至少必须考虑以下五个正当性的基本标准：威胁的严重性，正当的目的，万不得已的办法，相称的手段，权衡后果。"③

2005 年 3 月，时任联合国秘书长安南根据"威胁、挑战和改革问题高级别小组"的建议，在其《大自由：实现人人共享的发展、安全和人权》（In Larger Freedom，Towards Security，Development and Human Rights for All）报告中提出了使用武力五条正当性的基本标准，即"如何衡量威胁的严重性""拟议的军事行动的适当目的""不使用武力的手段有无可能遏制威胁""军事办法与面临的威胁是否相称""是否有合理的成功机会"；并建议在决定是否核准或授权使用武力时，应由安理会通过有关的决议。④

然而，有人认为上述五条标准其实是降低了使用武力的门槛。有些国家更是明确反对制定这样的标准。例如，俄罗斯政府代表就曾经在联大指出："《联合国宪章》仍然是对使用武力问题可靠的、坚实的法律基础，没有必要修改或做新的解释。"⑤ 中国政府也认为："我们赞成既不修改宪章第 51 条，也不重新解释第 51 条。宪章对使用武力已有明确规定，除因遭受武力攻击而进行自卫外，使用武力必须得到安理会授权。对是否构成

① 参见中国政法大学国际法教研室编：《国际公法案例评析》，中国政法大学出版社 1995 年版，第 224 页。

② See Anne-Marine Slaughter，"A Chance to Reshape the U. N."，Washington Post Sunday，April 13，2003，转引自钱文荣：《论联合国改革》，《现代国际关系》2004 年第 9 期。

③ 参见"威胁、挑战和改革问题高级别小组"的报告：《一个更安全的世界：我们的共同责任》（2004 年 12 月 1 日），载于联合国网站：http://www.un.org。

④ 参见联合国秘书长的报告：《大自由：实现人人共享的发展、安全和人权》（2005 年 3 月 21 日），载于联合国网站：http://www.un.org。

⑤ 《联合国新闻稿》，GA/10338，07/04/2005，载于联合国网站：http://www.un.org。

'紧迫威胁',应由安理会根据宪章第七章并视具体情况判定,慎重处理。导致发生危机的原因和各类危机的情况不尽相同。就使用武力形成一个'放之四海皆准'的规则和标准不现实,也容易引起较大争议。是否使用武力,应由安理会视冲突实际情况逐案处理。"①

此外,近年来关于禁止以武力相威胁或使用武力原则,出现了扩大与限制并存的两种矛盾倾向:一是扩大本国在国际关系中"合法"使用武力的范围,如鼓吹各种形式的干涉主义;二是限制他国在本国境内合法使用武力的权利,试图将该原则扩大适用于一国的内部争端或冲突。②

二、和平解决国际争端原则

和平解决国际争端原则是指为了国际和平、安全及正义,各国应以和平方法解决其与其他国家之间的国际争端。

和平解决国际争端原则的渊源,虽然可以追溯到1899年和1907年的两个海牙和平解决国际争端公约,但它是在第二次世界大战以后才正式确立的一项国际法基本原则。

和平解决国际争端原则是从禁止以武力相威胁或使用武力原则中引申出来的。《联合国宪章》第2条第3项规定:"各会员国应以和平方法解决其国际争端,俾免危及国际和平、安全及正义。"该宪章第六章"争端之和平解决"还就和平解决国际争端作了详细的规定。

《国际法原则宣言》不但强调"每一国应以和平方法解决其与其他国家之国际争端",而且详尽地解释了和平解决国际争端原则,如"各国因此应以谈判、调查、调停、和解、公断、司法解决、区域机关或办法之利用或其所选择之他种和平方法寻求国际争端之早日及公平之解决";"争端各当事方遇未能以上述任一和平方法达成解决之情形时,有义务继续以其所商定之他种和平方法寻求争端之解决";"国际争端各当事国及其他国家应避免从事足使情势恶化致危及国际和平与安全之维持之任何行动";"国际争端应根据国家主权平等之基础并依照自由选择方法之原则解决之"。

此外,1982年联合国大会通过的《关于和平解决国际争端的马尼拉宣言》再次重申:"所有国家应只以和平方法解决其国际争端。"另外,1988年《预防和消除可能威胁国际和平与安全的争端和局势以及关于联合国在该领域的作用的宣言》以及1991年《关于联合国在维持国际和平与安全领域中的实况调查宣言》等,都有关于和平解决国际争端原则的规定。

三、不干涉内政原则

不干涉内政原则是指"国家在相互交往中不得以任何理由或任何方式,直接或间接地干涉他国主权管辖范围内的一切内外事务,同时也指国际组织不得干涉属于成员国国内管辖的事项"③。

---

① 《中国关于联合国改革问题的立场文件》(2005年6月7日),载于外交部网站:http://www.fmprc.gov.cn。
② 参见黄惠康:《中国特色大国外交与国际法》,法律出版社2019年版,第187页。
③ 梁西主编:《国际法》(修订第二版),武汉大学出版社2000年版,第67页。

不干涉内政原则是国际法上产生较早的一项原则。早在 1793 年，《法国宪法》就规定了不干涉内政原则。1919 年国际联盟把纯属国内管辖的事件排除在行政院和解权力范围之外。《联合国宪章》第 2 条第 7 项规定："本宪章不得认为授权联合国干涉在本质上属于任何国家国内管辖之事件，且并不要求会员国将该项事件依本宪章提请解决；但此项原则不妨碍第七章内执行办法之适用。"1949 年联合国大会通过的《国家权利义务宣言草案》第 3 条明确提出："各国对任何他国之内政、外交，有不加干涉之义务。"1965 年《关于各国内政不容干涉及其独立与主权之保护宣言》宣称："任何国家，不论为任何理由，均无权直接或间接干涉任何其他国家之内政、外交，故武装干涉及其他任何方式之干预或对于一国人格或其政治、经济及文化事宜之威胁企图，均在谴责之列。"1970 年《国际法原则宣言》也指出："任何国家或国家集团均无权以任何理由直接或间接干涉任何其他国家之内政或外交事务。因此，武装干涉及对国家人格或其政治、经济及文化要素之一切其他形式之干预或试图威胁，均系违反国际法。"1981 年联合国大会通过的《不容干涉和干预别国内政宣言》庄严宣告，"任何国家或国家集团均无权以任何方式或以任何理由干涉或干预其他国家的内政和外交"；"充分遵守不干涉和不干预别国内政和外交的原则对维持国际和平与安全和实现《联合国宪章》的宗旨和原则都最为重要"。1987 年《加强在国际关系上不使用武力或进行武力威胁原则的效力宣言》再次强调，"每一国家均有不受别国任何形式的干涉，选择其政治、经济、社会及文化制度的不可剥夺权利"；"各国有义务不武装干涉和不以任何其他形式干预或企图威胁国家的个性或其政治、经济和文化要素"。

值得一提的是，什么是"内政"或"国内管辖事项"？这在国际法学中是一个有争议的问题。正如菲德罗斯所言："哪些事件是国内事件的问题，已是有争论的。在这方面，有一个学说主张，根本没有在本质上保留给国家规定的事件，因为国际法可以对任何客体加以规定。所以，人们只能把下列两种事件予以区别：一般的或者特殊的国际法已经规定的事件，以及它尚未规定并且在国际法予以规定以前委诸国内规定的事件。因此，如果'国内事件'这个名词确有意义的话，那么它只能指第二种事件。国际法学会于 1954 年 4 月 29 日在其埃克斯会议中也表示了同一的见解，即'保留范围是国家活动的范围，在这范围内，国家的管辖不受国际法的拘束'。"①

一般来讲，所谓内政"是指国家可以不受依国际法而产生的那些义务的限制而能自由处理的那些事项，如一个国家的政体、内部组织、同其国民的关系等"②。不过，内政是随着国际关系的发展而变化的。诚如 1923 年常设国际法院在"突尼斯和摩洛哥国籍法令案"中所指出的："某一事项是否纯属一国的管辖，这基本上是一个相对的问题，要取决于国际关系的发展。"③ 1952 年国际法研究院的年刊也载明："保留给国家国内管辖的领域是指国家的活动不受国际法约束的领域，其范围取决于国际法并依国际法的发展而变化。"④

---

① ［奥］阿·菲德罗斯等：《国际法》（上册），李浩培译，商务印书馆 1981 年版，第 604 页。
② 梁西著、杨泽伟修订：《梁著国际组织法》（第六版），武汉大学出版社 2011 年版，第 79 页。
③ 梁淑英主编：《国际法教学案例》，中国政法大学出版社 1999 年版，第 143 页。
④ 转引自白桂梅等编著：《国际法上的人权》，北京大学出版社 1996 年版，第 284 页。

　　需要指出的是，《联合国宪章》第 2 条第 7 项还把宪章第七章所规定的执行办法从国内管辖的事件中排除出去。换言之，按照该宪章第七章的规定所采取的执行办法，不属于干涉内政。随着国际关系的演变、国际社会组织化趋势的进一步增强，内政的范围呈相对缩小的趋势。因此，主权国家管辖的范围日益缩小，原来由主权国家管辖的事项逐渐转移给国际社会。《保护的责任》报告中所涉及的"预防的责任""做出反应的责任"和"重建的责任"，就是这种趋势的反映。

　　值得注意的是，不干涉内政原则目前主要面临以下两方面的挑战：

拓展阅读

《保护的责任》

（一）不干涉内政原则要服从于国际保护责任

　　现在越来越多的人承认，虽然主权政府负有使自己的人民免受各种人为灾难的主要责任，但是，如果其没有能力或不愿意这样做，广大国际社会就应承担起这一责任，并由此连续开展一系列工作，包括开展预防工作，在必要时对暴力行为作出反应，和重建四分五裂的社会。① 例如，各国根据《防止及惩治灭绝种族罪公约》认为，灭绝种族，不管是在和平时期还是在战争期间发生，都是国际法所列的罪行；任何地方发生的灭绝种族行为都是对所有人的威胁，是绝对不能允许的。因此，不能用不干涉内政原则来保护灭绝种族行为或其他相关暴行。有学者把这种保护责任称为"主权的人道主义责任"（the humanitarian responsibility of sovereignty）②。

（二）广义的"国际和平与安全"的概念

　　根据《联合国宪章》第七章，如果安理会断定威胁和平、破坏和平以及侵略行为存在，安理会有权采取强制措施，实施干预。这里指的是"国际"和平与安全。然而，国内冲突和大规模地侵犯人权是否可以被看作正在构成对国际和平的威胁或正在影响国际安全？对于在一国国内大规模地侵犯人权是否构成对国际和平与安全的威胁，存在很大的争论。③ 不过，安理会的实践似乎显示了这样的一个趋势：国内冲突，特别是侵犯人权，关系到国际和平与安全。1992 年 1 月，安理会举行的特别会议发表声明强调："国家间没有战争和军事冲突本身并不能确保国际和平与安全。在经济、社会、生态和人道主义等方面的非军事的不稳定因素已构成对和平与安全的威胁。联合国成员国作为一个整体，在相关机构的工作中，需最优先解决这些问题。"④ 1992 年 12 月，安理会通过了第 794 号决议。在首先断定"索马里的冲突导致了巨大的人类灾难，从而构成了对国际和平与安全的威胁"后，安理会授权联合国秘书长和有关会员国"使用一切必要手段以尽快为在索马里的人道主义救援行动建立一个安全的环境"⑤。

　　总之，安理会在 20 世纪 90 年代的实践表明：对国际和平与安全的威胁并不限于军事

---

　　① 参见"威胁、挑战和改革问题高级别小组"的报告：《一个更安全的世界：我们的共同责任》（2004 年 12 月 1 日），载于联合国网站：http://www.un.org。

　　② See Nicholas J. Wheeler，"The Humanitarian Responsibility of Sovereignty：Explaining the Development of a New Norm of Military Intervention for Humanitarian Purposes in International Society"，in Jennifer M. Welsh（ed.），*Humanitarian Intervention and International Relations*，Oxford University Press，2004，pp. 29–51.

　　③ See Peter Malanczuk，*Humanitarian Intervention and the Legitimacy of the Use of Force*，Het Spinhuis，1993，p. 60.

　　④ Provisional Verbatim Record of the Meeting of 31 January 1992，S/Pv. 3046，1992，p. 143.

　　⑤ S. C. Res. 794，U. N. SCOR，47th Sess.，3145 mtg，at 2，U. N. Doc. S/Res/794（1992）.

侵略或军事威胁的存在；如果在成员国内出现了人为的紧急情况，如灭绝种族或其他大规模杀戮等，而该国政府又像索马里那样完全瘫痪，不管是否波及邻国，就完全有可能被安理会认定为构成对国际和平与安全的威胁。另外，有些学者也主张，大规模侵犯人权背离了"国际价值体系"的本质，仅此理由就构成了《联合国宪章》第七章意义上的对和平的威胁。[①]

四、国际合作原则

国际合作原则是指为了维护国际和平与安全、增进国际经济安定与进步以及各国的福利，各国不论在政治、经济及社会制度上有何差异，都应在政治、经济、社会、文化和科技等方面，进行合作。

国际合作虽然由来已久，但作为一项现代国际法基本原则是在第二次世界大战以后。按照《联合国宪章》的规定，联合国的宗旨之一是"促进国际合作"。该宪章的序言规定，为维护国际和平与安全，促进经济及社会之进展，各会员国"务当同心协力"。为了实现联合国的宗旨，该宪章第九章以"国际经济及社会合作"为题，从第 55 条至第 60 条专门阐述了有关国际合作的问题。

《国际法原则宣言》进一步发展了《联合国宪章》所确立的国际合作原则。该宣言规定："各国应与其他国家合作以维持国际和平与安全"；"各国应合作促进对于一切人民人权及基本自由之普遍尊重与遵行，并消除一切形式之种族歧视及宗教上一切形式之不容异己"；"各国应依照主权平等及不干涉原则处理其经济、社会、文化、技术及贸易方面之国际关系"；"联合国会员国均有义务依照宪章有关规定采取共同及个别行动与联合国合作"；"各国应在经济、社会、文化以及科学与技术方面并为促进国际文化及教育进步，彼此合作"。

此外，《各国经济权利和义务宪章》和 1975 年《欧洲安全与合作会议最后文件》也都对国际合作原则作出了规定。

在当今的国际社会，遵循国际合作原则是各国相互依存、共同发展的前提。目前，国际合作的形式多种多样，既有双边合作和多边合作，又有区域性合作和全球性合作；国际合作的内容也在不断丰富，既有政治合作，又有经济合作、社会合作、文化合作、科技合作等。

五、民族自决原则

民族自决原则（the Principle of Self-determination of Peoples）是指一切处于外国殖民统治、外国占领和外国奴役下的民族，具有自己决定自己的命运、政治地位和自主地处理其内外事务的权利，并且这种权利应受到国际社会的尊重；所有国家均承担义务不得以任何方式阻碍、干涉、破坏或剥夺此项权利，否则，就构成国际不法行为，有关行为国应承担国际责任。从广义上说，这一原则也适用于已经获得民族独立并已建立民族国家的人民

① See Lori F. Damrosch and D. J. Scheffer（eds.），*Law and Force in the New International Order*，Westview Press，1991，p. 220. See Henry Schermers，*Different Aspects of Sovereignty*，in Gerard Kreijen（ed.），*State，Sovereignty and International Governance*，Oxford University Press，2002，p. 188.

或民族。这些国家的人民或民族具有独立自主地处理其内外事务的权利,具有选择自己喜好的政治、社会制度的权利,以及独立发展自己的经济、社会文化的权利。对于这些权利,其他国家均有义务予以尊重,而不得进行干涉。①

民族自决原则的萌芽可追溯到中世纪末期欧洲民族国家形成时期普遍流行的民族主义思想。然而,民族自决的概念是法国资产阶级大革命中正式提出来的,② 主要适应了新兴资产阶级的需要。民族自决观念与19世纪的民族国家理念结合在一起,对现代国际社会的主体——享有主权的民族国家的建立,起了重要的作用。至第一次世界大战时期,民族自决成了世界政治的口号。

第二次世界大战期间,英美两国首脑达成的《大西洋宪章》确认:"尊重各民族自由选择其赖以生存的政府形式的权利。各民族的主权和自治权有横遭剥夺者,两国俱欲设法予以恢复。"《联合国宪章》是第一个正式规定民族自决的条约,该宪章第1条第2款规定,联合国的宗旨之一,是"发展国际间以尊重人民平等权利及自决原则为根据之友好关系,并采取其他适当办法,以增强普遍和平"。

随着战后民族独立运动的蓬勃兴起,联合国的会员国大量增加,民族自决原则进入了一个新的发展时期。战后一系列的国际法文件,都提到了民族自决原则,从而使民族自决原则得到了进一步发展。这些文件主要有:1952年《关于人民与民族的自决权的决议》、1960年《给予殖民地国家和人民独立宣言》、1970年《国际法原则宣言》、1974年《各国经济权利和义务宪章》等。其中,《国际法原则宣言》不仅把"各民族享有平等权利与自决权之原则"列为国际法基本原则之一,而且对这一原则的具体内容作了详细规定。该宣言称,各民族之受异族奴役、统治与剥削,"即系违背此项原则且系否定基本人权,并与宪章不合"。从上述民族自决原则的历史发展过程可以看出,民族自决作为一项国际法基本原则,基本上已被国际社会普遍接受。

应该指出的是,民族自决与国家主权之间既相互依存,又彼此制约。③

第一,民族自决与国家主权之间相互依存的关系,无论是在非殖民化时期,还是在后非殖民化时代,都是如此。就非殖民化时期而言,在冷战结束以前,在联合国的推动下,民族自决原则得到了国际社会的逐步确认。殖民地民族和人民,通过行使民族自决权,取得了独立,建立了民族国家。由于殖民地人民和民族原来不是宗主国的国民,他们通过行使自决权而建立的独立国家,并不损害宗主国的主权,反而符合战后非殖民化这一世界潮流。

就后非殖民化时代来说,在冷战结束以后,由于殖民地的民族和人民已经取得了独立,建立了主权国家。在这种情况下,行使自决权则有可能对国家主权产生影响。然而,由于民族自决权可以分为对内自决权和对外自决权,如果一个上述主权国家内的少数民族或土著居民只为要求自治而行使对内自决权,那么就不大可能危及有关所属国的国家主权;反之,如果其境内的少数民族或土著居民,要求从原主权国家脱离建立新的独立国家而行使对外自决权,那么就必然会与原所属国的国家主权相冲突,因为对外自决权影响主权国家的

---

① 参见富学哲:《从国际法看人权》,新华出版社1998年版,第148页。
② 参见[奥]阿·菲德罗斯等:《国际法》(下册),李浩培译,商务印书馆1981年版,第679页。
③ 参见曾令良:《论冷战后时代的国家主权》,《中国法学》1998年第1期。

领土完整。因此，在后非殖民化时代，行使自决权并不必然给国家主权带来影响。

第二，民族自决与国家主权彼此制约。一方面，民族自决权对国家主权产生影响。《联合国宪章》、国际人权文书和其他一些国际法文件都有关于民族自决权的规定，这些规定构成了民族自决权的国际法依据。因此，我们不能用国家主权来否定甚至取消民族自决权。另一方面，民族自决权又在诸多方面受到了国家主权原则的制约。自决权不是一项没有任何限制的绝对权利；一系列的国际文件均规定民族自决权不能破坏、损害国家主权；同时，国家主权原则直接对民族自决权予以制约的情形也非常多见。

六、国家主权平等原则

国家主权（state sovereignty）是指"一国在国际法上所固有的独立自主地处理其对内对外事务的权力"[①]。国家主权是每一个国家所固有的基本属性，表示一个国家在国际法上的根本地位。国家主权平等是指各个国家不论大小、强弱，或政治、经济、社会制度和发展程度如何不同，它们在国际社会中都独立地和平等地进行交往，在交往中产生的法律关系上也同处于平等地位。换言之，各国在国际法上的地位是完全平等的。

国家主权平等原则（the Principle of Sovereign Equality of States），既是传统国际法上的重要原则之一，也是现代国际法的一项基本原则。虽然，各个国家在领土面积、人口数量、经济实力、军事力量、工业产值以及文化教育等方面存在着差异，但是国家主权平等原则却是最熟悉、重申得最多的现代国际法原则之一。无论是联合国还是其他区域性国际组织，在它们通过的有关国家间关系的基本原则的文件中，均无一例外地列有国家主权平等原则，其至将它列为各项原则之首。

早在联合国的筹建过程中，在1943年10月的莫斯科会议上，国家主权平等就被认定为一个原则。而《联合国宪章》则重申了国家主权与平等，并把它作为联合国的一项基本组织原则，列为各项原则之首。该宪章的序言庄严地宣布"大小各国平等权利之信念"；在第1条确定"发展国际间以尊重人民平等权利及自决原则为根据之友好关系"的宗旨；还特别在第2条第1项规定"本组织系基于各会员国主权平等之原则"，并且接着在第7项声明"不得认为授权联合国干涉在本质上属于任何国家国内管辖之事件"。该宪章在第78条再次肯定："联合国会员国间之关系，应基于尊重主权平等之原则。"

《国际法原则宣言》在序言中"重申主权平等依据宪章所具有之基本重要性，并强调唯有各国享有主权平等并在其国际关系上充分遵从此一原则之要求，联合国之宗旨始克实现"；该宣言还在"各国主权平等之原则"的标题下，对国家主权平等原则作了进一步的说明。按照该宣言的规定，国家主权平等原则的含义包括以下几个方面：（1）各国一律享有主权平等。各国不论经济、社会、政治或其他性质有何不同，均有平等权利与责任，并为国际社会之平等会员国。（2）主权平等尤其包括下列要素：第一，各国法律地位平等；第二，每一国均享有充分主权之固有权利；第三，每一国均有义务尊重其他国家之人格；第四，国家之领土完整及政治独立不得侵犯；第五，每一国均有权利自由选择并发展其政治、社会、经济及文化制度；第六，每一国均有责任充分并一秉诚意履行其国际义务，并与其他国家和平相处。

[①] 杨泽伟：《主权论——国际法上的主权问题及其发展趋势研究》，北京大学出版社2006年版，第6页。

此外，1965 年《关于各国内政不容干涉及其独立与主权之保护宣言》、1970 年《国际法原则宣言》、1974 年《建立新的国际经济秩序宣言》和《各国经济权利和义务宪章》都规定了国家主权平等原则。值得注意的是，1975 年 8 月欧安会在赫尔辛基通过的《欧洲关于指导与会国间关系原则的宣言》，也对国家主权平等原则作了阐述。另外，国家主权平等原则还得到许多其他区域性国际文件的确认，如《美洲国家组织宪章》《非洲统一组织宪章》和《亚非会议最后公报》等。同时，中国倡导的和平共处五项原则，也是国家主权平等原则的具体实施和体现。

在当今的国际关系中，坚持国家主权平等原则仍具有重要的现实意义。

第一，坚持国家主权平等原则，有利于实现国际关系的民主化、国际法的民主化。在近些年的有关联合国及其专门机构的改革大潮中，广大中、小国家提出要适当限制安理会常任理事国的否决权、增加安理会决策的透明度、加强联合国工作的民主化以及增加在世界银行和国际货币基金组织等专门机构中的基本投票权等，都是坚持国家主权平等原则的具体体现。况且，由于国际法是适用于国家之间的法律，在国家间的相互联系、相互依存更加紧密的今天，只有坚持国家主权平等原则，建立平等互利的国际关系，才能促进国际法的进一步改善与加强，才能实现国际关系的民主化和国际法的民主化，才能最终推动国际社会的共同进步。

第二，坚持国家主权平等原则，有利于维护世界和平。由于国际法基本上是一种"平等者"之间的法律体系，因此，在国际关系中，一国对他国强行发号施令，把自己的意志强加于他国，或者以表面上合法的方式侵夺他国的权利，都是对国家主权平等原则的侵犯。在当今这样一个趋向全球化的国际社会里，任何一个国家，不论它多么强大和富有，都不可能单独在超越国境的全球性问题上保全自己。时代要求所有国家，特别是强国、大国，都应坚持国家主权平等原则，依法履行国际义务，只有这样，才能维护世界的和平与安全。

值得注意的是，"保护的责任"对国家主权平等原则产生了深远的影响。

（一）国家主权的内涵更加丰富

主权意味着责任。作为责任的主权（sovereignty as responsibility），具有三重意义：（1）它意味着国家权力当局对保护国民的安全和生命以及增进其福利的工作负有责任；（2）它表示国家政治当局对内向国民负责，对外通过联合国向国际社会负责；（3）它意味着国家的代理人要对其行动负责，就是说，他们要说明自己的授权行为和疏忽。[①] 以上这种作为责任的主权思想正得到国际社会越来越多的承认，并逐步向习惯国际法方向发展。它表明国家主权正在经历一个变化的过程，即在内部功能和外部责任上从作为控制手段的主权到作为责任的主权的变化过程。

（二）国家主权平等原则遭到破坏

"保护的责任"意味着对迫切需要保护人类的局势作出反应的责任。如果预防措施不能解决或遏制这种局势，而且某个国家没有能力或不愿意纠正这种局势，那么就可能需要更广泛的国际社会的其他成员国采取干预措施。这些强制措施可能包括政治、经济或司法

---

① 参见"干预和国家主权国际委员会"的报告：《保护的责任》（2001 年 12 月），载于加拿大"干预和国家主权国际委员会"网站：http://www.iciss.ca。

措施，而且在极端的情况下，它们也可能包含军事行动。干预对国家主权的影响主要表现为，干预在一定程度上中止了主权要求。因为如果干预者无法对某个领土行使权力，就不能促进或恢复良好的管制及和平与稳定。但是在干预和后续行动期间，主权行使的中止只是事实上的，而不是法律上的。[①]

另外，2005 年 12 月，联合国大会和安理会同时通过决议，成立了联合国建设和平委员会（Peacebuilding Commission）。建设和平委员会将帮助各国从战争过渡到和平，就恢复工作提出咨询意见，并重点关注重建和体制建设。[②] 显然，建设和平委员会处理的都是国家主权管辖范围内的事务，承担的是"预防的责任"和"重建的责任"。

值得注意的是，进入 21 世纪以来，某些国家奉行单边主义，在国际事务中独断专行，为所欲为，[③] 严重破坏了国家主权平等原则。例如，在整个伊拉克危机期间，国际社会有关"国家主权不可侵犯""尊重国家主权平等原则"等国际法规范的呼声，非常微弱。[④]

七、善意履行国际义务原则

按照《国际法原则宣言》的规定，善意履行国际义务原则是指每一个国家都应善意履行其依《联合国宪章》所负的义务，善意履行其依国际法原则与规则所负的义务，善意履行其作为缔约国参加的有效双边或多边条约所负的义务。如果依其参加的条约义务与《联合国宪章》所规定的联合国会员国义务发生冲突时，《联合国宪章》规定的义务应居优先。具体而言，善意履行国际义务原则包含两层含义。"首先，各国在解释自己所承担的国际义务时，应秉承客观的、实事求是的态度。就条约关系而言，缔约方应当确认缔约各方在达成协议时所取得的谅解，确认缔约各方在谈判过程中相互妥协所达成的共识，而不能单方、片面地解释自己所承担的义务。其次，在适用法律规则时，各国应遵循惯例和理性对自己进行自我约束"。[⑤]

善意履行国际义务原则源于"约定必须遵守"这一古老的国际习惯规则。而现在许多国际法律文件都确认了这一原则。《联合国宪章》序言指出，"尊重由条约与国际法其他渊源而起之义务，久而弗懈"。该宪章第 2 条第 2 项规定："各会员国应一秉善意，履行其依本宪章所担负之义务，以保证全体会员国由加入本组织而发生之权益。"此外，1948 年《美洲国家组织宪章》、1969 年《维也纳条约法公约》、1970 年《国际法原则宣言》、1974 年《各国经济权利和义务宪章》和 1982 年《联合国海洋法公约》等都重申了这一国际法基本原则。

在当今国际社会，坚持善意履行国际义务原则，对于开展国际合作、促进共同发展、维护正常的国际法律秩序，都具有十分重要的意义。正如有的学者所言，"善意原则寓于

---

① 参见"干预和国家主权国际委员会"的报告：《保护的责任》（2001 年 12 月），载于加拿大"干预和国家主权国际委员会"网站：http://www.iciss.ca。

② 具体内容可参见联合国网站：http://www.un.org。

③ See Detlev F. Vagts, "Hegemonic International Law", *The American Journal of International Law*, Vol. 95, 2001, p. 843.

④ 2011 年 5 月 26 日，美国《外交政策聚焦》杂志刊登了该刊专栏作家康恩·哈利南题为《战争的新面孔》的文章，指出美国通过袭杀本·拉登正式确立了一种新战争。在这种战争里，国家主权无足轻重，军事部队毫不相干，所有决策秘而不宣。转引自《参考消息》2011 年 6 月 30 日，第 10 版。

⑤ 许光建主编：《联合国宪章诠释》，山西教育出版社 1999 年版，第 34 页。

一切法律规则之中","它是国际法律秩序的基础"。①

值得注意的是,近年来美国采取"双重标准"和狭隘的利己主义,特别是通过制定国内法或采取行政措施,逃避履行其国际义务,从而对善意履行国际义务原则带来冲击。②

第三节 和平共处五项原则

一、和平共处五项原则的产生与发展

和平共处五项原则(the Five Principles of Peaceful Co-existence)是 20 世纪 50 年代中国与印度、缅甸三国共同倡导的一组系统的国际法原则。它包括:互相尊重主权和领土完整,互不侵犯,互不干涉内政,平等互利,和平共处。

和平共处五项原则最初见于 1954 年 4 月 29 日中印两国《关于中国西藏地方和印度之间的通商和交通协定》的序言中。同年 6 月 28 日,中印两国总理发表联合声明,重申上述五项原则,"并且感到在他们与亚洲以及世界其他国家的关系中也应该适用这些原则"。6 月 29 日,中缅两国总理发表的联合声明声称,和平共处五项原则也应当是指导中缅两国关系的原则。

中、印、缅三国首倡和平共处五项原则之后,得到了许多国家的支持。五项原则被规定在许多双边条约和有关国际法律文件中,成为指导当代国际关系的基本准则和现代国际法的基本原则。

20 世纪 50 年代,中国与苏联、印度尼西亚、越南民主共和国、尼泊尔、德意志民主共和国、柬埔寨、老挝等国签署的联合文件,都确认了五项原则为国际关系的准则。此外,1955 年 4 月在印度尼西亚召开的亚非会议上最后通过的《关于促进世界和平和合作的宣言》充分体现了中、印、缅三国所倡导的和平共处五项原则,其中的十项原则是和平共处五项原则的引申和发展。

20 世纪 60 年代,和平共处五项原则的确认已超出了亚洲的范围,在中国与古巴、索马里、阿联(今埃及和叙利亚)、马里、坦桑尼亚、突尼斯、阿尔及利亚等非洲和拉美国家签署的文件中,都载有和平共处五项原则的内容。

20 世纪 70 年代,一些发达国家,如日本、美国、意大利、比利时、澳大利亚等,都明确承认了和平共处五项原则。据不完全统计,从 1970 年至 1980 年,与我国发表有关文件明确承认和平共处五项原则的国家约有 40 个,部分提到五项原则中的三项或四项的有近 30 个。例如,1979 年中美建交公报中庄严宣布:"双方同意,各国不论社会制度如何,都应根据尊重各国主权和领土完整、不侵犯别国、不干涉别国内政、平等互利、和平共处的原则来处理国与国之间的关系。"至此,和平共处五项原则的传播已遍及各大洲,并适用于一切国家间的关系。

① 古德里奇等:《联合国宪章——评述与文件》(英文第 3 版),转引自许光建主编:《联合国宪章诠释》,山西教育出版社 1999 年版,第 34 页。
② 参见黄惠康:《中国特色大国外交与国际法》,法律出版社 2019 年版,第 111 页。

　　此外，1960 年以来，联合国大会通过的《关于各国内政不容干涉及其独立与主权之保护宣言》《国际法原则宣言》《各国经济权利和义务宪章》等一系列文件，或者与和平共处五项原则的精神基本一致，或者含有五项原则的内容。

　　值得注意的是，1997 年 4 月 23 日，中、俄两国元首在莫斯科签署和公布的《中华人民共和国和俄罗斯联邦关于世界多极化和建立国际新秩序的联合声明》中指出："双方主张，互相尊重主权和领土完整、互不侵犯、互不干涉内政、平等互利、和平共处及其他公认的国际法原则，应成为处理国与国之间关系的基本准则和建立国际新秩序的基础。"2016 年 6 月 25 日，《中华人民共和国和俄罗斯联邦关于促进国际法的声明》也专门规定："两国遵循和平共处五项原则。"

二、和平共处五项原则的含义

（一）互相尊重主权和领土完整

　　互相尊重主权和领土完整（mutual respect for each other's sovereignty and territorial integrity），是指各国在国际关系中应互相尊重国家主权，不损害他国领土的完整性。互相尊重主权和互相尊重领土完整，是两个密不可分而又不完全相同的概念。国家是在自己的领土上行使排他的管辖权的，侵犯一国的领土完整当然就破坏了该国的主权。因此，尊重一国的主权首先意味着尊重该国的领土完整，领土完整构成国家主权的重要组成部分。互相尊重主权和领土完整是一项最重要、最根本的原则。

（二）互不侵犯

　　互不侵犯（mutual non-aggression），是指各国在其相互关系中，不得以任何借口进行侵略；不得以与现代国际法不符的任何其他方式使用武力或武力威胁，以侵犯另一国的主权、独立和领土完整；不得以战争作为解决国际争端的手段。这一原则是从互相尊重主权和领土完整原则直接引申出来的，它对于保障各国的和平共处有着重大的意义。

（三）互不干涉内政

　　互不干涉内政（mutual non-interference in each other's affairs），是指任何国家或国家集团均无权以任何理由干涉其他国家的内政或外交；每一国均有自由选择其社会、政治、经济、文化制度的权利，他国不得以任何手段进行干预；任何国家也不得组织、协助、煽动旨在推翻另一国政权的颠覆、恐怖等活动，也不得插手或干预另一国的内政。互不干涉内政原则是从国家主权的性质直接引申出来的，它对国家主权原则的实施具有重要的意义。

（四）平等互利

　　平等互利（equality and mutual benefit）包含两个层次的含义。一是平等，即一切国家不分大小、强弱和贫富以及政治制度如何，在法律上都是国际社会平等的一员，都应互相尊重、平等相处。二是互利，即各国在相互关系中，不能以损害他国权益的方法谋求任何特权和攫取本国的片面利益，而应该是对双方都有利的。可见，平等互利原则强调的是，只有互利的平等才是真正的平等。因此，平等互利原则是对传统国际法上的平等原则的一个新发展。

（五）和平共处

　　和平共处（peaceful co-existence），是指各国不因社会制度、意识形态的不同，而在国际法律地位上有所差别，而应和平地同时存在，和平地相互往来，处理和发展相互间的关系，并以和平的方法解决彼此间的各种国际争端。和平共处原则以前四项原则的存在为前提，同时又补充了前四项原则的内容。

三、和平共处五项原则的意义

对于和平共处五项原则，国际社会和各国学者有不同的认识。有学者认为，和平共处五项原则在国际法上没有什么意义，因为它们仅仅表明传统国际法的基础原则；法国学者佛克桑尼安奴分析了每一项原则之后认为，五项原则中有四项只是重复原有的原则，而另外一项原则仅在有限意义上是一项新的原则（平等互利）；[1] 有学者指出，和平共处五项原则宣传意味居多，没有太多实质上的内容；有学者还说，和平共处五项原则绝不是什么新东西，似乎或明或暗地已表现在《联合国宪章》和其他国际组织章程所规定的规则中。

然而，在欧美国际法学界也有学者对和平共处五项原则予以了高度评价。例如，英国学者布朗利认为，"许多国家接受了这些原则，并且可以把它们同《联合国宪章》和《白里安—凯洛格公约》相提并论或者作其补充"。《美国国际法杂志》刊登的文章也指出，"五项原则已为世界上许多政府所接受"，"成为现代最受称颂的概念之一"[2]。

其实，和平共处五项原则是现代国际法基本原则的重要组成部分。在整个基本原则体系中，和平共处五项原则占有重要地位。"和平共处五项原则作为一个开放包容的国际法原则，集中体现了主权、正义、民主、法治的价值观。"[3] 和平共处五项原则的意义主要表现为：

（一）和平共处五项原则是现代国际法的核心

1. 和平共处五项原则以国家主权作为中心理念

在和平共处五项原则中，最重要的是国家主权原则。国家主权原则位居五项原则之首，它联系着领土完整原则，引申出互不侵犯、互不干涉内政与平等互利等三项原则；反过来，互不侵犯、互不干涉内政与平等互利等三项原则又从不同侧面补充了国家主权原则的内容。其中，平等互利原则是国家主权原则的具体体现，而和平共处原则则是国家主权原则的目的。

众所周知，《联合国宪章》和《国际法原则宣言》都规定了国家主权原则。该宪章和联合国的其他重要的国际法律文件对国家主权原则的规定，从法律上奠定了国家主权原则的重要地位。因而可以说，国家主权原则是其他任何原则的基础和核心，国际法领域的原则、制度都是从它引申和派生出来的。换言之，国家主权原则不但贯穿整个国际法体系、渗透到国际法各个领域，而且也存在于国际法的每一规范层面——国际法基本原则、国际法渊源、国际法主体、国家领土、国际法上的承认制度、海洋法、国际环境法、国际争端法等。

正因为国家主权原则已成为整个国际法的基础和规范国际关系的基础，而和平共处五项原则又是以国家主权作为中心理念的，所以从这个意义上讲和平共处五项原则是现代国

---

[1]　参见王铁崖主编：《国际法》，法律出版社 1995 年版，第 61 页。

[2]　魏敏：《和平共处五项原则在现代国际法上的意义》，载《中国国际法年刊》（1985），中国对外翻译出版公司 1985 年版，第 241 页。

[3]　习近平：《弘扬和平共处五项原则　建设合作共赢美好世界——在和平共处五项原则发表 60 周年纪念大会上的讲话》（2014 年 6 月 28 日），人民出版社 2014 年版，第 4—5 页。

际法的核心。

2. 和平共处五项原则突出地体现了国际法是"互惠法"这一特征

国际法的很多原则、规则是在互惠的基础上发展起来的，如外交特权与豁免、引渡、贸易以及交通和通信等。甚至在权力政治最激烈的战争状态，也有国际人道法、中立法和战争法等互惠规则的存在。因此，在正常情况下，各国往往愿意并实际上是遵守国际法的。事实上，对于一个国家来说，遵守国际法符合其自身利益。正如英国学者阿库斯特所说："一个国家违犯了一项习惯法规则，就可能发现自己创立了一个当未来援引这一规则以维护自己利益时不仅原来的受害国、而且第三国也可以用来反对自己的先例。由于认识到这种可能性，所以各国往往避免破坏国际法。"① 所有这些，都是因为国际法是互惠法。

另一方面，根据国家主权原则，各个国家在处理自己的内外事务方面是完全独立自主的。然而，世界上的国家很多，一国行使主权权力，不能因此对其他国家的主权有所侵犯和破坏。因此，必须执行国际关系中的"互惠"原则。和平共处五项原则在前四项原则中都加了一个"互"字，在后一项中用了一个"共"字，坚持了各国的权利与义务相统一的原则。这表明这五项原则对于每一个国家来说，既是权利，又是义务，权利和义务不能分割。只有这样，正常的国际关系才能得到维护。

可见，和平共处五项原则不但科学地反映了国际关系的特点，概括了国际关系上权利与义务相统一的原则，而且突出地体现了国际法是"互惠法"这一特征。

（二）和平共处五项原则既是建立公正、合理的国际秩序的基础，也是建立国际秩序的重要保障

在由主权国家组成的国际社会里，尊重国家主权和领土完整以及不干涉他国内政，既是现代国际法的基本原则，也是建立公正、平等和合理的国际秩序的核心。因此，各个国家均把维护本国的国家主权当成一项神圣的使命。关于这一点，早在20世纪80年代末邓小平就曾经指出："处理国与国之间的关系，和平共处五项原则是最好的方式。其他方式，如'大家庭'方式，'集团政治'方式，'势力范围'方式，都会带来矛盾，激化国际局势。总结国际关系的实践，最具有强大生命力的就是和平共处五项原则。"② 可见，尊重国家主权对构建国际秩序具有重要的意义。

尊重国家主权也是建立国际秩序的重要保障。首先，从历史上看，第一次世界大战以后成立的国际联盟，由于是一个战胜国的联盟，长期处在英、法的掌握和控制之下，违背了世界广大发展中国家的意愿，所以它不可能消除各战胜国之间以及战胜国与战败国之间的矛盾，也不可能发挥一个世界性组织所应有的作用与权威。③ 正如列宁所指出的，"靠凡尔赛和约来维系的整个国际体系、国际秩序是建立在火山上的"④。因此，尊重国家主权，对国际秩序起着一种保障作用。鉴于此，《联合国宪章》第2条第1项规定，联合国组织是基于所有会员国主权平等的原则。这一规定，"既有保障中小国家权利的意义，也

---

① ［英］M. 阿库斯特：《现代国际法概论》，汪瑄等译，中国社会科学出版社1981年版，第11页。
② 《邓小平文选》第3卷，人民出版社1993年版，第96页。
③ 参见梁西著、杨泽伟修订：《梁著国际组织法》（第六版），武汉大学出版社2011年版，第55页。
④ 《列宁全集》第39卷，人民出版社1986年版，第352页。

起约束联合国行动的作用"①。其次，就国际关系的现实来分析，在当今国际力量对比严重失衡、国际冲突不已、国际矛盾十分复杂的现实状况下，如果放弃了以国家主权为基础，构建的国际秩序只能是不平等的，况且，这种大国占主导地位的国际秩序必然遭到广大中小国家的抵制甚至强烈反对，国际秩序也就失去了其稳定的保障。

综上可见，和平共处五项原则既是建立公正、合理的国际秩序的基础，也是建立国际秩序的重要保障。

（三）和平共处五项原则为中国和平发展提供了对外交往的基本准则

和平共处五项原则为各国交往提供了一项应该遵循的行为准则。和平共处五项原则既是规范性原则，又是指导性原则，它对当代国际关系的发展具有极为重要的指导意义和深远影响。和平共处五项原则作为行为规范，为各国的交往提供了行为标准，各国可以以此为依据，规范和约束自身的行为，并以它为标准，评判自身行为的对与错。

从新中国成立以来我国外交政策的演变来看，它与和平共处五项原则有着一种互动关系。因此，和平共处五项原则既是新中国成立以来我国对外政策的基石，也必将为中国和平发展提供对外交往的基本准则。

第四节 共商共建共享原则

"一带一路"倡议提出以来，为沿线国家的经济社会发展作出了诸多贡献，如提供可观的投资、增强国家和地区互联互通、开发沿线资源、提振生产力和经济增长以及改善当地教育等。② 特别是，"一带一路"倡议的国际影响与日俱增，不但"一带一路"沿线国家、而且众多政府间国际组织，纷纷与中国签订有关共建"一带一路"的法律文件，开展共建"一带一路"的国际合作。例如，截至 2021 年 1 月底，这方面的国际合作法律文件共有 205 份，涵盖了 140 个主权国家以及联合国、亚太经合组织等 31 个不同的国际组织。值得注意的是，上述 200 多份国际合作法律文件，均强调要坚持共商共建共享原则。那么，共商共建共享原则的内涵是什么？它是否具备现代国际法基本原则的主要特征？它对现代国际法基本原则有哪些新的发展？探讨上述问题，无疑具有重要的理论价值和现实意义。

一、共商共建共享原则的内涵

迄今，中国政府先后出台了《推动共建丝绸之路经济带和 21 世纪海上丝绸之路的愿景与行动》（2015 年 3 月 28 日）、《推进共建"一带一路"教育行动》（2016 年 7 月 13 日）、《中欧班列建设发展规划（2016—2020）》（2016 年 10 月 24 日）、《文化部"一带一路"文化发展行动计划（2016—2020 年）》（2016 年 12 月 29 日）、《环境保护部、外交部、发展改革委、商务部关于推进绿色"一带一路"建设的指导意见》（2017 年 4 月 24 日）、《共建"一带一路"：理念、实践与中国的贡献》（2017 年 5 月 10 日）、《共同推进"一带一路"建设农业合作的愿景与行动》（2017 年 5 月 13 日）、《"一带一路"融资指导

---

① 梁西著、杨泽伟修订：《梁著国际组织法》（第六版），武汉大学出版社 2011 年版，第 74 页。
② 参见杨承霖、刘阳：《世界点赞"一带一路"六年成绩单》，《参考消息》2019 年 11 月 7 日，第 11 版。

原则》（2017 年 5 月 14 日）、《推动丝绸之路经济带和 21 世纪海上丝绸之路能源合作愿景与行动》（2017 年 5 月 16 日）、《"一带一路"建设海上合作设想》（2017 年 6 月 20 日）、《标准联通共建"一带一路"行动计划（2018—2020 年）》（2017 年 12 月 26 日）和《共建"一带一路"倡议：进展、贡献与展望》（2019 年 4 月 22 日）等有关"一带一路"倡议的重要文件。结合分析上述法律文件的内容，从现代国际法的角度来看，共商共建共享原则的内涵主要体现在以下三个方面：

（一）共商

共商就是"大家的事大家商量着办"①。它是共商共建共享原则的前提，也是国际合作原则的具体化。它强调"一带一路"沿线各参与方，按照国家主权平等原则，采用共同协商的方法，就国际合作的内容、形式及其目标等达成共识。首先，要建立一个国际化的"共商平台"，如"一带一路"国际合作高峰论坛。② 其次，要推动"一带一路"沿线国家利用二十国集团、亚太经合组织、上海合作组织等既有国际机制开展互利合作。最后，要发挥社会团体、高等院校、新闻媒体、民间智库以及地方力量等"二轨"对话机制的补充作用，开展形式多样的沟通、对话、交流、合作。

（二）共建

共建是指"一带一路"沿线各方不论大小、强弱或发展程度如何，不但均为一样的建设方，而且要共同分担责任和风险。可见，共建是国家主权平等原则的具体实施和体现，也是共商共建共享原则的实施路径。质言之，共建包括设立各种形式、不同层次的国际合作平台，如在融资平台方面由中国发起的亚洲基础设施投资银行，其迄今已有遍布各大洲的 103 个成员，有力促进了中国企业和各国企业开展第三方市场合作，实现优势互补、互利共赢。

（三）共享

共享既是共商共建共享原则的重要组成部分，也是共商共建共享原则的宗旨和目标。它要求在"一带一路"的建设过程中，注意各方不同的利益需求，寻找各方都能接受且愿意接受的方案，最终使各方均能从共建成果中受益。因此，共建"一带一路"不是一种传统意义上的零和博弈，而是致力于实现共赢的目标。

综上可见，"共商""共建""共享"既紧密相连，又各有独立的内涵。其中，"共商"是前提条件，"共建"是实施路径，"共享"是宗旨目标。因此，共商共建共享原则不但是"一带一路"倡议提出以来一直秉持的原则，而且与国际合作原则、国家主权平等原则等国际法基本原则是一脉相承的。

二、共商共建共享原则已具备国际法基本原则的主要特征

（一）共商共建共享原则逐步获得了国际社会的普遍认可

一项原则要想成为国际法基本原则，必须获得国际社会公认。当然，所谓国际社会公认并不是指所有国家的公认，而是指多数或绝大多数国家的公认。众所周知，九年来中国

---

① 推进"一带一路"建设工作领导小组办公室：《共建"一带一路"倡议：进展、贡献与展望》（2019 年 4 月 22 日），载于中国一带一路网：https://www.yidaiyilu.gov.cn。

② "一带一路"国际合作高峰论坛已经成为各参与国家和国际组织深化交往、增进互信、密切往来的重要平台。

与"一带一路"沿线国家以及相关的国际组织开展对话交流，在共建"一带一路"的国际合作方面形成了许多共识。作为共建"一带一路"倡议的核心理念，共商共建共享原则已写入联合国、二十国集团、亚太经合组织以及其他区域组织等有关文件中，如 2015 年 7 月上海合作组织发表的《上海合作组织成员国元首乌法宣言》①、2016 年 9 月《二十国集团领导人杭州峰会公报》通过的关于建立"全球基础设施互联互通联盟"倡议以及 2018 年中拉论坛第二届部长级会议、中国—阿拉伯国家合作论坛第八届部长级会议和中非合作论坛峰会先后形成的《中国—拉共体论坛第二届部长级会议关于"一带一路"倡议的特别声明》《中国和阿拉伯国家合作共建"一带一路"行动宣言》和《关于构建更加紧密的中非命运共同体的北京宣言》等重要成果文件。② 特别是，2016 年 11 月联合国 193 个会员国协商一致通过的决议③和 2017 年 3 月联合国安理会一致通过的第 2344 号决议④，均载入了涵盖共商共建共享原则的"一带一路"倡议。2017 年 9 月，第 71 届联合国大会通过了关于"联合国与全球经济治理"决议，要求各方本着共商共建共享原则，改善全球经济治理。联合国是目前国际社会成员国最多、影响最大的国际组织，共商共建共享原则被纳入联合国相关决议，表明该原则已逐步获得国际社会的普遍认可。换言之，共商共建共享原则已从"中国倡议"发展成为"全球共识"。

（二）共商共建共享原则具有普遍约束力

国际法基本原则对所有国家都有约束力。事实上，"一带一路"倡议自 2013 年提出以来，深受国际社会的欢迎，与中国签订共建"一带一路"政府间合作文件的国家和国际组织数量不断增加。如前所述，截至 2021 年 1 月，中国已与"一带一路"沿线国家和国际组织签署了 205 份合作的法律文件。特别是从地域范围来看，共建"一带一路"国家，已经由最初的亚洲和欧洲国家逐渐延伸至非洲、拉丁美洲、南太平洋等许多国家。这说明共商共建共享原则具有广泛的适用性和普遍约束力。

（三）共商共建共享原则适用于国际法各个领域

国际法基本原则与国际法具体原则的最大区别是后者只适用于国际法的某一特定领域，而前者具有全局性质，适用于国际法律关系的所有领域，对国际法的各个分支具有普遍性的指导意义。从"一带一路"倡议提出以来的实践看，"一带一路"倡议涉及的国际合作领域范围很广，囊括交通能源和通信等基础设施的联通、投资贸易的畅通、资金融通以及诸如文化交流和学术往来方面的民心相通等。⑤ 而上述事项均为现代国际法的调整对象。因此，从某种意义上讲，共商共建共享原则能够适用于并且已经适用于国际法各个领域。事实上，中国正在有序推进与"一带一路"沿线国家和地区在各专业领域的对接与合作。例如，早在 2019 年，在数字丝绸之路建设方面，中国已与非洲的埃及、欧洲的塞尔维亚以及亚洲的老挝、泰国、沙特阿拉伯、阿联酋、土耳其等 16 个国家签署了关于

---

① 该宣言明确宣布"成员国支持中华人民共和国关于建设丝绸之路经济带的倡议"。

② 参见推进"一带一路"建设工作领导小组办公室：《共建"一带一路"倡议：进展、贡献与展望》（2019 年 4 月 22 日），载于中国一带一路网：https://www.yidaiyilu.gov.cn。

③ 该决议欢迎共建"一带一路"等经济合作倡议，呼吁国际社会为"一带一路"建设提供安全保障环境。

④ 该决议呼吁国际社会通过"一带一路"建设加强区域经济合作。

⑤ 参见国家发展和改革委员会、外交部、商务部联合发布的《推动共建丝绸之路经济带和 21 世纪海上丝绸之路的愿景与行动》（2015 年 3 月 28 日），载于中国一带一路网：http://www.yidaiyilu.gov.cn。

"加强数字丝绸之路建设"的法律文件，并共同发起"'一带一路'数字经济国际合作倡议"；在标准联通方面，中国已与 49 个国家和地区签署 85 份标准化合作协议；在税收合作方面，中国与"一带一路"沿线国家和地区的税收协定合作网络已经延伸至 111 个，并发布了"阿斯塔纳'一带一路'税收合作倡议"。此外，在知识产权①、农业②、能源③以及海洋事务④等方面，中国也与"一带一路"沿线国家和地区在遵循共商共建共享原则的基础上开展了富有成效的合作。

（四）共商共建共享原则构成了现代国际法的基础

国际法基本原则是国际法其他具体原则、规则和制度得以产生和确立的法律基础，国际法具体原则、规则和制度都是从国际法基本原则中引申和发展起来的。⑤ 共商共建共享原则作为国际法基本原则也能发挥类似的基础性作用。例如，在共建"一带一路"倡议的实践中，坚持"开放合作""和谐包容""互利共赢"等原则就是"共商共建共享"这一基本原则的细化，同时又受到后者的统领。

由上可见，共商共建共享原则符合现代国际法基本原则的要求，因而应当成为现代国际法的基本原则之一。

三、共商共建共享原则是国际法基本原则的新发展

共商共建共享原则不但为国际法基本原则增添了新的内容，而且深化了已有国际法基本原则的内涵。⑥

（一）国际法基本原则是随着国际关系的演变而发展变化的

近代国际法产生之后，国际社会就出现了一系列指导国际关系的一般原则，如国家主权原则、不干涉内政原则、国家平等原则等。⑦ 第一次世界大战后，国际法基本原则的发展进入了一个新的阶段，并初步确立了互不侵犯原则、和平解决国际争端原则等。第二次世界大战后，国际法基本原则的内容得到了进一步充实和完善，一些重要的国际文件倡导、确立了一系列国际法基本原则，如《联合国宪章》提出的七项原则等。可见，国际关系的发展变化是新的国际法基本原则产生的催化剂。因此，我们研究国际法基本原则问题不能局限于《联合国宪章》《国际法原则宣言》这类明示性法律文件，应更多地从国际条约、联合国大会决议、政府宣言、外交实践以及政府代表在联合国的声明等国际关系的实践中寻找国际法基本原则存在的证据。⑧

---

① 中国已与 49 个沿线国家联合发布了《关于进一步推进"一带一路"国家知识产权务实合作的联合声明》。

② 中国发布了《共同推进"一带一路"建设农业合作的愿景与行动》。

③ 中国不但组织召开了"一带一路"能源部长会议，而且与 30 多个国家联合宣布建立"一带一路"能源合作伙伴关系。

④ 中国发布了《"一带一路"建设海上合作设想》。

⑤ 参见王铁崖：《国际法引论》，北京大学出版社 1998 年版，第 212 页。

⑥ See Zewei Yang, "Understanding the Belt and Road Initiative under Contemporary International Law", *China and WTO Review*, Vol. 5, No. 2, 2019, p. 305.

⑦ 参见程晓霞主编：《国际法的理论问题》，天津教育出版社 1989 年版，第 106 页。

⑧ See Antonio Cassese, *International Law*, Oxford University Press, 2001, pp. 87–88.

共商共建共享原则是共建"一带一路"倡议始终秉持的原则。① 共商共建共享原则还载入了中国与"一带一路"沿线国家、地区和相关国际组织签署的 200 多份政府间共建"一带一路"合作文件中。因此，我们不难断言共商共建共享原则不但与以《联合国宪章》为核心的国际法基本原则一脉相承，而且逐渐成为国际法基本原则的新内容。

（二）共商共建共享原则深化了国家主权平等原则的内涵

国家主权平等原则是现代国际法的基本原则之一。它强调的是主权国家的法律地位一律平等，即无论它们在经济实力方面有何差异、在政治制度方面有什么不同，均为国际社会的平等成员。②

事实上，共商共建共享原则既坚持和谐包容，强调平等参与、充分协商，尊重各国选择适合本国的发展模式；③ 又注重推进"一带一路"沿线不同文明之间的交流和对话。例如，中国与"一带一路"沿线国家通过政党、议会等"二轨"的形式，就如何共建"一带一路"的不同议题深入交换意见，进行多种多样的交流，以开展更加紧密的国际合作。④ 所有这些，进一步丰富了国家主权平等原则的内涵。诚如 2019 年 11 月《上海合作组织成员国政府首脑（总理）理事会第十八次会议联合公报》所宣布的："全球政治和经济形势正发生深刻演变，建立公正合理、符合各国共同及各自利益的多极世界格局的迫切性日益凸显……在以《联合国宪章》为核心的国际法准则基础上，推动建设相互尊重、公平正义、合作共赢的新型国际关系，确立构建人类命运共同体的共同理念十分重要。"⑤

（三）共商共建共享原则拓展了国际合作原则的具体形式

在各国相互依存程度更高、相互联系更加紧密的今天，坚持国际合作原则是各国共同发展的前提。作为国际法基本原则之一，国际合作原则的内容丰富、形式多样，既包括政治、经济、科技、文化和社会等方面的合作，也包括多边、区域和双边等各种层次的合作。然而，共建"一带一路"倡议作为一个开放包容的国际合作平台和各方共同打造的全球公共产品⑥，在其推进和建设过程中，坚持共商共建共享的原则，弘扬"和平合作、开放包容、互学互鉴、互利共赢"的丝绸之路精神，跨越不同地域、不同发展阶段和不同文明，既坚持市场运作、遵循市场规律和国际通行规则，又坚持互利共赢、兼顾各方利益和关切，从而进一步充实、拓展了国际合作原则的具体形式。正如习近平总书记所指出的，世界经济发展面临的难题，没有哪一个国家能独自解决；（各国）共同把全球市场的

---

① 参见《"一带一路"法治合作国际论坛共同主席声明》（2018 年 7 月 3 日），载于外交部网站：http://fm-prc. gov. cn。

② 参见杨泽伟等：《"一带一路"倡议与国际规则体系研究》，法律出版社 2020 年版，第 28—29 页。

③ 国际货币基金组织前总裁拉加德曾指出："全球化要想成功，必须更贴近民众，更关注收入、利润的分配，并减少世界许多角落的不平等……它还必须更加关注文化层面的因素。我们有不同的语言、不同的文化、不同的历史背景，这些都必须考虑进去，这是我们发展和处理彼此关系的重要组成部分。我们对此必须给予更多的关注。"颜亮、高攀、熊茂伶：《IMF 与中国建立强有力伙伴关系——专访国际货币基金组织前总裁拉加德》，《参考消息》2019 年 10 月 21 日，第 11 版。

④ 参见推进"一带一路"建设工作领导小组办公室：《共建"一带一路"倡议：进展、贡献与展望》（2019 年 4 月 22 日），载于中国一带一路网：https://www.yidaiyilu.gov.cn。

⑤ 《上海合作组织成员国政府首脑（总理）理事会第十八次会议联合公报》（2019 年 11 月 3 日），载于中国政府网：http://www.gov.cn。

⑥ See Zewei Yang, "Understanding the Belt and Road Initiative under Contemporary International Law", *China and WTO Review*, Vol. 5, No. 2, 2019, pp. 301–304.

蛋糕做大、把全球共享的机制做实、把全球合作的方式做活；共建开放合作的世界经济，共建开放创新的世界经济，共建开放共享的世界经济。①

值得注意的是，共建"一带一路"倡议积极开展的第三方市场合作，也是一种国际合作原则的新形式。共建"一带一路"倡议致力于推动开放包容、务实有效的第三方市场合作，坚持共商共建共享原则，充分发挥中国企业和外国企业各自的优势和潜力，从而实现"1+1+1>3"的共赢结果。事实上，近年来中国与有关国家在第三方市场合作方面取得了不少进展。例如，2015年以来中法两国不但合作建设英国欣克利角核电项目，还设立了中法第三方市场合作指导委员会。又如，2018年中日两国政府签署了《关于中日第三方市场合作的备忘录》，以共同开拓第三方市场。②

此外，中国还与"一带一路"沿线国家签署了46项科技合作协定，成立了"一带一路"国际科学组织联盟，启动了中国—东盟科技伙伴计划和中国—南亚科技伙伴计划等，设立了5个区域技术转移平台，以促进科技创新成果向沿线国家转移。这既是共商共建共享原则的具体体现，也为国际合作原则增添了新的内容。

（四）共商共建共享原则进一步夯实了和平解决国际争端原则

1970年联合国《国际法原则宣言》不但专门强调主权国家应遵守"和平解决国际争端原则"，而且列举了和平解决国际争端的方法，如"谈判、调查、调停、和解、公断、司法解决、区域机关或办法之利用"等。因此，主权国家应该利用上述方法"或其所选择之他种和平方法寻求国际争端之早日及公平之解决"。《国际法原则宣言》还特别指出，"国际争端应根据国家主权平等之基础并依照自由选择方法之原则解决之"。一方面，共商共建共享原则有利于预防国际争端的发生，因为它是建立在尊重国家主权平等的基础上，倡导通过共同协商、共同参与的方式，实现共享发展成果，从而减少国际争端的产生；另一方面，即使出现了国际争端，它也强调应通过共同协商的方式，即找到各方都能接受的争端解决方法解决国际争端，避免利用违反一方国家意志的强制性争端解决机制。可见，共商共建共享原则进一步充实了和平解决国际争端原则。

值得一提的是，2018年我国最高人民法院设立了"国际商事法庭"，并在广东省深圳市设立了"第一国际商事法庭"，在陕西省西安市设立了"第二国际商事法庭"；同年，最高人民法院还牵头组建了由32名中外专家组成的"国际商事专家委员会"。根据2018年6月最高人民法院审判委员会第1743次会议通过的《最高人民法院关于设立国际商事法庭若干问题的规定》，国际商事法庭审理案件，既可以依照《中华人民共和国涉外民事关系法律适用法》的规定确定争议适用的实体法律，也可以由当事人依照法律规定选择适用的法律。③ 此外，国际商事法庭支持当事人利用纠纷解决平台，选择通过调解、仲裁、诉讼等其认为最合适的方法来解决国际商事争议。④ 可见，上述国际商事争端解决机制就是按照共商共建共享原则的要求，把调解、仲裁、诉讼等多元纠纷解决方式整合到一

---

① 参见习近平：《开放合作　命运与共——在第二届中国国际进口博览会开幕式上的主旨演讲》（2019年11月5日），《人民日报》2019年11月6日，第3版。

② 参见推进"一带一路"建设工作领导小组办公室：《共建"一带一路"倡议：进展、贡献与展望》（2019年4月22日），载于中国一带一路网：https://www.yidaiyilu.gov.cn。

③ 参见《最高人民法院关于设立国际商事法庭若干问题的规定》第7条。

④ 参见《最高人民法院关于设立国际商事法庭若干问题的规定》第11条。

个平台，使当事人可以根据自己的意愿，自由选择国际商事法庭诉讼或调解等，完全符合《国际法原则宣言》中"国际争端应根据国家主权平等之基础并依照自由选择方法之原则解决"的规定。

总之，国际商事法庭和国际商事专家委员会的设立，既借鉴了当今国际争端解决机制的有益做法，体现了纠纷解决方式多元化原则，有利于公正高效便利地解决推进"一带一路"建设中产生的跨境商事纠纷，又进一步夯实了和平解决国际争端原则。

四、共商共建共享原则是新时代中国对现代国际法发展的重要贡献

共商共建共享原则不但为现代国际法基本原则增添了新内容，而且是新时代中国对现代国际法发展的重要理论贡献。

（一）共商共建共享原则是对和平共处五项原则的扬弃

从某种意义上说，共商共建共享原则是对和平共处五项原则的扬弃和发展。一方面，共商共建共享原则是与和平共处五项原则中的"互相尊重主权和领土完整""互不干涉内政"紧密相联的。互相尊重主权是两大原则的前提，只有互相尊重主权才能实现"共商共建共享"。"互不干涉内政"则是两大原则的重要保障。事实上，中国已经同很多国家达成了"一带一路"务实合作协议，"中国愿同世界各国分享发展经验，但不会干涉他国内政，不会输出社会制度和发展模式，更不会强加于人……而将开创合作共赢的新模式"①。另一方面，共商共建共享原则与和平共处五项原则之一的"平等互利"一脉相承。"共商共建"就是建立在"平等"的基础之上的，不管是"互利"或"共享"，均要求各国不能以损害他国权益的方法谋求任何特权和攫取本国的片面利益，而应该"让所有参与方获得实实在在的好处"②。

综上所述，我们不难得出结论：共商共建共享原则正是在新的国际格局背景下、在继承和发扬和平共处五项原则的基础上，提炼和打造出的具有中国风格和气派、具有鲜明的时代特征和道义感召力的新型国际法基本原则。诚如习近平总书记所指出的："中国愿在和平共处五项原则基础上，发展同所有'一带一路'建设参与国的友好合作。"③

（二）共商共建共享原则是新时代中国国际法观的重要组成部分④

从2012年开始，中国国际法学的发展进入一个新时代。⑤"党的十八大以来，习近平总书记多次就国际法问题作出重要论述……引领了中国在国际法领域的理论创新，逐步形成了新时代中国国际法观。"⑥一方面，新时代中国国际法观植根于中国悠久的传统文化，

---

① 习近平：《携手推进"一带一路"建设——在"一带一路"国际合作高峰论坛开幕式上的演讲》（2017年5月14日），人民出版社2017年版，第11—12页。

② 参见推进"一带一路"建设工作领导小组办公室：《共建"一带一路"倡议：进展、贡献与展望》（2019年4月22日），载于中国一带一路网：https://www.yidaiyilu.gov.cn。

③ 习近平：《携手推进"一带一路"建设——在"一带一路"国际合作高峰论坛开幕式上的演讲》（2017年5月14日），人民出版社2017年版，第11页。

④ 参见杨泽伟：《新时代中国国际法观论》，《武汉科技大学学报》（社会科学版）2020年第5期。

⑤ 参见杨泽伟：《新中国国际法学70年：历程、贡献与发展方向》，《中国法学》2019年第5期。

⑥ 中华人民共和国外交部条约法律司编著：《中国国际法实践案例选编》，世界知识出版社2018年版，第7页。

包括"以和平合作、开放包容、互学互鉴、互利共赢为核心"① 的古丝绸之路精神。另一方面，新时代中国国际法观来源于长期以来的中国国际法实践。中国一直主张"要坚持共商共建共享原则……要双赢、多赢、共赢而不要单赢，不断寻求最大公约数、扩大合作面，引导各方形成共识，加强协调合作，共同推动全球治理体系变革"②。共建"一带一路"倡议作为现代国际法上一种国际合作的新形态、全球治理的新平台和跨区域国际合作的新维度，③ 既顺应了进入 21 世纪以来国际合作发展的新趋势，又是增强中国国际话语权的有益尝试和新时代中国国际法的伟大实践。因此，作为国际法基本原则的共商共建共享原则，既是中国为推动全球治理体系变革和经济全球化作出的重要贡献之一，也是新时代中国国际法观的重要内容。

（三）共商共建共享原则是人类命运共同体思想的具体化

意大利前总理马里奥·蒙蒂曾经指出，"全球化在一些国家还未完全被人们接受，主要原因是全球化没有真正地给他们带来全方位的福祉，如某些国家由于多种因素仍存在财富不均、社会发展不均衡的现象……我们可以通过降低贸易关税壁垒，让贸易给各国人民带来更好的生活水平，让他们切实感受到全球化给自己带来的利益"④。正是基于上述国际社会的现实，2017 年习近平主席提出了"构建人类命运共同体"的基本原则和发展方向。⑤ 人类命运共同体思想已成为新时代中国国际法观的核心理念。⑥ 人类命运共同体思想具有丰富的国际法内涵，涉及"持久和平、普遍安全、共同繁荣、开放包容、清洁美丽"等诸多方面。⑦ 诚然，要推动构建人类命运共同体，实现共同繁荣，就必须坚持共商共建共享原则。因此，共建"一带一路"倡议非常重视战略对接、优势互补。中国注意与有关国家协调政策，包括俄罗斯提出的欧亚经济联盟、东盟提出的互联互通总体规划、柬埔寨提出的"四角战略"、印度尼西亚提出的"全球海洋支点"战略、越南提出的"两廊一圈"、文莱提出的"愿景 2035"、菲律宾提出的"雄心 2040"、哈萨克斯坦提出的"光明之路"、土耳其提出的"中间走廊"、蒙古提出的"发展之路"、英国提出的"英格兰北方经济中心"以及波兰提出的"琥珀之路"等。⑧ 可见，共商共建共享原则既是构建人类命运共同体必须坚持的重要原则，也是人类命运共同体思想的具体化。

---

① 习近平：《携手推进"一带一路"建设——在"一带一路"国际合作高峰论坛开幕式上的演讲》（2017 年 5 月 14 日），人民出版社 2017 年版，第 2 页。

② 习近平：《提高我国参与全球治理的能力》（2016 年 9 月 27 日），载习近平：《习近平谈治国理政》（第二卷），外文出版社 2017 年版，第 449—450 页。

③ See Zewei Yang, "Understanding the Belt and Road Initiative under Contemporary International Law", *China and WTO Review*, Vol. 5, No. 2, 2019, pp. 300–304.

④ ［意］马里奥·蒙蒂：《规则是推动新一轮全球化的关键》，《参考消息》2019 年 10 月 29 日，第 11 版。

⑤ 参见习近平：《共同构建人类命运共同体》（2017 年 1 月 18 日习近平主席在联合国日内瓦总部的演讲），载习近平：《习近平谈治国理政》（第二卷），外文出版社 2017 年版，第 546—547 页。

⑥ 参见中华人民共和国外交部条约法律司编著：《中国国际法实践案例选编》，世界知识出版社 2018 年版，第 20 页。

⑦ 参见徐宏：《人类命运共同体与国际法》，《国际法研究》2018 年第 5 期。

⑧ 参见习近平：《携手推进"一带一路"建设——在"一带一路"国际合作高峰论坛开幕式上的演讲》（2017 年 5 月 14 日），人民出版社 2017 年版，第 5 页；杨悦、李福建：《东盟学者眼中的"一带一路"》，《世界知识》2019 年第 10 期。

思考与探索

在现今的国际关系中，"禁止以武力相威胁或使用武力原则""不干涉内政原则"和"国家主权平等原则"等国际法基本原则正面临严峻的挑战；同时一些学者提出，应进一步丰富国际法基本原则的内容，国际法基本原则应当包括"可持续发展原则""国际社会（或全人类）共同利益原则""尊重人权原则"和"共商共建共享原则"等内容。此外，从"和平共处五项原则"产生的背景来看，它主要是一种"防御性"的国际关系准则；在国际关系已经发生深刻变化、中国综合国力日益增强和国家利益愈益拓展的今天，"和平共处五项原则"的内涵似乎应该更加丰富、外延也应当更加宽广，以更好地适应国际关系发展的需要。换言之，在新的国际格局背景下，我们能否继承和发扬"和平共处五项原则"的重要理念，提炼和打造具有中国风格和中国气派、具有鲜明的时代特征和道义感召力的新型的国际法基本原则？这些都是值得我们进一步思考和研究的问题。

复习题

1. 国际法基本原则有哪些特点？
2. 论国际强行法与国际法基本原则的区别与联系。
3. 在现今国际关系中，禁止以武力相威胁或使用武力原则、不干涉内政原则和国家主权平等原则等面临哪些挑战？
4. 中国在哪些方面发展了国际法基本原则？
5. 论和平共处五项原则的意义。
6. 简述共商共建共享原则的内涵、特征和意义。

分　　论

第三章 国际法上的国家

引 言

1949 年 10 月 1 日，毛泽东主席在北京天安门城楼上向全世界宣告中华人民共和国诞生。中华人民共和国成立后，迅速得到许多国家的承认。然而，对中华人民共和国的承认，究竟是对新国家的承认还是对新政府的承认呢？这就涉及本章的重要内容之一——国际法上的承认制度。

第一节 国家的要素与类型

一、国家的要素

国际法上的国家应具备哪些要素，国际法学者从不同的角度给予了归纳。[①] 一般来讲，作为国际法的基本主体，国家应具备以下四个要素：定居的居民（permanent population），确定的领土（definite territory），政府（government）和主权（sovereignty）。只有同时具备上述四个要素，才构成国际法意义上的国家。

二、国家的类型

通常，国家的分类可以采取两个标准：一是按照国家结构的形式，可分为单一国和复合国；二是依照行使主权的状况，可分为独立国和附属国。

（一）单一国和复合国

1. 单一国（unitary state）

单一国是指由若干行政区域构成的具有统一主权的国家。单一国是大多数国家采用的国家结构形式。中华人民共和国属于单一国。

2. 复合国（composite state）

复合国是指由两个或两个以上的州、邦或国家组成的联合体。在国际法的历史上，属于复合国的有：政合国（real union）、君合国（personal union，又称人合国或身合国）、邦联（confederation）和联邦（federation）。

目前属于复合国的只有联邦这种形式。联邦是指由两个以上的成员邦组成的联合国家。联邦是国际法主体。虽然某些联邦宪法允许其成员邦可以与外国缔结条约，但各成员

---

① 1933 年美洲国家签订的《关于国家权利和义务的蒙得维的亚公约》（Montevideo Convention on the Rights and Duties of States）第 1 条规定：国家作为国际法人，应具备下列条件：（1）固定的居民；（2）一定的领土；（3）政府；（4）与他国交往的能力。

邦不是国际法主体。联邦本身和成员邦的权限，由联邦宪法加以规定。美国、俄罗斯、澳大利亚和加拿大等都属于联邦国家。

（二）独立国和附属国

1. 独立国（independent state）

就现代国际法来说，凡属国家就有主权，就应当是独立国，而不管它在形式上是属于单一国还是复合国。

值得注意的是，国际法上有一种具有特殊地位的独立国家——永久中立国（permanent neutralized state）。永久中立国是指一国通过某种国际协定，承担永久保持中立的义务，除为抵抗外来攻击的自卫外，不对任何国家作战，也不参加任何可能使自己卷入战争的国际协定或行动，而其他当事国则承认它的中立并保障它的独立和领土不可侵犯。① 目前，世界上的永久中立国有：瑞士②、奥地利和土库曼斯坦③等。此外，还有自称的永久中立国，如列支敦士登、梵蒂冈、摩尔多瓦、柬埔寨和蒙古。

2. 附属国（dependent state）

附属国是指一些国家由于历史原因或迫于外来压力，主权受到控制而对他国居于从属地位的国家。在国际法的历史上，附属国主要有两种：附庸国（vassal state）和被保护国（protected state）。

第二节　国家的基本权利和义务

国家的权利一般分为基本权利（fundamental rights）和派生权利（secondary rights）。所谓基本权利是指国家固有的、不可缺少的权利。诚如《奥本海国际法》所指出的："国际社会的成员资格必然使国家享有所谓国家的基本权利，这些基本权利被认为是主权国家组成国际社会的当然结果。"④ 而派生权利是指从基本权利中引申出来的或根据国际条约而取得的权利。

国家的基本义务是指一国必须承担的根本性义务。国家的基本权利和基本义务是对立统一的。正如詹宁斯和瓦茨所言："基本权利这个概念本身，如果不会为掩盖违反法律或掩盖纯粹的政治主张所滥用，就意味着应该尊重国际人格的基本权利的相应义务，并且使这种义务特别明显地表现出来。"⑤ 因此，一方面，国家享有基本权利；另一方面，国家又必须承担尊重他国基本权利的义务。换言之，一国享有的基本权利，正是他国承担的基本义务，反之亦然。

关于国家享有哪些基本权利，中外国际法学者的意见不尽一致。根据 1949 年 12 月联

---

① 参见周鲠生：《国际法》（上册），商务印书馆 1976 年版，第 82 页。

② 2002 年 9 月，第 57 届联合国大会通过第 A/RES/57/1 号决议，接纳瑞士为联合国会员国，从而使瑞士的永久中立国地位面临挑战。

③ 1995 年 12 月，第 50 届联合国大会通过决议确立了土库曼斯坦的永久中立国地位。

④ ［英］詹宁斯、瓦茨修订：《奥本海国际法》（第一卷第一分册），王铁崖等译，中国大百科全书出版社 1995 年版，第 271 页。

⑤ ［英］詹宁斯、瓦茨修订：《奥本海国际法》（第一卷第一分册），王铁崖等译，中国大百科全书出版社 1995 年版，第 346 页。

大通过的《国家权利义务宣言草案》（Draft Declaration on the Rights and Duties of States）的规定，国家享有独立权、平等权、自卫权和管辖权等基本权利，同时也应当履行不干涉他国内政、不鼓励他国内乱、尊重人权、和平解决国际争端、不得以战争为施行国家政策的工具以及诚信履行条约义务。

一、独立权

独立权（right of independence）是指国家可以按照自己的意志处理本国事务而不受任何其他国家或外部势力的控制和干涉的权利。因此，独立权具有两大特征：一是自主性，二是排他性。独立权是国家主权在国际关系上的根本体现。

二、平等权

平等权（right of equality）是指国家在国际法上地位平等的权利。国家平等与国家主权原则是分不开的。国家主权平等原则是国际法上的一项基本原则。

一般认为，根据传统的国际法和习惯规则，平等权主要表现为：

（一）一国一票制

在国际会议或国际组织中，每一个参加国应该享有同等的代表权和投票权。如果出现某一事项需要各国的共同同意才能决定的情况，那么每一个国家都有一个投票权，除另有约定外，每个国家也只能有一个投票权。而且，在投票的法律效力方面，不论是小国还是大国、弱国还是强国，它们的投票是具有同等分量、同等价值的，另有约定者除外。

（二）排他管辖原则

根据"平等者之间无统治权"（*par in parem non habet imperium*）的原则，一个国家不能对另一个国家主张管辖权。一国非经由本身明示或默示同意，不受新的国际法规则的约束。任何通过胁迫等手段使一国接受条约或公约的行为或强迫一国服从国际法规则的行为，都是违反国家主权平等原则的。

1825 年，在"安特勒普案"（the Antelope Case）的判决中，美国最高法院马歇尔法官就指出："基于国家平等，没有一个国家有权为他国制定法律……每一个国家为自己立法，但它的立法仅对本身有效……"[1] 此外，虽然一国可以在他国法院提起诉讼，但该国通常不能在他国法院被诉，除非该国自愿服从该法院的管辖。1812 年，在"交易号诉麦克法德恩案"（the Schooner Exchange v. McFaddon and Others）中，美国最高法院也承认"每一个国家必须尊重外国国家行为效力"的原则。

（三）轮换制原则

为体现国家主权平等原则，各国在签署条约时一般遵循所谓的"轮换制"（alternat）原则，即：在签署双边条约时，每一方的全权代表都在它自己保存的约本上，在首位（左边）签字，另一方则在同一约本的次位（右方）签字；多边条约则常按各缔约国所同意的文字的各国国名的第一个字母顺序排列，依次签字。另外，在外交文件中，各国都有使用本国文字的权利。在签署条约的文本上，本国文字与其他缔约国的文字具有同等效力，约本上另有规定者除外。在国际会议上，各国的位次以有关会议所使用的文字字母顺

---

[1] G. von Glahn, *Law Among Nations：An Introduction to Public International Law*, Macmillan Company, 1970, p. 129.

序排列。

（四）国家行为主义

国家主权平等原则的另外一个表现是"国家行为主义"（act of state doctrine）。它是指一个国家的法院通常都不究问另一个主权国家的官方行为或它的代表的官方行为或经官方承认的行为的效力或合法性，如果这个行为属于后一个国家的管辖范围并且不违反国际法的话。简言之，一国法院对于另一国或其代表之官方行为的效力或合法性，不得审判。

"国家行为主义"的学说，产生于英国。18—19 世纪，美国的一些法院也开始先后在一些案件中明确适用"国家行为主义"。其中，1897 年美国最高法院在"昂德希尔诉赫南德兹案"（Underhill v. Hernandez Case）中对"国家行为主义"作了经典性的阐述："每一个主权国家有义务尊重每一个其他主权国家的独立；我们国家的法院将不审判另一个国家政府在它自己领土内所作的行为。对这种行为不满的救济是必须通过主权国家之间公开提供的方法取得的。"① 一国国内法院适用"国家行为主义"的目的，是为了避免给本国政府带来外交困扰。然而，一国是否有义务适用"国家行为主义"，学者们有不同的看法。但是到目前为止，国际法院还没有作出任何有关的判决，宣布一国如不适用"国家行为主义"，就违反国际法。

因此，目前还不能说"国家行为主义"已成为国际法的一部分。② 国内法院仍有权按国内法律制度的规则，自行决定主张或放弃主张违反国际法的外国行为为无效。

（五）无歧视原则

无歧视原则是国家主权平等原则所固有的。一旦接受国家主权平等原则，就意味着接受无歧视原则。无歧视原则贯穿于一系列的国际法律文件中。例如，《国际法原则宣言》指出："各国不问在政治、经济及社会制度上有何差异，均有义务在国际关系之各方面彼此合作，以期维持国际和平与安全，并增进国际经济安定与进步、各国之一般福利及不受此种差异所生歧视之国际合作。"

值得注意的是，国家主权平等不但是指法律上的平等，而且是指相对平等。因为每个国家在版图、人口、资源、经济、文化和制度等许多方面存在诸多差异，这就表明各个国家在事实上就存在一种不平等。国家主权平等原则，像所有的其他法律原则一样，有其特定的内涵和适用范围。因此，从这个意义上说，它也只可能是相对的，而不可能是绝对的。

三、自卫权

自卫权（right of self-defense）是指国家遭到外来的武力攻击时，有实施单独的或集体的武装自卫以打击侵略者保卫国家的权利。《联合国宪章》第 51 条是宪章所确立的自卫权制度的核心条款。它表明：首先，主权国家行使自卫权的前提条件是武力攻击事实的存在，③ 换言之，任何国家都不能以预防紧迫的、可能的威胁为由进行"先发制人"的预防

---

① ［英］詹宁斯、瓦茨修订：《奥本海国际法》（第一卷第一分册），王铁崖等译，中国大百科全书出版社 1995 年版，第 284 页。

② See I. A. Shearer, *Starke's International Law*, Butterworths, 1994, p. 100.

③ 据英国《卫报》2011 年 5 月 31 日的报道，美国政府正在修订其军事规则手册，确定网络袭击有可能是战争行为，使指挥官有权选择对得到外国势力支持的黑客实施报复性军事打击。因此，专家担忧美国网络战略有可能加剧互联网军事化，并对国际法上的自卫权产生深远的影响。转引自《参考消息》2011 年 6 月 2 日，第 6 版。

性攻击；其次，该条应被看作是《联合国宪章》第 2 条第 4 项"关于禁止使用武力"的例外条款，只能作限制性解释，而不能扩大解释；最后，武力攻击事实是否存在的最终决定权属于安理会（《联合国宪章》第 39 条）。

值得注意的是，21 世纪初出现的"先发制人"战略，对上述《联合国宪章》所规定的自卫权制度造成了严重的冲击。

"9·11"事件给美国造成巨大影响。在此背景下，美国政府对各项政策进行系统审议和评估，先后出台了一系列新的战略报告和政策文件。特别是 2002 年 9 月 20 日，时任美国总统布什正式公布了《美国国家安全战略》（the National Security Strategy of the United States of America）报告。报告把"预防性"攻击作为一种"自卫"形式，列为国家安全保障战略的中心，声称：美国将按照自己选择的时间和方式对自己认定的对手和威胁源发动"事先毫无警告的打击"，"将自己的意志强加于对手，包括改变敌国的政权，对其实行军事占领，直到达成美国的战略目标"[1]。《美国国家安全战略》标志着美国的国家安全战略发生了重大转变，被认为是"美国外交政策的一个分水岭"。美国还将伊拉克作为推行其"先发制人"战略的第一个试验场。这是对国际法上自卫权制度的破坏，也是对现代国际法律秩序的践踏。

诚如有学者所言："'预防性'攻击与'先发制人'战略……并不符合'自卫'条款的有关规定，因此是违反国际法的。如果这一做法被国际社会仿效（甚至接受），那不仅是对国际法上自卫权制度的破坏，而且是对自《威斯特伐利亚和约》350 多年以来所逐步形成的现代国际法体系的一次严重冲击，也是对以联合国为主导的国际法律体制的一种践踏。"[2] 美国学者努斯鲍姆也认为，先发制人战略对传统的自卫准则造成严重破坏，将加剧全球暴力和不稳定性。联合国前秘书长安南更是严肃地指出：先发制人的军事干预原则所引起的危机，将联合国带到了一个具有决定性的"岔路口"；并且担心这可能开创先例，导致"非法使用武力"（lawless use of force）的现象进一步泛滥起来。[3]

四、管辖权

管辖权（right of jurisdiction）是指根据国家主权原则，国家对其领土内的一切人、物、事以及领土外的本国人行使管辖的权利。管辖权一般分为以下四类：

（一）属地管辖

属地管辖（territorial jurisdiction）又称领域管辖或属地优越权，是指国家对其领土内的一切人、物和事以及领土本身，都有统治权。属地管辖是以领土为依据的，并且是一种专属的、排他的权利。正如 1812 年美国联邦最高法院在"交易号诉麦克法德恩案"所指出的："国家在其领土范围内的管辖权必须是绝对和排他的……除非国家自己愿意，任何外界无权迫使国家接受对其属地管辖权的限制。"[4]

---

[1]　"The National Security Strategy of the United States of America"（September 2002），available at http://www.whitehouse.gov.

[2]　梁西：《国际法的危机》，《法学评论》2004 年第 1 期。

[3]　See Edward C. Luck，"How Not to Reform the United Nations"，*Global Governance*，Vol. 11，2005，p. 410.

[4]　陈致中编著：《国际法案例》，法律出版社 1998 年版，第 55 页。

（二）属人管辖

属人管辖（personal jurisdiction）又称国籍管辖或属人优越权，是指国家对具有本国国籍的人有权行使管辖。属人管辖是以国籍为依据的。

（三）保护性管辖

保护性管辖（protective jurisdiction）是指国家对于外国人在该国领域之外对该国或其国民的犯罪行为有实行管辖的权利。保护性管辖仅仅适用于影响国家安全和重大利益的严重罪行。

（四）普遍性管辖

普遍性管辖（universal jurisdiction）是指对国际法上规定的严重危害国际和平与安全以及全人类的共同利益的犯罪行为，任何国家都有管辖权，而不论罪行发生在何处和罪犯的国籍如何。普遍性管辖仅适用于公认的国际犯罪，如海盗罪、战争罪、灭种罪和反人类罪等。

第三节　国家管辖豁免

一、国家管辖豁免的历史发展

国家管辖豁免（state jurisdictional immunity），又称国家及其财产的管辖豁免（jurisdictional immunities of states and their property）、国家主权豁免（state sovereign immunity）、国家豁免（state immunity）或主权豁免（sovereign immunity），主要是指"一个国家及其财产免受其他国家国内法院的司法管辖"①。

国家管辖豁免是国际法上一项比较古老的原则。它是从罗马法中"平等者之间无管辖权"（*par in parem non habet jurisdictiondem*）引申出来的。19 世纪，国家管辖豁免原则在国际法的理论和实践中得到普遍的承认。然而，关于国家管辖豁免的适用范围，则存在较大分歧。绝对豁免主义（doctrine of absolute immunity）主张，凡是国家的行为和财产，不论性质如何，都享有管辖豁免。这种观点在 19 世纪初期就已经得到英美等国司法判例的支持，如"交易号诉麦克法德恩案"等。限制豁免主义（doctrine of restrictive immunity）则把国家行为分为"统治权行为"和"管理权行为"，认为只有前者可以享有管辖豁免。最初，只有欧洲大陆的一些国家坚持这种观点。

第二次世界大战以后，英美国家也逐渐转向限制豁免主义立场。1952 年 5 月，美国国务院代理法律顾问泰特（Jack B. Tate）在致司法部的一封信函中，正式说明美国将放弃绝对管辖豁免的理论，并对整个国家豁免问题作了一个历史性的检讨，进而指出以后美国将采取限制豁免主义，来考虑外国政府请求给予其机构的豁免问题。1976 年美国《外国主权豁免法》（Foreign Sovereign Immunities Act）和 1978 年英国《国家豁免法》（State Immunity Act），都分别列举了不得享有国家豁免的事项。

---

① 龚刃韧：《国家豁免问题的比较研究——当代国际公法、国际私法和国际经济法的一个共同课题》（第二版），北京大学出版社 2005 年版，第 1 页。

二、《联合国国家及其财产管辖豁免公约》

2004 年 12 月，第 59 届联合国大会通过了《联合国国家及其财产管辖豁免公约》。

（一）《联合国国家及其财产管辖豁免公约》的结构和主要内容

该公约分六部分，共 33 条：第一部分是"导言"，第二部分是"一般原则"，第三部分是"不得援引国家豁免的诉讼"，第四部分是"在法院诉讼中免于强制措施的国家豁免"，第五部分是"杂项规定"，第六部分是"最后条款"。此外，该公约还包括一个附件——"对公约若干规定的理解"。

该公约的主要内容有：（1）该公约原则规定国家及其财产在另一国享有管辖豁免。（2）国家对符合该公约规定的下列八种诉讼，一般不得援引管辖豁免：商业交易、雇用合同、人身伤害和财产损害、财产的所有或占有和使用、知识产权和工业产权、参加公司或其他集体机构、国家拥有或经营的船舶、仲裁协定的效果等。（3）该公约将采取强制措施。该公约第 18 条对"免于判决前的强制措施的国家豁免"和第 19 条对"免于判决后的强制措施的国家豁免"，分别作出了明确的规定。（4）该公约的适用范围。该公约适用于国家及其财产在另一国法院的管辖豁免，但不溯及既往，同时国家根据国际法所享有的特权和豁免也不受影响。（5）该公约附件构成公约的组成部分。总体而言，该公约主体部分反映了发展中国家的立场，而附件则体现了欧美发达国家的关切。

（二）《联合国国家及其财产管辖豁免公约》在制订过程中存在争议的问题

第一，关于享有豁免权的主体——国家，根据该公约的规定，"国家"是指：国家及其政府的各种机关；有权行使主权权力并以该身份行事的联邦国家的组成单位或国家政治区分单位；国家机构、部门或其他实体，但它们须有权行使并且实际在行使国家的主权权力；以国家代表身份行事的国家代表。

第二，关于判断"商业交易"的标准问题，按照该公约的规定，"商业交易"是指：为销售货物或为提供服务而订立的任何商业合同或交易；任何贷款或其他金融性质之交易的合同，包括涉及任何此类贷款或交易的任何担保义务或补偿义务；商业、工业、贸易或专业性质的任何其他合同或交易，但不包括雇用人员的合同。

第三，关于外国财产能否被强制执行以及强制执行财产的条件，根据该公约的规定，不得在另一国法院的诉讼中针对一国财产采取判决前的强制措施，如查封和扣押措施，除非该国以下列方式明示同意采取此类措施：国际协定、仲裁协议或书面合同，或在法院发表的声明或在当事方发生争端后提出的书面函件；或该国已经拨出或专门指定该财产用于清偿该诉讼标的的请求。不得在另一国法院的诉讼中针对一国财产采取判决后的强制措施，如查封、扣押和执行措施，除非该国以下列方式明示同意采取此类措施：国际协定、仲裁协议或书面合同、在法院发表的声明或在当事方发生争端后提出的书面函件；或该国已经拨出或专门指定该财产用于清偿该诉讼标的的请求；或已经证明该财产被该国具体用于或意图用于政府非商业性用途以外的目的，并且处于法院地国领土内，但条件是只可对与被诉实体有联系的财产采取判决后强制措施。

（三）《联合国国家及其财产管辖豁免公约》的意义

《联合国国家及其财产管辖豁免公约》的通过，使国家豁免原则从习惯法走向成文法，标志着国际社会开始在此问题上由分歧走向统一；该公约确立了限制豁免原则，反映了大多数国家的实践；该公约确立了一套统一、明确的国家及其财产管辖豁免的国际法律规则，有利于各国依法处理此领域的相关问题；该公约通过条约的形式所确立的有关国家及其财产管辖豁免的原则和规则，将推动此领域的国际法律制度进一步发展。[1]

然而，关于《联合国国家及其财产管辖豁免公约》仍有许多问题值得研究，例如：高官豁免；怎样判断某行为是主权行为还是商业行为；国家财产如何判断，被执行时与诉讼本身是否有一定联系；在什么情况下自然人、法人可以代表国家享有国家豁免，等等。

值得注意的是，2005 年 10 月 25 日，第十届全国人大常务委员会第十八次会议通过了《中华人民共和国外国中央银行财产司法强制措施豁免法》。该法第 1 条规定："中华人民共和国对外国中央银行财产给予财产保全和执行的司法强制措施的豁免"。另外，我国还正在进行"中华人民共和国外国国家豁免法"的立法准备工作，内容主要涉及立法必要性、立法模式、实体问题、程序问题以及该法在港澳特别行政区的适用问题等五个方面。

第四节　国际法上的承认与继承

一、国际法上的承认

（一）承认的概念

承认（recognition）是国际法上的重要制度之一。它是指既存国家以一定方式对新国家或新政府出现的事实表示接受的政治和法律行为。

（二）承认的性质

关于承认的性质，主要有两种学说：宣告说和构成说。

宣告说（Declaratory Theory）认为，新国家的国际法主体资格并不依赖于任何其他国家的承认，而取决于它成为国家的事实，现存国家的承认只具有宣告或确认的性质。持这种观点的学者有：布赖尔利（Brierly）、孔慈（Kunz）和里维尔（Rivier）等。例如，布赖尔利指出，承认不是一种构成性的行为，而是一种宣告性的行为；承认的主要作用是正式确认一个事实并宣告承认国愿意接受这个事实的正常后果。[2]

构成说（Constitutive Theory）主张，新国家只有经过承认，才能成为国际社会的成员，才能具备国际法主体资格，因而承认是构成性的，承认具有构成或创造国际法主体的作用。赞成这种观点的有：劳特派特（Lauterpacht）、斯特鲁普（Strupp）和凯尔森等。例如，劳特派特在其修订的《奥本海国际法》中写道："只有经过承认，一个国家才成为一个国际人格者和一个国际法主体。"[3]

值得注意的是，20 世纪 90 年代初，正当南斯拉夫内部冲突激化的时候，欧共体理事

---

① 截至 2021 年 10 月 31 日，该公约有缔约方 22 个，该公约需要 30 国批准或加入才能生效。

② See Andrew Clapham, *Brierly's Law of Nations: An Introduction to the Role of International Law in International Relations*, 7th ed., Oxford University Press, 2012, p. 115.

③ ［英］劳特派特修订：《奥本海国际法》（上卷第一分册），石蒂、陈健译，商务印书馆1971年版，第102页。

会宣布，凡欲获得欧共体承认的原南斯拉夫各共和国，均需事先向该共同体的一个仲裁机构提出申请，并经其评估裁定符合要求后，方有可能获得承认。① 欧共体的上述做法，对其后有关前南斯拉夫地区的分裂形势及各国的国际承认，都产生了无形的影响。②

另外，2010 年 7 月，国际法院就"科索沃单方面宣布独立是否符合国际法问题"（Accordance with International Law of the Unilateral Declaration of Independence in Respect of Kosovo）发表了咨询意见，称科索沃宣布独立"不违反国际法"③。虽然世界各国对国际法院的这一咨询意见有不同的看法，国际法院的咨询意见也不具有法律约束力，但是该咨询意见无疑会打消不少国家的疑虑，从而有可能推动更多国家承认科索沃。

（三）承认的对象

从承认的对象看，国际法上的承认主要有对国家的承认和对政府的承认，此外还有对交战团体和叛乱团体的承认。

拓展阅读

2010 年国际法院就"科索沃单方面宣布独立是否符合国际法"问题发表的咨询意见

1. 对国家的承认（recognition of state）

对国家的承认，是指对新国家的承认。出现对国家承认的情形主要有以下几种：（1）独立，即在外国统治下的殖民地或非自治领土独立成为一个或几个国家；在以前国际联盟或现在联合国管理下的前委任统治地或托管地成为一个或几个国家。（2）分离，即一个国家的一部分分离出去成为一个新国家。（3）分立，即一个国家分裂成几个国家。（4）合并，即几个国家合并成一个国家。

2. 对政府的承认（recognition of government）

对政府的承认，是指对新政府的承认。新政府的出现有两种情况：一是经由宪法程序而发生的政府更迭，如新王就位、大选后新总统上任等，都不产生政府承认的问题；二是通过革命或政变而建立的新政府，则产生了政府承认的问题。

根据国际实践，现存国家一般按照"有效统治原则"（Principle of Effectiveness）对新政府予以承认，而不必再考虑新政府的政权起源和法律根据。在国际法的发展过程中，关于政府承认问题，还出现了所谓"正统主义"（Principle of Legitimacy）、"托巴主义"（Tobar Doctrine）、"威尔逊主义"（Wilson Doctrine）和"艾斯特拉达主义"（Estrada Doctrine）。

（四）承认的方式

无论是对国家的承认，还是对政府的承认，承认的方式可以分为两类：明示承认和默示承认；法律上的承认和事实上的承认。

拓展阅读

"正统主义""托巴主义""威尔逊主义"和"艾斯特拉达主义"

1. 明示承认和默示承认

从国际实践来看，明示承认主要有三种方法：（1）既存国家以函电、照会的形式通知新国家，表示予以承认。这是最常用的方法。（2）既存

---

① 参见曾令良：《论冷战后时代的国家主权》，《中国法学》1998 年第 1 期。

② 参见梁西著、杨泽伟修订：《梁著国际组织法》（第六版），武汉大学出版社 2011 年版，第 352 页。

③ See "Accordance with International Law of the Unilateral Declaration of Independence in Respect of Kosovo"（Request for Advisory Opinion），22 July 2010, available at http://www.icj-cij.org.

国家在它们之间签订的条约中，载有宣布承认新国家的条款。（3）既存国家在与新国家签订的国际文件中，宣布承认新国家。

默示承认主要是指既存国家以某种实际交往行为来表示承认新国家，如与新国家建立外交关系或领事关系、与新国家正式缔结双边条约等。然而，既存国家与新国家或新政府共同加入一个国际组织或同时出席一个国际会议，或仅与新国家有某种事实上的联系，而没有明确表示承认的意思，则不构成默示承认。

2. 法律上的承认和事实上的承认

法律上的承认（*de jure* recognition）又称正式的承认，是指既存国家对新国家予以完全的承认，它意味着承认国准备与被承认国进行全面交往，因而构成两国间发展正常关系的法律基础。这种承认具有永久性，是不能撤销的。一般对新国家的承认都是法律上的承认。

事实上的承认（*de facto* recognition）是指在某种特殊的情况下，既存的国家对新国家地位的巩固还没有足够的信心，或由于其他政治考虑不愿即时与它建立全面的正常关系，而事实上又有与它进行一定的交往的必要，于是决定暂时在比较狭小的范围内与之发生关系，因而就给予其一种事实上的承认。① 事实上的承认是一种非正式的、暂时的承认，是可以撤销的。

（五）承认的效果

承认一旦作出，就会产生一系列的政治和法律效果。

1. 法律上承认的效果

法律上承认将产生全面而广泛的法律效果，主要有：（1）建立正常的外交关系；（2）双方可以缔结各种类型的条约；（3）双方彼此承认对方法律的效力、司法管辖权和行政管辖权；（4）双方彼此承认对方国家及其财产的司法豁免权；（5）承认有溯及既往的法律效果。

2. 事实上承认的效果

与法律上承认的效果相比，事实上承认的效果要窄一些。它主要有：（1）承认被承认国的国内立法、司法权力和行政权力；（2）被承认国在承认国法院享有司法豁免权；（3）双方可以建立经贸关系，缔结非政治性协定；（4）互派领事和商务代表等。

（六）中华人民共和国的承认问题

根据国际法上的承认制度，对中华人民共和国的承认问题属于对新政府的承认，而不是对新国家的承认。因为中华人民共和国作为一个国际法主体，是旧中国的延续，而不是一个新国家。1949 年 10 月 1 日，《中华人民共和国中央人民政府公告》明确宣布：中华人民共和国中央人民政府"为代表中华人民共和国全国人民的唯一合法政府。凡愿遵守平等、互利及互相尊重领土主权等项原则的任何外国政府，本政府均愿与之建立外交关系"。因此，对中华人民共和国的承认，是对新政府的承认。

二、国际法上的继承

国际法上的继承是指由于某种法律事实的出现，使国际法上的权利和义务由一个承受

---

① 参见周鲠生：《国际法》（上册），商务印书馆 1976 年版，第 118 页。

者转移给另一个承受者所引起的法律关系。国际法上的继承分为国家继承、政府继承和国际组织的继承。

（一）国家继承

1. 国家继承的概念

国家继承（state succession）是指一国对领土的国际关系所负的责任，由别国取代。

国家继承是由领土变更引起的。引起国家继承的领土变更情形主要有：（1）独立，即在外国统治下的殖民地或非自治领土独立成为一个或几个国家；在以前国际联盟或现在联合国管理下的前委任统治地或托管地成为一个或几个国家。（2）分离，即一个国家的一部分分离出去成为一个新国家。（3）分立，即一个国家分裂成几个国家。（4）合并，即几个国家合并成一个国家。（5）割让或交换领土。

国家继承的对象是国家在国际法上的权利和义务，但不包括国家的基本权利和义务。诚如詹宁斯和瓦茨所言："各国的实践表明，按照国际法，不发生一般的继承。当一个国际人格者消灭时，它作为人格者所有的权利和义务也随之消灭。但是，某些权利和义务的确是由一个先前的国际人格者转移给后继的国际人格者。"[1]

2. 国家继承的规则

关于国家继承的规则，目前只有 1978 年《关于国家在条约方面继承的维也纳公约》（Vienna Convention on Succession of States in Respect of Treaties，以下简称《关于条约继承的公约》）[2] 和 1983 年《关于国家对国家财产、档案和债务的继承的维也纳公约》（Vienna Convention on Succession of States in Respect of State Property, Archives and Debts，以下简称《关于国家财产、档案和债务继承的公约》）[3]。这两个公约反映了国家继承的一般实践，概括了有关国家继承的一些习惯国际法规则。

（1）关于条约的继承。根据《关于条约继承的公约》的规定，关于条约继承的规则主要有：

第一，部分领土变更情况下的条约继承。当一国领土的一部分，或虽非一国领土的一部分但其国际关系由该国负责的任何领土，成为另一国领土的一部分时，被继承国的条约对国家继承所涉领土失效、继承国的条约对所涉领土生效。

第二，领土合并情况下的条约继承。两个或两个以上国家合并而组成一个继承国时，原国家的条约对继承国继续有效，不过仅适用于该条约原来所适用的那部分领土。

第三，领土分离或分立情况下的条约继承。一个国家的一部分领土分离而组成一个或一个以上的国家时，不论被继承国是否继续存在，原来对被继承国全部领土有效的条约，继续对每一个继承国有效；仅对其部分领土有效的条约，则只对该领土的继承国有效。

第四，新独立国家对条约的继承。新独立国家对原殖民国家或宗主国所签订的条约，有权拒绝继承，这就是所谓的"白板主义"（the Clean Slate Doctrine）。《关于条约继承的

---

[1] ［英］詹宁斯、瓦茨修订：《奥本海国际法》（第一卷第一分册），王铁崖等译，中国大百科全书出版社 1995 年版，第 137 页。

[2] 该公约于 1996 年生效，截至 2021 年 11 月，该公约有缔约方 23 个。

[3] 截至 2021 年 11 月，该公约有缔约方 7 个，该公约需要 15 国批准或加入才能生效。

公约》第 16 条规定："新独立国家对于任何条约，不仅仅因为在国家继承日期该条约对国家继承所涉领土有效的事实，就有义务维持该条约的效力或者成为该条约的当事国。"因此，新独立国家对于这些条约有权决定是否继承。

（2）关于国家财产的继承。从国家继承的角度来讲，国家财产（state property）是指在国家继承之日按照被继承国国内法的规定为该国所拥有的财产、权利和利益（property, rights and interests）。

处理国家财产的继承问题，有一个标准和两项原则。一个标准是：被转属的国家财产与领土之间有关联。两项原则是：第一，国家财产随领土的转移而由被继承国转属继承国；第二，关于国家继承所涉领土的实际生存原则。

按照《关于国家财产、档案和债务继承的公约》的规定，关于国家财产的继承规则依领土变更的不同情况而有所不同。

第一，部分领土转移时的财产继承，一般应按继承国与被继承国之间的协议解决；如无协议，则位于所涉领土内被继承国的不动产以及与所涉领土活动有关的国家动产，均应转属继承国。

第二，领土合并时的财产继承，被继承国的国家财产，包括动产和不动产，应全部转属继承国。

第三，领土分离或分立时国家财产的继承，一般应按继承国与被继承国之间的协议处理；如无协议，则位于继承国领土内的被继承国的不动产应转属继承国，与国家继承所涉领土活动有关的被继承国的动产，也应转属继承国；而与所涉领土活动无关的国家动产，则按公平比例转属继承国。

第四，新独立国家的财产继承，《关于国家财产、档案和债务继承的公约》第 15 条对新独立国家的财产继承作了如下规定：原属国家继承所涉领土所有，在领土继承期间成为被继承国国家财产的动产，应转属新独立国家；与被继承国对国家继承所涉领土活动有关的动产应转属继承国；上述两项规定以外的被继承国的动产，应按照附属领土为其所贡献的比例转属继承国；位于国家继承所涉领土内的被继承国国家的不动产，应转属继承国。

（3）关于国家档案的继承。国家档案（state archives）是指被继承国为执行其职能而编制或收到的而且在国家继承之日按照被继承国国内法的规定，属于其所有并出于各种目的作为档案直接保存或控制的各种日期和种类的一切文件。

根据《关于国家财产、档案和债务继承的公约》的规定，国家档案一般依该公约第 22 条在国家继承日期转属被继承国，且依第 23 条，除另有协议或有关国际机构另有决定外，转移时不予补偿；但依第 24 条，国家继承本身不影响国家继承之日存在于被继承国领土内，并按照被继承国国内法的规定，为第三国所拥有的国家档案。

（4）关于国家债务的继承。国家债务继承是指被继承国的国家债务转属继承国。按照《关于国家财产、档案和债务继承的公约》的规定，关于国家债务继承的规则主要有：在两个或两个以上国家合并组成一个继承国时，根据债务随财产一并转移的原则，原国家的国家债务应转属于新国家；在一国将部分领土移交给另一国时，被继承国的国家债务转属继承国的问题一般应按照被继承国与继承国之间的协议解决，如无协议，被继承国的国家债务应按公平比例转属继承国；继承国为新独立国家时，除非另有协议，被继承国的国家债务一般不应转属新独立国家。

值得注意的是，2017 年国际法委员会第 69 届会议决定将"国家责任方面的国家继承"（succession of states in respect of state responsibility）专题列入其工作方案，并任命帕维尔·斯图尔马（Pavel Sturma）为特别报告员。2019 年，在国际法委员会第 71 届会议上，特别报告员作了题为《关于国家责任方面的国家继承的第三次报告》（Third Report on Succession of States in Respect of State Responsibility）。该报告分为以下四个部分，第一部分是"导言"，第二部分是"对被继承国遭受的国际不法行为所造成的损害的赔偿"，第三部分是"条款草案的整体构架"，第四部分是"今后工作方案"。①

（二）政府继承

从严格意义上讲，国际法上并不存在所谓的"政府继承"（succession of governments）问题。② 因为从国际法的观点来看，政权更迭所造成的结果，应是属于国内法的问题，原则上不应发生国际上的反应。不论政权更迭是以革命的手段还是依宪法程序完成的，它在国际上所代表的国际法主体仍然是一致的。该国际法主体按照国际法所享有的权利和承担的义务也并不因此受到影响。这就是国家"连续性原则"（the Principle of Continuity）的适用。③

（三）国际组织的继承

国际组织的继承，在性质上是与国家继承不同的。国际组织的继承主要是职能的继承，一般是通过国际协定或按照解散的国际组织的决议来实施的。④ 此外，关于国际组织的资产、负债、赔偿请求权以及职员的权利与义务等，是否应由另一国际组织予以继承，通常是依特别协议或决议来实施的。⑤

（四）中华人民共和国的继承问题

1. 关于条约的继承

1949 年《中国人民政治协商会议共同纲领》第 55 条规定："对于国民党政府与外国政府所订立的各项条约和协定，中华人民共和国中央人民政府应加以审查，按其内容，分别予以承认，或废除，或修改，或重订。"这一规定，确立了中华人民共和国政府关于条约继承的一般原则，即根据条约的性质和内容，逐一审查，区别对待。

2. 关于财产的继承

根据国际法上的继承制度，中华人民共和国有权继承新中国成立前中国在中国境内外的一切财产，对于新中国成立前中国在外国的财产也享有合法的继承权。中国政府的这一立场，体现在"两航公司案"和"光华寮案"等实践中。

---

① See Pavel Sturma, "Third Report on Succession of States in Respect of State Responsibility", 2 May 2019, A/CN. 4/731, available at https://documents-dds-ny. un. org.

② 参见丘宏达：《现代国际法》，三民书局 1995 年版，第 372 页。

③ See I. A. Shearer, *Starke's International Law*, Butterworths, 1994, pp. 291, 305.

④ 参见丘宏达：《现代国际法》，三民书局 1995 年版，第 379—382 页。

⑤ 例如，国际联盟于 1946 年 4 月召开最后一届大会，正式宣告解散，国际联盟与常设国际法院解散时，经成员国同意，决定将其资产分别移交给联合国、国际法院和有关专门机构继承。

拓展阅读

莫里斯旧债券案

3. 关于债务的继承

中华人民共和国政府按照债务的性质和情况，区别对待：对于"恶意债务"（odious debts），一律不予继承；对于合法债务，则通过与有关国家协商，公平合理地解决。

思考与探索

2005年9月，我国外交部长在纽约联合国总部举行的"条约活动"中，代表中国政府签署了《联合国国家及其财产管辖豁免公约》。该公约及其相关问题很值得研究。一方面，要着重研究该公约的各项规定对我国的现实和潜在影响，对目前我国关于国家豁免的政策和实践进行评估；另一方面，要深入研究如何妥善调整我国的豁免政策和批准该公约的时机等问题。

"中华人民共和国国家豁免立法问题"，也是一个很重要的研究课题。它主要涉及以下五个方面的内容：

第一，立法必要性研究。例如，中华人民共和国成立以来处理国家豁免问题的经验回顾；以政策或立法形式，处理国家豁免问题的利弊比较；新形势下继续采取绝对豁免立场，还是采纳"有限豁免"学说（利弊分析、理论及实践依据、条件是否成熟等）。

第二，立法模式研究。具体包括：立法层级的选择，如法律还是条例；相关立法的名称；与相关法律的衔接，如与《外交特权与豁免条例》《领事特权与豁免条例》《外国中央银行财产司法强制措施豁免法》等的关系；相关立法的指导思想及基本原则；如何处理相关立法既有实体性规范又有程序性规范的问题；是通过同一法律规定，还是分别规定等。

第三，实体问题研究。具体包括：（1）相关立法的适用范围是民商事案件还是刑事案件；（2）管辖豁免、执行豁免、保全措施和强制措施豁免，在不同的诉讼阶段是否应有所区别；（3）如何界定享受豁免的主体范围，如何对待国有企业；（4）如何界定可执行财产和免于执行财产的范围，如何判定相关财产的性质和归属；（5）如何界定商业行为，对于主权行为与非主权行为如何区分，判断标准为何，如何区分国家与国有企业；（6）国家豁免应否包含例外情形，具体有哪些；（7）是否采取对等原则；等等。

第四，程序问题研究。主要包括：对于外国国家、政府、政府部门、政府官员提起的诉讼应适用何种诉讼程序，是否需建立一套特殊的程序；是否需要在送达方式、受理条件、法院管辖等方面作出特殊规定；在执行方面，对执行机关、执行方式是否有必要作特殊规定，是否需要规定临时保全措施以及如何规定该类措施；是否需要规定外国国家放弃豁免的具体程序以及如何规定该类程序；我国外交部门在涉及外国国家豁免的诉讼程序中如何发挥作用，包括介入时间、介入形式、介入后的效力等；是否允许对外国国家作出缺席判决，程序上有何要求；等等。

第五，在港澳特别行政区的适用问题研究。例如，该法在特别行政区适用应采用何种方式；是否需要在该法中规定适用于特别行政区的特别条款；特别行政区法院审理相关案件过程中，如何确保国家的外交利益不受损害等。

此外，普遍性管辖问题也很值得研究。

复习题

1. 试析《联合国国家及其财产管辖豁免公约》。
2. 试述国家的类型。
3. 什么是平等权？在国际关系中平等权主要体现在哪些方面？
4. 论国家承认和政府承认的关系。
5. 试述国家继承的规则。

第四章 国际法上的居民

引　言

2004 年 11 月，香港《镜报月刊》刊载了一篇题为"华人渴望中国承认双重国籍"的文章。文章指出，中国不承认双重国籍主要是基于外交上的考虑。中国不承认双重国籍，要求华侨入籍侨居国，并通过与印度尼西亚、马来西亚这两个华侨人数最多的国家缔结双边条约，来解决华侨的双重国籍问题。这一举措是明智的，有利于保护海外华人华侨的利益。那么，究竟什么是双重国籍？国籍是如何取得的？《中华人民共和国国籍法》的主要内容是什么？这些问题都是本章所要回答的重要问题。

第一节　国　　籍

一、国籍与国籍法

居住在一个国家领土内的人，通常包括本国人和外国人，但以本国人为主。区别谁是本国人、谁是外国人的依据，就是个人的国籍（nationality）。国籍在确定个人与所在国的法律关系和法律地位方面，具有重要的意义。因此，谈国际法上的居民问题，特别是外国人的法律地位问题，必须首先了解国籍及国籍法的有关知识。

国籍就是个人作为某一国家的国民的法律资格。从国际法的角度来看，国籍对个人和国家都有重大意义。

首先，国籍是国家区分本国人和外国人、确定国家属人管辖权的依据。国家根据国籍来确定谁是本国人、谁是外国人。国家只对具有本国国籍的人行使属人管辖权。国家对个人行使外交保护权时，在通常情况下，这个人也必须具有该国国籍。

其次，国籍是确定个人法律地位的根据。具有一国国籍的人就处于该国公民①的地位，享有和承担该国法律所规定的公民的全部权利和义务。国家还有义务接纳本国公民回国。不具有本国国籍的人，就处于外国人的地位。外国人享有的权利和承担的义务和本国人是有区别的。外国人没有选举权和被选举权，同时外国人也无须承担兵役的义务。

最后，在战时通常以国籍来决定某人是否为敌国国民。

---

① 一般而言，"公民"与"国民"并无严格区别。但在某些国家，公民与国民的含义及其在国内法上的地位是有差别的。例如，美国法律规定，凡是出生在美国本土并受美国管辖的人，是美国的公民；凡是出生在美国海外属地的人是美国的国民。前者享有完全的政治权利，后者只享有部分政治权利。法国国内法也有类似的规定。然而，这种区别在国际法上并无实际意义。

按照现行国际法，国籍问题原则上在每个国家的主权管辖范围之内。这一原则不仅得到了 1930 年《关于国籍法冲突若干问题的公约》的肯定，而且也为 1923 年常设国际法院关于"突尼斯—摩洛哥国籍命令案"的咨询意见（Nationality Decrees issued In Tunis and Morocco，Advisory Opinion）和 1955 年国际法院关于"诺特鲍姆案"（Nottebohm Case）的判决所证实。例如，《关于国籍法冲突若干问题的公约》第 1 章第 1 条规定："每一个国家依照其本国法律断定谁是它的国民。此项法律如符合国际公约、国际惯例以及一般承认的关于国籍的法律原则，其他国家应予承认。"常设国际法院在关于"突尼斯—摩洛哥国籍命令案"的咨询意见中表示，依国际法的现状，按照该院的意见，国籍问题原则上是属于保留范围（即国家主权管辖范围）之内的事项。国际法院关于"诺特包姆案"的判决也指出，国籍问题属于国家的国内管辖事项。

国籍法是各国规定其国民国籍的取得、丧失或变更等问题的法律。国籍法虽然属于国内法，但由于各国的国籍立法原则上存在差异，内容有所不同，再加上国际交往日益频繁，国籍的冲突问题时有发生。

拓展阅读

1923 年常设国际法院关于"突尼斯—摩洛哥国籍命令案"的咨询意见

为了解决国籍问题，国际社会制订了诸多有关的国际公约，主要有：1930 年《关于国籍法冲突若干问题的公约》《关于双重国籍某种情况下兵役义务的议定书》《关于某种无国籍情况的议定书》，1933 年《美洲国家间国籍公约》《美洲国家间关于妇女国籍的公约》，1954 年《关于无国籍人地位的公约》，1957 年《已婚妇女国籍公约》，1961 年《减少无国籍状态公约》和 1997 年《欧洲国籍公约》①等。另外，一些普遍性的国际人权公约，如 1966 年《公民及政治权利国际盟约》、1973 年《禁止并惩治种族隔离罪行国际公约》等，也含有国籍问题的规定。值得注意的是，2000 年 12 月联大通过了"国家继承涉及的自然人国籍问题"的决议，明确规定，"有关国家应采取一切适当措施防止在国家继承之日具有先前国国籍的人由于国家继承而成为无国籍人"。

二、国籍的取得与丧失

（一）国籍的取得

国际法并没有以任何方式确定如何取得国籍。国籍如何取得，本质上是国内管辖事项。根据各国的国籍立法和实践，国籍的取得主要有两种方式：一种是因出生而取得一国国籍；另一种是因加入而取得一国国籍。

1. 因出生而取得一国国籍

因出生而取得的一国国籍，又称原始国籍（original nationality）或生来国籍（nationality by birth）。世界上绝大多数人由于出生而取得国籍，并且以后也不改变其国籍。因此，这是取得国籍的最主要的方式。但是，赋予原始国籍的标准是不一样的，主要有三个：

第一是血统主义（*jus sanguinis*）。这是指以父母的国籍来确定一个人的国籍。按照这一标准，凡是本国人所生的子女，当然为本国国民，不论其出生在国内还是在国外。

―――――――――――――

① 该公约于 1997 年 11 月 6 日由欧洲理事会订于法国斯特拉斯堡。

其中，血统主义又分为双系血统主义和单系血统主义。双系血统主义是指父母双方任意一方的国籍均对子女国籍有影响。例如，1957 年《匈牙利国籍法》第 1 条第 1 款规定："父母一方属于匈牙利国籍者，子女是匈牙利人。"单系血统主义通常是指父亲的国籍决定其子女的国籍，因此又称父系血统主义。例如，1924 年《伊拉克国籍法》第 8 条第 1 款规定："任何人出生时，其父为伊拉克人者，不论在何地出生，都应认为是伊拉克国民。"

第二是出生地主义（jus soli）。这是指一个人的国籍由其出生地来决定。根据这一标准，在一国境内出生的人，不论其父母的国籍状况如何，一律取得出生地国家的国籍。

第三是混合主义。混合主义兼采血统主义和出生地主义。不过，有些国家以血统主义为主，以出生地主义为辅；有些国家以出生地主义为主，以血统主义为辅；有些国家则平衡地兼采血统主义与出生地主义。

从现代各国国籍立法的实践来看，很少有国家完全采用一种标准来规定原始国籍的取得方式，多半是以血统主义或出生地主义为主要方式，再辅之以另外一种方式。据李浩培先生对 99 个国家国籍法的研究表明，纯粹采取血统主义的国家有 5 个，以血统主义为主、出生地主义为辅的国家有 45 个，以出生地主义为主、血统主义为辅的国家有 28 个，平衡地兼采血统主义和出生地主义的国家有 21 个，没有一个国家纯粹采用出生地主义。[①]

2. 因加入而取得一国国籍

因加入而取得一国国籍，称为继有国籍（acquired nationality）。继有国籍可以分为两类：一类是根据当事人的意愿而取得的继有国籍，如自愿申请入籍；另一类是基于某种事实而根据有关国内法的规定取得的继有国籍，如由于婚姻、收养等原因而取得某国国籍。

（1）自愿申请入籍。自愿申请入籍，以前被称为归化。每一个国家都可以根据其法律所规定的条件，允许外国人申请获得其国籍。当然，任何人都没有权利主张一个国家必须接受他入籍；相反，每个国家都可以按照自己的法律规定，批准当事人的申请而准予其入籍，或者拒绝当事人的申请而不准其入籍。

入籍的条件和程序都是由每个国家自行决定的。不过，大多数国家只准许那些已经在该国居住相当长的时间或者与该国有某种联系（如与该国公民有婚姻或亲属关系）的人入籍。

另外，取得继有国籍的人在法律地位上是否与具有原始国籍的人完全一样，各国立法的规定也不完全相同。有些国家对继有国籍人的法律权利有所限制。例如，根据《美国宪法》第 2 条，入籍的美国国民永远不能当选为美国总统。

（2）因婚姻、收养而取得的继有国籍。由于婚姻而变更国籍，主要涉及妇女的国籍问题，即妇女是否因与外国人结婚而取得丈夫的国籍，甚至因此丧失自己的国籍。对此，各个国家的立法是有区别的。不过，目前大多数国家的国籍立法倾向是，确立男女平等的原则和妇女国籍独立的原则，规定婚姻并不影响国籍。这一点，也得到了一些国际公约的肯定。例如，1957 年联合国大会通过的《已婚妇女国籍公约》第 1 条规定："缔约国同意其本国人与外国人结婚者，不因婚姻关系之成立或消灭，或婚姻关系存续中夫之国籍变更，而当然影响妻之国籍。"1980 年《消除对妇女一切形式歧视公约》第 9 条规定："缔约各国应给予妇女与男子相同的取得、改变或保留国籍的权利。它们应特别保证，与外国人结婚，或婚姻期间丈夫改变国籍，均不当然改变妻子的国籍，使她成为无国籍人，或把丈夫的国籍强加于她；

---

① 参见李浩培：《国籍问题的比较研究》，商务印书馆 1979 年版，第 49—50 页。

缔约各国在关于子女的国籍方面，应给予妇女与男子平等的权利。"

因收养入籍是指无国籍或具有外国国籍的儿童被一国国民收养而取得了收养人所属国的国籍。收养是否使被收养者的国籍发生变更，各国立法的规定也是不一致的。有些国家（如罗马尼亚、奥地利和墨西哥等国）的法律规定，收养对国籍没有影响；有的国家（如日本、美国）的法律规定，养子女可以在免除法律规定的某些条件下申请入籍；还有一类国家（如英国、比利时和爱尔兰等国）的法律规定，养子女由于收养而当然取得收养者的国籍。①

因加入而取得一国国籍，除了上述自愿申请入籍、婚姻和收养以外，还有选择国籍、认知（准婚生）、国家继承、接受公职和强制入籍等情形。

（二）国籍的丧失

一个人的国籍也是可以丧失的。国籍的丧失是指一个人丧失某一特定国家的国民身份或资格。各国的法律一般都规定了丧失国籍的各种不同情况和条件。概言之，国籍的丧失分为两种：自愿丧失和非自愿丧失。

自愿丧失国籍是基于当事人的意愿而丧失国籍。当事人既可以采取声明放弃国籍的办法，也可以采用申请解除国籍的方式。许多国家都允许其国民放弃或解除其国籍。非自愿丧失国籍主要是由于入籍、婚姻、收养、剥夺等原因而丧失原有国籍。它不是基于当事人的意志，而是由于发生法律规定之事实的当然结果，或者是主管机关根据法律规定剥夺当事人某一国籍的结果。

三、国籍的冲突

在通常情况下，个人有且只有一个国籍。然而，由于国际法没有关于国籍的公认的统一规则，各国自行制定本国的国籍法，且各国国内法关于国籍的规定不尽相同，所以常常出现一些特殊的情况：一个人可能有两个或两个以上的国籍，也可能没有任何国籍。这就产生了国籍的冲突问题。国籍的冲突有两种情形：积极的国籍冲突和消极的国籍冲突。其中，前者是指一个人具有两个或两个以上国籍的情况；后者是指一个人不具有任何国籍的情况。

（一）双重国籍的产生及解决

双重国籍（double nationality）在各种不同的情况下都有可能产生。可以说，取得国籍的多种方式，如出生、婚姻、收养、入籍等，使个人可能具有双重国籍。

双重国籍无论是对个人还是对国家或国际关系来讲，都是有害的。因为双重国籍可能会使个人陷入两难的境地，因为两个不同的国家都认为他是自己的国民，而要求其履行义务。在与第三国的关系上，双重国籍也会给第三国对外国人的管理带来困难。双重国籍问题还有可能引起国家之间的纠纷。因为双重国籍带来的严重后果较多，所以很多国家在国内立法和国际条约方面，采取种种措施来防止和消除双重国籍。

解决双重国籍问题的国际条约主要有：1930 年《关于国籍法冲突若干问题的公约》《关于双重国籍某种情况下兵役义务的议定书》，1954 年《阿拉伯联盟关于国籍的公约》，1957 年《已婚妇女国籍公约》，1961 年《关于取得国籍之任择议定书》、1963 年欧洲国家间签订的《关于减少多重国籍及在多重国籍时兵役义务的公约》和欧洲理事会 1997 年

---

① 参见李浩培：《国籍问题的比较研究》，商务印书馆 1979 年版，第 128—129 页。

《欧洲国籍公约》等。

（二）无国籍的产生及解决

无国籍（statelessness）问题也可能出现在各种不同的情况下。它通常是由于各国国籍法的冲突、领土的移转或国籍被剥夺等而产生的。[①]

无国籍对个人来讲，显然是一种很不利的情况。因为没有国籍的人，在国际法上就得不到国家的外交保护，在他们受到一个国家的损害时，也没有国家代表他们提出国际求偿。

长期以来，各国通过国内立法和签订一些国际公约的方法，来减少无国籍状况和保障无国籍人的权利。减少无国籍状况的国际公约，主要有：1930 年《关于某种无国籍情况的议定书》，1954 年《关于无国籍人地位的公约》和 1961 年《减少无国籍状态公约》等。此外，1948 年《世界人权宣言》也将国籍列为基本人权之一，其中第 15 条规定，"人人有权享有国籍"，且"任何人之国籍不容无理褫夺"。1949 年联合国经社理事会还设立了一个临时委员会研究无国籍问题，并于 1950 年通过了一个决议，要求各国在它们发生领土主权变更时，做出安排以避免无国籍状态的产生。

四、中华人民共和国国籍法

中国最早的国籍法，是 1909 年清政府颁布的《大清国籍条例》。1914 年 12 月，袁世凯政府曾制定了《修正国籍法》。1929 年 2 月，中华民国政府颁布了《民国十八年修订国籍法》。

新中国成立后，在《中华人民共和国国籍法》颁布以前，处理国籍问题主要是依据政府的有关政策。1980 年 9 月 10 日，第五届全国人民代表大会第三次会议审议并通过了《中华人民共和国国籍法》（以下简称《国籍法》）。这是新中国成立以后颁布的第一部国籍法，也是我国现行的国籍法。《国籍法》虽然只有 18 条，但它从中国国籍立法的基本原则到具体内容、有关程序，都规定得比较详细、比较明确。

（一）中国国籍立法的基本原则

1. 平等原则

平等原则体现在各民族平等地享有统一国籍、男女国籍平等方面。例如，《国籍法》第 2 条规定："中华人民共和国是统一的多民族的国家，各民族的人都具有中国国籍"；第 4 条和第 5 条规定，父母双方的国籍对子女取得中国国籍具有同等效力。

2. 血统主义与出生地主义相结合原则

这一原则具体体现在《国籍法》第 4 条、第 5 条和第 6 条。我国在采取这一原则时，是以血统主义为主、出生地主义为辅的。它符合现代各国国籍立法的总趋势。

3. 不承认双重国籍原则

《国籍法》第 3 条规定："不承认中国公民具有双重国籍。"这是中国历史上第一次宣告不承认中国公民具有双重国籍。这一原则不仅表现于不承认中国公民所具有的外国国

---

① 据报道，全球各大地区都有无国籍者存在。缅甸是全球无国籍者人数最多的国家，估计有 100 万罗兴亚人是无国籍者。科特迪瓦则以 71.5 万无国籍者位列第二。泰国以 60 万无国籍者排在第三位。参见《罗兴亚人危机——无国籍者是全世界的一个灾难》，《快报》（法国）周刊网站 2017 年 9 月 13 日报道，转引自《参考消息》2017 年 9 月 18 日，第 12 版。

籍，而且表现于各项规定都坚持一人一籍。这项原则体现了我国政府在解决华侨双重国籍问题上的一贯立场，有利于消除或减少我国与华侨众多的有关国家的矛盾。

（二）中国国籍的取得

关于中国国籍的取得，《国籍法》作了如下规定，"父母双方或一方为中国公民，本人出生在中国，具有中国国籍"；"父母双方或一方为中国公民，本人出生在外国，具有中国国籍；但父母双方或一方为中国公民并定居在外国，本人出生时即具有外国国籍的，不具有中国国籍"；"父母无国籍或国籍不明，定居在中国，本人出生在中国，具有中国国籍"。

《国籍法》规定了通过入籍取得中国国籍的程序和必须满足的条件，"外国人或无国籍人，愿意遵守中国宪法和法律，并具有下列条件之一的，可以经申请批准加入中国国籍：（1）中国人的近亲属；（2）定居在中国的；（3）有其他正当理由"。"申请加入中国国籍获得批准的，即取得中国国籍；被批准加入中国国籍的，不得再保留外国国籍"。

此外，《国籍法》还就中国国籍的恢复作出了规定，"曾有过中国国籍的外国人，具有正当理由，可以申请恢复中国国籍，被批准恢复中国国籍的，不得再保留外国国籍。"

（三）中国国籍的丧失

根据《国籍法》的规定，中国国籍的丧失，有两种不同的方式：

第一，自动丧失。《国籍法》第 9 条规定："定居外国的中国公民，自愿加入或取得外国国籍的，即自动丧失中国国籍。"

第二，申请退籍。根据《国籍法》第 10 条规定，中国公民具有下列条件之一的，可以经申请批准退出中国国籍：（1）外国人的近亲属；（2）定居在外国的；（3）有其他正当理由。第 11 条规定："申请退出中国国籍获得批准的，即丧失中国国籍。"不过，《国籍法》第 12 条也对申请退籍规定了限制条件："国家工作人员和现役军人，不得退出中国国籍"。

此外，《国籍法》还规定，中国国籍的取得、丧失和恢复，除自动丧失中国国籍的情况外，必须办理申请手续。

值得注意的是，随着中国的改革开放，移居国外的中国公民数量急剧增加，大批外籍华人也涌入中国。这些华人渴望中国承认双重国籍。有学者认为，承认外籍华人的华侨身份，有利于增强中华民族凝聚力，有助于建立海外爱国统一战线。① 因此，中国《国籍法》是否修改以及如何修改，是前些年热议的一个话题。② 不过，虽然世界上有 90 多个国家以不同方式或不同程度地承认和接受双重国籍，但是中国政府对此一直持谨慎态度。2008 年，国务院侨务办公室曾表示："不承认双重国籍的政策，经实践证明是非常成功的。它不仅有利于海外华侨华人融入当地主流社会，同时也有利于减少疑虑，增进互

---

① 2004 年 8 月颁布的《外国人在中国永久居留审批管理办法》，标志着中国"绿卡"制度的正式实施。2012 年 9 月，中国政府又出台了《外国人在中国永久居留享有相关待遇的办法》，对持有外国人永久居留证的外籍人员在投资、随迁子女入学、参加社会保险、缴存和使用住房公积金、购买商品房、申领机动车驾驶证等方面的待遇作了明确规定。2020 年 2 月发布的《中华人民共和国外国人永久居留管理条例（征求意见稿）》较为详细地规定了外国人申请中华人民共和国永久居留资格的具体条件、永久居留资格的审批及管理程序、永久居留外国人享有的服务与待遇以及违反相关法律义务应承担的责任等。

② 在 1999 年 3 月召开的全国政协九届二次会议上，有多名代表联名提出了《关于撤销"不承认中国公民具有双重国籍"规定的建议案》的提案。

信。"近年来，中国政府严查双重国籍灰色地带，加紧打击双重护照持有者。①

第二节 外国人的法律地位

一、概说

外国人（alien）是指在一个国家境内不具有所在国国籍而具有其他国籍的人。广义的外国人还包括外国法人。无国籍人一般也纳入外国人的范畴。如果一个人既具有所在国的国籍，同时又有其他国家的国籍，那么对所在国而言，一般把他作为本国国民而不是外国人。

外国人的法律地位问题，主要涉及外国人与所在国之间的权利与义务关系，包括外国人应服从所在国的管辖，外国人应当享有的待遇，外国人入境、出境和居留应当遵守的规定等。

关于外国人的法律地位问题的规定，属于所在国主权范围内的事项，一般由所在国的国内法加以规定，其他国家无权进行干涉。不过，在规定外国人的法律地位时，必须参照国际法的一般原则和有关的国际习惯规则，同时还要顾及本国所承担的国际法义务。

每个外国人都受双重管辖：一方面，他处在所在国的属地优越权之下；另一方面，他又处在国籍国的属人优越权之下。因此，国家在对境内的外国人行使属地管辖权时，要照顾到外国人的本国所具有的属人管辖权，例如，外国人负有对本国效忠的义务，可以从所在国被召回服兵役，所在国不得阻止。同样，外国人的国籍国在行使属人优越权时，也要受到其国民所在国的属地优越权的限制。

二、外国人的入境、居留和出境

（一）入境

根据国际法，任何国家都不能主张它的国民有进入外国领土的权利。是否接受外国人入境，以及在什么条件下允许外国人入境，是一个国家自主决定的事项。换言之，国家没有准许外国人入境的义务，外国人也没有要求一国务必接纳其入境的权利。

事实上，为满足世界各国在经济、文化等方面交往的需要，国家通常都是在互惠的基础上允许外国人为合法的目的而入境的。不过，一般需要满足两个条件：一是入境人须持有本国签发的有效护照；二是入境人有拟进入的国家发的签证。另外，某几类人（如难民或国际组织的官员）根据国际协定也可以使用特别的旅行证件来代替护照；有些国家，由于彼此间经济、文化联系密切或在互惠的基础上，也可以互相免办签证手续。

国家出于本国安全、公共秩序和公共利益的考虑，可以有权拒绝下列几类外国人入境：精神病患者、传染病患者和刑事罪犯等。

（二）居留

合法进入一国境内的外国人，无论是在该国短期、长期或永久居住，都必须遵守居留国的法律、法令，并要办理相关的居留登记手续。关于外国人在居留国所享有的权利和承担的义务，由居留国的法律来规定。外国人在居留期间，他（她）的合法权利（包括人

---

① 参见克丽丝廷·黄：《拒绝入境：中国的秘密双重护照持有者面临的身份危机》，《南华早报》（香港）2018年2月24日，转引自《参考消息》2018年3月16日，第15版。

身权、财产权、著作权、发明权、劳动权、受教育权、婚姻家庭权、继承权和诉讼权等）应受到保护。不过，外国人一般不能享有本国人所享有的政治权利。外国人一般也没有为居留国服兵役的义务。

（三）出境

在国际法上，由于一个国家对于其境内的外国人只有属地最高权而没有属人最高权，因此，只要外国人履行了法定的离境条件居留国就不能阻止该外国人离开其领土。1948 年《世界人权宣言》第 13 条规定："人人有权离开任何国家。"外国人离境的条件，通常由国内法加以规定。一般是要求外国人必须履行当地的义务，如缴纳捐税、罚款、清偿私人债务和了结司法案件等，并办理出境手续。对于合法离境的外国人，应当允许其按照居留国的法律规定，带走财产。居留国不得对他的离境征税，也不得对他所携去的财产额外征税。

另外，根据国际法，一国在特定情况下还有权限制外国人离境或将其驱逐出境。不过，国家不得滥用这项权利。一些国际公约对国家驱逐外国人的权利予以了限制。例如，1955 年《欧洲居留公约》第 3 条规定，一个缔约国的国民合法地居住在另一缔约国的领土内的，只有由于他们危害国家安全或违反公共秩序或道德，才可以被驱逐。1966 年《公民及政治权利国际盟约》第 13 条同样规定，在一个国家境内合法居留的外国人，非经依法判定，不得被驱逐出境，而且除事关国家安全必须急速处分者外，应准许该外国人提出不服驱逐的理由，并申请主管当局复核。

三、外国人的待遇

（一）外国人待遇的一般原则

关于外国人的待遇问题，国际法上并没有统一的规定，除非受条约的约束各个国家可自行立法决定。在长期的国际实践中，国际社会逐渐形成了一些有关外国人待遇问题的一般原则，常见的有以下几种：

1. 国民待遇（National Treatment）

国民待遇是指一个国家在某些事项上给予外国人与本国国民相同的待遇。国民待遇通常是各国政府在互惠的基础上，互相给予的。从国际实践来看，一国主要是在民事权利方面给予外国人国民待遇。至于政治权利，外国人一般不能享有。例如，外国人不享有选举权和被选举权，不得担任政府公职，也不承担服兵役的义务。

2. 最惠国待遇（Most-Favored-Nation Treatment）

最惠国待遇是指一国（施惠国）给予另一国（受惠国）的国民（或法人）的待遇，不低于现在或将来给予任何第三国国民（或法人）在该国所享受的待遇。联合国国际法委员会《关于最惠国条款的条文草案》第 5 条指出："最惠国待遇是指施惠国给予受惠国或与之有确定关系的人或事的待遇不低于施惠国给予第三国或与之同于上述关系的人或事的待遇。"最惠国待遇主要适用于经济、贸易和投资等方面，一般是在互惠的基础上通过条约中的最惠国条款互相给予的。

3. 互惠待遇（Reciprocal Treatment）

互惠待遇是指各国基于平等互利的原则，互相给予对方国民某种权利、利益或优惠，如相互税收优惠、互免入境签证、免收签证费等。互惠待遇的目的，是避免外国人在本国获得某些片面的权益或优惠。

4. 差别待遇（Differential Treatment）

差别待遇包括两种情况：一种是外国公民或法人的民事权利在某些方面少于本国公民或法人，如外国人不能经营某种企业，外国人不能从事某种职业等；另一种是对不同国籍的外国公民或法人给予不同的待遇，如欧盟的成员国给予其他成员国的国民或法人的待遇就不同于给予非成员国的国民或法人的待遇。不过，采取差别待遇不能有任何歧视。如果基于种族、性别等原因而采取歧视待遇，则是违反国际法的。

（二）最低国际标准

19 世纪末 20 世纪初以来，欧美国家在外国人待遇问题上提出"最低国际标准"（Minimum International Standard），发展中国家多数持反对态度。它们认为这种最低国际标准，仅仅是欧美国家的标准，而不是现代国际法统一的标准，况且，这种标准可能成为外国人向所在国谋求特权的借口。

我们撇开其他因素，从纯学理角度分析，似乎也可以说存在一定的最低国际标准。

第一，按照一般国际法，外国人在所在国享有某些最低限度的权利。如对外国人所取得的私权利，原则上应当予以尊重；应当保护外国人在生命、自由、财产和荣誉上免受犯罪的攻击等。①

第二，人作为社会性动物，其基本需求是一致的。无论生活在哪个国家，他都要生存和发展。正如菲德罗斯所说："由于人类共同的天性和从此发生的基本生活需要的共同性，最低限度的共同价值标准是存在的。"② 因此，以一般国际法为基础的外国人的权利根源于这个理念：各国相互间有义务尊重外国人的人身尊严。所以，它们有义务给予外国人维持人的尊严生活所必不可少的权利。

第三，某些最低国际标准的存在也是国际交往的客观要求。第二次世界大战以来，随着科学技术的飞速发展，国际政治、经济交往愈益频繁，人员的跨国流动日益增多。这种日益密切的国际交往需要一些国际社会公认的国际规范的存在，而某些最低国际标准正是这种需要的产物。

（三）最低国际标准与国民待遇原则的融合趋势

最低国际标准与国民待遇原则在当今已呈现出一种融合的趋势。

从最低国际标准的产生来看，它源于对国民待遇原则的担心。因为"适用国民待遇标准，将既可能给予外国人太多同时又可能给予太少。将该项标准推到逻辑的极端，它将意味着不能排除外国人享有选举权，从事某些职业，或享受福利——这些是国家并无义务给予外国人的权利。反过来，它也将意味着国家有权把外国人折磨至死，只要它也把自己的国民折磨至死——这是常识和正义所不能接受的结论"③。因此，一个国家无论是对待自己的国民还是外国人，都应符合某些最低国际标准。就像某些学者所说的："如果说最低限度国际标准似乎给予外国人以特权地位，回答应该是这些国家应更好地对待它们自己的国民，而不是要更坏地对待外国人。"④

---

① 参见 ［奥］阿·菲德罗斯等：《国际法》（下册），李浩培译，商务印书馆 1981 年版，第 434—435 页。

② 李浩培：《国际法的概念和渊源》，贵州人民出版社 1994 年版，第 111 页。

③ ［英］M. 阿库斯特：《现代国际法概论》，汪瑄等译，中国社会科学出版社 1981 年版，第 104—105 页。

④ ［英］M. 阿库斯特：《现代国际法概论》，汪瑄等译，中国社会科学出版社 1981 年版，第 105 页。

就人权的国际保护来说，最低国际标准与国民待遇原则也应当是一致的。国家对其国民的权力，受到了国际法不同程度的约束。在保护人权方面，已经形成了一些带有强行法性质的国际法规范。如果一个国家违反了这些规范，那么其他国家就有权采取相应的措施要求该国作出某些改变。[①] 正如有学者所指出的："一般都同意，一个国家由于它的属人和属地权威可以自由决定它的本国国民的待遇。但是，很大部分的理论和实践支持这样的见解：自由决定是有限度的，而且如果一个国家对它的国民施行虐待或加以迫害到了否定他们的基本人权和使人类良知震惊的程度，就不是单独与该国家有关的事项，而甚至为了人类利益的干涉也是法律上所允许的。"[②] 因此，"整个人权运动可以被看做是把最低限度国际标准从外国人扩及本国人的一种尝试"[③]。

四、外国人在中华人民共和国的法律地位

《中华人民共和国宪法》第 32 条第 1 款规定："中华人民共和国保护在中国境内的外国人的合法权利和利益，在中国境内的外国人必须遵守中华人民共和国的法律。"我国为了便于对外国人的管理，1964 年国务院公布了《外国人入境出境过境居留旅行管理条例》（已失效），1985 年第六届全国人大常委会第十三次会议通过了《中华人民共和国外国人入境出境管理法》（已失效）。1986 年国务院颁布了《中华人民共和国外国人入境出境管理法实施细则》（1994 年、2014 年修订，现已失效）[④]。2012 年 6 月，第十一届全国人大常委会第二十七次会议通过了《中华人民共和国出境入境管理法》。该法共 8 章 93 条，对中国公民出境入境、外国人入境出境、外国人停留居留、交通运输工具入境出境边防检查、调查和遣返措施以及法律责任等均作了规定。值得一提的是，该法还在普通签证中增设了"人才引进类别"，

拓展阅读

《中华人民共和国出境入境管理法》

以更好地吸引海外优秀人才来华工作，创造良好的引智引资环境。

<h2 style="text-align:center">第三节　难　民</h2>

一、难民的概念及其身份的确定

（一）难民的概念

在国际法上对难民并没有确定的定义。根据 1951 年联合国通过的《关于难民地位的公约》第 1 条的规定，难民（refugee）是指因种族、宗教、国籍、特殊社会团体成员身

---

① 例如，2011 年 3 月 17 日，联合国安理会通过了第 1973 号决议，决定在利比亚设立禁飞区，并要求有关国家采取一切必要措施，保护利比亚平民和平民居住区免受武装袭击的威胁。

② ［英］詹宁斯、瓦茨修订：《奥本海国际法》（第一卷第一分册），王铁崖等译，中国大百科全书出版社 1995 年版，第 319 页。

③ ［英］M. 阿库斯特：《现代国际法概论》，汪瑄等译，中国社会科学出版社 1981 年版，第 205 页。

④ 2001 年 1 月 12 日，公安部、外交部对《中华人民共和国外国人入境出境管理法实施细则》（已失效）第 8 条有关外国人过境中国问题作出补充解释。2010 年 4 月，国务院常务会议通过了《国务院关于修改〈中华人民共和国外国人入境出境管理办法实施细则〉的决定》。2013 年 7 月 1 日，《中华人民共和国外国人入境出境管理法》和《中华人民共和国公民出境入境管理法》同时废止。《中华人民共和国外国人入境出境管理条例》自 2013 年 9 月 1 日起施行。

份或政治见解，而有畏惧被迫害的正当理由，置身在原籍国领域外不愿或不能返回原籍国或不愿受该国保护的人。

第一次世界大战以后，国际社会出现了很多的难民，难民问题也开始进入了国际法领域。在国际机构方面，1921 年 6 月，国际联盟设立了难民事务高级专员，专门负责保护和救援第一次世界大战结束后滞留在各国的难民，挪威人南森（Nansen）担任该高级专员；1931 年 1 月，国际联盟又设立了"南森国际难民局"（Nansen International Office for Refugees）；1938 年 7 月，各国在埃维昂举行会议，决定成立政府间难民委员会；1943 年，成立了联合国家救济与重建管理处，负责对第二次世界大战受害国解放区人民的协助及战争期间被遣送到德国做苦力的民族团体返乡的事宜；1946 年 12 月，联合国大会通过了《国际难民组织约章》，成立了国际难民组织，其目的是将约 160 万难民或流离失所的人遣送回国，给予其法律保护，使其重新定居。

1951 年，联合国在有关决议的基础上成立了"联合国难民事务高级专员办事处"（Office of the United Nations High Commissioner for Refugees），其任务是：在联合国的支持下，对难民给予国际保护，促进难民自愿回国或在新国家入籍，以求一劳永逸地解决难民问题。2000 年 12 月，联合国大会通过了第 55/76 号决议，决定从 2001 年起把每年 6 月 20 日定为"世界难民日"。鉴于近年来难民问题的严峻性和挑战性，2016 年 9 月，联合国大会召开了首届难民峰会，通过了《关于难民和移民的纽约宣言》，呼吁各国保护难民的人权，促进和增加安置难民的人道主义援助，向接受移民国家提供支持，强调移民的积极贡献等。2018 年 12 月，联合国大会通过了旨在改善难民管理的《难民问题全球契约》。虽然它不具有法律约束力，但是包含了四个关键目标：减轻一些难民接收国的压力；提高难民的自力更生能力；让更多的人可选择第三国解决办法；帮助在难民来源国创立必要条件，让难民在安全和有尊严的环境下回国。

在国际条约方面，国际社会制订了一系列有关难民的国际公约，如 1926 年《发给俄国与亚美尼亚难民证明文件的协定》、1928 年《俄国与亚美尼亚难民法律地位办法》、1933 年《关于难民国际地位的公约》、1938 年《关于来自德国难民地位的公约》和 1946 年《政府间关于发给难民旅行证件协定》等。

最重要的公约有 1951 年《关于难民地位的公约》和 1967 年《关于难民地位议定书》，它们是研究难民制度的主要法律依据。

（二）难民身份的确定

难民身份的确定具有重要的意义。因为根据国际法，只有某人被确认为难民以后，他才能取得难民的法律地位，也才能获得有关的国际保护。根据 1951 年《关于难民地位的公约》和 1967 年《关于难民地位议定书》的规定，某人欲成为难民，必须同时具备以下两方面的条件：

1. 主观条件

所谓主观条件是指当事人畏惧迫害，即当事人有正当理由畏惧因种族、宗教、国籍、属于某一社会团体或具有某种政治见解等原因而可能受到迫害。这里所说的迫害，不要求对当事人的迫害已经到相当程度或已经发生。

2. 客观条件

所谓客观条件是指当事人留在其本国之外或经常居住地国之外，且不能或不愿受其本国保护或返回其经常居住地国。如果当事人仍留在其本国国内，他是不应获得难民身份的。

此外，1951年《关于难民地位的公约》还明确规定，难民地位不适用于存在下列任一情形的人：已经获得联合国其他机构的保护和援助；被其居住地国家认为具有附着于该国国籍的权利和义务；违犯国际文件中已作出规定的破坏和平罪、战争罪或反人类罪；在以难民身份进入避难国之前，曾在避难国以外犯有严重的非政治罪行；曾有违反联合国宗旨和原则的行为并被制定为有罪。

二、难民的法律地位

1951年7月28日，联合国主持召开外交会议通过了《关于难民地位的公约》。该公约对难民的法律地位作出了详细的规定。然而，最初这一公约仅适用于因1951年1月1日以前发生的事情而造成的难民，且缔约国可以在签字、批准或加入时附加保留将该公约只适用于在欧洲地区发生的事情。1967年1月31日，在纽约订立的《关于难民地位议定书》则排除了上述限制。因此，批准与加入该议定书的国家一致同意，上述公约对一切难民，不论在何时何地，都可适用。

根据1951年《关于难民地位的公约》和1967年《关于难民地位议定书》的规定，难民的法律地位主要体现在以下几个方面：

第一，不推回原则。不推回原则（Principle of Non-Refoulement）是指国家不得以任何方式将难民驱逐或送回至其生命或自由因为他的种族、宗教、国籍、属于某一个社会团体或具有某种政治见解而受威胁的领土边界。但如有正当理由认为难民足以危害所在国的安全，或者难民已被判定确认为犯过特别严重罪行从而构成对该国社会的危险，则该难民不能享受不被驱逐或送回的权利。难民不推回原则是1951年《关于难民地位的公约》的基本条款，依据该公约的规定不得提出保留。此原则已成为一般国际法的原则。

值得注意的是，1968年联合国在德黑兰召开有关的国际人权会议，在会议的决议中呼吁各国政府积极加入1951年《关于难民地位的公约》和1967年《关于难民地位议定书》，并且强调遵守"不推回原则"的重要性。此外，1966年12月联合国通过的《公民及政治权利国际盟约》第13条也规定了一项与1951年《关于难民地位的公约》相类似的驱逐出境限制条款。

第二，国民待遇原则。国民待遇原则是指难民在宗教自由权、所有权、诉讼权、受教育权以及在公共救助、劳工立法、社会安全与财政负担等方面，都应享有与所在国的本国国民相同的待遇。

第三，不低于一般外国人待遇原则。不低于一般外国人待遇原则是指难民在动产与不动产所有权、职业自由、住宅、接受中等与高等教育、交通往来等方面，都享有不低于一般外国人在同样情况下所享有的待遇。

第四，最惠国待遇原则。最惠国待遇原则是指难民在以从事工作换取工资权利方面，享有与外国国民同样情况下享有的最惠国待遇。且对外国人施加的限制措施，均不得适用于已经在该国居住三年的难民或其配偶已有居住国的国籍，或其子女一人或数人具有居住国国籍者。

此外，直接来自生命或自由受到威胁的领土、未经许可而进入或逗留在一国领土内的难民，不因其非法入境或逗留而受到刑罚处罚，但以该难民毫不迟延地自行投向当局说明其非法入境或逗留的正当原因者为限。

三、中华人民共和国有关难民问题的立场与实践

长期以来，我国一直比较重视对难民的保护。1982 年 9 月 24 日，我国分别加入了 1951 年《关于难民地位的公约》和 1967 年《关于难民地位议定书》，并声明对《关于难民地位的公约》第 14 条后半部分和第 16 条第 3 款提出保留，对《关于难民地位议定书》第 4 条提出保留。上述公约和议定书，分别在 1982 年 12 月 23 日和 1982 年 9 月 24 日，开始对我国生效。这是目前我国保护国际难民的主要法律依据。

此外，我国还积极参与保护难民的国际活动。我国自 1971 年恢复在联合国的合法席位以来，就开始参加联合国难民事务高级专员办事处的有关工作，参与联合国大会关于"联合国近东巴勒斯坦难民救济和工程处"（United Nations Relief and Works Agency for Palestine Refugees in the Near East, UNRWA, 简称"近东救济工程处"）工作议题的审议，并从 1981 年正式开始向该工程处认捐。1979 年，我国恢复了在联合国难民事务高级专员办事处执委会中的活动，并多次出席有关难民问题的国际会议，阐述中国政府在有关保护难民问题上的立场和原则。同年，联合国难民署在中国北京建立了驻华任务代表处。1995 年 12 月，联合国难民署驻华任务代表处升格为代表处。1997 年 5 月，联合国难民署驻华代表处升格为地区代表处，负责中国内地、中国港澳地区、蒙古和朝鲜的难民事务。

自 1978 年以来，中国政府本着人道主义精神先后接收了 28.3 万印支难民，成为世界上接收印支难民第二多的国家。在华印支难民分别安置在广东、广西、福建、海南、江西等省和自治区。40 余年来，中国政府本着"一视同仁、不予歧视、同工同酬"的政策，向他们提供了有效的庇护，对他们的生活、生产、就业、教育、医疗等基本权利给予充分的保障。为此，中国政府付出了巨大的人力、物力和财力。在中国政府和联合国难民署的共同救助下，绝大部分在华印支难民生活稳定，安居乐业。

第四节　引渡和庇护

一、引渡

（一）概说

引渡（extradition）是指一国应外国的请求，把正处在自己领土之内而受到该外国通缉或判刑的人，移交给外国审判或处罚的行为。

在国际法上，国家并无引渡罪犯的义务，除非它根据条约承担了这种义务。不过，有些国家对相互间没有缔结引渡条约的国家，也准许根据互惠原则引渡。引渡条约大部分为双边条约。例如，美国与 100 多个国家签订了引渡条约，法国也与 50 多个国家签订了引渡条约。[①] 关于引渡的多边条约不太多，主要是欧洲和美洲的一些区域性多边条约，如 1933 年《美洲国家间引渡公约》、1957 年《欧洲引渡罪犯公约》等。一些国际公约也含

---

① 参见［韩］柳炳华：《国际法》（上卷），朴国哲、朴永姬译，中国政法大学出版社 1997 年版，第 528 页。

有引渡条款，如 1948 年《防止及惩治灭绝种族罪公约》、2000 年《联合国打击跨国有组织犯罪公约》和 2003 年《联合国反腐败公约》等。此外，1990 年联合国大会还通过了《引渡示范条约》，确立了有关引渡的一般原则和规则。

许多国家还制定了引渡法，对引渡的条件和程序作了详细的规定。例如，早在 1833 年，比利时就制定了世界上第一部引渡法。如果一国没有引渡法且宪法中对引渡问题没有任何规定，则由其政府根据自己的决定缔结引渡条约。在这些国家，即使没有引渡条约，政府也有权决定是否引渡个人。

（二）政治犯不引渡原则

政治犯不引渡原则是在法国大革命以后逐渐确立的。1793 年《法国宪法》第 120 条规定，为向自由逃亡到法国的外国政治犯提供避难场所。由于政治犯的概念和范围缺乏明确性，各国的解释也不尽相同，因此，政治犯不引渡原则实施起来较为困难。

一般认为，决定犯何种罪行方属政治犯，需要考虑以下几个因素：（1）犯罪的动机；（2）犯罪行为时的情况；（3）只包括若干特定罪行的政治罪，如叛乱或企图叛乱；（4）罪行是针对一个特定的政治组织或引渡的请求国；（5）犯罪行为必须在敌对两派争夺一国政权的情况下发生，因此无政府主义者或恐怖分子不包括在内。[①]

由于政治犯的含义容易被曲解，且政治犯不引渡原则容易被滥用，因此，各国的引渡法和有关的国际条约都对政治犯的范围进行了一些限制，主要有以下几种：（1）行刺条款，即犯罪为刺杀国家元首时，该罪犯视为普通罪犯；（2）国际罪行，有些公约规定国际罪行的罪犯不能认为是政治犯，如 1948 年《防止及惩治灭绝种族罪公约》等；（3）恐怖活动，如 1977 年《欧洲制止恐怖活动公约》规定与恐怖活动有关的各种罪行，不视为政治罪。

此外，有些国家也把军事犯从引渡对象中排除。例如，根据 1927 年《法国引渡法》第 4 条的规定，军人所犯罪行依法国法律为普通犯罪时，适用引渡的一般条件，按刑事管辖权重叠的情况，不予引渡，依法国法律处理。

值得注意的是，在近年来的引渡实践中，越来越多国家的法律为引渡设定了一些人权标准，如不得向保留死刑的国家引渡犯罪嫌疑人或不得将有可能被判处死刑或执行死刑的犯罪嫌疑人引渡给请求国等。

（三）引渡规则

1. 引渡的条件

因为各国的利益不尽相同，所以，各国的引渡法和有关的引渡条约所规定的引渡规则也不完全一致。然而，根据《引渡示范条约》和国际习惯法规则，有关引渡规则的内容主要有：（1）双重犯罪原则。所谓双重犯罪（Double Criminality）原则，又称相同原则（Principle of Identity），是指可引渡的犯罪必须是请求引渡国家和被请求引渡国家双方都认为是犯罪行为的犯罪。（2）本国国民不引渡原则。原则上，任何个人（不论是本国人还是外国人）都可以被引渡，但通常多数国家不引渡本国国民，而是在本国国内法院对其进行审判惩处，这就是本国国民不引渡原则。在实践中，只有英国、美国等极少数国家不拒绝引渡本国国民。

---

① See I. A. Shearer, *Starke's International Law*, Butterworths, 1994, p. 320.

此外，从各国的引渡法和有关引渡条约的规定来看，有些国家间的引渡条约，将可以引渡的罪行，一一列举。例如，1868 年《美国与意大利的引渡条约》在第 2 条列举了谋杀、意图谋杀、强奸、抢劫等几十项罪名，作为可引渡的罪行；又如，1924 年《美国与罗马尼亚间引渡条约》在第 1 条列举了谋杀罪、重婚罪、放火罪等 24 项罪名，作为应予引渡的犯罪。另外一些国家则采取概括的方式，规定判刑至少为若干年的犯罪为可引渡的犯罪。例如，1953 年《匈牙利与保加利亚司法协助条约》在第 56 条中规定，按照缔约双方法律规定的犯罪行为，判刑至少一年或更重的监禁，为可予引渡的犯罪。

2. 请求引渡的主体

一般情况下，请求引渡的主体，即有权提出引渡请求的国家，主要有：（1）罪犯本人所属的国家；（2）犯罪行为发生地国家；（3）受害的国家，即犯罪结果发生地国家。

当有数个国家为同一罪行或不同罪行请求引渡同一人时，原则上，被请求国有权决定把罪犯引渡给何国。但 1933 年《美洲国家间引渡公约》第 7 条规定，如有几个国家为同一罪行请求引渡时，犯罪发生地国家有优先权；如果这个人犯有几项罪行而被请求引渡时，则依移交国法律罪刑最重的犯罪地国家有优先权；如果各该项行为被请求国视为同样严重时，优先权依请求的先后决定。

3. 罪行特定原则和再引渡的限制

许多国家的引渡法和有关的引渡条约都规定了"罪行特定原则"（Principle of Specialty，或译为"特定行为原则""引渡效果有限原则"）。"罪行特定原则"是指移交给请求国的罪犯，在该国只能就其请求引渡时所指控的罪名予以审判和处罚；凡是不在引渡请求中所列举的犯罪行为，请求国非经被请求国的同意，不得对该罪犯进行审判和处罚。这一原则也称为引渡与追诉一致原则。

请求引渡的国家接受罪犯的引渡后，再将该罪犯引渡给第三国，供其审判和处罚，称为再引渡（re-extradition）。[1] 关于被引渡的罪犯是否可由原来的请求引渡国转交给第三国，在理论上有三种不同的意见：第一种认为可以再引渡。第二种赞成根据罪行特定原则，不能再引渡。第三种主张如果经被请求国同意，就可以进行再引渡。例如，1953 年《匈牙利与保加利亚司法协助条约》在第 67 条中规定：未经被请求的缔约一方的同意……被引渡的人不得被引渡至第三国。而许多国家的引渡法和有关的引渡条约，对于再引渡问题未作明文规定，国际实践也并不一致。

4. 引渡的程序

引渡一般通过请求国与被请求国之间的外交途径进行。请求国先根据其国内法和有关的引渡条约来决定请求引渡，并将该项请求通过外交途径通报被请求国。被请求国收到引渡请求后，由其主管机关进行审查，决定是否引渡，并通过外交途径将此决定通知请求国。例如，1933 年《美洲国家间引渡公约》第 5 条规定：引渡请求书由各自外交代表制作，如无外交代表时，则由领事代表转达，或者由各国政府直接通知。请求引渡罪犯的国家，还须附送关于罪犯个人犯罪的证明材料。在被请求引渡国通知决定移交罪犯的时间和地点之后一定期限内，请求引渡国必须派员前来接收。罪犯移交给请求国人员接收之后，引渡程序即告结束。

---

① 参见丘宏达：《现代国际法》，三民书局 1995 年版，第 432 页。

二、庇护

（一）概说

庇护（asylum）通常包括领土庇护（territorial asylum）和域外庇护（extraterritorial asylum）两种。前者是指国家基于主权，对因被外国当局通缉或受迫害而来避难的外国人，准其入境和居留，并给予保护。后者又称外交庇护（diplomatic asylum），是指一国的使领馆、军舰或商船对于所在地国家的罪犯给予保护。

庇护是以国家的属地优越权为根据的。给予庇护是国家的一项权利，个人受到庇护是国家庇护权的产物。个人可以申请庇护，但是否给予庇护，由被申请国家决定。国家有权给予外国人庇护，但国家并无法律上的义务一定要给予外国人庇护。虽然有些国家的宪法明文规定对因政治原因被迫害的外国人给予庇护，如 1947 年《意大利宪法》第 10 条和 1949 年《德意志联邦共和国宪法》第 16 条，但这些规定尚未成为国际法的一部分。

1948 年《世界人权宣言》第 14 条规定："一、人人为避迫害有权在他国寻求并享受庇身之所。二、控诉之确源于非政治性之犯罪或源于违反联合国宗旨与原则之行为者，不得享受此种权利。"然而，普遍认为该条并不表示个人有接受庇护的权利。值得注意的是，在 1966 年《公民及政治权利国际盟约》中，也没有规定个人有被庇护权。

由于庇护是国际法上的一个复杂问题，各国在这方面存在诸多分歧，因此，迄今为止国际社会还没有一项关于庇护的普遍性国际公约。目前，有关庇护的国际公约都是区域性的，如 1928 年《美洲国家间关于庇护的公约》和 1933 年《美洲国家间关于政治庇护权的公约》。

（二）领土庇护

1. 领土庇护的对象

领土庇护的对象主要是政治避难者，所以一般又称政治避难。领土庇护与政治犯不引渡原则有一定的联系。然而，领土庇护的内容要比不引渡更广泛，它不仅是不引渡，还包括不予驱逐和准其在境内安居。换言之，领土庇护的内容包括不引渡，但是仅仅不引渡并不一定就构成庇护。

第二次世界大战以后，领土庇护对象的范围又有了新的发展。一方面，庇护的对象除了政治犯以外，还包括从事科学和创作活动而受迫害的人；另一方面，在一些国际文件中，明确将某类人排除在可以享受庇护的范围之外，如犯有灭种罪、破坏和平罪、战争罪、危害人类罪及种族隔离罪的人，无权享受庇护。

2. 受领土庇护者的地位

享受领土庇护的外国人的地位，原则上与一般外国侨民相同，享有合法的居留权。他们处在所在国的领土管辖权之下，应服从所在国的法律。此外，给予庇护的国家对庇护者的活动，有义务加以必要限制，使他不得在其境内从事危害他国安全及其他违反联合国宗旨与原则的活动。

1967 年 12 月，联合国大会一致通过了《领土庇护宣言》，建议各国应遵循下列原则，办理领土庇护事宜："（1）一国行使主权，对有权援用《世界人权宣言》第 14 条之人，包括反抗殖民主义之人，给予庇护时，其他各国应予尊重；凡有重大理由可认为犯有国际文书设有专条加以规定之危害和平罪、战争罪或危害人类罪之人，不得援用请求及享受庇护之权利；庇护之给予有无理由，应由给予庇护之国酌定之。（2）以不妨碍国家主权及联合国宗旨与原则为限，第一条第一项所述之人之境遇为国际社会共同关怀之事。（3）凡第一条第一项所述之人，不得使受诸如下列之处置：在边界予以据斥、或于其已进入请求庇护之领土后予以驱逐或强迫遣返其可能受迫害之任何国家；唯有因国家之重大理由，或为保护人民，例如遇有多人大批涌入之情形时，始得对上述原则例外办理；倘一国于任何案件中决定有理由对本条第一项所宣告之原则例外办理，该国应考虑能否于其所认为适当之条件下，以暂行庇护或其他方法予关系人以前往另一国之机会。（4）给予庇护之国家不得准许享受庇护之人从事违反联合国宗旨与原则之活动。"①

（三）域外庇护

在拉丁美洲国家间，长期以来形成了外国使馆给予驻在国国民外交庇护的习惯。1928年签订的《美洲国家间关于庇护的公约》和 1933 年《美洲国家间关于政治庇护权的公约》对此加以确认。因此，域外庇护得到了拉美国家的普遍承认。然而，拉美国家的这种外交庇护严格限制在"紧急情况"下适用，它仅仅是拉美区域性的国际法，不具有一般国际法的意义。

拓展阅读

1950 年国际法院"庇护权案"

现代国际法并不承认使馆馆长有在其馆舍内给予庇护的一般性权利。1950 年国际法院在"庇护权案"（the Asylum Case）中指出外交庇护权并非国际法所承认的权利。联合国通过的《世界人权宣言》和 1961 年《维也纳外交关系公约》都没有有关外交庇护的规定。

三、中华人民共和国关于引渡和庇护的法律制度

（一）中华人民共和国关于引渡的法律制度

早在清代，我国就与外国签订了含有引渡条款的条约，如 1689 年《中俄尼布楚条约》、1886 年《中法越南边界通商章程》。中华人民共和国成立以来，先后参加了十多项禁毒、反劫机等方面的含有引渡条款的多边国际公约。2000 年 12 月 28 日，第九届全国人大常委会第十九次会议通过了《中华人民共和国引渡法》（以下简称《引渡法》）。该法以专门立法的方式建立了我国的引渡法律制度，它为我国国内有关机关处理中外之间的引渡问题提供了重要的国内法依据。

《引渡法》包括四章，共 55 条。其主要内容有：

1. 引渡的条件

按照《引渡法》第 7 条的规定，外国向中国提出的引渡请求必须同时符合下列条件，才能准予引渡：（1）双重犯罪。该条第 1 款第 1 项规定："引渡请求所指的行为，依照中华人民共和国法律和请求国法律均构成犯罪。"（2）双重可罚性。该条第 1 款第 2 项明确指出："为了提起刑事诉讼而请求引渡的，根据中华人民共和国法律和请求国法律，对于引渡请求所指的犯罪均可判处一年以上有期徒刑或者其他更重的刑罚；为了执行刑罚而请求引渡的，在提出引渡请求时，被请求引渡人尚未服完的刑期至少为六个月。"该条第 2 款规定："对于引渡请求中符合前款第一项规定的多种犯罪，只要其中有一种犯罪符合前

---

① 王铁崖、田如萱编：《国际法资料选编》，法律出版社 1986 年版，第 265—266 页。

款第二项的规定，就可以对上述各种犯罪准予引渡。"

2. 引渡的依据

《引渡法》第 15 条规定："在没有引渡条约的情况下，请求国应当做出互惠的承诺。"可见，我国应外国的引渡请求而予以引渡的依据有：（1）与请求国的引渡条约；（2）与请求国的互惠关系。

3. 本国国民不引渡原则和政治犯不引渡原则

《引渡法》第 8 条明确规定适用本国国民不引渡原则和政治犯罪不引渡原则。根据该条第 1 项，如被请求引渡人依照中国法律具有中国国籍的，则应当拒绝引渡；按照该条第 3、4 项，被请求人如果因政治犯罪而请求引渡的，或者中国已经给予被请求引渡人受庇护权利的，或者可能因其种族、宗教、国籍、性别、政治见解或者身份等方面的原因而被提起刑事诉讼或者执行刑罚，或者被请求人在司法程序中可能由于上述原因受到不公正待遇的，应当拒绝引渡。

4. 引渡请求的提出

根据《引渡法》第 10 条的规定，请求国的引渡请求，应当向中国外交部提出。

5. 对引渡请求的审查

外交部收到请求国提出的引渡请求后，应当对引渡请求书及其所附文件、材料是否符合《引渡法》和引渡条约的有关规定进行审查。最高人民法院指定的高级人民法院，对请求国提出的引渡请求是否符合《引渡法》和引渡条约中关于引渡条件等规定，进行审查并作出裁定。最高人民法院对高级人民法院作出的裁定进行复核。外交部接到最高人民法院符合引渡条件的裁定后，应当报送国务院决定是否引渡。

6. 引渡的执行

引渡由公安机关执行。对于国务院决定准予引渡的，外交部应当及时通知公安部，并通知请求国与公安部约定移交被请求引渡人的时间、地点、方式以及执行引渡的其他有关事宜。

7. 向外国请求引渡

请求外国准予引渡或者引渡过境的，应当由负责办理有关案件的省、自治区或者直辖市的审判、检察、公安、国家安全或者监狱管理机关分别向最高人民法院、最高人民检察院、公安部、国家安全部、司法部提出意见书，并附有关文件和材料及其经证明无误的译文。最高人民法院、最高人民检察院、公安部、国家安全部、司法部分别同外交部审核同意后，通过外交部向外国提出请求。

此外，为妥善处理涉外案件，推动打击跨国犯罪的国际合作，截至 2018 年 12 月，中国已与 55 个国家缔结了双边引渡条约①，加入了含有司法协助、引渡等内容的 28 项多边公约，与 68 个国家或地区签订了 106 项各类司法协助条约，并在互惠的基础上与世界上 100 多个国家开展包括引渡在内的国际司法合作。2018 年 10 月，第十三届全国人大常委会第六次会议通过了《中华人民共和国国际刑事司法协助法》，为中国开展对外司法协助提供了必要的法律依据。

---

① 值得注意的是，2006 年 4 月 29 日，第十届全国人大常委会第二十一次会议批准了中国与西班牙签署的引渡条约。这是中国与欧美发达国家之间的第一个引渡条约，也是中国在与发达国家开展引渡国际合作方面的一次历史性突破。

（二）中华人民共和国关于庇护的法律制度

根据国际法，我国对因政治原因而遭到外国追诉或迫害的外国人给予保护，对犯有破坏和平罪、战争罪、反人道罪等国际条约规定的国际罪行者拒绝给予保护。例如，我国《宪法》第 32 条规定："中华人民共和国对于因为政治原因要求避难的外国人，可以给予受庇护的权利。"

此外，我国既不实行域外庇护，也反对别国在中华人民共和国境内进行域外庇护活动。

思考与探索

"环境难民"，又称"气候难民"或"生态难民"，是值得关注的一个新问题。随着环境的不断恶化，"环境难民"的概念越来越引起人们的重视。所谓"环境难民"，是指因生存的自然环境日益恶化而不得不离开家园的人。早在 1940 年就出现了"环境难民"的概念，但许多人都从未听说过。直到 2005 年，可怕的卡特里娜飓风席卷了美国新奥尔良市之后，人们才相信"环境难民"的确存在。2018 年，日本遭受 25 年来最强台风（"飞燕"）袭击；美国中部地区也遭受 30 年来最强飓风（"佛罗伦斯"）的破坏性打击。与由于政治原因背井离乡的难民不同的是，"环境难民"将在所在国的其他地区寻求新的生存可能。受到最大影响的首先是贫困地区的妇女、儿童和老人。造成"环境难民"的主要原因是干旱、沙漠化以及洪水等。据联合国估计，到 21 世纪中叶，全球将有 2 亿多人因气候变暖而导致的环境恶化被迫离开自己的栖息之所，人类将面临空前严峻的"环境难民"问题。

气候变化对广大发展中国家的不利影响尤为严重，个别小岛国甚至面临被淹没的威胁。因此，2018 年 1 月密克罗尼西亚联邦政府在联合国大会法律委员会（第六委员会）提议将"海平面上升的法律影响"作为一项专题列入联合国国际法委员会的长期工作方案。这一提案在联合国大会第六委员会获得多数成员国的支持，并获得了联合国国际法委员会的积极响应。联合国国际法委员会第 70 届会议决定将"与国际法有关的海平面上升问题"列入长期工作方案。

另外，《中华人民共和国国籍法》的修改、《联合国反腐败公约》与国际法上的引渡制度等，都是需要进一步研究的重要问题。

复习题

1. 国籍的取得与丧失主要有哪些方式？
2. 如何看待最低国际标准？
3. 如何确定难民身份？
4. 什么是引渡和庇护？其法律依据及规则如何？
5. 试述中国关于引渡和庇护的法律制度。

第五章　国际法律责任

引　言

2005年11月13日，吉林省吉林市一家化工厂发生爆炸，致使松花江出现大面积苯污染，不仅使下游沿岸数以百万计的居民面临饮水危机，也直接影响到俄罗斯与中国接壤城市哈巴罗夫斯克的正常用水。"松花江污染事件"与国际法不加禁止行为所造成的损害责任问题，是密切相关的。

第一节　概　　述

一、国际法律责任的概念、特征与意义

任何法律制度都应有关于违背其规定义务的责任制度。追究法律责任的原因，在于维护法律所保障的权益和社会秩序，在于维护法律的精神与权威。国际法也不例外。国际法律责任是现代国际法的一项重要内容。

国际法律责任（international legal responsibility）是指国际法主体对其国际不法行为或其他损害行为所应承担的法律责任。

（一）国际法律责任的特征

从上述定义可以看出，国际法律责任主要有以下特征：

第一，国际法律责任的主体不但包括国家，而且包括国际组织、争取独立的民族、法人和个人等。传统的国际法律责任理论认为国际法律责任主体仅限于国家，因此国际法律责任就是国家责任。然而，随着现代国际法的发展，尤其是享有特定权利和承担特定义务的非国家主体的产生和发展，国际法律责任的主体范围扩大了。

第二，国际法律责任产生的原因不但包括国际不法行为，而且包括国际法不加禁止的损害行为。传统国际法律责任理论主张国际不法行为是导致国际法律责任的唯一原因。然而，随着科学技术的进步，各国在工业生产、核能利用、外层空间探索以及海底开发等活动中常常给别国造成损害和威胁。而各国进行的这些活动都是国际法所不加禁止的。这就产生了国际法不加禁止的行为所造成的损害的责任形式。这是对传统国际法律责任理论的一种发展。

第三，国际法律责任的实质是一种法律责任。它同国际关系中一国对另一国的不礼貌或不友好行为（但并非不法行为）所产生的责任不同。在对外关系上，人们常常可以见到有所谓警告对方应对某种行为或事件负责这类用语，这里所谓的"责任"既可能是一种法律责任，也可能是一种道义责任或政治责任。而法律责任表现为一定的形式和内容，

具有强制性质。① 国际法律责任旨在确定国际不法行为和损害行为所产生的法律后果。

（二）国际法律责任的意义

国际法律责任作为现代国际法上最为重要的制度之一，具有重要的意义和作用。

第一，国际法律责任制度是追究一国违背其国际义务而承担国际责任的法律依据。虽然国际社会是一个横向平行式的社会，不存在国内社会那样的有组织的中央强制机关，但是根据国家责任条款，就可以断定一国是否犯有国际不法行为。如果一国犯有国际不法行为，就应承担由此引起的国际法律责任或法律后果。

第二，国际法律责任制度是促使各国履行其国际义务的外在动力。国际法律规则在很大程度上是靠各国自觉遵守的。然而，按照国际法律责任制度的规定，如果一国犯有国际不法行为，那么受害国和其他有关国家就有权援引国家责任的有关条款，作出单独或集体反应，或采取措施，来促使其履行所应承担的国际义务。可见，国际法律责任制度也是维护正常的国际法律秩序的重要手段。

第三，国际法律责任制度有利于维护受害者的合法权益。国际法律责任制度的目的之一是对权利和利益的受害者给予赔偿，并在一定程度上确定了合理赔偿的形式和标准。因此，它有利于维护受害者的合法权益。

二、国际法律责任的编纂

随着国际关系的演变，国际法律责任制度像国际法的其他分支一样，也在不断地发生变化。

（一）国家责任条款草案

在传统的国际法理论与实践中，国家责任专指外国侨民受到损害时所引起的责任。国家责任法的编纂工作，可以追溯到 1930 年国际联盟主持召开的海牙国际法编纂会议。这是进行起草国家责任公约的首次尝试。然而，这次编纂会议并没有制定出一个具体的关于国家责任的国际公约。尽管国际联盟起草国际公约的努力失败了，但会议材料中详细记载了各国对国家责任问题的不同观点，为以后联合国国际法委员会关于国家责任条款草案的编纂工作提供了宝贵的材料。②

1948 年联合国国际法委员会成立，1949 年国际法委员会召开第一次会议时就把国家责任问题列为应优先审议的 14 个 "编纂和逐步制定" 的主题之一。1953 年，联合国大会正式要求国际法委员会着手制定国家责任问题的国际法原则。

经过长期努力，国际法委员会在 1996 年第 48 届会议上一读通过了《关于国家责任的条款草案》的全部条款和两个附件及评注，并由联合国秘书长提交给各国政府征求评论和意见。

2001 年 11 月，国际法委员会第 53 届会议二读通过了《国家对国际不法行为的责任条款草案》（Draft Articles on Responsibility of States for Internationally Wrongful Acts，以下简称《2001 年国家责任条款草案》）。该条款草案共 59 个条款，分为四部分：第一部分是 "一国的国际不法行为"，第二部分是 "一国国际责任的内容"，第三部分是 "一国国际责

---

① 参见贺其治：《国家责任法及案例浅析》，法律出版社 2003 年版，第 4 页。
② 参见李寿平：《现代国际责任法律制度》，武汉大学出版社 2003 年版，第 10 页。

任的履行"，第四部分是"一般规定"。①

同一读的条款草案相比较，《2001年国家责任条款草案》有如下两个特点：一是整个条款草案结构更严谨，内容更丰富；二是在一些争议较大的问题上，尽力找出能够平衡各方不同立场的案文。②

《2001年国家责任条款草案》虽然还是一项有待通过的国际公约，③ 但它是国际法委员会继《维也纳条约法公约》后取得的一个历史性成就，其中的绝大部分内容反映了在长期的国际实践中所形成的习惯国际法规则。因此，《2001年国家责任条款草案》为建立完备、统一的国际法律责任制度奠定了重要基础。

（二）国际法不加禁止的行为所产生的损害性后果的国际责任条款草案

上述《2001年国家责任条款草案》，是旨在制定国家对国际不法行为的责任。因此，国际法委员会在编纂上述条款草案的同时，也注意到了国际法律责任问题的新发展，即国际法不加禁止的行为所产生的损害性后果的国际责任问题。

1.《预防危险活动的跨界损害的条款草案》

1978年，国际法委员会将"国际法不加禁止的行为所产生的损害性后果的国际责任"（international liability for injurious consequences arising out of acts not prohibited by international law）作为另一专题列入了工作计划，并先后任命罗伯特·昆廷-巴克斯特（R. Quentin-Baxter）和胡利奥·巴尔沃萨（Julio Barboza）担任特别报告员。

1996年，国际法委员会决定成立一个全面审议本专题的工作组，并在同年晚些时候决定将该工作组拟定的《国际法不加禁止的行为所产生的损害性后果的国际责任条款草案》提交联合国大会并转发各会员国审议。该条款草案共有3章22条，包括"一般规定""预防"和"赔偿或其他补救"等内容。

1997年，国际法委员会重新讨论关于本专题的工作计划，任命彭·斯·拉奥（P. S. Rao）为特别报告员，决定在"国际法不加禁止的行为所产生的损害性后果的国际责任"这个标题下开展工作，并首先在"预防危险活动的跨界损害"这个副标题下拟定条款草案。

1998年，国际法委员会暂时一读通过了《预防危险活动的跨界损害的条款草案》，并决定将该条文草案通过联合国秘书长交由各国政府发表评论和意见。

2001年，国际法委员会在上述一读通过的条款草案的基础上，增加了序言和有关条款，进一步明确了有关国家的权利和义务，并最终在国际法委员会第53届会议上二读通过了由19个条款组成的《预防危险活动的跨界损害的条款草案》（Draft Articles on Prevention of Transboundary Harm from Hazardous Activities）。④

---

① 该条款草案可参见联合国网站：http://legal. un. org。

② 参见贺其治：《国家责任法及案例浅析》，法律出版社2003年版，第9—10页。

③ 有学者认为，《2001年国家责任条款草案》未发展成为国际公约，主要有三个原因：第一，某些草案条款本身存在着争议；第二，缔约会议存在某些方面的功能障碍，并且对此可能造成的结果有所担忧；第三，草案条款以目前的"软"形式存在很可能将对法律产生更大的影响。See David D. Caron, "The ILC Article on State Responsibility: The Paradoxical Relationship between Form and Authority", *American Journal of International Law*, Vol. 96, 2002, p. 857.

④ 该条款草案可参见联合国网站：http://legal. un. org。

2. 《关于危险活动造成的跨界损害案件中损失分配的原则草案》

国际法委员会在完成"预防危险活动的跨界损害"的编纂工作后，继续进行"国际法不加禁止的行为所产生的损害性后果的国际责任"这个标题的第二部分的编纂工作。2004 年，国际法委员会第 56 届会议一读通过了《关于危险活动造成的跨界损害案件中损失分配的原则草案》。

2006 年 7 月 3 日至 8 月 11 日，在日内瓦召开的国际法委员会第 58 届会议上二读通过了《关于危险活动造成的跨界损害案件中损失分配的原则草案》（Draft Principles on the Allocation of Loss in the Case of Transboundary Harm Arising Out of Hazardous Activities）。① 该草案共 8 条，规定了对跨界损害的受害者提供及时和充分的赔偿，界定了损害的范围，确立了严格责任制，明确了国家、经营者以及其他实体分担损失的原则、确保提供赔偿的程序，要求国家为此制定国内法规并进行区域或国际合作。

（三）《国际组织的责任条款草案》

《2001 年国家责任条款草案》第 57 条对"国际组织的责任"问题作了如下规定："本条款不影响一国际组织依国际法承担的或任何国家对一国际组织行为责任的任何问题。"

2000 年，国际法委员会第 52 届会议决定将"国际组织的责任"专题列入该委员会长期工作方案。2001 年 12 月，联合国大会第 56/82 号决议提请国际法委员会开始进行"国际组织的责任"专题的工作。

2002 年，国际法委员会第 54 届会议决定将"国际组织的责任"专题列入工作方案，并任命乔治·加亚先生担任该专题特别报告员。在同届会议上，委员会设立了一个专题工作组。该工作组在其报告里简要讨论了这一专题的范围、这一新项目与"国家对国际不法行为的责任"条款的关系、行为归属问题、与成员国对归于国际组织的行为的责任有关的问题以及与国际责任的内容、责任的履行和争端的解决有关的问题。在第 54 届会议结束之前，国际法委员会通过了工作组的报告。

2009 年，国际法委员会第 61 届会议一读通过了《国际组织的责任条款草案》。2011 年 8 月，国际法委员会第 63 届会议二读通过了《国际组织的责任条款草案》（Draft Articles on the Responsibility of International Organizations）。② 该草案有 67 条，共分六部分：第一部分为"导言"，第二部分为"国际组织的国际不法行为"，第三部分为"国际组织的国际责任的内容"，第四部分为"国际组织的国际责任的履行"，第五部分为"国家对国际组织的行为的责任"，第六部分为"一般规定"。

如前所述，《国际组织的责任条款草案》的编纂工作是在《2001 年国家责任条款草案》之后进行的，所以《国际组织的责任条款草案》在结构和内容等方面，都大量参考了《2001 年国家责任条款草案》。然而，国际组织的主体资格和法律地位毕竟与国家不同，因此，《国际组织的责任条款草案》在国际不法行为的归属、特殊情况下责任主体承

---

① 该条款草案可参见联合国网站：http://legal. un. org。
② 该条款草案可参见联合国网站：http://legal. un. org。

担相应责任等方面，仍有所变动和创新。①

第二节 国家对国际不法行为的责任

国家对其国际不法行为所承担的责任，简称国家责任（state responsibility），也称国家的国际责任（international responsibility of states）。

一、国际不法行为的国家责任的构成要件

国家责任是由一国的国际不法行为引起的，那么国际不法行为究竟是怎样构成的？按照《2001 年国家责任条款草案》的规定，一国国际不法行为是由两个要素构成的，即行为归于国家和违背国际义务。

（一）行为归于国家

一国国际不法行为是否可以归于国家而构成国家行为，只能按照国际法而不能依据国内法来判断。根据现代国际法规则，一国国际不法行为，既有单独归于一国的国家行为，也有一国参与或介入他国的行为。对于前者，该行为所引起的国际责任，应由行为国单独承担；对于后者，则可以由另一国承担或由它们共同承担。

1. 可以单独归于一国的行为

根据《2001 年国家责任条款草案》的有关规定，国际不法行为可以单独归于一国而成为该国的国家行为，有如下几种情况：

（1）一国的国家机关的行为。任何国家机关，不论它行使立法、行政、司法职能，还是行使任何其他职能，不论它在国家组织中具有何种地位，也不论它作为该国中央政府机关或某一领土单位机关而具有何种性质，其行为应视为该国的国家行为。这里所说的国家机关包括依该国国内法具有此种地位的任何个人或实体。

（2）行使政府权力要素的人或实体的行为。虽然不是国家机关，但经该国法律授权而行使政府权力要素的人或实体，其行为应视为该国的国家行为，条件是该个人或实体在特定的情况下正在以此种资格行事。这些经授权行使政府权力要素的人或实体，可能包括一些私人、国营公司、准国营实体、政府的各种代理机构，在特殊情况下，甚至包括私营公司，但在每一种情况下，都要求是由国家授权行使公共性质的职能。

（3）由另一国交由一国支配的机关的行为。由另一国交由一国支配的机关，如果为行使支配该机关的国家权力要素而行事，其行为应视为支配该机关的国家行为。

（4）逾越权限或违背指示的行为。国家机关或经授权行使政府权力要素的人或实体，如果以此种资格行事，即使逾越权限或违背指示，其行为仍应视为该国的国家行为。

（5）受到国家指挥或控制的行为。如果一个人或一群人实际上是在按照国家的指示或在其指挥或控制下行事，其行为应视为该国的国家行为。

（6）正式当局不存在或缺席时实施的行为。如果一个人或一群人在正式当局不存在或缺席和在需要行使政府权力要素的情况下，实际上正在行使政府权力要素，其行为应视

---

① 参见罗超：《国际组织与其成员间的法律责任问题研究》，武汉大学 2013 年博士学位论文，第 2 页；王立君：《国际组织责任的若干问题评析》，《法学评论》2010 年第 4 期。

为该国的国家行为。

（7）叛乱运动或其他运动的行为。成为一国新政府的叛乱运动的行为，应视为该国的国家行为；在一个已存在的国家的一部分领土或其管理下的某一领土内组成一个新的国家的叛乱运动或其他运动的行为，应视为该新国家的行为。

（8）经一国确认并当作其本身行为的行为。按照上述情况不归于一国的行为，在并且只在该国承认和当作其本身行为的情况下，才视为该国的国家行为。换言之，在一般情况下，国家不承认和不接受私人和实体的行为归于国家，但是，如果其后这种行为经国家承认和接受，则应归于国家。

2. 一国牵连入他国的国际不法行为

按照《2001 年国家责任条款草案》的有关规定，一国牵连入他国的国际不法行为，主要有以下几种情况：

（1）一国援助另一国实施国际不法行为。援助或协助另一国实施国际不法行为的国家应该对此种行为负国际责任，如果援助或协助国在知道该国际不法行为的情况下这样做，而且该行为若由该国实施会构成国际不法行为。

（2）一国指挥和控制另一国实施国际不法行为。指挥和控制另一国实施国际不法行为的国家应该对该行为负国际责任，如果指挥和控制国在知道该国际不法行为的情况下这样做，而且该行为若由该国实施会构成国际不法行为。指挥和控制另一国实施国际不法行为的较典型的例子是，宗主国或保护国对从属它的国家实施的不法行为承担责任。

（3）一国胁迫另一国实施国际不法行为。胁迫另一国实施不法行为的国家应该对该行为负国际责任，如果没有胁迫，则该行为是实施国的国际不法行为；而且胁迫国在胁迫时了解该行为的情况下仍这样做。

总之，凡是属于一国对另一国提供援助、指挥或施加胁迫的情况，其责任应根据情况归于援助、指挥或胁迫的国家，但这并不能解除被援助、被指挥或被胁迫国家的责任。上述三种情况的主要不同在于：在援助的情况下，主要的责任属于行为国，援助只起支持的作用；在受他国指挥的情况下，行为国犯下了国际不法行为，尽管是在他国的指挥下所为的；在胁迫的情况下，胁迫国是此行为的主要行为者，被胁迫国只是它的工具；而仅在胁迫等同于"不可抗力"的情况下，才能解除被胁迫国的责任。[①]《2001 年国家责任条款草案》对此作了下述规定："本章不妨碍采取有关行为的国家或任何其他国家，根据本条款其他规定而应承担的责任。"

（二）违背国际义务

国际不法行为的另一个构成要件是一国违背它所应承担的国际义务。那么，国家违背国际义务究竟是指什么？怎样才构成对国际义务的违背？对此，《2001 年国家责任条款草案》作了明确规定。

1. 违背国际义务的行为

如果一国的行为不符合国际义务对它的要求，那么该行为即为违背国际义务的行为；而不论有关的义务来源于习惯国际法规则、国际条约或国际法律秩序内适用的一般原则，也不论该义务是行为义务还是结果义务。

---

① 参见贺其治：《国家责任法及案例浅析》，法律出版社 2003 年版，第 145 页。

2. 违背有效的国际义务

违背的义务必须是有效的国际义务，这是违背国际义务的一个必要条件，也是时际法的一般原则在国家责任法领域的适用。

3. 违背国际义务的时间问题

《2001 年国家责任条款草案》第 14 条对"违背国际义务的时间问题"作了如下规定："没有持续性的一国行为违背国际义务时，该行为发生的时刻即为违背义务行为发生的时刻，即使其影响持续存在；有持续性的一国行为违背国际义务时，该行为延续的时间为该行为持续并且一直不符合该国际义务的整个期间；一国违背要求它防止某一特定事件之国际义务的行为开始于该事件发生的时刻，该行为延续的时间为该事件持续并且一直不遵守该义务的整个时间。"

从上述条款的规定可以看出，违背国际义务的时间大致可分为下列两种情况：

（1）非持续性违背国际义务。一项已经完成的违背行为，如果它的完成时刻即为违背义务发生的时刻，那么这项已完成的违背行为即为非持续性违背国际义务，虽然它的影响或后果可能持续下去。[①] 例如，一国的防空部队击落合法飞越该国上空的飞机、一国的警察杀害或伤害另一国的外交代表等，都属于非持续性违背国际义务的行为。

（2）持续性违背国际义务。持续性违背国际义务是指违背国际义务的行为在发生后继续不断地在一定时期内进行下去。例如，制定和保持与一国条约义务相冲突的法律条款、强行占领另一国的部分领土等。

4. 复合行为违背国际义务

《2001 年国家责任条款草案》第 15 条对"一复合行为违背义务"作了如下规定："一国的一系列汇集起来被界定为非法的作为或不作为违背国际义务的时刻，发生于该作为或不作为发生的时刻；它们同其他的作为或不作为联在一起足以构成不法行为；在上述情况下，该违背义务行为的持续时间为一系列作为或不作为中的第一个开始发生到此类行为再次发生并且一直不符合该国国际义务的整个期间。"

根据上述条款，关于复合行为违背国际义务的问题，主要涉及以下两个方面：

（1）复合行为的含义。复合行为（composite act）是指"在时间上连续不断地在不同情况下采取的一系列的单独行动，汇集起来形成一种'积聚的行为'（aggregate act）。构成复合行为的个别行为可能是合法的行为，也可能是非法的行为"[②]。例如，灭绝种族、种族隔离、危害人类罪、系统性的种族歧视行为以及一项贸易协定所禁止的歧视行为等，都属于复合行为违背国际义务。

（2）违背义务的持续时间。违背义务的持续时间为一系列行为（作为或不作为）开始发生到此类行为再次发生并且一直不符合该国国际义务的整个期间，并且一系列行为中的第一项行为发生的时间，是违背义务持续时间的开始。

二、国家责任的免除

在国际关系的实践中，一国的行为如果违背了该国所承担的国际义务，就构成国际不

---

① 参见贺其治：《国家责任法及案例浅析》，法律出版社 2003 年版，第 120 页。

② 贺其治：《国家责任法及案例浅析》，法律出版社 2003 年版，第 127 页。

法行为，原则上该国就应当承担国际责任。然而，一国违背国际义务行为的不法性，在某些特殊情况下可因国际法的规定而被排除，相应地，与此有关的国家责任也就被免除了。

根据国际实践，《2001 年国家责任条款草案》具体规定了以下六种免责情况。

（一）同意

所谓同意（consent），是指一国以有效方式表示同意另一国实行某项特定行为时，该特定行为的不法性在与该国的关系上即告解除，但以该行为不逾越该项同意的范围为限。例如，一国飞机飞越另一国领空，一国在另一国境内安置设施，一国在另一国进行官方调查或查询，甚至一国在另一国对人员进行逮捕和拘留等。一国采取的上述行为，如果没有得到另一国的同意，则构成违背国际义务的行为。可见，一国对另一国的特定行为表示"同意"，是解除该行为国有关行为的非法性的必要条件。这是国家责任法的一条重要原则。

以同意为由免除国家责任，应满足以下条件：

第一，必须是以有效方式表示的同意。所谓以有效方式表示的同意，首先是指自愿的同意，以错误、欺诈或其他胁迫方式所取得的同意，是无效的；其次，同意必须是以明显确认的方式表示；最后，同意必须由能够代表国家意愿的机关作出。例如，受本国或外国某些势力摆布的傀儡政权，就无权表示同意。

第二，该特定行为不逾越所同意的范围。例如，甲国同意乙国的民用飞机飞越其领空，但如果乙国运送军队和军事装备的飞机也飞越甲国的领空，那么乙国行为的非法性就不能被解除。

第三，同意不能违反强制性规范。如果一国的同意违反一般国际法某一强制性规范，也是无效的。

（二）自卫

一国的行为如构成《联合国宪章》中规定的合法自卫（self-defence）措施，则该行为的不法性即告解除。自卫权的行使必须符合《联合国宪章》规定的以下条件：

第一，自卫必须是、而且只能是对已经实际发生的武力攻击进行反击。

第二，自卫只能在安理会采取必要办法，以维持国际和平与安全以前行使。

第三，当事国必须立即向安理会报告所采取的自卫措施或办法。

总之，自卫行为不构成国际不法行为。它是国际法上禁止使用武力的基本原则的例外。

（三）反措施

反措施（countermeasures）是指受害国针对国际不法行为的责任国不履行国家责任条款规定的法律后果而采取的措施，以促使责任国履行其国际义务。可见，受害国之所以采取反措施，是因为责任国未履行其国际义务。因此，尽管这种反措施不符合受害国的国际义务，但是该反措施应被认为是正当的和可被允许的，其非法性应被排除。

作为解除一国行为之不法性的反措施，应符合以下条件：

一是具有针对性。由于反措施是针对另一国的国际不法行为的一种反应，因此只有在对该不法行为国的关系上，才有理由采取反措施。

二是在采取反措施前，受害国应要求责任国履行其义务，并将采取反措施的任何决定通知责任国且提议与该国进行谈判。

三是根本性义务不受反措施的影响。有关国家在采取反措施的情况下，它的根本性义务，如条约义务并未解除，更未终止。

四是具有相称性。反措施必须和所遭受的损害相称，并应考虑到国际不法行为的严重程度和有关权利受到侵害的程度。

五是不存在不得采取反措施的情况。如果国际不法行为已经停止，并且争端已提交有权对当事国作出具有约束力之决定的法院，那么受害国就不得采取反措施。

（四）不可抗力

不可抗力（force majeure）是指人们没有办法抗拒的强制力。一国不遵守其对另一国国际义务的行为如起因于不可抗力，即有不可抗拒的力量或该国无力控制、无法预料的事件发生，以致该国实际上不可能履行义务，则该行为的不法性即告解除。

造成不可能履行义务的不可抗力的原因是多方面的，既有自然的因素，如由于恶劣天气的影响而使一国的飞机误入另一国领空；也有人为的干预，如因叛乱而失去对国家部分领土的控制，或因第三国采取的军事行动对某一地区造成破坏而未能履行某一国际义务等。

只有符合下列条件，不可抗力才能解除违背国际义务行为的不法性：（1）违背国际义务行为是由不可抗拒的力量所引起的。（2）违背国际义务行为由行为国无力控制或无法预料的事件造成。（3）行为国在不可抗力发生的情况下，实际上不可能履行其国际义务。

值得注意的是，如果不可抗力的发生是由于一个国家本身的行为所造成的，那么该国就不能援引不可抗力作为解除其不履行义务的非法性的理由。另外，一国一旦承担了某一特定风险的责任，该国就不能要求以不可抗力为理由来避免责任。

（五）危难

危难（distress）是指其行为构成国家行为的行为者，在遭遇极端危险的情况下，为了挽救其生命或受其监护的其他人的生命，只能采取不遵守该国国际义务的行为的情况。例如，飞机和船舶发生机械故障后，未经许可而进入外国领空或领水的情况，就属于国际法实践中比较典型的危难案件。

危难与不可抗力的主要区别在于：在不可抗力的情况下，行为者采取的行动是非自愿的；而在危难的情况下，行为者采取的行动是自愿的，尽管极端危险的情形实际上已使行为者没有其他选择。因此，有些国际法学者将危难定义为"相对不可能"（relative impossibility）地履行国际义务；而不可抗力则属于"实际上不可能"（material impossibility）或"绝对不可能"（absolute impossibility）地履行国际义务。[①]

以危难为由，主张免除一国的国际责任也必须符合下列条件：（1）危难只适用于人的生命遭受危险的情况。（2）危难情况不是由援引国造成的。（3）如果行为者的有关行为可能造成类似的或更大的灾难，则不得援引危难作为免责理由。

（六）危急情况

危急情况（necessity）是指一国为了保护该国的基本利益、对抗某项严重的迫切危险，而采取违背该国所承担的国际义务的措施的状况。

---

① 参见贺其治：《国家责任法及案例浅析》，法律出版社 2003 年版，第 176 页。

以危急情况为理由来解除一国行为的不法性具有特殊性。因此，适用危急情况应严格满足以下限制条件，以防止滥用：（1）有关的行为是援引国为保护其基本利益、对抗某项极其紧迫的危险。（2）有关的行为必须不严重损害对方国家或整个国际社会的基本利益。（3）有关的国际义务并没有排除援引危急情况的可能性。（4）有关的危急情况不是由援引国本身的行为造成的。

三、国家责任的形式

一国的国际不法行为一经确定，如果没有免除责任的条件出现，那么该国就应当承担相应的国家责任。国家责任是一种严格意义上的法律责任，是在行为国和受害国之间引起的法律后果、产生的一种新的权利义务关系，即行为国承担赔偿的义务，而受害国则享有要求赔偿的权利。此外，一国违背它所承担的国际义务而产生的法律后果，并不影响该国应继续履行它所承担的国际义务的责任。

根据国际实践，《2001 年国家责任条款草案》主要归纳了以下三种国家责任形式。

（一）停止不法行为

所谓"停止不法行为"（cessation of wrongful act），是指国际不法行为的责任国，在实施一项持续性的不法行为时，有义务立即停止该行为。停止不法行为是消除不法行为所引起的后果的第一个必要条件。它的作用是制止违背国际法的行为，并且保证被侵犯的国际法原则和规则能够继续有效和得到遵守。

要求停止不法行为必须具备两个条件：（1）不法行为具有持续的性质。例如，在"美国驻德黑兰外交和领事人员案"中，国际法院裁定伊朗的行为是持续地违反伊朗所承担的国际义务的行为。（2）被违背的国际义务在发出要求时仍然有效。

拓展阅读
1979 年国际法院
"美国驻德黑兰外
交和领事人员案"

在国际关系中，明确停止不法行为的义务是具有重要的现实意义的。当一国际不法行为不是某个具体行为或事件，而是一个持续不断的行为时，受害国首先关注的是行为国停止不法行为，继续履行国际义务。特别是当国际不法行为的损害性并不在于其后果，而是在于其持续性时，停止不法行为对于受害国来说就更显重要了。①

（二）保证不重犯

保证不重犯（assurances and guarantees of non-repetition），是指国际不法行为的责任国在必要情况下，有义务提供不重复该不法行为的适当承诺和保证。

保证不重犯是一国对其国际不法行为承担国家责任的另一种形式，其目的是为了恢复受害国和责任国之间对继续保持关系的信心。通常，在受害国认为仅仅恢复原有的状态、尚不能取得应有的保障时，才会提出承诺和保证不重复该行为的要求。

保证不重犯的特点是向前看，着眼点是未来，而不是过去；强调的是预防未来可能发生的事情，而不是赔偿。

在国际实践中，保证不重犯一般有以下两种方式②：（1）只作出不再犯的保证，而不

---

① 参见王铁崖主编：《国际法》，法律出版社 1995 年版，第 151 页。
② 参见李寿平：《现代国际责任法律制度》，武汉大学出版社 2003 年版，第 167 页。

加任何具体的说明。例如，1966 年中国驻印度尼西亚使领馆遭袭后，中国外交部除了要求印尼政府立即采取措施、赔偿一切损失外，还要求"保证今后不再发生类似的事件"。(2) 受害国要求责任国采取某项特定的措施或特定的行为加以预防。例如，在 1886 年"多恩案"（F. T. Doane Case）中，美国在菲律宾的传教士多恩因抗议西班牙当局强占其教会拥有的土地而被扣留，并被解送到马尼拉；在美国政府的抗议下，西班牙当局采取了补救措施，恢复了他的工作场地，并保证对教会和他的财产给予保护。

（三）赔偿

对一国国际不法行为造成的损失给予赔偿（reparation），是国家责任法的核心内容。赔偿是一个一般性的用语，是指国家可以用来履行或解除其责任的各种不同形式。它包括恢复原状、补偿和抵偿等方式。为了对国际不法行为造成的损害进行充分赔偿，可以单独或综合地采用这些方式。

1. 恢复原状

恢复原状（restitution）是指加害国有责任将被侵害的事物恢复到实施不法行为以前所存在的状态。恢复原状是受害国因加害国的国际不法行为而要求加害国给予赔偿的第一种方式，也是首选的赔偿方式。

恢复原状一般可以分为物质上恢复原状和法律上恢复原状。前者包括归还被掠夺的或非法没收的财产、历史文物和艺术珍品，释放被拘留的个人等。后者涉及修改责任国的法律制度或改善受害国法律关系的状况，如修订违背国际法规则的宪法或法律规定，取消关于外国人人身或财产的不符合国际法的某些行政或法律措施等。

应该指出的是，恢复原状并非毫无限制。根据《2001 年国家责任条款草案》第 35 条的规定，恢复原状需要满足下列两个限制条件：(1) 恢复原状在事实上是可行的。如果应归还的财产已经永久消失或者已经被损坏到毫无价值的地步，则不需要恢复原状。(2) 恢复原状与赔偿应成比例，不能使加害国承受过重的负担。换言之，如果责任国因恢复原状而承受的负担与受害国因此而得到的利益完全不成比例，则不得要求恢复原状。这是公平原则的基本要求。

2. 补偿

补偿（compensation）是指在责任国对其国际不法行为所造成的损害，没有或无法以恢复原状的方式给予赔偿时，对受害国实际遭受的损失所给予的货币补偿。

补偿是最经常采用的赔偿方式。虽然恢复原状在赔偿方式中占有首要地位，但由于恢复原状有时不可能实现，或者有时尽管恢复了原状仍难以作出充分的赔偿，所以还要给予补偿。因此，也可以说补偿是恢复原状的一种补充形式。

补偿一般采用金钱的形式，当然也可以采用双方商定的其他等价赔偿形式。

关于补偿的范围，《2001 年国家责任条款草案》第 36 条第 2 款规定，补偿的范围为"在经济上可以评估的任何物质损害或精神损害"。在经济上可以评估的损害，既包括国家本身（即其财产或人员受到损害或为补救、减轻国际不法行为造成的损害而支出的款项）遭受的损害，也包括本国自然人或法人遭受的损害，国家是以遭受损害的自然人或法人的国籍国的名义在外交保护的框架内提出索赔的。[①]

[①]　参见贺其治：《国家责任法及案例浅析》，法律出版社 2003 年版，第 242 页。

补偿还包括可以确定的利润损失。例如，常设国际法院在"霍茹夫工厂案"中就裁定受害方应获得赔偿时的财产价值，而不是被没收时的财产价值。这就意味着受害方获得的赔偿应包括财产从被没收时起直到获得赔偿时止这段时期所丧失的利润。

拓 展 阅 读

1926 年常设国际法院"霍茹夫工厂案"

负责处理补偿问题的机构，既包括有关国家根据协定成立的国际仲裁机构，也包括各类国际法院。不过，在许多情况下，补偿是由加害国和受害国通过外交谈判就支付款额达成协议完成的。

3. 抵偿

抵偿（satisfaction）是指一国际不法行为的责任国在无法以恢复原状或补偿方式弥补所造成的损害时，有义务采取正式道歉、表示遗憾、承认不法行为或其他恰当的方式对受害国作出赔偿。抵偿是责任国对其国际不法行为所造成的损害进行赔偿的第三种方式，也是继恢复原状、补偿之后的另一种普遍适用的赔偿方式，并且还是一种不可或缺的赔偿方式。

抵偿包括多种形式，如正式道歉、表示遗憾、承认不法行为、对非金钱损害作出象征性的损害赔偿、对造成伤害或损害事件的原因作出应有的调查、对肇事的个人进行纪律或刑事处分、为受益人设立管理补偿付款的信托基金等。

在上述各种抵偿方式中，正式道歉是一种常见的方式。它经常与其他方式结合起来成为一种为受害国所接受的解决争端的方式。例如，在"孤独号案"中，混合委员会要求美国向加拿大政府道歉，并赔偿25 000美元，作为对非法行为的物质上的改正。正式道歉可以采取口头方式表示，也可以用书面方式表达，有时甚至还可以通过象征性的行为表示，如向受害国的国旗、国徽致敬礼。

抵偿作为赔偿的一种方式，必须遵守以下限制条件，以防止被滥用：（1）抵偿要与损失相称。抵偿本身不具有惩罚性质，也不意味着对损害作出惩罚性赔偿。（2）抵偿不得采取羞辱责任国的方式。在国际法的发展史上，有不少把抵偿作为羞辱责任国的工具的例子。例如，义和团运动后，西方列强强迫晚清政府所作的抵偿方式，就是这方面的典型例子。

值得注意的是，在国际不法行为引起的法律后果方面，一国也必须依照国际法，而不得援引其国内法作为不遵守其应履行的停止不法行为和给予赔偿义务的依据。虽然一国可能由于必须在本国实行其本国的法律和规则而出现遵守国际义务的实际困难，但该国无权以其本国法律或实践作为不能履行国家责任条款所规定的法律后果的障碍。另外，关于因责任而承担的义务的范围，《2001 年国家责任条款草案》也作了明确规定：责任国义务可能是对另一国、若干国家或对整个国际社会承担的义务，具体取决于该国际义务的特性和内容及违约情况；国家责任条款的规定也不妨碍国家以外的人或实体因一国的国际责任而可能直接取得的任何权利。

四、国家责任的履行

为了消除国际不法行为的后果，有效地维护受害国和其他相关的权利，从事不法行为的责任国应当履行因其不法行为而对受害国所承担的有关义务。关于国家责任的履行问题，目前的国际法学界还没有一致的看法。《2001 年国家责任条款草案》第三部分对"一国国际责任的履行"问题作出了专门的规定。它分为两部分：一国责任的援引和反措施。

（一）一国责任的援引

一国责任的履行主要分以下三种情况：

1. 一受害国援引责任

一国有权在下列情况下作为受害国援引另一国的责任：（1）被违背的义务是个别地对它承担的义务。（2）被违背的义务是对包括该国在内的一国家集团或对整个国际社会承担的义务，而对此义务的违背特别影响该国。（3）被违背的义务是对包括该国在内的一国家集团或对整个国际社会承担的义务，而对此义务的违背彻底改变了所有其他受到影响的国家对进一步履行该项义务的立场。

受害国就其所受损害向责任国援引责任时，必须将其要求通知该责任国。受害国在通知中可具体指明：责任国应采取何种行为来停止其持续进行的不法行为，以及应采取何种赔偿形式。

受害国援引国家责任，必须满足两个条件：第一，适用国籍原则，即援引一国的责任必须依国籍要求的有关规则进行。换言之，国家与被保护人之间必须具有以国籍为纽带的法律依据。第二，用尽当地救济办法，即在要求适用用尽当地救济办法的情况下，如果任何可采用的有效的当地救济办法未能用尽，则对该要求不予受理。

此外，受害国在某些情况下也会丧失对责任国援引责任的权利。例如，受害国已经以有效方式放弃要求，或者受害国基于其行为应被视为已经以有效方式默示放弃其要求，在这两种情况下，受害国均不得援引国家责任。

2. 数个受害国援引责任

如果一国的违法行为对一个以上的国家造成损害，那么每一受害国都有权分别向违法国援引责任，要求责任国停止仍在持续的不法行为，并要求责任国对它所造成的损害给予赔偿。

3. 受害国以外的一国援引责任

在某些情况下，把援引责任的权利扩大到国际不法行为的受害国以外的国家，是《2001年国家责任条款草案》的一个显著特点。[①]

根据《2001年国家责任条款草案》第48条，受害国以外的任何国家有权在下列情况下对另一国援引责任：（1）被违背的义务是对包括该国家在内的一国家集团承担的，为保护该集团的集体利益而确立的义务。（2）被违背的义务是对整个国际社会承担的义务。

在上述情况下，有权援引责任的任何国家可要求责任国：停止国际不法行为，并提供不重复的承诺和保证；履行向受害国或被违背义务的受益人提供赔偿的义务。

应该指出的是，如果同一不法行为是由数个国家共同实施的，那么它们中的每一个国家都应分别对该不法行为承担责任。然而，在这种情况下，任何受害国所得到的补偿都不得超过其所受损害，而且一责任国对其他责任国的任何追索权也不受影响。

（二）反措施

如果责任国不履行停止其不法行为或赔偿由不法行为所造成的损害的义务，那么受害国就有权采取必要的反措施以维护其必要的权利。

---

① 参见贺其治：《国家责任法及案例浅析》，法律出版社2003年版，第301页。

反措施的目的不是对不法行为予以惩罚，而是促使不法行为的责任国履行其义务。反措施限于采取反措施的一国暂时不履行其对责任国的义务。

反措施一般是由受害国采取的。然而，受害国以外的国家是否有权采取反措施，是一个很有争议的问题。《2001 年国家责任条款草案》第 54 条并未排除在某些情况下受害国以外的其他国家也可以采取反措施，该条明确规定："本章不妨碍依第 48 条第 1 款有权援引另一国责任的任何国家，对该另一国采取合法措施，以确保停止该违背义务的行为和使受害国与该义务被违背之受益人得到赔偿。"

1. 不受反措施影响的义务

根据《2001 年国家责任条款草案》第 50 条，反措施不得影响下列义务：（1）《联合国宪章》中规定的不得以武力相威胁或使用武力的义务。（2）保护基本人权的义务。（3）禁止报复的人道主义性质的义务。（4）依一般国际法强制性规范承担的其他义务。

此外，采取反措施的国家仍应履行其下列义务：实行它与责任国之间任何可适用的现行解决争端程序的义务，尊重外交或领事人员、馆舍、档案和文件之不可侵犯性之义务。

2. 采取反措施的条件

《2001 年国家责任条款草案》第 52 条对采取反措施的条件作出了如下规定：（1）受害国在采取反措施以前，应要求责任国履行其义务，并将采取反措施的任何决定通知责任国且提议与该国进行谈判。（2）受害国采取的反措施，必须和所遭受的损害相称，并应考虑到国际不法行为的严重程度和有关权利。这是衡量反措施是否合法的一个重要标准。（3）受害国在国际不法行为已经停止并且已将争端提交有权对当事国作出具有约束力之决定的法院的情况下，不得采取反措施；如果受害国已经采取了反措施，则必须停止，并且不得无理拖延。（4）一旦责任国履行其与国际不法行为有关的义务，受害国就应尽快终止反措施。

第三节　国际法不加禁止行为所造成损害的责任问题

前已述及，国际法委员会把"国际法不加禁止的行为所产生的损害性后果的国际责任"这个标题的编纂工作分为两部分："预防危险活动的跨界损害"和"关于危险活动造成的跨界损害案件中损失分配的原则"，并分别拟定了条款草案。因此，本节就根据国际法委员会通过的有关条款草案，分别进行剖析。

一、关于预防危险活动的跨界损害问题

（一）《预防危险活动的跨界损害的条款草案》的适用范围

2001 年，国际法委员会二读通过了《预防危险活动的跨界损害的条款草案》（以下简称《预防危险活动的条款草案》）。该草案由序言和 19 个条文组成，其重点是引起重大跨界损害的危险活动的核准和管制方面的预防责任。

预防作为一种责任，是针对重大损害或破坏实际上发生之前的那个阶段；如果已经发生了，有关的国家就要采取补救或者补偿措施，这往往涉及赔偿责任问题。

《预防危险活动的条款草案》把重点放在预防的责任，而不是赔偿的义务，具有以下几个方面的重要意义：

第一，预防是一种理智可取的政策。如果在造成损害之后再去补偿，往往无法恢复该事件或者事故发生之前所存在的状况。

第二，履行预防责任，更具可操作性。因为在危险活动的进行、所用的材料以及这些活动的控制和所涉及的风险等方面，人们的知识都在不断增长，所以履行预防责任的客观条件日趋成熟。

第三，从法律角度来看，由于人们有更大能力跟踪连串的因果关系，即原因（活动）与影响（损害）之间的物理联系，甚至包括连串因果关系中的几个中间环节，所以危险活动的经营者也应该采取一切必要步骤来预防损害。

依据《预防危险活动的条款草案》第1条，该条款草案的适用范围是：国际法不加禁止的、其有形后果有造成重大跨界损害的危险的活动，且这种活动是在起源国领土内或在其管辖或控制下的其他地方进行的活动。"国际法不加禁止的、其有形后果有造成重大跨界损害的危险的活动"具有特定含义，它包括四个要素：（1）法律要素，即这类活动未受国际法禁止；（2）风险要素，即这类活动具有引起重大损害的可能；（3）领土要素，即这类损害必须是跨界的；（4）有形要素，即跨界损害必须是由这类活动通过其有形后果而引起的。

"造成重大跨界损害的危险"，包括造成重大跨界损害的可能性较大的危险和造成灾难性跨界损害的可能性较小的危险。其中，"跨界损害"是指在起源国以外的一国领土内或其管辖或控制下的其他地方对人、财产或环境造成的损害，不论各当事国是否有共同边界。

（二）各国在预防危险活动所造成的跨界损害方面的一般责任

根据《预防危险活动的条款草案》第3—5条以及其他有关条款的规定，各国在预防危险活动所造成的跨界损害方面的一般责任，主要包括：

第一，预防责任，即起源国应采取一切适当措施，以预防重大的越境损害或尽量随时减少这种危险。它强调了起源国预防重大跨界损害的首要责任。

第二，合作责任，即当事国应真诚合作，并于必要时要求一个或多个有关国际组织提供协助，以预防重大跨界损害或尽量随时减少这种危险。换言之，各国必须遵守合作原则，拟订并执行有效政策，以预防或尽量随时减少重大跨界损害危险。此外，起源国还有一项预期性的合作义务，即起源国应酌情与可能受影响国和有关国际组织合作，制订对付紧急情况的应急计划。

第三，履行责任，即当事国必须采取必要的履行措施，无论是立法、行政或其他性质的措施，包括建立适当的监督机制。当事国可适当地预先采取这些措施。

（三）各国在预防危险活动所造成的跨界损害方面的具体责任

依照《预防危险活动的条款草案》，各国在预防危险活动所造成的跨界损害方面，还应履行以下具体义务：

1. 核准

须经起源国事前核准的情形，主要有以下三种：（1）在该国领土内或在其管辖或控制下的其他地方，进行有造成重大跨界损害危险的活动。（2）上述活动计划作出的任何重大改变，这种改变可能会增加危险或改变其危险的性质或影响范围。（3）计划对一项本来无害的活动的进行方式作出改变，而这种改变会将该项活动变成有造成重大跨界损害之危险的活动。

如果一个国家准备履行核准义务，那么核准要求就应适用于该国在上述范围内的所有本来已在进行的活动。此外，在核准的条件没有获得遵守的情况下，起源国应采取适当行动，包括必要时撤销核准，从而完全禁止该项活动的进行。

2. 危险的评估

起源国在准许经营者开展国际法不加禁止的、其有形后果有造成重大跨界损害的危险的活动之前，应确保对有可能造成重大跨界损害的活动进行评估。通过这项评估可以使该国能够确定活动所涉危险的程度和性质，从而确定其应该采取的预防措施。至于应该由谁进行评估的问题，由各国自己决定。一般认为，应由起源国指定一个政府的或非政府的机构代表政府对评估工作进行评价，并对该机构的结论承担责任。评估的内容，可由进行评估的国家在国内法中规定。评估的内容不仅应该包括对人身和财产的影响，而且也应该包括对其他国家环境的影响。

3. 通知

首先，如果评估表明有造成重大跨界损害的危险，起源国应及时将该危险和评估通知可能受影响国，并应向其递交评估工作所依据的现有技术和所有其他有关资料。起源国在收到可能受影响国于不超过 6 个月的期间内提出的答复以前，不应就是否核准该项活动作出任何决定。

其次，如果一国有合理理由相信，起源国已计划或已进行一项活动，可能有对该国造成重大跨界损害的危险，该国可以"要求"起源国履行通知的义务。这种"要求"应附有具体解释，说明理由。如果起源国认为它没有义务发出通知，则应在合理期间内告知该要求国，并附上具体解释，说明作出这一结论的理由。如果这一结论不能使该国满意，经该国请求，两国应迅速进行协商。在协商期间，如果另一国提出请求，起源国应作出安排，采取适当而且可行的措施，以尽量减少危险，并酌情在一段合理期间内暂停有关活动。

最后，起源国应毫不延迟地以可以使用的最迅速方式，将有关国际法不加禁止的、其有形后果有造成重大跨界损害的危险的活动之紧急情况，通知可能受影响国并向其提供一切有关的现有资料。

4. 预防措施的协商

首先，各当事国在其中任何一国提出要求时，应进行协商，以期为预防重大跨界损害或随时尽量减少这种危险所须采取的措施，达成可以接受的解决办法。当事国应在这类协商开始时，就协商的合理时限达成协议。

其次，当事国就预防措施进行协商时，为了达到公平并实现利益均衡，应考虑到下列所有有关因素和情况：（1）重大越境损害的危险程度以及有办法预防损害，或者尽量减少这种危险或补救损害的程度；（2）有关活动的重要性，考虑到该活动在社会、经济和技术上为起源国带来的总利益和它对可能受影响国造成的潜在损害；（3）对环境产生重大损害的危险，以及是否有办法预防这种损害或者尽量减少这种危险或恢复环境；（4）起源国和可能受影响国愿意承担预防费用的程度；（5）该活动的经济可行性，考虑到预防费用和在别处开展活动或以其他手段开展活动或以其他活动取代该项活动的可能性；（6）可能受影响国对同样或可比较的活动所适用的预防标准以及可比较的区域或国际实践中所适用的标准。

最后，如果协商未能取得一致同意的解决办法，起源国如果决定核准从事该项活动，也应考虑到可能受影响国的利益，但不得妨碍任何可能受影响国的权利。

5. 提供和交换资料

首先，向受影响国提供资料。即起源国在将评估通知可能受影响国时，应向其递交评估工作所依据的现有技术和所有其他有关资料。

其次，交换资料。即各当事国在活动开始进行后，应及时交换该项活动有关预防或随时尽量减少重大跨界损害的危险的所有现成资料。即使该项活动已经终止，也应该继续交换这种资料，直到各当事国认为合适才停止。

最后，向民众提供资料。即各当事国应尽可能以适当方式向本国或他国可能受影响的民众提供有关的资料，说明一项活动可能引起的危险和损害，并查明他们对此事的意见。

应该指出的是，起源国不应有义务透露对其国家安全至关重要的资料。即起源国可以不提供对其国家安全或保护其工业机密至关重要或涉及知识产权的数据和资料，但起源国应本着诚意同可能受影响国合作，视情况许可尽量提供资料。这一规定是对国家提供资料义务狭窄范围的例外。

6. 不歧视

起源国必须在不基于国籍或居所或发生伤害的地点而实行歧视的基础上，允许使用其司法程序或其他程序提供救济。

7. 和平解决争端

各当事国在解释或适用《预防危险活动的条款草案》方面发生的任何争端，应由争端各方按照相互协议选定和平解决争端的方式迅速予以解决，包括将争端提交谈判、调停、调解、仲裁或司法解决。

值得注意的是，《预防危险活动的条款草案》还对该条款草案与其他国际法规则的关系，作了明确的规定："本条款不影响各国根据有关条约或习惯国际法规则所承担的任何义务。"

总之，如果当事国不履行《预防危险活动的条款草案》所规定的上述预防义务，便可能引起国家责任。

二、关于危险活动造成的跨界损害案件中损失分配的原则问题

（一）《关于危险活动造成的跨界损害案件中损失分配的原则草案》的适用范围

2006 年 8 月，国际法委员会第 58 届会议二读通过了《关于危险活动造成的跨界损害案件中损失分配的原则草案》（以下简称《损失分配原则草案》）。

1. 制订《损失分配原则草案》的原因

根据《损失分配原则草案》第三、第四和第五序言段的规定，制定该原则草案的基本理由主要有以下几个方面：（1）虽然有关国家遵守了关于预防危险活动造成跨界损害的义务，但是危险活动引起的事件仍会发生。（2）由于这种事件，其他国家和（或）其国民可能遭受损害和严重损失。（3）应当制定适当而有效的措施，以确保因这种事件而蒙受损害和损失的自然人、法人和国家，能够获得及时充分的赔偿。

2.《损失分配原则草案》的适用范围

《损失分配原则草案》原则一明确规定了该原则草案的适用范围，"本原则草案适用于国际法未加禁止的危险活动所造成的跨界损害"。

可见，《损失分配原则草案》所处理的核心问题是跨界损害，注重的是一国境内的活动在另一国管辖范围内引起的损害。换言之，本原则草案的侧重点是所引起的损害，而不论是否履行了关于《预防危险活动的条款草案》所载的应有注意义务。不过，如果起源国没有履行应有的预防义务，那么受损国除了根据本条款草案要求赔偿以外，还可以针对国家对不法行为的责任提出求偿。

而所谓"损害"是指对人员、财产或环境所造成的重大损害，具体包括：（1）人员死亡或人身伤害；（2）财产的损失或损害，包括构成文化遗产部分的财产；（3）环境受损而引起的损失或损害；（4）恢复财产、环境，包括自然资源的合理措施的费用；（5）合理反应措施的费用。

3.《损失分配原则草案》的目的

根据《损失分配原则草案》原则三，该原则草案的目的是："确保遭受跨界损害的受害者得到及时和充分的赔偿；在发生跨界损害时维护和保护环境，特别是减轻对环境的损害以及恢复环境。"

可见，《损失分配原则草案》的主要目的，可以概括为以下四个方面：（1）以可预计、公平、迅速和成本效益良好的方式提供赔偿；（2）促进经营者和其他有关的人或实体愿意预防危险活动造成的跨界损害；（3）促进当事国或受害国之间的合作以便以友好方式解决有关赔偿的问题；（4）保存和促进对国家和人民的福利至为重要的经济活动的持久活力。

（二）《关于危险活动造成的跨界损害案件中损失分配的原则草案》的主要内容

1. 对跨界损害的受害者提供及时和充分的赔偿

依照《损失分配原则草案》原则四，对跨界损害的受害者提供及时和充分的赔偿，应包括以下四个要素：（1）国家应该建立责任制度。即各国应采取必要措施，包括要求经营者或酌情要求其他人或实体履行责任。（2）任何此类责任制度不应该要求出具过失证明。（3）可能施加于这些责任的任何条件或限制，不应该侵蚀及时和充分赔偿的要求。即按照各国和国际公约中的通例，责任会受到一些条件的限制，但是，为了确保这些条件和免责条款不致从根本上改变提供及时和充分的赔偿这一要求的性质，强调任何此类条件或免责条款均应符合《损失分配原则草案》原则三中所载关于提供迅速和充分的赔偿的要求。（4）应该设置各种形式的担保、保险和工业基金，以便为赔偿提供充足的财政保证。即起源国提供的措施应该包括，要求经营者或酌情要求其他个人或实体建立并保持财政担保，如保险、债券或其他财政担保，以应付索赔要求。

2. 确立了严格责任制

《损失分配原则草案》原则四第 2 款规定，责任不应该以过失证明为依据。《损失分配原则草案》的主题是：危险和超危险活动牵涉到复杂的作业，涉及会引起重大损害的一些固有的危险。在这些问题中，据普遍确认，不应要求出示过失或疏忽证明，即使一个谨慎的人所应该有的必要注意都做到了，也应该要求这个人负起责任。在许多管辖区域内，在分配含有固有危险性的活动的责任时，都确认了严格责任。在若干文书中，严格责任已经被采用作为责任的依据。

采用严格责任有若干理由。例如，有些活动涉及较为复杂的工业程序和设施，可能含有危险，严格责任解除了求偿人在这方面的举证责任。有关工业把涉及危险和营运的极为复杂的科技活动当作秘密牢牢地守护着，要求求偿人证明过失或疏忽，是一种沉重的负担，既不公正，也不恰当。此外，由于与危险活动相联系的利润为进行这种活动的工业提供了诱因，人们通常认定，严格责任制度鼓励了对所涉危险的较佳管理。

3. 明确了国家、经营者以及其他实体分担损失的原则

《损失分配原则草案》原则四明确规定了国家、经营者以及其他实体分担损失的原则。一方面，国家应当采取必要措施，包括在适当情况下要求设立国家级工业基金，确保在其领土或其管辖或控制下的危险活动引起跨界损害时对受害者进行及时和充分的赔偿；如果有关的措施不足以提供充分的赔偿，国家还应确保拨给更多的财政资源。另一方面，要求经营者或酌情要求其他人或实体履行责任，包括要求经营者或者必要时其他个人或实体为偿付索赔建立并保持财政担保，如保险、债券或其他财政担保。

《损失分配原则草案》原则五还规定："一旦发生造成或可能造成跨界损害的涉及危险活动的事件时：（a）起源国应立即将事件以及可能造成的跨国损害后果通知所有受影响或可能受影响的国家；（b）在经营者的适当参与下，起源国应确保采取适当的反应措施，并应当为此目的使用现有最佳科学数据和技术；（c）起源国还应当酌情与所有受影响或可能受影响的国家磋商并寻求其合作，以减轻并在可能的情况下消除损害后果；（d）受跨界损害影响或可能受影响的国家应采取一切可行措施减轻并在可能的情况下消除损害后果；（e）有关国家应当酌情在相互接受的条件基础上寻求主管国际组织和其他国家的援助。"

可见，国家针对危险活动造成的紧急情况所采取的任何措施，不得且不应将经营者的作用置于次要地位或仅让他们起辅助性作用。其实，在保持紧急备灾状态和一旦发生事故便立即采取任何这类措施方面，经营者具有同等重要的责任。经营者可以并应当给予国家履行其责任所需的一切援助。具体说，经营者最能够说明事故的详情、性质、发生时间和确切地点以及可能受到影响的各方，可以采取哪些措施来尽量减轻损害的后果。如果经营者不能采取必要的反应行动，起源国则应作出必要安排来采取这类行动。① 在此过程中，它可以向其他国家或主管国际组织寻求必要和可获得的帮助。

4. 确保提供赔偿的程序

《损失分配原则草案》原则六有五个条款，其中前三个条款具体规定了以下"国际和国内救济"的措施：

（1）"一旦其领土内的或受其管辖或控制的危险活动造成跨界损害，各国应赋予本国司法和行政部门以必要的管辖权和职权，并确保这些部门具备提供及时、充分和有效救济的手段。"这一规定保证了制定适当程序以满足提供赔偿的要求，对各国均适用。

（2）"跨界损害的受害者应当能够从起源国获得与在该国领土上遭受同一事件损害的受害者相等的及时、充分和有效的救济……各国应当保障与寻求救济，包括索取赔偿有关

---

① 依照关于环境责任的第 2004/35/CE 号欧盟令第 5 条和第 6 条，根据第 13 条指定的主管当局可以要求经营者采取必要的预防或恢复措施，如果经营者不采取这些措施或者找不到经营者，主管当局可以自己采取这类措施。

的资料能够被恰当地获取。"这一条款着重于国内程序。其中具体说明义务是针对起源国的。这是一项关于平等获取权的规定。

（3）"第1款和第2款不影响受害者有权在起源国可得到的救济之外，寻求其他的救济。各国可规定，诉诸迅速而又最经济的国际求偿诉讼解决程序。"这一条款旨在更具体地说明有关程序的性质。它提及"国际求偿诉讼解决程序"。在此可以设想若干程序。这些程序可以包括混合求偿委员会、为确定一次性总付款额进行谈判等。例如，在跨界损害情况中，国家可以通过谈判商定应负的赔偿额。

5. 要求国家为此制定国内法规并进行区域或国际合作

《损失分配原则草案》原则七和原则八，要求国家为此制定国内法规并进行区域或国际合作。

（1）各国应在全球、区域或双边的基础上进行合作，并在以下三个方面拟订国际协定：关于赔偿问题的协定；关于特定类别危险活动发生事故后为尽量减轻跨界损害而采取的反应措施的协定；关于国际和国内救济的协定。

（2）鼓励各国合作。即通过工业基金或国家基金在国际上建立各种财政保障系统，以便保证向跨界损害受害者提供充足、及时和充分的补救。

（3）每个国家都应制定执行本原则草案的法律、规章和行政措施。

（4）在适用这些原则草案和任何执行规定时，不得有基于任何理由的歧视。

（5）各国应相互合作，依据国际法规定的义务执行本原则草案。

第四节　国际组织的责任

如前所述，2011年8月，国际法委员会第63届会议二读通过了《国际组织的责任条款草案》。国际组织的责任（responsibility of international organizations）是指国际组织对其国际不法行为所承担的国际责任。[①]

一、国际组织的国际不法行为的构成要件

按照2011年《国际组织的责任条款草案》的规定，国际组织的国际不法行为由两个要素构成，即该行为可归于该组织和该行为违反了该组织的国际义务。

（一）行为归于国际组织

根据2011年《国际组织的责任条款草案》的有关规定，将某一行为归于国际组织，主要有以下几种情况：

一是国际组织的机关或代理人的行为。国际组织的机关或代理人履行该机关或代理人职能的行为，应视为该组织的行为，不论该机关或代理人相对于该组织而言具有何种地位。

二是交由另一国际组织支配的一国机关或另一国际组织的行为。一国的机关或国际组织的机关或代理人，在交由另一国际组织支配后，其行为应视为后一国际组织的行为，如该组织对该行为行使有效控制。

① 参见《国际组织的责任条款草案》，载于联合国网站：http://legal.un.org。

三是逾越权限或违背指示的行为。国际组织的机关或代理人，若以官方身份并在该组织总体职能范围内行事，其行为应视为该组织的行为，即使该行为逾越了该机关或代理人的权限或违背了指示。

四是被国际组织承认并当作自身行为的行为。不能归于一国际组织的行为，在并且只在该组织承认此行为并当做自身行为的情况下，才能视为该组织的行为。

（二）违反国际义务

违反国际义务是国际组织国际不法行为的另一构成要件。2011年《国际组织的责任条款草案》第三章第10—13条对"违反国际义务"的情况作了明确规定：

第一，须发生了违反国际义务的行为。如果国际组织的行为不符合国际义务对它的要求，那么该组织就违反了该国际义务，不论该义务的起源或特性为何。

第二，违反的是对国际组织有约束力的国际义务。除非行为发生时国际组织受一项国际义务的约束，否则该组织的行为不构成对该项义务的违反。

第三，注意违反国际义务行为在时间上的延续。国际组织的非持续性行为违反一项义务时，该行为发生的时刻即为违反义务行为发生的时刻，即使该行为的影响继续存在。国际组织的持续性行为违反一项国际义务时，该行为持续并始终违反该项义务的整个期间即为违反义务行为延续的时间。如果一项国际义务要求一国际组织防止一特定事件的发生，则该事件发生的时刻即为违反义务行为发生的时刻，而该事件持续进行并始终违反该项义务的整个期间即为违反义务行为延续的时间。

第四，复合行为违反义务。国际组织通过被一并定义为不法行为的一系列作为和不作为违反国际义务的情事，发生于某一作为或不作为发生的时刻，该作为或不作为连同其他作为或不作为看待，足以构成不法行为。在这种情况下，自该系列作为和不作为中第一个作为或不作为开始，这些作为或不作为反复发生并始终违反该项国际义务的整个期间，即为违反义务行为延续的时间。

此外，2011年《国际组织的责任条款草案》第四章还规定了"国际组织对国家或另一国际组织行为的责任"问题：

第一，援助或协助实施国际不法行为。国际组织应对其援助或协助国家或另一国际组织实施的国际不法行为承担责任，如果该组织在知道该不法行为的情况下这样做，而且该行为若由该组织实施会构成国际不法行为。

第二，指挥和控制实施国际不法行为。国际组织应为其指挥和控制国家或另一国际组织实施的国际不法行为承担国际责任，如果该组织在知道该不法行为的情况下这样做，而且该行为若由该组织实施会构成国际不法行为。

第三，胁迫国家或另一国际组织的行为。胁迫国家或另一国际组织实施某行为的国际组织，应对该行为负国际责任，如果在没有胁迫的情况下，该行为会是被胁迫国或国际组织的国际不法行为，而且进行胁迫的国际组织在知道该行为的情况下这样做。

第四，通过向成员发出决定和授权而避免承担国际义务的行为。如果国际组织通过具有约束力的决定，使其成员国或为其成员的国际组织实施、若由该组织自己实施会构成国际不法行为的行为，从而使该组织避免承担国际义务，则该组织负有国际责任。如果国际组织授权其成员国或为其成员的国际组织实施、若由该组织自己实施会构成国际不法行为的行为，且有关行为因授权得以实施，则该组织负有国际责任。

第五，作为另一国际组织成员的国际组织的责任。作为另一国际组织成员的国际组织，也可因前者的行为而产生国际责任，其条件与本条款草案第 61 条和第 62 条中适用于作为国际组织成员的国家的条件相同。

二、国际组织责任的免除

一般而言，如果一国际组织的行为违反了其所应承担的国际义务，那么就构成国际不法行为，原则上该国际组织就应当承担国际责任。然而，一国际组织违反国际义务行为的不法性，在某些特殊情况下可以被解除，国际组织的责任也因此被免除。

2011 年《国际组织的责任条款草案》第二部分第五章专门规定了解除国际组织行为不法性的以下六种情况。

（一）同意

一国或一国际组织以有效方式，表示同意另一国际组织实施某项特定行为时，则对于该国或前一国际组织而言，该特定行为的不法性即告解除，但以该行为不逾越该项同意的范围为限。

（二）自卫

国际组织的行为只要构成国际法上的合法自卫措施，该行为的不法性即告解除。

（三）反措施

国际组织违反其对一国或另一国际组织的国际义务的行为，如构成根据国际法包括该责任条款草案所规定的实质性和程序性条件，而对另一国际组织采取的反措施，该行为的不法性即告解除。

（四）不可抗力

国际组织违反其国际义务的行为，如起因于不可抗力，即起因于该组织无法控制的不可抗拒的力量或无法预料的事件，以致该组织在这种情况下实际上不可能履行义务，该行为的不法性即告解除。

（五）危难

对于国际组织违反其国际义务的行为，如果有关行为人在遭遇危难的情况下，除此行为之外，别无其他合理方法来挽救其生命或受其监护的其他人的生命，则该行为的不法性即告解除。

（六）危急情况

国际组织不得援引危急情况作为理由，来解除该组织违反其国际义务的行为的不法性，除非该行为是该组织按照国际法有责任保护其成员国或整个国际社会的根本利益时，为保障该利益免遭严重迫切危险而可采取的唯一办法；并且没有严重损害该组织对其承担国际义务的一国或多国的根本利益，或者整个国际社会的根本利益。

值得注意的是，2011 年《国际组织的责任条款草案》还特别强调，如果国际组织的行为违反了一般国际法强制性规范，那么不能解除该行为的不法性。

三、国际组织责任的内容

2011 年《国际组织的责任条款草案》第三部分第 28—42 条，主要规定了以下两种国际组织的责任形式。

（一）停止和不重犯

承担国际不法行为责任的国际组织，有义务在该不法行为正在进行时，立即停止该行为；并在必要情况下，提供不重犯该行为的适当承诺和保证。

（二）赔偿

承担国际不法行为责任的国际组织，有义务对国际不法行为所造成的损害，提供充分赔偿。对国际不法行为造成的损害的充分赔偿，应按照该责任条款草案的规定，单独或合并采取恢复原状、补偿和抵偿的方式。

四、国际组织责任的履行

2011 年《国际组织的责任条款草案》第四部分第 43—57 条，较为详细地规定了"国际组织的国际责任的履行"。国际组织责任的履行问题，可分为"援引国际组织的责任"和"反措施"两部分。

（一）援引国际组织的责任

援引国际组织的责任，主要分以下三种情况：

1. 一受害国或一国际组织援引责任

一国或一国际组织有权在下列情况下，作为受害国或受害国际组织，援引另一国际组织的责任：（1）被违反的义务是单独地向该国或该国际组织承担的义务。（2）被违反的义务是向包括该国或该组织在内的国家集团或国际组织集团或向整个国际社会承担的义务，而对此义务的违反特别影响到该国或该国际组织；或因其性质，在进一步履行义务方面，根本改变了作为义务对象的所有其他国家和国际组织的地位。援引另一国际组织责任的受害国或国际组织，应将其求偿的要求通知该组织。

2. 数个受害国或国际组织援引责任

在数个国家或国际组织由于一国际组织的同一国际不法行为而受害的情况下，每一受害国或国际组织可分别援引该国际组织对有关国际不法行为的责任。此外，在一个国际组织和一个或若干国家或其他国际组织，对同一国际不法行为应负责任的情形下，可以对每一个国家或国际组织援引涉及该行为的责任。

3. 受害国或国际组织以外的国家或国际组织援引责任

受害国或国际组织以外的国家或国际组织援引责任，包括以下几种情形：（1）受害国或国际组织以外的国家或国际组织，有权在下列情况下援引另一国际组织的责任：被违反的义务是向包括援引责任的国家或组织在内的国家集团或国际组织集团承担的，并且是为了保护该集团的集体利益而确定的。（2）受害国以外的国家，有权在被违反的义务是对整个国际社会承担的情况下，援引另一国际组织的责任。（3）不是受害方的国际组织，有权在下列情况下援引另一国际组织的责任：被违反的义务是对整个国际社会承担的，而且保护该义务所基于的整个国际社会的利益，属于援引责任的国际组织的责任。

（二）反措施

1. 反措施的目的和限制

依照 2011 年《国际组织的责任条款草案》第 51 条，反措施的目的是：为促使国际不法行为的责任国际组织履行其义务。反措施的限制有：限于采取措施的国家或国际组织，暂不履行对责任国际组织的国际义务；应尽可能允许恢复履行有关义务；应尽可能限制其对责任国际组织行使其职能的影响。

2. 采取反措施的条件

根据 2011 年《国际组织的责任条款草案》第 55 条，采取反措施的条件主要有：（1）受害国或国际组织在采取反措施以前，应要求责任国际组织履行其义务，并将采取反措施的任何决定通知责任国际组织，并提议与该组织进行谈判。（2）受害国或国际组织可采取必要的紧急措施，以维护其权利。（3）在国际不法行为已经停止并且已经将争端送交有权作出对当事方有约束力决定的法院或法庭的情况下，不得采取反措施；如已采取，务必终止，不得无理拖延。（4）一旦责任国际组织履行了其与国际不法行为有关的义务，即应终止反措施。

3. 不受反措施影响的义务

2011 年《国际组织的责任条款草案》第 53 条明确规定：（1）反措施不得影响：《联合国宪章》中规定的不得使用武力或以武力相威胁的义务；保护人权的义务；禁止报复的人道主义性质的义务；依一般国际法强制性规范承担的其他义务。（2）采取反措施的受害国或国际组织仍应履行下列义务：其与责任国际组织之间，任何可适用的争端解决程序项下的义务；尊重责任国际组织的机关或代理人，以及该组织馆舍、档案和文件的不可侵犯性。

4. 反措施的相称性

反措施必须和所遭受的损害相称，并应考虑到国际不法行为的严重程度和有关权利。

五、国家对国际组织的行为的责任

2011 年《国际组织的责任条款草案》第五部分还专门规定了国家对国际组织的行为的责任问题，它主要涉及以下几种情形。

（一）国家援助或协助国际组织实施国际不法行为

援助或协助国际组织实施国际不法行为的国家，在下列情况下应对援助或协助的行为负国际责任：该国在了解国际不法行为情况下这样做，该行为若由该国实施会构成国际不法行为。

（二）国家指挥和控制国际组织实施国际不法行为

在下列情况下，指挥和控制国际组织实施国际不法行为的国家，应为该行为负国际责任：该国这样做时知道该国际不法行为的情况，该行为若由该国实施会构成国际不法行为。

（三）国家胁迫国际组织实施国际不法行为

在下列情况下，胁迫国际组织实施国际不法行为的国家，应为该行为负国际责任：该行为在没有胁迫的情况下，构成被胁迫的国际组织的国际不法行为，而且该胁迫国这样做时知道该行为的情况。

（四）国际组织成员国规避国际义务

国际组织成员国，若为规避国际义务、利用该组织对于该国某一国际义务事项所具有的职权、促使该组织实施若由该国实施即构成违反该义务的行为，即产生国际责任。

此外，2011 年《国际组织的责任条款草案》第 62 条，还规定了"国际组织成员国对该组织国际不法行为的责任"。国际组织成员国应在下列情况下，对该组织的国际不法行为负责：已接受该行为对受害方的责任，或已导致受害方认定它将承担责任。

第五节　国际刑事责任问题

一、国际刑事责任问题的起源及其分歧

国际法上的国际刑事责任问题，主要涉及国家的刑事责任问题和个人的刑事责任问题。一般认为，国际刑事责任问题始于第一次世界大战后。第一次世界大战后签订的《凡尔赛和约》第 227 条规定，德国皇帝威廉二世犯有严重违反国际道德和条约神圣义务的罪行，应该接受协约国法庭的审判。这种强调对国际罪行加以惩罚的规定，使国际刑事责任产生了新的概念。

第二次世界大战以后，根据《关于控诉和惩处欧洲轴心国主要战犯的协定》及其附件《欧洲国际军事法庭宪章》以及《远东国际军事法庭特别公告》和《远东国际军事法庭宪章》的规定，以破坏和平罪、战争罪和反人类罪审判了德国、日本的主要战争罪犯，并追究了他们的刑事责任。此后，惩处战犯、追究战犯的国际刑事责任的原则和规则，成为国际法上确认的一项新制度。

然而，国际法学界关于国际刑事责任问题，存在较大分歧，主要有以下三种理论：[1]

第一，认为国家在国际法上不负刑事责任，对于代表国家行事的个人所做的国家行为，个人也不负国际刑事责任。因为国家是抽象的实体，而个人又是执行国家政策的，所以既不能把国际刑事责任加于国家，也不能把国际刑事责任加于执行国家政策的个人。

第二，主张国家应负国际刑事责任，个人不负国际刑事责任。其理由是，无论其罪行是由国家机关还是由代表国家的个人行为，由此行为引起的国际罪行都应归罪于国家。因此，只有国家对代表国家行事的个人行为所产生的后果承担国际法律责任。

第三，认为国家和国家首脑个人都应承担国际刑事责任。其理由是，战争罪犯的犯罪行为是代表国家的机关所为，而且战争犯罪应受惩罚的国际法规则和国际审判实践，这些都证明了国家应负国际刑事责任。同时，国家的职能只能通过国家领导人和国家机关工作人员的个人行为来实现。况且，国家是个抽象的实体，国际刑法不能施加于国家，而只能施加于代表国家的个人。因此，代表国家制定和执行政策的个人也应负国际刑事责任。

二、国家的刑事责任问题

在制定国家责任条款草案的过程中，争论最大的一个问题是国家罪行能否成立的问题。这一争论的实质就是国家能否成为国际刑法的主体。从权利主体来说，国家当然是主体，因为只有国家有权向国际法庭提起诉讼；至于个人，有人认为个人并非权利主体，即个人无权直接向国际法庭提起诉讼，但也有人主张个人享有权利，因为个人可就人权问题向国际法庭或相关的机构提出控告或诉讼。就义务主体而言，占主导地位的意见是，只有个人才能承担国际刑事责任，接受刑罚处罚；国家并不能成为刑事义务主体，承担刑事责

---

① 参见端木正主编：《国际法》，北京大学出版社 2000 年版，第 371 页。

任。因此，"国家罪行"（state crime）的概念不能成立。①

1976 年，国际法委员会临时通过的《国家责任条款草案》第 19 条，承认一国的国际不法行为和国际罪行之间的区别，即承认"国家罪行"概念的存在。

1996 年国际法委员会一读通过的《国家责任条款草案》第 19 条对"国际罪行和国际不法行为"作了如下的明确规定：

第一，一国行为如构成对国际义务的违背，即为国际不法行为，而不论所违背义务的主题如何。

第二，一国所违背的国际义务对于保护国际社会的根本利益至关重要，以致整个国际社会公认违背该项义务是一种罪行时，其因而产生的国际不法行为构成国际罪行。

第三，在第 2 款的限制下，并根据现行国际法规则，国际罪行除了个别的以外，可由下列各项行为产生：（1）严重违背对维护国际和平与安全具有根本重要性的国际义务，如禁止侵略的义务；（2）严重违背对维护各国人民的自决权利具有根本重要性的国际义务，如禁止以武力建立或维持殖民统治的义务；（3）大规模地严重违背对保护人类具有根本重要性的国际义务，如禁止奴隶制度、灭绝种族和种族隔离的义务；（4）严重违背对维护和保全人类环境具有根本重要性的国际义务，如禁止大规模污染大气层或海洋的义务。

第四，依照第 2 款，并非国际罪行的任何国际不法行为均构成国际不法行为。

上述有关"国家罪行"的规定，引起了各国的激烈争论。对"国家罪行"概念持异议的国家，主要包括中国、美国、法国、英国、德国、奥地利、爱尔兰、日本和瑞士等。例如，中国认为：要将国家罪行的概念移植到国际法领域，在理论和实践上将会遇到难以逾越的困难。一方面，在由主权国家组成的国际社会里，"平等者之间无管辖权"是一个基本的法律原则。另一方面，拒绝国家罪行的概念不会削弱个人从事国际不法行为的责任；况且，国际社会还没有把刑事责任归于国家的国际实践。

支持"国家罪行"概念的国家，主要包括丹麦、捷克、意大利、希腊、阿根廷、墨西哥、蒙古、乌兹别克斯坦和坦桑尼亚等。例如，丹麦认为，国际不法行为与国际罪行之间的区分是国家责任条款草案"第一部分中最突出的内容"。就灭绝种族罪或侵略罪来说，虽然这些罪行是个人犯下的，但又可以将这种罪行归于国家，因为它们通常是由国家机构执行的，意味着某种"体系性犯罪"。因此，这种情况下的责任，不能仅仅限于代表国家行事的个人，必须使作为法律实体的国家本身在某种程度上承担责任。②

国际法委员会在二读开始阶段，一直未能就《国家责任条款草案》中的"国家罪行"概念达成一致意见。最后，在特别报告员的建议下，国际法委员会决定删除一读通过的第 19 条，在《2001 年国家责任条款草案》第二部分"一国国际责任的内容"中增加第三章"严重违背依一般国际法强制性规范承担的义务"。这一处理方式，既对国际不法行为作了区分，又避开了有争议的"国家罪行"概念，同时还在不同程度上满足了各方的要求。

总之，关于国家的刑事责任问题，不但国际法学界有不同的看法，而且到目前为止还没有一项国际公约对其作出明确的规定。而且，《2001 年国家责任条款草案》还删除了

---

① 参见贺其治：《国家责任法及案例浅析》，法律出版社 2003 年版，第 18—19 页。

② 参见贺其治：《国家责任法及案例浅析》，法律出版社 2003 年版，第 28—38 页。

"国家罪行"的概念，对国家的刑事责任问题也未作规定。

三、个人的刑事责任问题

国际法上的个人刑事责任是指个人因其所犯国际罪行依据国际法应承担的刑事责任。[①]

国际法上的个人刑事责任原则的确立，经历了一个不断发展的过程。纽伦堡国际军事法庭宣称："违反国际法的罪行是人而不是抽象的实体所犯下的，因此，只有通过惩治犯下此类罪行的个人，才能使国际法的规则得到实施。"纽伦堡审判和东京审判后，联合国大会决议确认了《国际军事法庭宪章》所包含的国际法原则。1950 年，国际法委员会编纂了《国际军事法庭宪章》和法庭判决中所承认的国际法原则，其中包括"从事构成违反国际法的犯罪行为的人承担个人责任，并因此应受惩罚"。

此后，国际社会签署了一系列国际条约，既重申了国际犯罪的个人刑事责任原则，也扩大了要求个人承担刑事责任的国际罪行的范围。例如，1988 年于罗马签订的《制止危及海上航行安全非法行为公约》第 3 条、第 5 条就规定，任何人如非法并故意以武力或武力威胁或任何其他恐吓方式夺取或控制船舶，或从事其他危害海上航行安全的行为则构成犯罪；每一缔约国应使犯有公约所列罪行的个人受到适当惩罚，这种惩罚应考虑到罪行的严重性。

进入 20 世纪 90 年代后，个人的刑事责任问题又有了新的发展。1993 年《前南斯拉夫问题国际刑事法庭规约》和 1994 年《卢旺达问题国际刑事法庭规约》，都确立了个人的国际罪行和个人刑事责任。特别是 1998 年通过的《国际刑事法院罗马规约》，更是进一步继承和发展了有关个人刑事责任的一般原则。2002 年 7 月，国际刑事法院正式成立。国际刑事法院的建立，对于建立和完善有关个人刑事责任的国际法律机制具有重要意义。

《国际刑事法院罗马规约》第 25 条对"个人的刑事责任"作了明确的规定："……实施本法院管辖权内的犯罪的人，应依照本规约的规定负个人刑事责任，并受到处罚。有下列情形之一者，应依照本规约的规定，对一项本法院管辖权内的犯罪负刑事责任，并受到处罚：（1）单独、伙同他人、通过不论是否负刑事责任另一人实施这一犯罪；（2）命令、唆使、引诱实施这一犯罪，而不论该犯罪事实上是既遂或未遂的；（3）为了便利实施这一犯罪，帮助、教唆或以其他方式协助实施或企图实施这一犯罪，包括提供犯罪手段；（4）以任何其他方式资助以共同目的行事的团伙实施或企图实施这一犯罪。这种资助应当是故意的，并且符合下列情况之一：（a）是为了促进这一团伙的犯罪活动或犯罪目的，而这种活动或目的涉及实施本法院管辖权内的犯罪；（b）明知这一团伙实施该犯罪的意图；（5）就灭绝种族罪而言，直接公然煽动他人灭绝种族……"

此外，关于个人的刑事责任问题，《2001 年国家责任条款草案》第 58 条作了如下规定："本条款不影响以国家名义行事的任何人在国际法中的个人责任的任何问题。"

由上可见，当代国际法已经明确承认了个人对某些违反国际法的行为承担刑事责任的原则。

[①]　参见邵沙平：《国际刑法学——经济全球化与国际犯罪的法律控制》，武汉大学出版社 2005 年版，第 166 页。

思考与探索

本章值得进一步研究的问题很多，特别是预防危险活动的跨界损害的相关问题、关于危险活动造成的跨界损害案件中损失分配的原则、国际组织的责任问题、国家的刑事责任问题以及个人的刑事责任问题等内容。此外，2006 年国际法委员会第 58 届会议把"国家官员的外国刑事管辖豁免"列入该委员会长期工作方案后，"国家官员的外国刑事管辖豁免"问题也成为学界和政府部门关注的重要问题之一。

复习题

1. 什么是国际法律责任？国际法律责任制度的确立有何意义？
2. 试述国际不法行为的国家责任的构成要件。
3. 谈谈你对国家的刑事责任问题和个人的刑事责任问题的看法。
4. 评析《预防危险活动的跨界损害的条款草案》。
5. 试析《关于危险活动造成的跨界损害案件中损失分配的原则草案》。
6. 《国际组织的责任条款草案》有哪些主要内容？

第六章 领 土 法

引 言

2006 年 11 月 14 日，我国外交部发言人姜瑜主持例行记者会，就中印边界谈判等答记者问。姜瑜指出："尽早解决中印边界问题是双方共同的战略目标，双方也都致力于通过和平友好的协商，寻求公平合理和双方都能接受的解决方案。"在边界问题解决之前，双方也共同努力保持边境地区的和平与安宁。有关中印边界谈判的情况，2003 年中印两国总理任命了特别代表共同探讨解决边界问题。之后，双方特别代表进行了五次会晤。2005 年 4 月，两国政府签署了《解决边界问题政治指导原则的协定》。2016 年 4 月，中印边界问题特别代表第 19 次会晤在北京举行，双方就边界问题进行了广泛、深入、坦诚的沟通；然而，两国边境对峙事件仍时有发生，如 2017 年中印洞朗对峙事件、2020 年中印加勒万河谷对峙事件。可见，领土争端的解决，是领土法的重要内容之一。

第一节 国家领土和领土主权

一、国家领土的概念

国家领土（state territory）是隶属于国家主权的地球的特定部分。

领土对国家来说是非常重要的。国家领土的重要性主要表现在以下两个方面：

第一，领土是国家的构成要素之一。领土是国家赖以存在的物质基础。没有领土，国家就不可能存在。因此，一个国家是不可能没有领土的，至于领土面积，则可以有大有小。

第二，领土是国家进行主权活动和行使排他性权力的空间。国家领土是国际法的客体。国际法承认国家领土权力的最高性和排他性，就意味着国家在其领土内可以充分独立而无阻碍地行使其权力。没有领土，国家就没有管辖的空间。

二、国家领土的构成

国家领土由各种不同的部分所组成，包括领陆、领水、领陆和领水之下的底土以及领陆和领水之上的领空。

（一）领陆

领陆（land territory）是指国家疆界内的所有陆地，也包括岛屿。领陆是国家领土的最基本的组成部分。国家可以没有领水，但不可能没有领陆。

（二）领水

领水（territorial waters）是指位于陆地疆界以内或与陆地疆界邻接的一定宽度的水域。它包括内水和领海。

1. 内水

内水（internal waters）是指陆地领土内的水域以及领海基线向海岸一面的海域。它包括河流、湖泊、内海水等。内水的法律地位与领陆一样，沿岸国对这些水域拥有与领陆相同的领土主权。

（1）河流。根据河流的具体情况，一般把河流分为四类：内河、界河、多国河流和国际河流。

内河是指完全流经一国境内的河流。内河完全处于国家主权管辖下。国家对内河的管理和使用享有完全的、排他的权利。除条约另有规定外，任何外国船舶都没有在内河航行的权利。

界河是指分隔两个不同的国家的河流。界河的法律地位是分属沿岸国家的内水。一般以河流的中心线或河流主航道的中心线作为疆界线。界河一般不对非沿岸国家开放。关于界河河水的使用、捕鱼以及河道的管理与维护等事项，由沿岸国通过协议加以解决。

多国河流是指流经两个国家以上的河流。多国河流的各沿岸国，对流经其领土的一段水域享有主权。但沿岸国不能滥用其权利，要顾及其他沿岸国的利益。多国河流的航行，一般是对所有沿岸国家开放，而禁止非沿岸国船舶航行。

国际河流是指流经数国可以通往海洋，并且根据国际条约的规定对一切国家船舶开放的河流。国际河流流经各沿岸国的部分属于各沿岸国的领土，各沿岸国对其拥有主权。法国大革命以后，根据有关国际条约的规定，莱茵河、多瑙河等欧洲的一些主要河流先后对一切国家的商船开放，从而逐步确立了国际河流制度。1921年，在国际联盟的主持下，国际社会缔结了《国际性可航水道制度公约及规约》。此后，国际河流制度成为一项普遍性的法律制度。

国际河流制度的主要内容有：第一，国际河流对沿岸国的商船、军舰及非沿岸国的商船开放，但非沿岸国的军舰不享有自由航行权；第二，航行时，各国的国民、财产及其船舶应享有平等待遇；第三，沿岸国对于通过自己领土的那段河流行使管辖权，特别是关于警察、卫生、关税等事项；第四，沿岸国负责管理和维护在其管辖下的河流部分，并得为维持和改善河道航运，征收公平的捐税；第五，沿岸国保留"沿岸航运权"，外国船舶不得从事同一沿岸国的各口岸间的航运；第六，由特别设立的国际委员会制定必要的、统一的管理规章，以保障河流的航行自由。

1997年，联合国大会通过了《国际水道非航行使用法公约》。该公约适用于国际水道及其水为航行以外目的的使用，并适用于同这些水道及其水的使用有关的保护、保全和管理措施。该公约包括导言、一般原则、计划采取的措施、保护保全和管理以及有害状况和紧急情况五部分。该公约于2014年生效，中国尚未加入该公约。

（2）通洋运河。运河是在一国领土内人工开凿的可航水道，其地位与内河相同，完全受该国主权的管辖。在国际法上具有重要意义的，是连接海洋、构成国际要道的通洋运河（inter-oceanic canals），如苏伊士运河和巴拿马运河等。这些通洋运河一般受国际条约规定的法律制度的管理。

（3）湖泊。湖泊一般分为淡水湖和咸水湖。咸水湖又称内（陆）海（inland sea）。湖泊如由一国领土所包围，则被认为是该国领土的组成部分，由该国对其行使主权管辖。如果湖泊被两个或更多的国家的领土所包围，除国际协议另有规定外，该湖泊原则上属于所有沿岸国，并通常以湖的中心为界线，分别由各沿岸国管辖。

（4）内海水。内海水是指一国领海基线内的全部海域，包括海港、内海湾、内海峡、河口以及领海基线与海岸之间的海域。内海水是国家领土不可分割的一部分，国家对其拥有完全的、排他的主权。

2. 领海

领海（territorial sea）是指沿着国家的海岸和内水或群岛水域的受国家主权支配和管辖下的一定宽度的海水带。领海属于国家领土的一部分，沿海国对领海享有主权。领海与内水的区别在于，外国船舶在领海内享有无害通过权。

（三）领陆和领水之下的底土

领陆和领水之下的底土（territorial subsoil）是国家领土的组成部分，完全受国家主权的管辖。

（四）领陆和领水之上的领空

领陆和领水之上的领空（territorial airspace）是国家领土不可分割的部分，国家对其拥有完全的、排他的主权。

三、领土主权及其限制

（一）领土主权

领土主权（territorial sovereignty）是指国家对其领土范围内的人和物所行使的最高的和排他的权力。

领土主权主要包括三方面的内容：

第一，领土管辖权。领土管辖权又称属地优越权或属地最高权，是指国家对其领土范围内的人、事、物，拥有排他的管辖权。领土管辖权是领土主权的主要内容和标志。

第二，领土所有权。这是指国家对其领土范围内的一切土地和资源拥有占有、使用和支配的权利。

第三，领土完整不可侵犯。领土主权和领土完整是国家独立的重要标志，是现代国际法的基本原则。尊重一个国家的领土主权，就必须尊重一个国家的领土完整。

（二）领土主权的限制

虽然国家对其领土具有排他的主权，但领土主权并不是绝对的。根据一般国际法的原则和规则，国家在行使领土主权时通常受到两种限制：一种是一般性限制，即对一切国家或大多数国家领土主权的限制，如领海的无害通过制度、领土的利用不得损害邻国的利益等；另一种是特殊限制，即根据国际条约对特定国家的领土主权所作的限制，如共管、租借、势力范围和国际地役等。这里着重介绍对国家领土主权的特殊限制。

1. 共管

共管（condominium）是指两个或两个以上国家对某一特定领土共同行使主权。在国际法的实践中，出现了若干共管的例子。例如，苏丹从 1898 年到 1955 年由英国和埃及共管；第一次世界大战以后直到 1968 年，英国、澳大利亚和新西兰对瑙鲁岛进行共管等。

2. 租借

租借（lease）是指一国根据条约将其部分领土租借给另一国，在租界期内用于条约所规定的目的。承租国取得对租借地范围内某事项的管辖权，但出租国仍保有对租借地的主权。

租借领土只有以平等自愿为前提、通过租界条约进行才是合法的。例如，根据 1947 年和平条约第 4 条，芬兰在租期 50 年和每年租金 500 万芬兰马克的基础上，允许苏联使用和管理波卡拉半岛地区的领土和水域以建造苏联海军基地。然而，近代历史上的租借大多数是缔结不平等条约的结果。例如，1898 年中国清政府将胶州湾租借给德国，将广州湾租借给法国，将旅顺港和大连港租借给俄国，将威海卫租借给英国等。上述租借地，中国政府已全部收回。

3. 势力范围

势力范围（sphere of influence），原指 19 世纪末期，英、德、法、葡、意等国通过缔结条约，以瓜分非洲东部、中部的方式而享有的对部分领地的某种权利。这类条约规定，凡缔约国互相承认各自所占有的地理范围，则各国在其势力范围内有取得殖民地或设立保护地的完全权利，他方缔约国不得加以侵害。

此外，19 世纪末欧美列强也通过强迫清政府签订不平等条约的方式，迫使清政府将中国的大片领土作为英、法、德、日等国的势力范围。这种根据不平等条约所取得的特权，既破坏了中国的领土完整，也违反了国际法原则。

4. 国际地役

国际地役（international servitude）也称国家地役，是指根据条约对一个国家的属地最高权所加的特殊限制，根据这种限制，一国领土的一部分或全部在一定范围内必须永远地为另一个国家的某种目的或利益服务。[①] 国际地役的主体是国家，其客体是国家领土的一部分或全部，其中不仅包括陆地，还包括河流、领海、地下领土和领空。

国际地役有积极地役和消极地役之分。积极地役是指一国承担允许他国在自己有关的领土上从事某种活动的义务，如一国依条约而允许他国在其领土上通行，或者允许他国人民在本国领海内捕鱼。消极地役是指一国承担承诺不在其特定领土上从事某种活动的义务，如一国依条约同意为另一国的利益而不在其国境上的特定地点建立军事要塞或设防。

地役的概念源自罗马法，意思是指某人拥有的土地为他人所拥有的土地的利益服务。前者称供役地，后者称需役地。国际法上的国际地役与国内法上的地役有所不同：国际地役根据国际条约而设定，并不以土地相邻关系为必要条件。1932 年常设国际法院对"上萨瓦自由区和节克斯区案"（the Free Zones of Upper Savoy and the District of Gex Case）的判决和 1960 年国际法院对"印度领土通行权案"（the Right of Passage over Indian Territory Case）的判决，都肯定了国际地役的存在。

---

① 参见［英］詹宁斯、瓦茨修订：《奥本海国际法》（第一卷第二分册），王铁崖等译，中国大百科全书出版社 1998 年版，第 65 页。

国际地役作为一种对物的权利，并不因有关领土归于另一国的属地最高权之下而消灭。国际地役可以根据有关国家的同意而予以终止，也可以由需役地国家的明示或默示的放弃而消灭。

第二节 领土取得与领土争端解决

一、传统的领土取得方式

一般认为，传统国际法上领土取得的方式主要有五种：先占、时效、添附、割让和征服。然而，上述取得领土的方式有些已不符合现代国际法原则了。

（一）先占

先占（occupation）又称占领，是指一国有意识地占有无主地并取得对它的主权的行为。按照传统国际法，先占必须具备两个条件：一是先占的客体是无主地，即不属于任何国家的土地，或完全无人居住的土地，或虽有土著部落居住、但尚未形成国家的土地。然而，1975 年国际法院在"关于西撒哈拉法律地位问题的咨询意见"（Advisory Opinion on the Legal Status of Western Sahara）中指出："凡有部落或人民居住并有一定的社会和政治组织的地方，就不能认为是无主地。"二是实行有效的占领，即国家必须将无主地置于其占有之下并实行某种行政管理。因此，发现无主地，只构成在一定时间内阻止他国占领的初步权利。

作为原始取得领土的一种方式，先占在西方殖民扩张时期占有重要地位。而如今，世界上几乎没有无主地了。因此，以先占作为取得领土的方式，已失去了现实意义。然而，在解决国家之间的领土争端时，有时还应考虑先占作为领土变更方式所具有的效果。1933 年"东格陵兰案"（the Eastern Greenland Case）①　就是其中的一例。

（二）时效

时效（prescription）是指一国原先不正当地和非法地占有某块领土，并且已经在相当时期内不受干扰地加以占有，以致造成了一种信念，认为现状是符合国际秩序的，那么该国就取得该土地的主权。时效与先占的区别主要在于，先占的对象是无主地，而时效是非法占有他国的领土。

拓展阅读

1933 年"东格陵兰案"

时效是否应作为一种领土取得的方式，国际法学家的意见是有分歧的。到目前为止，虽然有些判决或裁决部分根据时效的理由，但是还没有一个判决或仲裁裁决主要是以时效为理由来确认领土主权的。②　至于时效的期限，国际法没有明确规定，学者们的意见也不一致。

当今，由于互相尊重主权和领土完整已成为国际法的一项基本原则，以时效取得领土无疑是违反这一原则的，因此，在现代国际法中以时效作为取得领土的方式，已失去其现实意义了。

---

① 参见陈致中编著：《国际法案例》，法律出版社 1998 年版，第 129—132 页。
② 参见丘宏达：《现代国际法》，三民书局 1995 年版，第 501 页。

（三）添附

添附（accretion）是指由于自然的因素或人为的原因而形成新的土地，从而使国家领土增加。添附分为自然添附和人为添附。自然添附是指由于自然的作用而使一国的领土扩大。例如，一国的河口因泥沙冲击而形成三角洲，在领海内出现新的岛屿，在海岸产生涨滩等，均使得沿岸国的领土范围扩展。自然添附历来被认为是取得领土的一种合法方式。1805 年国际法上有名的"安娜号案"（the Anna Case）就是其中的典型例子。

人为添附是指由于人为的原因而使一国领土增加，如填海造地使领海向外延伸，从而增加领土。在一般情况下，人为添附也是一种取得领土的合法方式。然而，如果一国在人为添附领土时，损害了相邻国家的权利，就不能认为是合法的。例如，在界河的情况下，一国未经对岸国的同意，不应以人为方式在河岸建造堤防或围滩造田，因为这样做很有可能使界河的分界线发生变化而使该国领土增加，从而损害对岸国的利益。

因添附而形成的新土地，无须由有关国家采取任何特别的法律步骤，就当然成为其领土。

（四）割让

割让（cession）是指一国根据条约将其领土的一部分移转给另一个国家。割让一般分为两类：一类是强制性的领土移转，即在非自愿的情况下无代价地转移领土主权。这是传统国际法中严格意义上的割让，它往往是战争的结果。例如，普法战争后，法国根据1871 年《法兰克福和约》将阿尔萨斯和洛林割让给德国；甲午战争后，中国根据 1895 年《马关条约》被迫将台湾割让给日本；日俄战争后，俄国根据 1905 年《朴次茅斯和约》将库页岛南部割让给日本。传统国际法承认强制性割让是领土取得的合法方式。但在现代国际法中，强制性割让已失去其合法性，因为《维也纳条约法公约》第 52 条明确规定："条约系违反《联合国宪章》所含国际法原则以威胁或使用武力而获缔结者无效。"

割让的另一种类型是非强制性的领土移转，即有关国家以平等自愿为基础，通过协商或缔结条约转移部分领土，它通常包括赠与领土、买卖领土和交换领土。例如，1604 年，英国国王查理二世与葡萄牙公主结婚，葡萄牙把非洲属地丹吉尔作为嫁妆送给英国；1867年，沙皇俄国以 720 万美元将阿拉斯加卖给美国；1960 年，中国根据与缅甸所签订的边界条约，将中缅边界的中国勐卯三角地与缅甸的班洪、班老部落地区进行了交换。在现代国际法中，非强制性割让仍然是合法的。不过，除在平等互利的基础上对边界作某些调整外，赠与领土、买卖领土在当今已十分罕见了。

由于割让的效果是领土主权的移转，因此，许多国家的宪法对这种重大的国家行为都有限制性的规定，如必须由公民投票来决定或须经国会批准。

（五）征服

征服（conquest）是指一国以武力兼并他国的全部或部分领土，从而取得该领土的主权。征服与割让的区别在于：征服并不缔结条约，而是将战时占领下的敌国的全部或部分领土在战后予以兼并；如战后订有和约，则征服就变成了割让。

按照传统国际法，有效的征服必须满足以下两个条件：第一，占有的意思表示，即征服国一般要发表正式兼并战败国领土的宣告。第二，保持占有的能力，即如果兼并的是战败国的部分领土，战败国必须已放弃收复失地的企图；如果兼并的是战败国的全部领土，征服国的权力必须遍及被征服的全部领土，且战败国及其盟国必须停止一切反抗。

征服是传统国际法所承认的取得国家领土的方式之一。它是以战争的合法性为基础的。自从现代国际法废止战争以来，征服已不再是取得领土的合法方式了。用武力兼并他国领土就是侵略行为，是非法的，由此取得的领土在法律上是无效的。例如，1990 年 8 月，伊拉克侵占科威特以后，联合国安理会通过了一系列决议予以谴责，并宣布伊拉克的兼并行为无效。

二、现代领土变更的新方式

随着国际关系的发展变化，现代国际法上产生了一些新的领土变更方式，主要有两种。

（一）民族自决

前已述及，民族自决是现代国际法的一项基本原则。根据这一原则，一切处于外国殖民统治、外国占领和外国奴役下的民族，具有自己决定自己的命运与政治地位、建立独立的主权国家和自主地处理其内外事务的权利。民族自决既可以采取和平的方式，也可以通过武装斗争来实现。民族自决是同第二次世界大战后殖民地人民争取民族解放和独立运动紧密相连的，是当代国际关系中最常见的领土取得或变更的方式。

值得注意的是，民族自决并不是没有任何限制的，尤其在冷战结束以后自决权的性质要求在行使该项权利时应受到某些限制。国家的领土完整是对民族自决的一个专门限制。《国际法原则宣言》规定，民族自决不得"解释为授权或鼓励采取任何行动，局部或全部破坏或损害自主独立国家之领土完整或政治统一"。这一限制的目的是创造一个相对稳定的社会和法律体系。在由国家构成的国际社会中，稳定主要涉及领土边界。当然，我们不能在任何情况下都利用领土完整来限制民族自决。《国际法原则宣言》规定能够以领土完整作为这种限制的只是"在行为上符合上述各民族享有平等权及自决权原则并因之具有代表领土内不分种族、信仰或肤色之全体人民之政府"。

"法律上的占有原则"（*uti possidetis juris*）是对行使民族自决的又一项限制。[1] 占有原则的目的，是通过维护一国的殖民边界来实现领土稳固。可以说，这种限制是为了维护国际和平与安全。诚如国际法院在"布基纳法索与马里边界争端案"（Case concerning the Frontier Dispute, Burkina Faso and Mali）的裁决中所指出的："维护非洲领土的现状，经常被视为是最明智之举……劝使非洲各国在解释民族自决原则时，要考虑占有原则。"[2]

（二）全民公决

全民公决（referendum）又称公民投票，是指由当地居民以投票方式决定有关领土的归属。全民公决最先适用于 18 世纪末的法国。在现代国际关系的实践中，也有不少这方面的实例。例如，1935 年 1 月，德国萨尔区经过全民公决重新并入德国；1944 年，冰岛

---

[1]　参见［英］詹宁斯、瓦茨修订：《奥本海国际法》（第一卷第二分册），王铁崖等译，中国大百科全书出版社 1998 年版，第 94 页。

[2]　See "Case Concerning the Frontier Dispute, （Burkina Faso/Republic of Mali）", judgment of 22 December 1986, available at http://www.icj-cij.org.

根据公民投票的结果获得独立；1972 年，巴布亚新几内亚的居民通过投票建国；2011 年，南苏丹通过公民投票的方式，获得独立。① 作为一种变更领土的方式，全民公决的合法性取决于居民的意志能否自由地表达。

根据国际实践，通过全民公决的方式来决定领土的变更，应具备三个条件：② 其一，有合法和正当的理由；其二，没有外国的干涉、威胁和操纵，当地居民能够自由地表达意志；其三，应由联合国监督投票。例如，联合国对下述领土的公民投票或选举进行了监督：1956 年不列颠多哥托管领土；1958 年法属多哥；1959 年和 1961 年北喀麦隆；1961 年南喀麦隆；1962 年西萨摩亚和 1972 年巴布亚新几内亚等。

值得注意的是，2014 年 3 月，乌克兰克里米亚自治共和国就克里米亚半岛的未来地位问题举行全民公决。乌克兰克里米亚自治共和国超过 95% 的公民赞成克里米亚加入俄罗斯。联合国大会以压倒性多数通过了一项决议，认定克里米亚举行的脱离乌克兰加入俄罗斯的全民公决"破坏了国家的领土完整，违反国际法，是一次不合法的投票活动"。这次全民公决在国际社会引起了较大争议。

三、领土争端的解决

（一）领土争端产生的原因

领土争端主要是边界争端。由于边界涉及有关国家的领土主权，边界争端成了国际关系中极其敏感的问题，它很容易引发有关国家之间的武装冲突。因此，如何解决领土争端是现代国际法上的一个重要课题。

引发领土争端的原因是多方面的，既可能是两国间边界线的位置或走向不明确，也可能是双方对边界条约中有关边界线的规定有不同的解释，或者由于边境被侵占、边界线被单方面移动等。③

（二）领土争端的解决方式

解决领土争端应坚持的一个基本原则是利用和平方法，而不是诉诸武力。在国际实践中，解决国家间领土争端的方式主要有以下两种：

第一，通过双方谈判，签订边界条约。争端当事国通过谈判协商、签订边界条约的方式，来解决国家间的领土争端，不但简单易行，而且比较合理有效。中华人民共和国成立以来，一直主张通过友好协商来解决与邻国间的领土争端问题，并取得了良好的成效。例如，2004 年 10 月，中国政府与俄罗斯政府签订了《中华人民共和国和俄罗斯联邦关于国界东段的补充协定》。该协定进一步明确和确定了已达成一致的中俄国界东段第 7 至第 8 界点及第 10 至第 11 界点两地段的国界线走向。例如，依照该协定第 1 条，从第 10/1 界点起，国界线沿上述垂线向南行，至第 10/2 界点；该界点在黑瞎子岛（原苏联地图为博利绍伊乌苏里斯基岛）上。

第二，提交仲裁或国际司法程序。提交仲裁或国际司法程序，也是一种比较常见的解

---

① 应当指出的是，2011 年 1 月南苏丹的公投，其实是一次"单边公投"（它仅限于南苏丹公民投票，而不是在拥有 4 200 万人口的苏丹全境举行公投）。因此，"南苏丹公投模式"对于任何一个有分离主义隐患的主权国家而言，都是应当警惕的。

② 参见梁西主编：《国际法》（修订第二版），武汉大学出版社 2000 年版，第 164 页。

③ 参见周鲠生：《国际法》（下册），商务印书馆 1976 年版，第 427 页。

决国家间领土争端的方式。通过这种方式解决领土争端，有利于实现边界的稳定与确定性。在现代国际关系的实践中，有不少通过国际司法程序解决领土争端的著名案例，1962年柬埔寨和泰国之间的"柏威夏寺案"（the Temple of Preah Vihear Case）就是其中一例。

本案涉及在领土划界争端的过程中如何解决地图与条约文字的矛盾问题。有学者认为，解决此矛盾的一般原则是"遇有附图与约文矛盾之处应以约文为准"[1]。在本案中，国际法院判定的着重点是地图是否有效，如果判定有效，则据此推定泰国接受了这张图，就是接受了图上所标明的边界，这已构成对柏威夏寺的主权属于柬埔寨的承认了。[2]

拓展阅读

1962 年国际法院"柏威夏寺案"

值得注意的是，自从 2008 年联合国教科文组织将柏威夏寺列为世界文化遗产后，泰国与柬埔寨对该寺周边地区的争端迅速升级，并多次爆发武装冲突。2011 年 4 月 28日，柬埔寨向国际法院提起诉讼，要求国际法院对其 1962 年的判决进行解释，原因是泰国坚持柬埔寨的主权仅限于柏威夏寺，而不能延伸到柏威夏寺周边区域。此外，柬埔寨还要求国际法院命令泰国立即无条件从柏威夏寺周边区域撤军。柬埔寨提出诉讼后，泰国提出了反诉，要求国际法院不予审理。7 月 18 日，国际法院对这一案件的部分诉讼请求作出了判决：泰国要求将柬埔寨提出的案件从国际法院的案件名单上去除，法院首先一致驳回了泰国的这一请求；法院决定，为确保不发生不可修复的破坏，双方必须紧急从柏威夏寺附近的临时非军事区撤离所有武装部队；当事双方必须克制，不采取任何会导致局势恶化、扩大争议或使问题更加难以解决的行动。

2013 年 11 月，国际法院对该案作出了最终判决，对 1962 年判决执行部分的三个段落作出了详细的阐释。国际法院认为，判决执行部分第一段中所称的"柏威夏寺位于柬埔寨主权下的领土内"，与第二段中要求泰国撤回位于"该寺或者柬埔寨领土的附近区域"的相关人员所指称的部分区域，以及第三段中要求泰国移走位于"该寺或者该寺区域"的相关物件所指称的部分区域，应当结合起来看待。这三者皆指同一区域，并未对柬埔寨或者泰国所宣称的其他部分作出有关任何主权的决定。在这种情况下，国际法院认为没有必要进一步处理 1962 年的判决在确定柬埔寨和泰国之间的边界线问题上是否具有约束力的争论，也没有必要处理执行部分第二段对泰国规定的义务是否是柬埔寨所宣称的"持续性义务"的问题。国际法院最后认为，双方具有和平解决相关争端的义务。[3]

第三节 边界和边界管理制度

一、边界

边界又称国家边界（national boundary）或国界，是划分国家领土范围的界线。由

---

① 周鲠生：《国际法》（下册），商务印书馆 1976 年版，第 429 页。

② 参见陈致中编著：《国际法案例》，法律出版社 1998 年版，第 156 页。

③ See "Request for Interpretation of the Judgment of 15 June 1962 in the Case concerning the Temple of Preah Vihear（Cambodia v. Thailand）", available at https：//www.icj-cij.org.

于国家的领土由各个部分组成，因此国家边界也可以分为陆地边界、水域边界、海上边界、空中边界以及地下边界等。

根据国际实践，国家边界的形成主要有两种情况：一种是在长期的历史过程中根据双方历来行政管辖所及的范围而逐渐形成的传统边界线；另一种是有关国家依条约划定的条约边界线。在大多数情况下，国家边界是通过条约来划定的。条约边界线更具稳定性，可以减少边界争端。

国家之间划分边界线主要有三种方法，即自然划界法、几何学划界法和天文学划界法。

（1）自然划界法。自然划界法是指国家利用天然地形，如河流、湖泊、山脉、沙漠和森林等为界，来划定边界线的方法。采用自然划界法而形成的边界线，称为自然边界线或地形边界线。国家在使用自然划界法时，首先应商定划界原则，也可采用一些习惯法规则：以山脉为界时，边界的划定一般以分水岭为准；以河流为界时，通航河流以主航道中心线为界，不通航河流则以水流中心线为界；湖泊以中间为界。

（2）几何学划界法。几何学划界法是指以两个固定点之间的直线作为国家的边界线的方法。采用几何学划界法而形成的边界，称为几何学边界。

（3）天文学划界法。天文学划界法是指以一定经纬度来确定国家边界的方法。采用天文学划界法而形成的边界，称为天文学边界。

几何学划界法和天文学划界法多用于海上或人口稀少的地区。几何学边界、天文学边界、海上边界、空中边界和地下边界，都属于无形边界。

二、边界管理制度

边界管理制度是指国家为维护两国边界的稳定和边境地区的安宁，通过双边条约和国内立法的方式而确立的法律制度。一般说来，边界管理制度主要包括以下内容。

（一）边界标志的维护

有关边界问题的条约一般都规定，双方国家负有保护边界标志免遭损坏或被移动位置的责任，并对修理或恢复界桩的责任及相关维护作出规定。

（二）边民的往来

由于边民的生活需要，有关边界管理制度的条约会就双方边民简化过境手续等作出规定。

（三）界河和边境地区的生产活动

按照有关边界管理制度的条约的规定，沿岸国应采取适当措施保持界河稳定，在界河的使用上不得有损害邻国利益的行为，如使河水污染或毒化、使邻国一方遭受河水枯竭或泛滥的危害等；沿岸国对界河航运享有平等的权利；沿岸国对界河生物资源的保养负有共同责任；边境地区的生产活动不得损害邻国边境居民的安全，如不得在靠近边界线的地区鸣枪、爆破和进行战术演习等。①

（四）边界事件的处理

两国间边界管理制度协定对边界事件处理进行规定。为维护边界管理制度，及时处理

---

① 例如，2009年5月朝鲜进行第二次核试验的实验场，距离中朝边界图们江仅65公里，距离延吉不到160公里，引起了中方的高度关切。

相关协定涉及的边界事件，双方往往分别在相应边界地段设立边界代表和副代表。对边界代表未能解决的边界事件，可由两国间根据条约设立的边界委员会研究解决。

三、中国的边界现状

我国领土面积约为 960 万平方公里，陆地边界线长 22 000 多公里，海岸线长 18 000 多公里。同我国接壤的陆上邻国有 14 个：朝鲜、俄罗斯、蒙古、哈萨克斯坦、吉尔吉斯斯坦、塔吉克斯坦、阿富汗、巴基斯坦、印度、尼泊尔、不丹、缅甸、老挝和越南。在海上与我国相邻或相向的国家有 8 个：朝鲜、韩国、日本、菲律宾、马来西亚、文莱、印度尼西亚和越南。

我国有许多棘手的历史遗留边界问题。中华人民共和国成立后，本着友好协商精神，以和平的方式积极推进边界谈判，稳妥处理与我国相关的边界问题。

截至 2021 年 12 月，我国已与下列 12 个邻国签订了边界条约或协定，全部或基本解决了与这些国家的陆地边界问题：缅甸（1960 年）、尼泊尔（1961 年）、朝鲜（1962 年）、蒙古（1962 年）、阿富汗（1963 年）、巴基斯坦（1963 年）、老挝（1991 年）、俄罗斯（东段 1991 年，西段 1994 年）[1]、哈萨克斯坦（1994 年）、吉尔吉斯斯坦（1996 年）、塔吉克斯坦（1999 年）[2] 和越南（1999 年）。

2021 年 10 月 23 日，第十三届全国人大常委会第三十一次会议通过了《中华人民共和国陆地国界法》（以下简称《陆地国界法》），该法包括以下 7 章：总则、陆地国界的划定和勘定、陆地国界及边境的防卫、陆地国界及边境的管理、陆地国界事务的国际合作、法律责任和附则。《陆地国界法》是我国第一部规范陆地国界事务的国家基本法。它将我国处理陆地边界事务和问题的方针、政策和有关工作制度法律化，把已签订的国家边界管理制度协定的重要规定纳入国内法律体系，明确了我国陆地国界工作的领导体制、协调机制、各有关方面的职责，为制定涉边法规提供了直接的法律依据。该法自 2022 年 1 月 1 日起施行。

海洋方面，1992 年 2 月我国颁布了《中华人民共和国领海及毗连区法》，1996 年 5 月通过了《中国政府关于领海基线的声明》，1996 年 5 月批准了《联合国海洋法公约》，1998 年 6 月通过了《中华人民共和国专属经济区和大陆架法》，从而确立了我国的领海、毗连区、专属经济区和大陆架制度。

值得注意的是，在批准《联合国海洋法公约》时，我国政府作出了四点声明。其中第二点声明是："中华人民共和国将与海岸相向或相邻的国家，通过协商，在国际法基础上，按照公平原则划定各自海洋管辖权界限。"[3] 在 1998 年 6 月颁布的《中华人民共和国专属经济区和大陆架法》中，中国政府重申了根据《联合国海洋法公约》应享有的 200 海里专属经济区和大陆架的主权权利和管辖权，同时强调海域划界应在国际法的基础上，按照公平原则以协议划定。上述声明，体现了我国政府在海域划界问题上的原则立场。然

---

① 2004 年 10 月，中俄两国外长在北京签署了《中华人民共和国和俄罗斯联邦关于国界东段的补充协定》，成功地解决了中俄国界的所有问题。

② 2002 年 5 月，中塔两国签署了《中华人民共和国和塔吉克斯坦共和国关于中塔国界的补充协定》，标志着中塔历史遗留的边界问题获得全面解决。

③ 《全国人民代表大会常务委员会关于批准〈联合国海洋法公约〉的决定》（1996 年 5 月 15 日）。

而，我国与邻国的陆界问题尚未完全解决，海域划界和岛屿归属争议也面临复杂严峻的形势，全面彻底解决我国边界和海洋争端问题仍任重道远。

第四节　南北极地区

一、南极地区

南极洲是世界七大洲之一，总面积达 1 400 多万平方公里。南极洲不但蕴藏着极其丰富的自然资源①，而且具有非常重要的战略地位。因此，从 20 世纪初开始，英国、法国、澳大利亚、新西兰、挪威、阿根廷、智利和南非等国家先后对南极提出领土要求，其中有些要求互相重叠，争议很大。美国和苏联虽然没有正式提出对南极的领土要求，但都声明不承认上述国家对南极地区的领土要求，并且保留本国提出领土要求的权利。

在这种相持不下的情况下，由美国倡议，1959 年 12 月 1 日，阿根廷、澳大利亚、比利时、智利、法国、日本、新西兰、挪威、美国、英国、苏联以及南非等 12 国在华盛顿签署了《南极条约》。该条约于 1961 年 6 月 23 日生效，截至 2021 年 12 月，有 54 个缔约国。

《南极条约》包括序言、14 项条款和最后议定书。其主要内容有：

第一，南极只能用于和平之目的，禁止在南极洲建立军事基地、建筑要塞、进行军事演习以及进行任何类型武器的试验。

第二，各国在南极洲享有科学调查的自由，并为此目的而进行国际合作。

第三，冻结对南极的领土要求。该条约第 4 条第 2 款规定："在本条约有效期间所发生的一切行为或活动，不得构成主张、支持或否定对南极的领土主权的要求的基础，也不得创立在南极的任何主权权利。在本条约有效期间，对在南极的领土主权不得提出新的要求或扩大现有的要求。"

第四，缔约各方有权指派观察员在任何时间进入南极任何地区进行视察。

第五，建立缔约国协商会议制度。根据该条约的规定，协商会议制度有利于交换情报，召开会议协商有关南极的共同利益问题，并有利于阐述、考虑以及向本国政府建议旨在促进实现条约的原则和宗旨的措施。

南极协商会议制度建立以来，已召开了多次会议，并订立了下列公约：1964 年《保护南极动植物议定措施》、1972 年《南极海豹保护公约》、1980 年《南极海洋生物资源保护公约》、1988 年《南极矿物资源活动管理公约》和 1991 年《关于环境保护的南极条约议定书》② 等。这些公约与《南极条约》一起，共同构成"南极条约体系"。2001 年 7 月，第 24 届南极条约协商会议在俄罗斯圣彼得堡举行。会议决定将南极条约秘书处总部设在阿根廷首都布宜诺斯艾利斯。2004 年 9 月，"《南极条约》秘书处"正式在阿根廷首都布宜诺斯艾利斯开始运作③。2006 年 6 月，第 29 届南极条约协商会议在英国爱丁堡举

---

① 有资料认为，南极地区可采石油储量达 500 亿至 1 000 亿桶，天然气约 3 万亿至 5 万亿立方米，尤其是南极冰的总量约为 2 400 万立方千米，为全球冰量的 90%，相当于全世界淡水资源量的 72%，被誉为人类未来的天然"淡水库"。

② 《关于环境保护的南极条约议定书》的出台标志着南极国际治理重心转向环境管理。

③ 参见《南极条约》秘书处网站：http://www.ats.aq。

行，来自28个南极条约协商国、9个非协商国及12个国际组织的近300名代表与会。会议讨论了南极环保、生物勘探、旅游和非政府活动等问题，确定了3个特别保护区、1个特别管理区及相关管理计划。会议通过了《关于国际极地年的爱丁堡南极宣言》，号召南极条约协商国全面支持国际极地年科研活动并开展广泛国际合作。另外，为了应对全球气候变暖问题，2007年11月时任联合国秘书长潘基文访问了南极。潘基文成为有史以来第一位亲临南极的联合国秘书长。

值得注意的是，建立南极海洋保护区问题成为近年来南极的热点问题之一。早在2004年，南极海洋生物资源养护委员会的成员国就开始讨论建立南极海洋保护区的问题。目前，英国提出的南奥克尼群岛海洋保护区已经建立起来。正在酝酿建立的保护区还有很多，包括澳大利亚和法国提出的东南极海洋保护区、欧盟和德国提出的威德尔海海洋保护区以及智利和阿根廷提出的南极半岛海洋保护区。2016年10月，由来自24个国家和地区以及欧盟的代表组成的南极海洋生物资源养护委员会在澳大利亚签署了建立罗斯海海洋保护区的协定。南极罗斯海海洋保护区总面积约为155万平方公里，是目前世界上最大的海洋保护区。

1983年6月，我国加入《南极条约》。1985年，我国成为《南极条约》的协商国，同年，我国在南极建立了第一个常年科学考察站——"长城站"。1989年2月，我国又设立了"中山站"。2008年，中国单独提出的格罗夫山哈丁山南极特别保护区管理计划以及中澳联合提出的阿曼达湾南极特别保护区管理计划获得批准。2009年1月，中国首个南极内陆考察站"昆仑站"在南极内陆冰盖最高点冰穹A建成，标志着中国从极地考察大国向极地考察强国迈出关键一步。2014年2月，我国又在中山站和昆仑站之间的伊丽莎白公主地建立了第四个考察站——"泰山站"。2017年5月，第40届南极条约协商会议在北京举行，中国国务院副总理出席开幕式并发表了题为《坚持南极条约原则 共谋人类永续发展》的主旨讲话。2018年2月，中国第五个南极科考站——罗斯海站在恩克斯堡岛正式选址奠基。

二、北极地区

北极地区通常指北极圈以北的陆海兼备的区域。北极的大陆和岛屿面积约为800万平方公里，北冰洋海域面积超过1200万平方公里。北极地区的陆地和岛屿分属美国、加拿大、丹麦（格陵兰岛）、冰岛、芬兰、挪威、俄罗斯和瑞典等北极国家。一些国家对北极地区的领土提出权利主张的根据是所谓的"扇形原则"（Sector Principle），即毗连北极地区的国家拥有以该国海岸或某一纬线为底线，以北极为顶点，以从北极到该国东西两端的国界的两条经线为腰的扇形空间内的一切陆地和岛屿以及流动冰群。1926年4月，苏联根据上述原则，制定了有关法律。然而，苏联的这一单方面主张，遭到了美国、挪威等其他北冰洋沿岸国的反对。

迄今为止，还没有统一的国际法体系和制度对北极的法律地位问题加以规定。1973年，加拿大、丹麦、挪威、美国和苏联签订了《保护北极熊协定》。1990年，北极地区有关国家成立了国际北极科学委员会。同年，加拿大、丹麦、芬兰、冰岛、挪威、瑞典、美国和苏联八个国家共同签订了《八国条约》。该条约主要规定的是各国在北极的科学研究行为规范和环保责任，并没有对各国领土和资源的分配作出界定。1991年，北极国家首脑会议发表了《保护北极环境宣言》，并制定了《北极环境保护战略》。2018 年 10 月，《预防中北冰洋不管制公海渔业协定》顺利通过；中国于 2021 年 5 月完成该协定国内核准工作。该协定于 2021 年 6 月正式生效。

1996 年 9 月，芬兰、瑞典、挪威、丹麦、冰岛、加拿大、美国和俄罗斯八个北极国家在加拿大渥太华成立了北极理事会。北极理事会的宗旨是保护北极地区的环境，促进该地区经济和社会的可持续发展。2011 年 5 月，北极理事会在格陵兰岛首府努克举行外长会议，会上不但通过了该机构成立以来第一份具有法律约束力的文件——《北极空中和海上搜救合作协定》，而且还通过了一份规定理事会观察员权限和义务的文件。会议决定，在挪威特罗姆瑟设立北极理事会常设秘书处；同时规定，申请成为北极理事会观察员的国家或国际组织，必须承认北极国家在北极地区拥有主权权利。2013 年，北极理事会制定了《北极海洋油污预防与反应合作协定》，中国、意大利、印度、日本、韩国和新加坡成为北极理事会正式观察员国①。

近年来，全球气候变暖，北极冰雪加速融化，在经济全球化、区域一体化不断深入发展的背景下，北极在战略、经济、科研、环保、航道、资源等方面的价值不断提升，受到国际社会的普遍关注。很多国家都不约而同地将目光投向北极，再度引起有关北极地区主权和资源归属的热烈争论。据估计，北极地区潜在的可采石油储量有 1 000 亿—2 000 亿桶，天然气有 50 万亿—80 万亿立方米，被誉为"地球尽头的中东"。北极地区的矿产资源也相当丰富，蕴藏有大量优质煤，有世界上最大的铜、镍、钚复合矿基地；还盛产金、银和钻石以及铀和钍等战略性矿产。此外，随着全球气候变暖、冰川的融化和航海季节的延长，联结西欧和东南亚之间最短的海上通道——"西北航道"② 可能彻底贯通。因此，近年来北极地区的主权和资源争夺战悄然升温。③

值得一提的是，近年来一些北冰洋沿岸国对"东北航道"和"西北航道"主张主权，引发了国际争议。例如，俄罗斯、加拿大等国坚持邻近航道属于其内水航道，要求过往船只接受管辖、缴费及接受强制破冰服务等。2010 年，加拿大实施了强制性的"加拿大海岸警备队北极交通系统"，要求在北纬 60 度以北航行的船舶必须向加方报告有关情况。

---

① 2020 年 11 月，爱沙尼亚提交成为北极理事会观察员的申请。爱沙尼亚总统表示，作为"最北端的非北极国家"，爱沙尼亚受到北极环境变化的直接影响。爱沙尼亚的极地研究经验、清洁技术创新、智能技术知识和对原住民的关注，可为北极地区的可持续发展作出贡献。

② "西北航道"是指位于加拿大北极群岛沿岸，东起戴维斯海峡和巴芬湾，向西穿过加拿大北极群岛水域，到达美国阿拉斯加北面波弗特海，连接大西洋和太平洋的航道。与此相对应的北极地区"东北航道"或"北海航道"主要是指从俄罗斯西端的巴伦支海，沿西伯利亚岸边，向东到太平洋的楚科奇海，直至东北亚的航道。

③ 例如，2009 年 3 月，俄罗斯制定了《俄联邦 2020 年前的北极政策及远景规划》，该文件明确界定了俄罗斯在北极的各种利益。2010 年，俄罗斯安全委员会出台了北极战略。根据该战略，2016 年北极将成为俄罗斯战略能源基地。2010 年 9 月，俄罗斯总理在莫斯科举行的国际北极论坛上宣布，俄政府将在今后 30 年投资 10 万亿卢布（约合 3 500 亿美元）开发北极地区。此外，2001 年俄罗斯向大陆架界限委员会提出 200 海里外大陆架案，主张包括北极点在内的北冰洋洋底为其 200 海里外大陆架。俄罗斯主张的外大陆架面积约为 120 万平方公里，占北冰洋 200 海里外区域的近 1/2。因证据不足，大陆架界限委员会退回了俄罗斯申请，但俄罗斯仍在继续研究，并表示将再次申请。加拿大制定了一整套计划来应对各国对北极的争夺。加拿大政府准备拨款 70 亿美元在 2012 年前组建北极舰队。加拿大还打算在北极建设军事基地，专门培训在极寒条件下作战的士兵。2009 年，美国颁布《国家安全和国土安全总统令》，宣布美国在北极有着广泛而重要的国家利益。丹麦政府决定，2010 至 2014 年间组建北极联合指挥部，并在格陵兰岛设立军事基地，组建北极快速反应部队。

而一些非北冰洋沿岸国则主张，北极航道属于用于国际航行的海峡，适用《联合国海洋法公约》规定的过境通行制度，各国有权不经批准自由航行。

中国是北极事务的重要利益攸关方。中国倡导构建人类命运共同体，是北极事务的积极参与者、建设者和贡献者，努力为北极发展贡献中国智慧和中国力量。早在 1925 年，中国就加入了《斯匹次卑尔根群岛条约》，正式开启参与北极事务的进程。① 近年来，中国多次派遣科研人员赴北极进行科学考察活动。2004 年 7 月，中国第一个北极科学考察站——"黄河站"建成并投入使用，中国也成为第八个在挪威斯瓦尔巴群岛建立北极科考站的国家。2018 年 1 月，国务院新闻办发表了《中国的北极政策》白皮书。该白皮书主要包括不断深化对北极的探索和认知、保护北极生态环境和应对气候变化、依法合理利用北极资源、积极参与北极治理和国际合作、促进北极和平与稳定等内容。《中国的北极政策》阐明了中国在北极问题上的基本立场，阐释了中国参与北极事务的政策目标、基本原则和主要政策主张，指导中国相关部门和机构开展北极活动和北极合作，推动有关各方更好参与北极治理，与国际社会一道共同维护和促进北极的和平、稳定和可持续发展。2018 年 10 月，中国第二个北极科学考察站——"中—冰北极科学考察站"正式运行。

思考与探索

近年来北极地区的主权和资源争夺战值得关注，这是一个新的动向。鉴于南北极地区的地位日益重要，今后中国政府要进一步加深对南北极的认识，尤其是南北极对全球气候变化的影响及其资源状况等；要进一步强化中国在南北极地区的实质性存在，进行综合性的科学考察活动；同时，还要积极参与国际极地事务，确立中国在南北极事务中的战略地位。这方面值得研究的法律问题主要有：极地的科学考察，极地的资源开发，极地的环境保护，极地活动的安全保障，"东北航道"和"西北航道"，《联合国海洋法公约》在极地地区的适用，我国的极地立法等。此外，中国与周边国家之间的领土和边界问题，也是一个很重要的问题，应加强研究，以便为我国政府有关部门提供具有一定参考价值的意见和建议。

复习题

1. 各国之间应如何解决领土争端？
2. 试论领土的变更方式。
3. 什么是领土主权？它有哪些限制？
4. 试述南极地区的法律制度。
5. 试论近年来北极地区的主权和资源争夺战的新动向及中国的对策。

---

① 1920 年 2 月，挪威、美国、英国、爱尔兰、丹麦、法国、意大利、日本、荷兰和瑞典等 18 个国家在巴黎签署了《斯匹次卑尔根群岛条约》。该条约为斯匹次卑尔根群岛构建的法律制度较为独特，一方面承认挪威对该地区享有充分和完全的主权，另一方面明确了各缔约国国民自由进入、平等经营的权利。

第七章 海 洋 法

引 言

2001 年 4 月 1 日上午，美国一架 EP-3 军用侦察机飞抵中国海南岛近海海域上空进行军事侦察活动。中国方面随即派出两架军用飞机，对美机的活动进行跟踪和监视。在飞行中，美机违反安全飞行规则，突然转向，与一架中国飞机相撞，致使中国飞机坠毁。撞机后，肇事美机未经中国方面允许，擅自进入中国领空，并降落在中国海南岛陵水军用机场。"中美撞机事件"除了涉及领土主权、国家责任、空间法等国际法律制度外，还关系到海洋法上的专属经济区制度。

第一节 概 述

一、海洋法的概念

海洋法（the law of the sea）是有关各种海域的法律地位和调整各国在各种海域从事有关活动的原则、规则和制度的总称。海洋法是国际法的重要组成部分。目前，它包括有关内海水、领海、毗连区、专属经济区、大陆架、用于国际航行的海峡和群岛水域、公海和国际海底等海域的一系列法律制度。

海洋是海与洋的总称，海是洋的边缘，洋是海的主体。海洋是地球的主要部分，其总面积约为 3.61 亿平方公里，占地球表面总面积的 70.78%，平均深度达 3 800 米。地球上一共有四大洋：太平洋、大西洋、印度洋和北冰洋。较靠近陆地的水域叫作海。据国际水道局（the International Hydrographic Bureau）统计，地球上一共有 54 个海。

浩瀚的海洋对人类的生存、生活具有重要的意义，具体如下：

首先，海洋蕴藏着十分丰富的自然资源。据统计，地球上有 80% 的动物生活在海洋中，1/3 以上的石油和天然气资源储藏在海底，还有许多含有锰、铜、钴、镍等多种金属的锰结核蕴藏在深海海底。

其次，海洋上空可用于飞行、探测气候，海洋的水面可供船舶航行。当今的国际贸易，80% 是通过海上运输进行的。

最后，海底（床）可以放置海底电缆和管道，可以开采锰结核；底土可以开采石油、天然气。

可见，海洋在人类生活中占有极其重要的地位。联合国曾经把 1998 年定为"国际海洋年"。

二、海洋法的发展历史

海洋法的发展，经历了一个漫长的历史过程。古代，海洋和空气一样，被认为是

"共有之物"，处于各国各民族共同使用的状态。后来，随着罗马帝国势力的扩张，地中海逐渐成为其"内湖"，帝国内开始出现了一些论证君主的权力应及于海洋的主张。意大利法学家巴尔多鲁（Bartolo）曾论证沿海国对毗连的水域有管辖权。

到中世纪，随着航海事业的发展，统治者认识到海洋的重要意义，宣布对海洋拥有权力。自 10 世纪起，英国国王就自称为"不列颠海洋的主权者"①，瑞典则主张控制波罗的海，丹麦—挪威联合王国主张控制北海，威尼斯宣称对亚得里亚海拥有主权，热那亚和底萨则要求利古利亚海，葡萄牙则主张对全部印度洋和摩洛哥以南的大西洋的主权，而西班牙则主张对太平洋和墨西哥湾的主权。1493 年 5 月，罗马教皇亚历山大六世（Alexander Ⅵ）发布一道圣谕把"新大陆"划给葡萄牙和西班牙。他在佛德角群岛西 300 英里处，往两极作一条想象的线：线西的地方，无论已否发现，属于西班牙；线东的地方，无论已否发现，属于葡萄牙。同年 9 月，教皇又发布一道圣谕，确定了印度洋西部的另一条线。1494 年 6 月，葡、西两国签订了《托德西拉斯条约》（The Treaty of Tordesillas），把分界线向西推移。②

16 世纪以后，资本主义国家争夺海洋权益的斗争日益激烈，海洋法律制度也随之发展。17 世纪初，荷兰的航海事业迅速发展。为了打破葡萄牙和西班牙对海洋的垄断，被称为近代国际法奠基人的格劳秀斯于 1609 年发表了《海洋自由论》，明确提出了海洋自由的观点。他认为海洋不能成为任何人独占的对象，因为航海与捕鱼都不能使海洋罄竭。格劳秀斯的主张在当时遭到了一些国家和学者的反对，但他的思想代表了历史的发展方向。

到 18 世纪，许多国际法学者都采取了公海自由的立场。荷兰学者宾刻舒克（Bynkershoek）提出武器射程到达的地方为国家对海洋的权力范围。1782 年意大利法学家加利安尼（Galiani）根据当时的大炮射程，提出 3 海里为领海的宽度。

1793 年，美国第一个提出 3 海里的领海主张。此后，英国、法国也规定了 3 海里的领海宽度。1852 年，英俄条约规定了公海自由的原则。

20 世纪特别是第二次世界大战以后，由于科学技术日益进步及国际关系发展变化的影响，海洋法有了重大的发展，现在已从过去的海面法规延伸到了海底开发制度，在深海资源、大陆架、专属经济区、领海范围、远洋捕鱼等方面，都有了很多新规定。海洋法的发展进入了一个新的阶段。

20 世纪 90 年代以来，海洋法的发展呈现出以下两大趋势：一是各国在国家管辖海域的权利要求由主张争议向实控争议发展。《联合国海洋法公约》通过以后的整个 80 年代，各国海洋法实践的重点是确立国家管辖海域的法律制度，特别是专属经济区制度和大陆架制度；进入 90 年代以后，许多国家已完成国家管辖海域的立法工作，各国的权利要求就从主张争议发展为实控争议，特别是海域划界，包括领海、专属经济区、大陆架和外大陆架划界问题。二是对国家管辖范围以外海域的限制持续加强。这一趋势肇始于 1994 年《关于执行 1982 年 12 月 10 日〈联合国海洋法公约〉第 11 部分的协定》和 1995 年《关于执行 1982 年 12 月 10 日〈联合国海洋法公约〉有关养护和管理跨界鱼类种群和高度洄游鱼类种群的规定的协定》的制定，目前这种限制趋势还在持续发展中。

---

① 魏敏主编：《海洋法》，法律出版社 1987 年版，第 8 页。
② 参见杨泽伟：《国际法史论》，高等教育出版社 2011 年版，第 27 页。

三、海洋法的编纂

国际社会对海洋法编纂的首次尝试是 1930 年的海牙会议。这次会议是在国际联盟的组织下召开的，由于各国的利益和分歧太大，没有达成协议。第二次世界大战以后，在联合国的主持下，正式开始了海洋法的编纂工作。为此，联合国召开了三次海洋法会议。

第一次海洋法会议于 1958 年 2 月 24 日至 4 月 27 日在日内瓦召开，参加会议的有来自 86 个国家的代表。会议制定并通过了四个公约，即《领海与毗连区公约》《公海公约》《捕鱼和养护公海生物资源公约》《大陆架公约》。此外，会议还通过了一项关于强制解决这些公约可能产生的争端的任意签字议定书。由于历史条件的限制，上述公约未能如实反映广大发展中国家的合理要求，而某些条款甚至有利于少数海洋大国。例如，《领海与毗连区公约》笼统地规定各国船舶均享有无害通过领海的权利，领海宽度这个海洋法中的大问题也未能解决；《大陆架公约》规定了 200 米深度和技术水平容许开发的深度两个标准；等等。

第二次海洋法会议于 1960 年 3 月 17 日至 4 月 27 日在日内瓦举行，有 88 个国家的代表参加。会议的主要目的是解决领海的宽度问题。然而，由于各国存在重大分歧，会议未获任何结果而宣告结束。

两次海洋法会议以后，国际社会围绕海洋权益的争斗日益尖锐、复杂。自行颁布海洋立法的国家越来越多。1967 年马耳他常驻联合国代表帕多向联合国第 22 届大会提出了《关于各国管辖范围以外海床洋底和平利用及其资源用于人类福利问题》的提案，主张各国管辖范围以外的海床洋底及其底土以及处于该区域内的资源应为全人类的共同继承财产。同年，联合国大会决定成立特设委员会，以研究各国管辖范围以外的海床洋底的和平利用问题。1968 年联合国大会通过决议，将特设委员会改为"和平利用国家管辖范围以外海床洋底委员会"，简称"海底委员会"。我国自 1972 年开始参加海底委员会的工作。1970 年联合国大会通过决议，决定再召开一次海洋法会议，以制定一项新的全面的海洋法公约。

第三次联合国海洋法会议于 1973 年 12 月 3 日在纽约的联合国总部召开。经过多次协商与谈判，在 1980 年 8 月的第三次海洋法会议的第 9 期会议上，最后完成了《联合国海洋法公约草案》。第三次联合国海洋法会议是一次全权的外交代表会议，是联合国成立以来最重要的国际立法实践。参加会议的有 167 个国家的代表，还有一些未独立领土、民族解放组织和国际组织等 50 多个实体派观察员出席了会议。我国代表团自始至终参加了第三次海洋法会议的各期会议。1982 年 12 月 10 日，在第三次海洋法会议举行的最后一次会议上，100 多个联合国成员国在《联合国海洋法公约》上签字。

《联合国海洋法公约》包括 1 个序言和 17 个部分，共 320 条，另有 9 个附件，涉及 12 海里领海宽度、200 海里专属经济区、海峡通行权利、大陆架的界限、国际海底的勘探和开发制度以及海洋环境保护、海洋科学研究等问题。它是第三次联合国海洋法会议历经九年艰苦谈判、经过不同利益集团之间的斗争和妥协所取得的结果，基本反映了当时国际社会在海洋问题上所能达成的共识。虽然该公约中有不少条款是不完善的，甚至有严重缺陷，但不可否认的是，该公约对海洋法领域的几乎所有问题都作了规定，它是当代国际外交的一次突出成就,是一个比以往国际条约更广泛的多边条约。它体现了世界各国特别是广大发展中国家的共同愿望,是当代国际社会关系海洋权益和海洋秩序的基本文件,确立了人类利用海洋和管理海洋的基本法律框架,标志着新的海洋国际秩序的建立。

由于发达国家与发展中国家在《联合国海洋法公约》第十一部分国际海底区域的开发制度上存在严重分歧,因而直到1989年8月,批准加入该公约的国家仅有42个,而且绝大多数是发展中的中小国家。除冰岛外,其他西方发达国家当时都未批准或加入该公约。为了让《联合国海洋法公约》在被广泛接受的前提下尽早生效,联合国秘书长连续多年在发展中国家和发达国家间进行协调。结果,77国集团在1989年发表声明,愿同任何已签署或未签署公约的国家谈判与《联合国海洋法公约》有关的任何问题。以此为背景,在联合国秘书长的推动下,经过两轮长达5年(共15个回合)的艰苦谈判,发展中国家与发达国家就如何执行该公约第11部分达成了基本一致,并于1994年7月28日在联合国总部签署了《关于执行1982年12月10日〈联合国海洋法公约〉第十一部分的协定》(以下简称"1994年《协定》")。同时,联合国大会以111票赞成、7票弃权、无反对票通过了执行《联合国海洋法公约》第11部分的决议,从而在发展中国家作出巨大让步与牺牲的情况下,成功地弥合了发展中国家与发达国家之间的诸多严重分歧。该协定为《联合国海洋法公约》的生效及实施排除了某些阻力,也为发展中国家与发达国家以该公约为依据加强在开发海洋资源领域的经济合作创造了条件。1994年11月16日,《联合国海洋法公约》正式生效。截至2021年2月,《联合国海洋法公约》共有168个缔约方,其中包括欧洲联盟。

四、中国的海洋立法

我国海岸线很长,约18 000多公里;另有约6 500多个岛屿。在海上与我国相邻或相向的国家有8个:朝鲜、韩国、日本、菲律宾、马来西亚、文莱、印度尼西亚和越南。

旧中国一直未能自由行使领海主权,更谈不上建立自己的领海制度。第一次提到中国的领海是1899年,当时清政府和墨西哥政府签订了通商条约,规定彼此都以3力克为水界(按此规定领海宽度大约为9海里)。在1930年海牙国际法编纂会议上,当时中国国民政府发表声明,赞成3海里领海宽度。1931年4月,经海军部提议,国民政府行政院颁发命令,决定中国的领海宽度为3海里,缉私区为12海里。

中华人民共和国成立以来,特别是进入20世纪80年代后,我国制定、颁布了一系列有关领海、专属经济区、大陆架、海峡、港口管理、船舶管理、防止海洋污染和保护水产资源等方面的法令、条例、规定和规则。[①]

(一)领海、毗连区、专属经济区和大陆架

1958年9月4日,我国政府发表了关于领海的声明;1992年2月25日,我国政府颁布了《中华人民共和国领海及毗连区法》;1996年5月15日,我国政府公布了《中国政府关于领海基线的声明》;1998年6月26日,我国政府颁布了《中华人民共和国专属经济区和大陆架法》,从而确立了我国的领海、毗连区、专属经济区和大陆架制度。

---

① 参见国家海洋局政策法规办公室编:《中华人民共和国海洋法规选编》(第三版),海洋出版社2001年版。

（二）海峡、海湾和海港

关于海峡，1956 年发布了《关于商船通过老铁山水道的规定》；1964 年 6 月 8 日，国务院发布了《外国籍非军用船舶通过琼州海峡管理规则》。关于海湾，1954 年 1 月 23 日，政务院公布了《中华人民共和国海湾管理暂行条例》。关于海港，1976 年 1 月 1 日，交通部颁布了《航行国际航线船舶及国外进出口货物海港费收规则》、《航行国内航线船舶及国内进出口货物海港费收规则》，1976 年 11 月 12 日，颁布了《中华人民共和国交通部海港引航工作规定》；2003 年 6 月 28 日，第十届全国人大常委会第三次会议通过了《中华人民共和国港口法》等。

（三）防止海洋污染和保护海洋环境

在防止海洋污染、保护海洋环境方面，1982 年 8 月 23 日，第五届全国人大常委会第二十四次会议通过了《中华人民共和国海洋环境保护法》（1999 年修订，2013、2016、2017 年修正）；1983 年 12 月 29 日，国务院公布施行了《中华人民共和国防止船舶污染海域管理条例》① 和《中华人民共和国海洋石油勘探开发环境保护管理条例》；1985 年 3 月 6 日，国务院公布了《中华人民共和国海洋倾废管理条例》（2011、2017 年修订）；1988 年 5 月 18 日，国务院公布了《中华人民共和国防止拆船污染环境管理条例》（2016、2017 年修订）；1990 年 5 月 25 日，国务院公布了《中华人民共和国防治海岸工程建设项目污染损害海洋环境管理条例》（2007、2017、2018 年修订）和《中华人民共和国防治陆源污染物污染损害海洋环境管理条例》等。

（四）海上交通安全和海洋科学研究

在海上交通安全、海洋科学研究方面，自 1984 年 1 月 1 日起，施行了《中华人民共和国海上交通安全法》（2016 年修正，2021 年修订）；1990 年 1 月 11 日，交通部发布了《中华人民共和国海上交通事故调查处理条例》；自 1993 年 2 月 1 日起，施行了《中华人民共和国海上航行警告和航行通告管理规定》；1993 年 2 月 14 日，国务院发布了《中华人民共和国船舶和海上设施检验条例》；1992 年 12 月 28 日，通过了《中华人民共和国测绘法》（2002、2017 年修订）；自 1996 年 10 月 1 日起，施行了《中华人民共和国涉外海洋科学研究管理规定》等。

（五）海洋资源的保护与利用

有关保护海洋资源方面，1982 年 1 月 30 日，国务院颁布了《中华人民共和国对外合作开采海洋石油资源条例》（2001、2011、2013 年修订）；自 1986 年 7 月 1 日起，施行了《中华人民共和国渔业法》（2000、2004、2009、2013 年修正）；1987 年 10 月 19 日，农牧渔业部发布了《中华人民共和国渔业法实施细则》；1989 年 10 月 20 日，国务院发布了《中华人民共和国水下文物保护管理条例》；1993 年 9 月 17 日，国务院批准了《中华人民共和国水生野生动物保护实施条例》；2001 年 10 月 27 日，第九届全国人大常委会第二十四次会议通过了《中华人民共和国海域使用管理法》；2009 年 12 月 26 日，第十一届全国人大常委会第十二次会议通过了《中华人民共和国海岛保护法》；2016 年 2 月 26 日，第

---

① 2010 年 3 月 1 日，该条例被废止；同日，《防治船舶污染海洋环境管理条例》正式实施。之后，《防治船舶污染海洋环境管理条例》分别于 2013 年 7 月 18 日、2013 年 12 月 7 日、2014 年 7 月 29 日、2016 年 2 月 6 日、2017 年 3 月 1 日和 2018 年 3 月 9 日修改。

十二届全国人大常委会第十九次会议通过了《中华人民共和国深海海底区域资源勘探开发法》；自 2016 年 8 月 2 日起，施行了《最高人民法院关于审理发生在我国管辖海域相关案件若干问题的规定（一）》和《最高人民法院关于审理发生在我国管辖海域相关案件若干问题的规定（二）》等。此外，《中华人民共和国海警法》自 2021 年 2 月 1 日起施行，该法共 11 章 84 条，重点规定了海警机构的组织架构、职责权限、保障和协作、国际合作和监督、法律责任等基本事项。

值得注意的是，经第八届全国人大常委会第十九次会议决定，我国于 1996 年 5 月 15 日批准了《联合国海洋法公约》，这是我国适应新的海洋秩序、依据国际法更有效地维护海洋权益的正确选择。它对我国包括海洋事务在内的诸多方面产生了广泛而深远的影响。

另外，2000 年 3 月，中日两国签署了新的《中华人民共和国和日本国渔业协定》（2000 年 6 月 1 日生效）；2000 年 8 月 3 日，中韩两国签署了《中华人民共和国和大韩民国政府渔业协定》（2001 年 6 月 30 日生效）；2000 年 12 月 25 日，中越两国签署了《中华人民共和国和越南社会主义共和国关于在北部湾领海、专属经济区和大陆架的划界协定》和《中华人民共和国和越南社会主义共和国北部湾渔业合作协定》（两协定均于 2004 年 6 月 30 日生效）。2005 年 12 月 24 日，中国与朝鲜签署了《中朝政府间关于海上共同开发石油的协定》，作为海域划界前的临时性安排。2008 年 6 月，中日双方达成了《东海问题原则共识》，双方确认：第一，东海合作不损害各自法律立场；第二，在东海中北部选定的一个共同开发区块内进行共同开发；第三，日本法人按照我国对外合作开采海洋石油资源的有关法律参与"春晓"油气田开发。① 此外，2015 年中韩两国正式启动海域划界谈判。2018 年 11 月 20 日，中国与菲律宾签署了政府间《关于油气开发合作的谅解备忘录》。

第二节　内海水与领海

一、内海水

（一）内海水的概念及其法律地位

内海水，也称为内水（internal waters），② 是指一国领海基线内的一切水域。它包括一国的港口、海湾和海峡以及领海基线与海岸之间的海域。

内海水是国家领土的组成部分。它与国家的陆地领土具有相同的法律地位，国家对其享有完全的、排他的主权。所有外国的船舶非经许可不得在一国的内海水航行。外国商船，可遵照沿海国的法律、规章驶入该国开放的海港。外国军用船舶进入内海水时，必须经过外交途径办理一定的手续。对于遇难船舶，沿海国通常许可它们驶入，但其应绝对遵守沿海国的一切规章、制度，不得从事贸易、捕鱼以及任何违反沿海国利益的行为。

---

① 参见《中日就东海问题达成原则共识》（新华社北京 2008 年 6 月 18 日电），《人民日报》2008 年 6 月 19 日，第 4 版。

② 参见《联合国海洋法公约》第 8 条。另有学者称之为"内海"，参见魏敏主编：《海洋法》，法律出版社 1987 年版，第 34—55 页；梁西主编：《国际法》（修订第二版），武汉大学出版社 2000 年版，第 182 页。

依照《联合国海洋法公约》第 8 条第 2 款，如果沿海国根据直线基线法，使原来并未认为是内海水的区域被包围在内成为内海水，那么外国船舶在这部分海域仍享有无害通过权。

（二）港口、海湾和海峡

1. 港口

港口（port）是指具有天然条件和人工设施、用于装卸货物、上下乘客和船舶停泊的海域。港口的范围通常是从港口伸入大海最深处的永久性建筑（如防波堤）算起。

从港口的法律地位来看，港口可分为开放港口和不开放港口。开放港口是指国家准许外国籍船舶进入的港口；不开放港口是指国家的军港、专为本国沿海贸易服务的港口等。

每个国家都根据本国的情况并参照国际上的惯例来制定自己的港口制度。在国际上，有关海港制度的国际条约中最重要的是 1923 年的《国际海港制度公约》和《国际海港制度规则》。国际条约和习惯在港口制度方面的规则主要有以下几个方面的内容：（1）国家的开放港口应平等地对所有国家商船开放；（2）外国商船进入一国港口，就应遵守该国的法律；（3）沿岸国不得对进入其港口的外国船舶采取任何意义上的歧视待遇，而应给予它们完全平等的待遇；（4）对于遇难和躲避风暴或遭遇其他不可抗力的船舶，港口国应允许其进入、停泊，但该遇难船舶不得在港口内从事违反沿海国法律的行为；（5）对于外国军舰入港的条件，各国可作特别规定并加以限制。

港口国对外国商船在其港口内发生的刑事案件，具有当然的刑事管辖权。但在实践中，港口国一般只对那些扰乱港口安宁、案件影响大、受害人是港口国公民以及船旗国请求援助的案件，才予以管辖。对于一般民事案件，如果纯属于船舶内部管理、工资、劳动条件或者涉及个人和财产权利等事项，各国通常都不行使管辖权。只有当一民事案件涉及船舶以外的因素，或涉及船舶本身在港口内航行和停留期间的权利义务时，沿岸国才予以管辖。

外国军舰和政府公务船舶经允许进入港口后，在一国港口内享有司法豁免权。沿岸国非经舰长或船旗国有关当局同意，不得登临检查。

值得注意的是，2009 年 11 月联合国粮农组织大会通过了《港口国预防、制止和消除非法、不报告、不管制捕鱼的措施协定》（简称《港口国措施协定》）。根据该协定，各国一致同意采取若干措施，加强各自港口对非法、不报告、不管制捕鱼活动的管制。《港口国措施协定》是第一个专门针对非法、不报告、不管制捕鱼活动的具有法律约束力的国际协定，该协定所强调的港口国措施对于在海上打击非法、不报告、不管制捕鱼活动具有重要意义。

2. 海湾

海湾（bay）是深入陆地较深形成明显水曲的那一部分海洋。从国际法角度来看，那些入口较宽而伸入陆地的海域面积较小的沿岸水曲，不属于海湾的范畴。只有当水曲的面积等于或大于以湾口宽度为直径划成的半圆时，才能视为海湾（参见图 7-1）①。但如果因有岛屿而使水曲有一个以上的曲口，上述的半圆形应划在与横越各曲口的各线总长度相等的一条线上（参见图 7-2）。

---

① 本章插图的绘制，得到了武汉大学法学院研究生李婉捷、余钰的帮助，特致谢忱。

海湾分为三类：

第一类是沿岸完全属于一国领土的海湾。对于这类海湾，沿海国在一定条件下可将其划入本国内海水的范围，行使完全排他的主权。

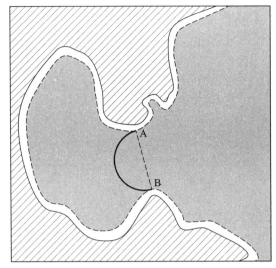

1. 湾内水域面积 $\geqslant \dfrac{\left(\frac{AB}{2}\right)^2 \times 3.14}{2}$
2. 虚线为海岸低潮标之连接线
3. 实线为海岸线和半圆
4. AB之间的虚线为海湾天然入口两端低潮之封口线
5. AB为海湾封口线之长度
6. 斜线部分为陆地，阴影部分为海域
7. 湾内面积为低潮标连线与AB封口线之间的面积

图 7-1　海湾面积示意图

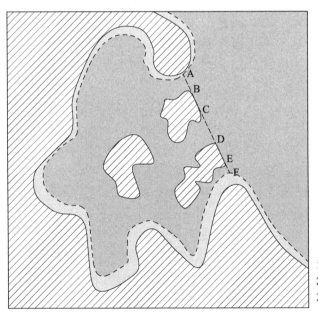

1. 湾内面积 $\geqslant \dfrac{\left(\frac{AB+CD+EF}{2}\right)^2 \times 3.14}{2}$
2. 斜线部分为陆地和岛屿
3. 阴影部分为海域

图 7-2　海湾面积示意图

《联合国海洋法公约》第 10 条就海湾的法律地位作了明确规定：（1）如果海湾天然入口两端的低潮标之间的距离不超过 24 海里，则可以在这两个低潮标之间画出一条封口线，该线所包围的水域应视为内海水；（2）如果海湾天然入口两端低潮标之间的距离超过 24 海里，则 24 海里的直线基线应画在海湾内，基线以内的水域才是内海水（参见图 7-3）；（3）上述规定不适用于"历史性"海湾和采用直线基线法的任何情形。

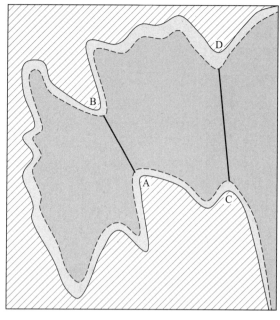

1. AB≤24海里
2. CD＞24海里
3. AB线和其陆一面的低潮线
　　之间的水域为沿岸国内海水

图 7-3　海湾划界示意图

第二类是沿岸属于两个或两个以上国家领土的海湾。对于这类海湾，《领海及毗连区公约》和《联合国海洋法公约》都没有加以规定。各国政府和国际法学者对此问题的做法、看法也不统一。在实践中，一些国家采用特别协定的方式来确定这类海湾的法律地位。例如，英国和西班牙就是通过协定的方式，来解决两国在阿尔及西拉湾的领水划定问题的。

第三类是历史性海湾（historic bays）。所谓历史性海湾是指海岸属同一国家，湾口宽度超过 24 海里，但在历史上一向被承认是沿海国内海的海湾①，如加拿大的哈得逊湾、苏联的大彼得湾。其中，前者湾口宽度为 50 海里，后者湾口宽度则达到 110 海里。

在国际实践和国际条约中，用来支持历史性海湾的重要根据是：沿海国已经将该类海湾长期地作为内海水实行有效控制，并在沿海国和海湾之间形成了重要的利益关系，而其他有关国家长期以来对沿海国实行该项控制作出了明示或默示的承认。②

我国的渤海湾，既是我国的内海湾，也是历史性海湾。

首先，我国渤海湾的湾口虽然有 45 海里，但入口上有一系列岛屿把湾口分隔成 8 个较小的入口，其中最宽的不超过 22.5 海里，因此渤海湾属于我国的内海湾。

其次，渤海湾自古以来就在我国的主权支配之下，并且早已得到国际上的承认，属于历史性海湾。

①　历史性海湾与历史性水域（historic waters）、历史性权利（historic rights）有所不同。历史性水域是指沿海国明确、有效、连续和长期地行使主权，并得到国际社会默认的水域。可见，历史性海湾只是历史性水域的一种类型。而历史性权利是指一国长期对某一特定领土（陆地或海洋）行使主权或根据对某一领土的依赖而对其行使特定的权利，并得到其他国家容忍而形成的历史性所有权或不具有主权性质的特定的权利。

②　参见梁西主编：《国际法》（修订第二版），武汉大学出版社 2000 年版，第 185 页；陈德恭：《现代国际海洋法》，海洋出版社 2009 年版，第 66 页。

最后，1958年我国政府的领海声明中已明确宣布它是我国直线基线以内的内海。

3. 海峡

海峡（straits）是连接两个海洋的一个狭窄天然水道。海峡的形成有三种情形：第一是由两块陆地形成；第二是由沿岸岛屿与陆地形成；第三是由岛屿之间形成。

属于国家内海水的海峡，包括三类：（1）海峡两岸同属一国，海峡在一国领海基线以内，如我国的琼州海峡。（2）海峡所连接的一端是公海或专属经济区，另一端是内海水，该内海水和海峡两岸均属同一国家，海峡的宽度不超过领海宽度的两倍者，如连接苏联的亚速海和黑海的刻赤海峡。（3）海峡所连接的两端都是公海或专属经济区，海峡的宽度不超过领海宽度的两倍，两岸同属一国，如英国的麦耐海峡。

对于上述三类海峡，一般都适用内海水制度。

二、领海

（一）领海的概念

《联合国海洋法公约》第2条规定："沿海国的主权及于其陆地领土及其内水以外邻接的一带海域，在群岛国的情形下则及于群岛水域以外邻接的一带海域，称为领海（territorial sea）。"可见，领海是指沿着国家的海岸或内水，受国家主权支配和管辖的一定宽度的海水带。

（二）领海宽度

领海作为沿着一国海岸的海水带，它的外部界限与海岸要有一定的距离。这个距离，就是领海宽度。

领海宽度是领海制度中长期以来争论较多的问题，历史上曾经出现过以下几种学说：（1）航程说，即以船舶航行一定时间的距离作为领海的宽度。此距离最多为100海里。（2）视野说，即以目力所及的地平线作为领海的界限。例如，西班牙国王的敕令曾经宣称："无论任何船只都不能进入我们的海岸、港湾、碇泊所或河流，即从我们的土地上能看见的界限以内。"[①] 此界限距海岸观望点约14海里。（3）大炮射程说，即以大炮射程来确定国家管辖的海域范围。例如，按照荷兰法学家宾刻舒克的主张，"陆上国家的权力以其武器所及的范围为限"[②]。

上述主张中，大炮射程说得到较普遍的赞同。大炮射程说后来演变成"3海里规则"。因为在18世纪，大炮射程平均不超过3海里，因此，一些国家便规定其领海宽度为3海里。现在，"3海里规则"已不为多数国家所接受。目前，12海里领海宽度代表多数国家的实践，趋向于成为国际法规范。《联合国海洋法公约》第3条规定："每一国家有权确定其领海的宽度"，但对其最大范围作了限制，即"从按照本公约确定的基线量起不超过12海里的界限为止"。

根据1992年《中华人民共和国领海及毗连区法》，我国的领海宽度为12海里。

（三）领海基线

领海基线（baseline of territorial sea）是指测算领海宽度的一条起算线。沿着这条线向

---

① 魏敏主编：《海洋法》，法律出版社1987年版，第60页。

② ［英］詹宁斯、瓦茨修订：《奥本海国际法》（第一卷第二分册），王铁崖等译，中国大百科全书出版社1998年版，第30页。

外划出一定宽度的海域，就是领海；基线内的水域则为内（海）水。

在国际实践中，领海基线主要有三种：

1. 正常基线（normal baseline）

正常基线即低潮线，也就是海水退潮时离海岸最远的那条线（参见图7-4）。《联合国海洋法公约》第5条规定："测算领海宽度的正常基线是沿海国官方承认的大比例尺海图所标明的沿岸低潮线。"沿着这条基线的走向，向海洋方向量出一定宽度的海域，这一海水带就是国家的领海。这一测算领海宽度的方法，称为正常基线法，多适用于海岸线比较平直的沿海国。正常基线法是传统国际法所承认和国际实践通常采用的方法。现在，大多数国家都采用这一方法。

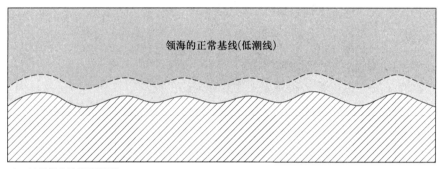

1. 斜线部分为海岸陆地
2. 虚线为海水退潮时退至最远的一条线（低潮线），即领海的正常基线

图7-4　正常基线示意图

2. 直线基线（straight baseline）

直线基线也称折线基线，即在大陆岸上和沿海外缘岛屿上先选若干的点作为基点，然后将相邻的基点用直线连接起来，使这一系列直线构成沿着沿海国的一条折线，这条折线就是领海基线（参见图7-5）。沿着这条基线的走向，向海洋方向量出一定宽度的海域，这一海水带就是国家的领海。这一测算领海宽度的方法，即直线基线法，多适用于海岸线极为曲折或紧接海岸有一系列岛屿的国家，如挪威、冰岛、印度尼西亚和中国等。

然而，关于一国是否有权采取直线基线，在国际实践中曾引起过争议。1951年"英挪渔业案"（the Anglo-Norwegian Fisheries Case）就是其中一例。

国际法院在英挪渔业案中确认的直线基线法具有重要的意义。此后，直线基线开始被越来越多的国家所采用，并得到了国际法和国际实践的承认。直线基线法还为联合国国际法委员会所采纳并加以编纂，随后又体现在《领海及毗连区公约》第4条和《联合国海洋法公约》第7条中。

3. 混合基线

混合基线即兼采正常基线与直线基线两种方法而确定的领海基线。《联合国海洋法公约》第14条规定："沿海国为适应不同情况，可交替使用以上各条规定的任何方法以确定基线。"像荷兰、瑞典等海岸线较长、地形较复杂的国家，大多采用混合基线法来测算其领海宽度。

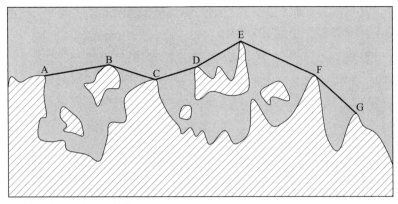

1. 斜线部分为陆地和岛屿
2. 阴影部分为水域
3. A、B、C、D、E、F、G各点分别为划定领海基线时在海岸突出处和近岸
   岛屿上选出的点
4. 连接A、B、C、D、E、F、G的直线为测算领海基线的直线基线

图 7-5　直线基线示意图

（四）领海的外部界限

《联合国海洋法公约》第4条规定："领海的外部界限（outer limit of territorial sea）是一条其每一点同基线最近点的距离等于领海宽度的线。"在实践中，划定领海的外部界限，一般有以下三种方法：（1）平行线法，即领海的外部界限与基线完全平行。（2）交圆法，即在领海基线是低潮线时，以基线上某些点为圆心，以领海宽度为半径，向外划出一系列相交的半圆，各交点之间的一系列相连的弧线就形成领海的外部界限（参见图7-6）。（3）共同正切线法，即在领海基线是直线基线时，以每个基点为圆心，以领

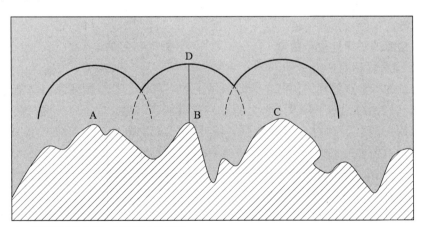

1. 阴影部分为海域，斜线部分为陆地
2. A、B、C为领海的正常基线上选定的点
3. DB等于领海宽度
4. 领海的外部界限等于以A、B、C为圆心，以领海宽度为半径作出相交的圆，
   各交点间相连的弧线

图 7-6　交圆法示意图

海宽度为半径向外划出一系列半圆，然后划出每两个半圆的共同正切线，这些正切线连在一起形成领海的外部界限（参见图 7-7）。

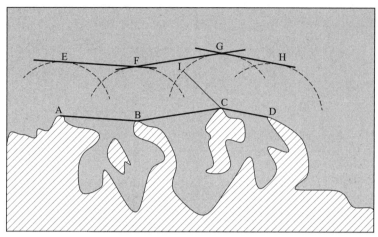

1. 阴影部分为海域，斜线部分为陆地
2. A、B、C、D为直线基线的基点
3. A、B、C、D的连线为直线基线
4. CI为领海宽度
5. E、F、G、H为以A、B、C、D为圆心，以领海宽度为半径所作的圆之间的
   正切线之切点
6. E、F、G、H的连线为各圆正切线的连线

图 7-7 共同正切线法示意图

（五）海岸相邻或相向国家间领海的分界线

依据《联合国海洋法公约》第 15 条，海岸相邻或相向的国家，除因历史性所有权或有关协议的规定或其他特殊情况外，两国领海一般以中间线为界，中间线上的任何一点与两边基线最近点的距离是相等的。

（六）领海的法律地位和制度

1. 沿海国对领海的主权权力

根据公认的国际法原则，领海是沿海国领土的一部分，沿海国对领海享有主权权力，主要包括：（1）沿海国的主权及于领海的上空及其海床和底土。（2）沿海国对其领海享有属地优越权，即对于领海内的人和物，除受国际法的限制外，行使排他的管辖权。（3）沿海国对其领海内的一切资源享有开发和利用的专属权利，其他国家和个人未经许可不得进行开发利用。（4）沿海国对其领海上空的专属权利，即未经许可外国飞机不得进入沿海国领海上空。（5）沿海国享有沿海航运及贸易的专属权利，即外国和外国人不得经营一国的沿海航运及贸易，除非有相反的条约规定。（6）沿海国有制定和颁布有关领海内航行、缉私、移民和卫生等方面的规章制度的权利。

2. 沿海国在领海内的司法管辖权

根据国家的属地优越权，原则上沿海国对本国领海内的一切犯罪行为，都有权实行司法管辖。但在实践中，沿海国一般只对下列情形行使刑事管辖权：（1）罪行的后果及于沿海国。（2）罪行属于扰乱当地安宁或领海的良好秩序的性质。（3）船长或船旗国外交代表或领事官员请求地方当局予以协助。（4）取缔违法贩运麻醉药品或精神调理物质所必要的措施。

关于沿海国对通过其领海的外国船舶的民事管辖权，《联合国海洋法公约》第 28 条规定，沿海国不应因对通过领海的外国船舶上某人行使民事管辖权而令其停止航行或改变其航向；沿海国不得为任何民事诉讼的目的而对船舶从事执行或加以逮捕，但涉及该船舶本身在通过沿海国水域的航行中或为该航行的目的而承担的义务或因而负担的责任，则不在此限。

上述刑事、民事管辖权的规则，不仅适用于一般商船，也适用于商业目的的政府船舶。但军舰和其他用于非商业目的的政府船舶，则享有豁免权。

值得注意的是，2016 年 8 月 2 日施行的《最高人民法院关于审理发生在我国管辖海域相关案件若干问题的规定（二）》明确指出：非法进入我国领海，具有下列情形之一的，如经驱赶拒不离开的、被驱离后又非法进入我国领海的等，应当认定为《刑法》第 322 条规定的"情节严重"，可处 1 年以下有期徒刑、拘役或者管制，并处罚金。

3. 无害通过权

沿海国对领海主权的行使，受一个习惯国际法规则的限制，即外国船舶享有无害通过一国领海的自由。这就是所谓的"无害通过权"（right of innocent passage）。无害通过的含义是："无害"是指不损害沿海国的和平、安全和良好秩序；"通过"是指为了穿过领海但不进入内水或从内水驶出或驶入内水的航行，除例外情况外，"通过"必须继续不停和迅速进行。此外，潜水艇和其他潜水器通过领海时，必须在水面上航行并且要展示其国旗。

《联合国海洋法公约》第 19 条列举了 12 种情形，凡外国船舶在领海内进行第 19 条列举的任何一种活动，其通过应视为损害沿海国的和平、良好秩序或安全。这些情形包括：（1）对沿海国的主权、领土完整或政治独立进行任何武力威胁或使用武力，或以任何其他违反《联合国宪章》所体现的国际法原则的方式进行武力威胁或使用武力。（2）以任何种类的武器进行的任何操练或演习。（3）任何目的在于搜集情报使沿海国的防务或安全受损害的行为。（4）任何目的在于影响沿海国防务或安全的宣传行为。（5）在船上起落或接载任何飞机。（6）在船上发射、降落或接载任何军事装置。（7）违反沿海国海关、财政、移民或卫生的法律和规章，上下任何商品、货币或人员。（8）违反该公约规定的任何故意和严重的污染行为。（9）任何捕鱼活动。（10）进行研究或测量活动。（11）任何目的在于干扰沿海国任何通信系统或任何其他设施或设备的行为。（12）与通过没有直接关系的任何其他活动。

无害通过权一般只适用于商船。关于军舰是否享有无害通过领海的权利，国际法上一直存在着争论，各国的实践也不尽相同。目前，有些国家实行外国军舰享有无害通过权的制度，而有些国家则要求外国军舰通过其领海时必须要事先通知并获得批准。

我国《领海及毗连区法》第 6 条规定："外国军用船舶进入中华人民共和国领海，须经中华人民共和国政府批准。"1996 年我国在批准《联合国海洋法公约》时，附有如下声明："《联合国海洋法公约》有关领海内无害通过的规定，不妨碍沿海国按其法律规章要求外国军舰通过领海必须事先得到该国许可或通知该国的权利。"可见，外国军用船舶进入我国领海，必须经中国政府批准。① 值得注意的是，2021 年 4 月 29 日修订通过的《中

---

① 值得注意的是，近年来我国学术界和有关的实务部门就"是否应当对《中华人民共和国领海及毗连区法》关于军舰通过问题的规定进行调整"展开了讨论。

华人民共和国海上交通安全法》第54条明确规定：下列外国籍船舶进出中华人民共和国领海，应当向海事管理机构报告：潜水器；核动力船舶；载运放射性物质或者其他有毒有害物质的船舶；法律、行政法规或者国务院规定的可能危及中华人民共和国海上交通安全的其他船舶。

第三节　毗连区与专属经济区

一、毗连区

毗连区（contiguous zone）是毗连领海且在领海之外，并由沿海国家对海关、财政、卫生、移民等类事项行使必要管制而划定的海域。

根据《联合国海洋法公约》第33条，沿海国在毗连区内，可行使为下列事项所必要的管制：防止在其领土或领海内违反其海关、财政、移民或卫生的法律和规章；惩治在其领土或领海内违反上述法律和规章的行为。

毗连区的宽度从测算领海宽度的基线量起，不得超过24海里。

毗连区是沿海国为维护国家某些权利而设置的特殊区域，因此，其法律地位既不同于领海，也有别于专属经济区和公海。

根据《中华人民共和国领海及毗连区法》的规定，我国毗连区为领海以外邻接领海的一带海域，毗连区的宽度为12海里；我国有权在毗连区内，为防止和惩处在其陆地领土、内水或者领海内违反有关安全、海关、财政、卫生或者入境出境管理的法律、法规的行为行使管辖权。

二、专属经济区

（一）专属经济区的由来

专属经济区（exclusive economic zone）是领海以外并邻接领海的一个区域，它从领海基线量起不超过200海里。

专属经济区制度是海洋法上的一项新制度，是第二次世界大战以后才开始出现的。在国际社会，首先提出有别于领海或公海的国家管辖范围内特定海域概念的国家是智利。1947年6月，智利总统发表声明，宣布凡距智利大陆海岸200海里以内的海域都属智利国家主权扩及的范围，由智利保护和控制，其目的在于保护和控制区域内的生物资源和行使主权，但不影响公海自由航行原则。同年8月，秘鲁也作了类似的宣告。1952年，智利、厄瓜多尔和秘鲁三国发表了《圣地亚哥宣言》，宣布对其沿海宽至200海里的海域拥有专属的主权和管辖权。1972年6月，中美洲和加勒比的一些国家通过了《圣多明各宣言》，提出了"承袭海"（patrimonial sea）制度，规定沿海国对邻接领海的区域内水域、海床和底土中的自然资源，享有主权权利。

中南美洲国家的200海里海洋权的主张，逐渐得到非洲国家的支持。1972年，非洲国家正式提出了"专属经济区"的名称和概念。1972年6月，在喀麦隆首都雅温德举行的非洲国家海洋法问题区域讨论会上，通过了海洋法问题的总报告，正式建议"设立一个经济区"，沿海国在该区域内享有专属管辖权。同年8月，肯尼亚正式向联合国海底委员会提交了一个"关于专属经济区概念的条款草案",并建议专属经济区的宽度最大不得超过从测算领海的基线量起200海里。这样,一个完整的专属经济区的概念便正式形成了。

从专属经济区的形成过程可以看出,它得到了广大发展中国家的拥护和支持。然而,专属经济区的出现,曾经遭到了一些海洋强国的反对,但由于它反映了广大发展中国家希望扩大对其沿海自然资源权利的要求,适应当代国际政治、经济的发展趋势,因而已成为当今普遍的国际实践。专属经济区作为一项新制度已被纳入《联合国海洋法公约》的第五部分。

（二）专属经济区的法律地位

在联合国第三次海洋法会议上,关于专属经济区的法律地位有两种主张:一是西方国家认为专属经济区仍是公海的一部分,只要与专属经济区的规定不抵触,公海的规定仍适用于专属经济区;二是许多发展中国家主张,200海里专属经济区既非领海也非公海,而是沿海国的专属管辖区,是自成一类的海域。该会议采纳了后一种主张。①

《联合国海洋法公约》第五部分第55条规定:"专属经济区是领海以外并邻接领海的一个区域,受本部分规定的特定法律制度的限制,在这个制度下,沿海国的权利和管辖权以及其他国家的权利和自由均受本公约有关规定的支配。"可见,专属经济区既不是公海的一部分,也不是领海,其法律地位自成一类。

（三）专属经济区的法律制度

1. 沿海国的权利和义务

依据《联合国海洋法公约》第56条,沿海国在专属经济区内享有以下权利:（1）以勘探和开发、养护和管理海床和底土及其上覆水域的自然资源为目的的主权权利。（2）从事经济性开发和勘探（如利用海水、海流和风力生产能）等其他活动的主权权利。（3）对人工岛屿、设施和结构的建造和使用、海洋科学研究、海洋环境保护和保全等方面拥有管辖权。此外,沿海国还有制定有关专属经济区的法律和规章的权利。

依据《联合国海洋法公约》第56条,沿海国在其专属经济区承担下列义务:（1）适当顾及其他国家的权利的义务。（2）以符合《联合国海洋法公约》规定的方式行使其权利和履行其义务。

2. 其他国家的权利和义务

其他国家的权利和义务有:（1）所有国家,不论是沿海国还是内陆国,在专属经济区内都享有航行和飞越的自由、铺设海底电缆和管道的自由以及其他合法利用相关海域的自由。（2）内陆国和地理条件不利的国家,有权在公平的基础上,参与开发同一分区域或区域的沿海国专属经济区的生物资源的适当剩余部分,同时考虑到所有有关国家的相关经济和地理情况。（3）经沿海国同意,在专属经济区内进行科学研究的权利。（4）各国在专属经济区内行使其权利和履行其义务时,应适当顾及沿海国的权利和义务,并应遵守沿海国的有关法律和规章。

3. 专属经济区内生物资源的养护

沿海国应决定其专属经济区内生物资源的可捕量;沿海国应参照其可得到的最可靠的科学证据,通过采取正当的养护和管理措施,确保专属经济区内生物资源不受过度开发的危害;在适当情形下,应经常提供和交换可获得的科学情报和资料。

---

① 参见丘宏达:《现代国际法》,三民书局1995年版,第622页。

4. 专属经济区内生物资源的利用

沿海国应促进专属经济区内生物资源得到最适度利用；沿海国应决定其捕捞专属经济区内生物资源的能力；沿海国在准许其他国家进入其专属经济区时，应考虑到所有有关的因素；其他国家的国民在专属经济区内捕鱼应遵守沿海国的法律和规章。

（四）中国的专属经济区制度

1. 中国专属经济区的概念和范围

1998 年 6 月，第九届全国人大常委会第三次会议通过了《中华人民共和国专属经济区和大陆架法》。根据该法的规定，"中华人民共和国的专属经济区，为中华人民共和国领海以外并邻接领海的区域，从测算领海宽度的基线量起延至 200 海里"。我国与海岸相邻或者相向国家关于专属经济区有不同主张的，在国际法的基础上按照公平原则以协议划定界限。

2. 中国在专属经济区的权利与义务

（1）在专属经济区内为勘察、开发、养护和管理海床上覆水域、海床及其底土的自然资源，以及进行其他经济性开发和勘查，如利用海水、海流和风力生产能力等活动，行使主权权利。（2）对专属经济区的人工岛屿、设施和结构的建造、使用和海洋科学研究、海洋环境的保护和保全，行使管辖权。（3）我国主管机关有权采取各种必要的养护和管理措施，确保专属经济区的生物资源不受过度开发的危害。（4）我国主管机关有权对专属经济区的跨界种群、高度洄游鱼种、海洋哺乳动物、源自我国河流的溯河产卵种群、在我国水域内度过大部分生命周期的降河产卵鱼种，进行养护和管理；我国对源自本国河流的溯河产卵种群，享有主要利益。（5）在专属经济区有专属权利建造并授权和管理建造、操作和使用人工岛屿、设施和结构；对专属经济区的人工岛屿、设施和结构行使专属管辖权，包括有关海关、财政、卫生、安全和出入境的法律和法规方面的管辖权；我国主管机关有权在专属经济区的人工岛屿、设施和结构周围设置安全地带，并可以在该地带采取适当措施，确保航行安全以及人工岛屿、设施和结构的安全。（6）我国主管机关有权采取必要的措施，防止、减少和控制海洋环境的污染，保护和保全专属经济区的海洋环境。（7）我国在行使勘查、开发、养护和管理专属经济区的生物资源的主权权利时，为确保我国的法律、法规得到遵守，可以采取登临、检查、逮捕、扣留和进行司法程序等必要的措施；我国对在专属经济区违反我国法律、法规的行为，有权采取必要措施，依法追究法律责任，并可行使紧追权。（8）任何国家在遵守国际法和我国的法律、法规的前提下，在我国的专属经济区享有航行、飞越的自由，铺设海底电缆和管道的自由，以及与上述自由有关的其他合法使用海洋的便利。① （9）任何国际组织、外国的组织或者个人进入我国的专属经济区从事渔业活动，必须经我国的主管机关批准，并遵守我国的法律、法规及我国与有关国家签订的条约、协定。（10）任何国际组织、外国的组织或者个人对我国的专属经济区的自然资源进行勘查、开发活动，必须经我国主管机关批准，并遵守我国的法律、法规。（11）任何国际组织、外国的组织或者个人在我国的专属经济区进行海洋科学研究，必须经我国主管机关批准，并遵守我国的法律、法规。

---

① 应该指出的是，2001 年 4 月发生的"中美撞机事件"，其根本原因是美国方面无视国际法上的有关制度，滥用飞越自由权。

第四节　大　陆　架

一、大陆架的概念

大陆架（continental shelf）原为地质地理学上的概念，指邻接和围绕大陆领土、坡度比较平缓的浅海地带，是陆地的自然延伸并被海水覆盖的部分。[①] 而国际法上大陆架的概念与地质地理学上的概念有所不同。在国际法上，沿海国的大陆架包括其领海以外依其陆地领土的全部自然延伸，扩展到大陆边外缘的海底区域的海床和底土（参见图7-8）。

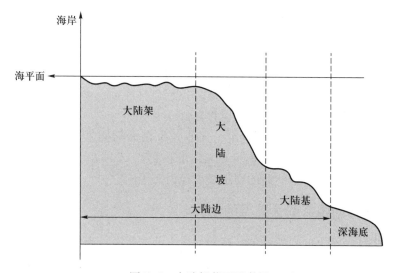

图7-8　大陆架截面示意图

大陆架作为一个法律问题进入国际法领域，是在第二次世界大战以后。1945年9月，美国总统杜鲁门发表了大陆架公告，宣称，"处于公海下但毗连美国海岸的大陆架的底土和海床的自然资源属于美国，受美国的管辖和控制"。随后，不少国家发表了类似的声明。因此，1958年的《大陆架公约》正式确立了大陆架制度。

至于大陆架的外部界限，有的国家主张以海水的深度为准，有的国家则以宽度为准。根据《联合国海洋法公约》第76条的规定，大陆架的外部界限有两种情形：一种情形是大陆架如果从测算领海宽度的基线量起到大陆边的外缘的距离不到200海里，则扩展到200海里。另一种情形是从测算领海宽度的基线量起到大陆边的外缘的距离超过200海里的，应以下列两种方式之一来划定大陆边的外缘：（1）依照第76条第7款，以最外各定点为准划定界线，每一定点上沉积岩厚度至少为从该点到大陆坡脚最短距离的1%。（2）依照第76条第7款，以离大陆坡脚的距离不超过60海里的各定点为准划定界线。

但用这两种方式划定的大陆架的外部界线，不应超过从测算领海宽度的基线量起350海里，或不应超过连接2 500米深度各点的2 500米等深线100海里。

同时，该公约还规定沿海国开发200海里以外的大陆架上的非生物资源的，应通过国

[①]　参见魏敏主编：《海洋法》，法律出版社1987年版，第138页。

际海底管理局缴付费用或实物。国际海底管理局应根据公平分享的标准将其分配给《联合国海洋法公约》各缔约国，同时要考虑到发展中国家的利益和需要，特别是其中最不发达的国家和内陆国的利益和需要。

二、大陆架的法律制度

（一）沿海国对大陆架的权利

根据《联合国海洋法公约》的有关规定，沿海国对大陆架的权利主要有：（1）沿海国为勘探大陆架和开发其自然资源，对大陆架行使主权权利。（2）沿海国对大陆架资源的勘探和开发的权利是专属性的，即如果沿海国不勘探大陆架或开发其自然资源，任何人未经沿海国明示同意，均不得从事这种活动。（3）沿海国对大陆架的权利并不取决于有效或象征的占领或任何明文公告。（4）沿海国有授权和管理为一切目的在大陆架上进行钻探的专属权利。（5）沿海国对大陆架的权利不影响上覆水域或水域上空的法律地位；沿海国对大陆架权利的行使，不得对航行和《联合国海洋法公约》规定的其他国家的其他权利和自由有所侵害，或造成不当的干扰。

（二）其他国家在大陆架享有的权利和自由

按照《联合国海洋法公约》的规定，其他国家在大陆架主要享有以下权利和自由：（1）在大陆架上覆水域或水域上空航行和飞越的权利。（2）在大陆架上铺设海底电缆和管道的权利。不过，这种管道线路的划定必须经沿海国同意。

三、相邻或相向国家间大陆架的划界

大陆架是大陆在水下的自然延伸，在同一个大陆上常有许多不同的国家，这就产生同一个大陆架的相邻或相向国家间的划界问题。

在第三次联合国海洋法会议上，相邻或相向国家间大陆架的划界原则是争论最激烈的问题之一。在会上，有两种截然相反的观点：一种观点认为应以中间线或等距离线作为划界原则。这种观点是以1958年《大陆架公约》为依据的。《大陆架公约》倾向于中间线原则。该公约第6条规定，海岸相向国家大陆架疆界应"由这些国家之间的协定予以确定。在无协定的情形下，除根据特殊情况另定疆界线外，疆界是一条其每一点与测算各国领海宽度的基线的最近点距离相等的中间线"或"应适用与测算各国领海宽度的基线的最近点距离相等的原则予以确定"。然而，只有40多个国家批准了《大陆架公约》，这一事实说明将中间线或等距离线作为划界原则的观点，并没有获得国际上的普遍认可。

另一种观点则主张应该按照公平原则来划定疆界。这种意见是以"北海大陆架案"（the North Sea Continental Shelf Case）为依据的。国际法院对"北海大陆架案"的判决表明，两国或几个国家的大陆架应根据公平原则来划分。

拓展阅读

1969 年国际法院
"北海大陆架案"

在上述两种不同意见相对立的情形下，《联合国海洋法公约》第83条作出了下述规定："海岸相向或相邻国家间大陆架的界限，应在《国际法院规约》第38条所指出的国际法的基础上以协议划定，以便得到公平解决。有关国家如在合理期间内未能达成任何协议，应诉诸第十五部分所规定的程序。在达成协议以前，有关各国应基于谅解和合作的精神，尽一切努力做出实际性的临时安排，并在此过渡期间内，不危害或阻碍最后协议的达成。这种安排应不妨碍最后界限的划定。"

可见，该条规定只是原则性规定，实际上并没有解决上述两种观点的对立。不过，自《联合国海洋法公约》签署以来，公平原则在大陆架划界实践中被广泛采用，如 1977 年"英法大陆架仲裁案"、1982 年"突尼斯—利比亚大陆架案"、1984 年"缅因湾海洋边界划定案"、1985 年"利比亚—马耳他大陆架案"、1986 年"几内亚—几内亚比绍海洋边界划定争端案"等。

大陆架划界是一个复杂的问题，涉及政治、经济等多方面的因素。然而，按照自然延伸原则及公平原则解决大陆架划界问题的观点，正被越来越多的国家所接受，这种观点代表了大陆架划界方面的国际法发展的总趋势。[①]

四、大陆架界限委员会

（一）大陆架界限委员会的成立

大陆架界限委员会（Commission on the Limits of the Continental Shelf, CLCS）是依据《联合国海洋法公约》第 76 条和附件二于 1997 年 3 月设立的机构。该委员会由 21 名地质学、地球物理学或水文学方面的专家组成，委员由《联合国海洋法公约》缔约国从其国民中选出；选举时应顾及确保公平地区代表制的必要；委员以个人身份任职，任期 5 年，可连选连任。现任的中国籍委员是唐勇，任期从 2019 年 1 月开始。

（二）大陆架界限委员会的职能

大陆架界限委员会的职能为：负责审议沿海国提出的关于扩展到 200 海里以外的大陆架外部界限的资料和其他材料；按照《联合国海洋法公约》的有关规定，对沿海国外大陆架外部界限的划定提出建议；经沿海国请求，为沿海国外大陆架划界案提供科学和技术咨询意见。

然而，大陆架界限委员会的建议不具有法律效力。[②] 不过，《联合国海洋法公约》第 76 条第 8 款规定，"沿海国在这些建议的基础上，划定的大陆架界限应有确定性和拘束力"。实际上，大陆架界限委员会对划界案审议所作出的建议，是对《联合国海洋法公约》的新诠释，也是审议其他划界案可借鉴和援引的案例。由于各国大陆架外部界限同时也是国际海底区域的边界，大陆架界限委员会关于沿海国划界案的建议，将对国际海底区域制度的确立产生重大影响。[③]

1997 年 6 月，大陆架界限委员会第一届会议在纽约联合国总部举行，会议选举了委员会主席团成员，并通过了几项议事规则（最新的《大陆架界限委员会议事规则》是 2008 年 4 月通过的）。1999 年 9 月，大陆架界限委员会第六届会议通过了《大陆架界限委员会科学和技术准则》。

（三）有关国家向大陆架界限委员会提交的划界案

依据《联合国海洋法公约》附件二第 4 条，沿海国主张 200 海里外大陆架，应在

---

① 参见魏敏主编：《海洋法》，法律出版社 1987 年版，第 172 页。

② 参见刘亮：《大陆架界限委员会建议的性质问题研究》，武汉大学出版社 2020 年版。

③ 参见高之国：《关于外大陆架划界斗争的形势与展望》，载高之国、贾宇、张海文主编：《国际海洋法问题研究》，海洋出版社 2011 年版，第 47 页。

《联合国海洋法公约》对该国生效后 10 年内，向大陆架界限委员会提出这种界限的详情以及相应的科学和技术支持资料。2001 年 5 月，《联合国海洋法公约》第 11 次缔约国会议决定，"对于公约在 1999 年 5 月 13 日以前开始对其生效的缔约国的谅解是，公约附件二第 4 条所述 10 年期间应从 1999 年 5 月 13 日起算"。2008 年 6 月，《联合国海洋法公约》第 18 次缔约国会议决定，沿海国满足向大陆架界限委员会提交划界案的"期限要求的方式，可以是向秘书长送交一份初步资料，其中载有有关 200 海里以外大陆架外部界限的指示性资料，并说明根据公约第 76 条的要求以及《大陆架界限委员会议事规则》和《大陆架界限委员会科学和技术准则》编制划界案情况和打算提交划界案的日期"。

2001 年 12 月 20 日，俄罗斯向大陆架界限委员会提交了一份划界案。这是自 1997 年大陆架界限委员会成立以来，该委员会收到的第一份划界案。该划界案包含关于北冰洋、巴伦支海和白令海以及鄂霍次克海中延伸至 200 海里外的俄罗斯联邦大陆架拟议外部边界的数据和其他资料。2015 年 8 月，俄罗斯再次向大陆架界限委员会提交了部分经修订的北冰洋划界案，扩大了北冰洋大陆架，即将北极在内的 200 海里以外的俄罗斯北极地区海底划入其中。[1]

2009 年 5 月，中国常驻联合国代表团向联合国秘书长提交了"关于确定 200 海里以外大陆架外部界限的初步信息"，并于 2012 年 12 月 14 日提交了《东海部分大陆架外部界限划界案》。此外，中国周边的 8 个海上邻国，除了朝鲜未提交任何形式的划界资料外，日本、菲律宾、越南、印度尼西亚分别单独提交了划界案；越南、马来西亚提交了联合划界案；韩国和文莱提交了初步信息。据统计，世界上约有 65 个国家存在 200 海里以外大陆架。截至 2021 年 2 月，大陆架界限委员会已经举行了 52 届会议，已收到 88 项划界案和 7 项修订案、49 项初步信息，并审结了 30 项划界案。[2] 据预测，到 2030 年前后大陆架界限委员会才可能完成对全部已收到划界案的审议。[3]

此外，随着外大陆架划界的广泛开展以及深海开采技术的发展，外大陆架资源的开发将成为现实。因此，作为《联合国海洋法公约》第 82 条规定的应缴费用和实物的国际主管机构，国际海底管理局正在考虑采取具体措施，以执行《联合国海洋法公约》第 82 条之规定。[4] 可以预见，国际海底管理局将出台相关的外大陆架资源开发利益分享的规章或规则。目前国际海底管理局面临的关键问题是，应如何与各生产国进行互动，以及应如何设计潜在应缴款项和实物的分配办法。

五、大陆架和专属经济区的关系

大陆架和专属经济区的相互关系，是一个曾经引起很大争论的问题。在联合国第三次海洋法会议上，有的国家曾建议取消大陆架的概念和制度，而有的国家则主张在 200 海里

① See "Commission on the Limits of the Continental Shelf (CLCS) Outer Limits of the Continental Shelf beyond 200 Nautical Miles from the Baselines: Submissions to the Commission: Partial Revised Submission by the Russian Federation", available at https://www.un.org.

② 相关信息可参见联合国网站：http://www.un.org。

③ 参见国家海洋局海洋发展战略所课题组编著：《中国海洋发展报告》（2011），海洋出版社 2011 年版，第 76 页。

④ 参见杨泽伟：《〈海洋法公约〉第 82 条的执行：问题与前景》，《暨南学报》（哲学社会科学版）2014 年第 4 期。

范围以内实行专属经济区制度，200海里以外实行大陆架制度。最后，大多数国家的代表坚持认为，尽管建立了专属经济区制度，大陆架仍须作为一项独立的制度继续存在。

大陆架和专属经济区在200海里是一个重叠区域，都是国家的管辖范围，沿海国的权利也有重叠，① 两者的关系非常密切。例如，《联合国海洋法公约》第56条和第57条所指的专属经济区内的海床和底土，实际就是第76条中的大陆架的海床和底土；第56条规定沿海国在专属经济区内有勘探和开发、养护和管理海床和底土的自然资源的主权权利；第77条规定沿海国为勘探大陆架和开发其自然资源的目的，对大陆架行使主权权利。

大陆架和专属经济区虽然联系密切，但两者又有很大区别，不可相互取代。

第一，两者的权利基础不同。大陆架是沿海国陆地的自然延伸，包括被海水淹没的陆地、海床和底土；而专属经济区不是根据自然延伸，而是根据一定的宽度，即从测算领海基线量起不超过200海里划定的一个海洋区域。

第二，两者的法律渊源不同。大陆架法律概念一方面是在自然科学的大陆架概念基础上形成的，另一方面又根植于习惯国际法，并已得到《大陆架公约》的承认；而专属经济区则是在20世纪70年代才出现的法律概念。

第三，沿海国在这两个区域内的权利和义务不同。在200海里内，沿海国对大陆架的主权权利限于大陆架的海床和底土以及海床和底土的矿物资源和非生物资源，对超过200海里而达到350海里的这一部分大陆架将适用单独的法律规章，沿海国要适当与其他国家分享在这一部分大陆架上的开发收入，其上覆水域则属公海，适用公海法律制度，不归沿海国管辖；而沿海国在专属经济区内的权利，则不仅包括200海里内的大陆架权利部分，而且包括200海里的水域，特别是对区域内生物资源的开发和利用以及为开发、利用和保护经济区自然资源而行使的管辖权。

第四，两者的范围不同。200海里是大陆架的最小宽度，却是专属经济区的最大宽度，在200海里专属经济区外，沿海国仍可能有大陆架。

另外，有学者认为，专属经济区制度等于大陆架加200海里渔区制度。② 而事实上，由于渔区制度仅涉及200海里水域的渔业资源的排他性权利，因此，专属经济区制度既不等于水下的大陆架制度，也不等于上覆水域的200海里渔区制度，它包括了更加广泛的经济区权利和管辖权。

六、中国的大陆架制度

在我国沿海有宽阔的大陆架。根据有关资料，中国大陆架有150多万平方公里。按照大陆架是一国陆地领土的自然延伸的原则，中国对邻接本国陆地领土的广大的大陆架地区，包括东海大陆架和南海大陆架拥有主权权利。但是，我国目前与个别相邻或相向国家在大陆架的划界问题上存在争议，主要涉及东海大陆架和南海大陆架。我国政府一贯主张通过谈判与协商，以和平的方式解决这些争议。2000年12月25日，中越两国正式签署了《中华人民共和国和越南社会主义共和国关于在北部湾领海、专属经济区和大陆架的

---

① 参见王铁崖主编：《国际法》，法律出版社1995年版，第279页。

② 渔区制度虽然早于专属经济区制度出现，且至今仍有极少数国家实行单独的渔区制度，但绝大多数国家把渔区制度规定在专属经济区制度中。

划界协定》。

（一）中国大陆架的概念和范围

根据 1998 年《中华人民共和国专属经济区和大陆架法》的规定，"中华人民共和国的大陆架，为中华人民共和国领海以外依本国陆地领土的全部自然延伸，扩展到大陆边外缘的海底区域的海床和底土；如果从测算领海宽度的基线量起至大陆边外缘的距离不足 200 海里，则扩展至 200 海里"。我国与海岸相邻或者相向国家关于大陆架的主张重叠的，在国际法的基础上按照公平原则以协议划定界限。

（二）中国在大陆架上的权利与义务

中国在大陆架上的权利与义务主要有：（1）为勘查大陆架和开发大陆架的自然资源，对大陆架行使主权权利。（2）对大陆架的人工岛屿、设施和结构的建造、使用和海洋科学研究、海洋环境的保护和保全，行使管辖权。（3）拥有授权和管理为一切目的在大陆架上进行钻探的专属权利。（4）在大陆架有专属权利建造并授权和管理建造、操作和使用人工岛屿、设施和结构；对大陆架的人工岛屿、设施和结构行使专属管辖权，包括有关海关、财政、卫生、安全和出入境的法律和法规方面的管辖权；我国主管机关有权在大陆架的人工岛屿、设施和结构周围设置安全地带，并可以在该地带采取适当措施，确保航行安全以及人工岛屿、设施和结构的安全。（5）我国主管机关有权采取必要的措施，防止、减少和控制海洋环境的污染，保护和保全大陆架的海洋环境。（6）我国对在大陆架违反我国法律、法规的行为，有权采取必要措施，依法追究法律责任，并可行使紧追权。（7）任何国家在遵守国际法和我国的法律、法规的前提下，在我国的大陆架享有铺设海底电缆和管道的自由，以及与上述自由有关的其他合法使用海洋的便利。铺设海底电缆和管道的路线，必须经我国主管机关同意。（8）任何国际组织、外国的组织或者个人对我国的大陆架的自然资源进行勘查、开发活动或者在我国的大陆架上为任何目的进行钻探，必须经我国主管机关批准，并遵守我国的法律、法规。（9）任何国际组织、外国的组织或者个人在我国的大陆架进行海洋科学研究，必须经我国主管机关批准，并遵守我国的法律、法规。

第五节　用于国际航行的海峡与群岛水域

一、用于国际航行的海峡

用于国际航行的海峡（straits used for international navigation）是指连接两端都是公海或专属经济区、供国际航行之用的海峡。

在联合国第三次海洋法会议上，关于用于国际航行的海峡的法律地位问题，引起了很大的争论。发展中国家认为外国船舶在用于国际航行的海峡，只能享受无害通过权。而海洋大国则极力主张所有外国军舰、商船和飞机都可以在这种海峡内或其上空自由通行。

《联合国海洋法公约》采用了折中方案，对用于国际航行的海峡规定了三种通行制度：过境通行制度；无害通过制度；特殊公约制度。

（一）过境通行制度

所谓过境通行制度（transit passage）是指在公海或专属经济区的一个部分和公海或专

属经济区的另一个部分之间用于国际航行的海峡内,所有船舶和飞机都享有不受阻碍地过境通行的权利的制度。过境通行仅为继续不停和迅速过境的目的而进行的自由航行和飞越。船舶和飞机在行使过境通行权时应毫不延迟地通过或飞越海峡;不对海峡沿岸国的主权、领土完整或政治独立进行任何武力威胁或使用武力,或以任何违反《联合国宪章》所体现的国际法原则的方式进行武力威胁或使用武力;除因不可抗力或遇难而有必要外,不从事其继续不停和迅速过境的通常方式所附带发生的活动以外的任何活动。

过境通行的船舶应遵守一般接受的关于海上安全的国际规章、程序和惯例,包括《国际海上避碰规则》;遵守一般接受的关于防止、减少和控制来自船舶的污染的国际规章、程序和惯例。过境通行的飞机应遵守国际民航组织制定的适用于民用飞机的《航空规则》;国有飞机通常应遵守这种安全措施,并在操作时适当随时顾及航行安全;随时监听国际上指定的空中交通管制主管机构所分配的无线电频率或有关的国际呼救无线电频率。外国船舶在过境通行时,非经海峡沿岸国事前准许,不得进行任何研究或测量活动。

海峡沿岸国可于必要时为海峡航行指定海道和规定分道通航制,以保障船舶的安全通过;制定关于通过海峡的过境通行的法律和规章。但海峡沿岸国不应妨碍过境通行,并应将其所知的海峡内或海峡上空对航行或飞越有危险的任何情况妥为公布,也不应对过境通行予以停止。

值得注意的是,近年来一些沿海国以保护海洋环境为由,对用于国际航行的海峡内的航行加以限制。例如,澳大利亚、法国和意大利以保护环境为理由,分别在托雷斯海峡和博尼法乔海峡实行强制领航制度并收取强制领航费,或者限制有关船只在海峡内的航行。2010 年 6 月,法国和意大利的环境部长签订了一份关于博尼法乔海峡的宣言,声称为更好地保护脆弱的生态系统,提议禁止装运危险材料的船只在该海峡航行。一些海峡沿岸国支持根据《联合国海洋法公约》的规定,收取强制性领航费,以确保航行安全和保护海洋环境,包括脆弱的生态系统。而海峡使用国则认为,这种措施应出于自愿,沿海国采取措施保护海洋环境的权利固然得到承认,但一国收取强制领航费的做法将危及《联合国海洋法公约》规定的航行自由和过境通行权。还有一些国家强调,应尊重《联合国海洋法公约》规定的各项权利和义务,不应为保护环境而损害《联合国海洋法公约》所规定的权利。①

(二)无害通过制度

按照《联合国海洋法公约》的规定,在以下情形,对用于国际航行的海峡不适用过境通行制度,而只适用无害通过制度:(1)如果海峡是由海峡沿岸国的一个岛屿和该国大陆形成,而且该岛向海一面有在航行和水文特征方面同样方便的一条穿过公海或穿过专属经济区的航道。(2)海峡是在公海或专属经济区的一个部分和外国领海之间的。(3)如果穿过某一用于国际航行的海峡有在航行和水文特征方面同样方便的一条穿过公海或穿过专属经济区的航道。

---

① 参见 2007 年 12 月《〈联合国海洋法公约〉第十七次缔约国会议的报告》(SPLOS/164),载于联合国网站:http:// research.un.org.

（三）特殊公约制度

由于有些用于国际航行的海峡，已有条约建立其通过的制度，所以《联合国海洋法公约》第 35 条有关海峡的规定并不影响这些长期存在、现行有效的关于这种海峡制度的专门国际公约。换言之，对于这类用于国际航行的海峡，适用特殊公约制度。这种制度中，最著名的是有关达达尼尔海峡和博斯普鲁斯海峡的 1936 年《蒙特勒公约》（Montreux Convention）。

二、群岛水域

（一）群岛和群岛国的定义

群岛（archipelago）是指一群岛屿，包括若干岛屿的若干部分、相连的水域和其他自然地形，彼此密切相关，以至这种岛屿、水域和其他自然地形在本质上构成一个地理、经济和政治的实体，或在历史上已被视为这种实体。而群岛国（archipelagic state）则是指全部由一个或多个群岛构成的国家，并可包括其他岛屿。①

（二）群岛基线的划定

依据《联合国海洋法公约》第 47 条，群岛基线（archipelagic baselines）可依如下方法划定：（1）群岛国可根据直线基线法，在最外缘的各岛确定一系列的点来划定领海，但这种基线应包括主要的岛屿和一个区域。（2）在基线范围内，水域面积和包括环礁在内的陆地面积的比例应在 1∶1 到 9∶1 之间。（3）这种基线的长度不应超过 100 海里，但围绕任何群岛的基线总数中至多有 3% 可超过该长度，这种基线最长不能超过 125 海里。（4）这种基线的划定，不应在任何明显的程度上偏离群岛的一般轮廓。

（三）群岛水域的法律地位和制度

群岛国按照上述方法划出的群岛基线内的水域，称为群岛水域（archipelagic waters）。根据《联合国海洋法公约》第 49 条，群岛国的主权及于群岛水域及其上空、海床和底土，以及其中所包含的资源。然而，群岛国在行使主权权利时，受到以下三方面的限制：

第一，群岛国应尊重与其他国家间的既有协定，并承认直接相邻国家在群岛水域范围内某些区域有传统捕鱼权利和进行其他合法活动的权利；群岛国应尊重其他国家所铺设的通过其水域而不靠岸的现有海底电缆，群岛国于接到关于这种电缆的位置和修理或更换这种电缆的意图的适当通知后，应准许对其进行维修和更换。

第二，所有国家的船舶均享有通过群岛水域的无害通过权，但基于国家安全的理由，可以在不歧视的情况下暂停此种通过权。

第三，群岛国可指定适当的海道和其上的空中航道，以便外国船舶和飞机继续不停和迅速通过或飞越其群岛水域和邻接的领海；所有船舶和飞机均享有在这种航道和空中航道内的群岛海道通过权。

可见，群岛国的群岛水域制度是介于领海与内水之间的一种制度，又兼有海峡过境通行制度的特点，是《联合国海洋法公约》的新创。②

---

① 参见《联合国海洋法公约》第 46 条。
② 参见丘宏达：《现代国际法》，三民书局 1995 年版，第 590 页。

第六节　公　海

一、公海的概念

根据传统国际法，"公海"（high seas）是指国家领海以外的海域。例如，1958 年《公海公约》规定，公海是指不属于一国领海或内水的全部海域。然而，这个概念已不能反映当代国际海洋法的实际情况了。《联合国海洋法公约》第 86 条给公海作了新的界定：公海是指"不包括在国家的专属经济区、领海或内水或群岛国的群岛水域内的全部海域"。可见，公海的范围明显地缩小了。此外，国际海底区域制度的建立及在该区域实施与公海完全不同的制度，使国际海底区域也不再是公海的组成部分。

二、公海的法律地位

公海自由原则是国际法上较古老的海洋法规则。随着资本主义的发展，这个原则得到了各国的公认。按照国际法，公海是全人类的共同财富，对一切国家自由开放，平等使用。它不属于任何国家领土的组成部分，因而不处于任何国家的主权之下。任何国家不得将公海的任何部分据为己有，不得对公海本身行使管辖权。

根据《联合国海洋法公约》第 87 条，对沿海国和内陆国而言，公海自由包括：航行自由；飞越自由；铺设海底电缆和管道的自由；建造国际法所容许的人工岛屿和其他设施的自由；捕鱼自由；科学研究的自由。

三、公海的法律制度

公海自由原则并不是绝对的、毫无节制的。为了避免把公海变成一个无政府、无法律的混乱区域，国际社会在长期的实践中，形成了有关公海的习惯国际法规则，同时还通过制定一些双边、多边协定和国际公约，逐渐形成了一整套利用公海的法律制度。诚如《联合国海洋法公约》第 87 条所规定，"公海自由是在本公约和其他国际法规则所规定的条件下行使的"。

（一）航行制度

所有国家均享有在公海上航行的权利。每个国家，不论是沿海国或内陆国，都有权在公海上行驶悬挂其国旗的船舶。船舶在公海上航行，只服从国际法和船旗国的法律。因此，确定船舶的国籍是很重要的。识别船舶国籍的根据是其国籍证书和悬挂的国旗。给予船舶国籍和登记的条件以及船舶悬挂某一国国旗航行的权利，通常是由各国通过国内立法加以确定的，国际法并没有对此作出统一的规定。

按照国际法，一艘船舶应且只应具有一国国籍并悬挂该国国旗。然而，有些国家为获取大量船舶登记费，对赋予国籍的要求不严，允许外国人或外国公司的船舶悬挂其国旗在公海上航行。这样就出现了船旗国与船舶所属国不一致的现象。船舶悬挂此种旗帜称为"方便旗"（flag of convenience），悬挂这种旗帜的船舶称为"方便旗船"。方便旗船与船旗国没有密切的联系，船旗国难以实现真正的管辖。由于方便旗给公海航行带来很大麻烦，为了解决这个问题，《联合国海洋法公约》规定，"国家和船舶之间必须有真正联系"

（第 91 条）；"船舶航行应仅悬挂一国的旗帜"（第 92 条）；"每个国家应对悬挂该国旗帜的船舶有效地行使行政、技术及社会事项上的管辖和控制"（第 94 条）。

为了维持公海航行安全，国际社会制定了一些专门的国际公约，如《国际海上避碰规则》《国际船舶载重线公约》《关于统一船舶碰撞若干法律规则的公约》《关于统一海上救助若干法律规则的公约》等。船舶在公海上航行，要遵守上述安全航行的制度。

此外，军舰和政府非商业性服务的船舶在公海上享有完全豁免权，不受船旗国以外任何其他国家的管辖。

（二）制止海盗行为

海盗行为（piracy）是指私人船舶或私人飞机的船员、机组人员或乘客，为私人目的，在公海上或在任何国家管辖范围以外的地方，对另一船舶或飞机或对另一船舶或飞机上的人或财物，所从事的任何非法的暴力或扣留行为或任何掠夺行为。军舰、政府船舶或政府飞机由于其船员或机组成员发生叛变并控制该船舶或飞机而从事上述行为，也属海盗行为。

自古以来，海盗行为就被认为是"人类公敌"，是一种国际罪行。所有国家应尽最大可能进行合作，以制止海盗行为。任何国家的军舰、军用飞机或经授权的政府船舶或飞机，都可以在公海上拿捕海盗船或飞机，并由拿捕国予以审判和惩罚。如果拿捕无足够的理由，拿捕国应承担赔偿责任。

值得注意的是，2008 年以来，索马里海盗猖獗，严重影响了正常的国际航运和贸易，危害船员人身安全，引起了国际社会的高度关注。然而，由于沿海国对其领海拥有主权，其他国家的船舶在领海仅有无害通过的权利，对在沿海国领海发生的武装劫船行为，只有沿海国有管辖权。为此，安理会连续通过了第 1816（2008）号、第 1838（2008）号、第 1846（2008）号、第 1851（2008）号、第 1897（2009）号、第 1918（2010）号、第 1950（2010）号、第 1976（2011）号 8 项决议，要求国际社会合作打击索马里海盗。不过，上述决议授权外国进入索马里领海甚至境内打击海盗，只是一种临时的特定安排，目的并不是制定新的国际法规则。此外，各国对于是否设立一个专门的审判海盗的国际法庭，还存在较大分歧。

（三）禁止贩运奴隶

贩运奴隶（transport of slaves）也是国际法所禁止的行为。1926 年 9 月，《废除奴隶及奴隶买卖的国际公约》要求各国采取有效措施，防止和惩罚悬挂其国旗的船舶贩运奴隶。此后，1956 年《废止奴隶制、奴隶贩卖及类似奴隶制之制度与习俗补充公约》、1958 年《公海公约》和 1982 年《联合国海洋法公约》都有制止贩运奴隶的规定。其中，《联合国海洋法公约》第 99 条规定："每个国家应采取有效措施，防止和惩罚准予悬挂该国旗帜的船舶贩运奴隶，并防止为此目的而非法使用其旗帜。在任何船舶上避难的任何奴隶，不论该船悬挂何国旗帜，均当然获得自由。"另外，军舰在公海上对涉嫌从事贩运奴隶的船舶，可以登临检查。

（四）禁止贩运毒品

非法贩毒和吸毒是当今国际社会面临的一个重大的社会问题。1961 年《麻醉品单一公约》和 1972 年《修改麻醉品单一公约的议定书》均规定，非法种植、制造、贩卖、购买和运输麻醉品即构成犯罪。《联合国海洋法公约》第 108 条规定："所有国家应进行合作，以制止船舶违反国际公约在海上从事非法贩运麻醉药品和精神调理物质（illicit traffic in narcotic drugs and psychotropic substances）。任何国家如有合理根据认为一艘悬挂其旗帜的船舶从事非法贩运麻醉药品或精神调理物质，可要求其他国家合作，制止这种贩运。"为了有效地执行该条款，1988 年 12 月，在联合国主持下通过了《制止非法贩运麻醉药品和精神调理物质公约》。

（五）禁止在公海上进行非法广播

所谓非法广播是指在公海上从事未经许可的广播（unauthorized broadcasting from the high seas），即船舶或设施违反国际规章在公海上播送旨在使公众收听或收看的无线电传音或电视广播，但遇难呼号的播送除外。依据《联合国海洋法公约》第 109 条，各国应进行合作，制止这种广播。对于在公海从事未经许可的广播的任何人，均可向下列国家的法院起诉：船旗国；设施登记国；广播人所属国；可以收到这种广播的任何国家；得到许可的无线电通信受到干扰的任何国家。

（六）登临权

登临权（right of visit），又称临检权，是指一国的军舰在公海上对有合理根据被认为犯有国际罪行或有其他违反国际法行为嫌疑的商船，有登临和检查的权利。依据《联合国海洋法公约》第 110 条，凡有合理根据认为具有下列嫌疑之一者，军舰就可以行使登临权：从事海盗行为；从事奴隶贩卖；从事未经许可的广播；没有国籍；虽悬挂外国旗帜或拒不展示其旗帜，而事实上却与该军舰属同一国籍。

登临权是不能滥用的。如果嫌疑经证明为无根据，并且被登临的船舶并未从事嫌疑的任何行为，那么对该船舶可能遭受的任何损失或损害应予以赔偿。

近年来，美国通过"防扩散安全倡议"，组织一些国家对被怀疑有走私大规模杀伤性武器的船舶登临检查，于法无据，引起国际社会的普遍关注。

登临权问题日益突出，并且与我国外交利益有很大关系，如"中美撞机事件"、美国军舰来我国近海调查事件、日本在东海击沉不明国籍间谍船事件等。

（七）紧追权

紧追权（right of hot pursuit）是指沿海国对违反该国法律并从该国管辖范围内的水域驶向公海的外国船舶进行追赶的权利。

根据国际习惯和国际公约的规定，沿海国行使紧追权应遵循下述具体规则：

第一，紧追必须从国家管辖范围内的水域开始。即紧追必须在沿海国的内水、群岛水域、领海或毗连区之内开始，如外国船舶在专属经济区内或大陆架上犯罪，也可以从专属经济区或大陆架海域开始紧追。

第二，紧追必须连续不断地进行，一旦中断，就不能再进行。

第三，紧追在被追逐者进入其本国或第三国的领海时必须终止。

第四，追逐只有在外国船舶视听所及的距离内发出视觉或听觉的停驶信号后，才可以开始。

第五，紧追任务只能由军舰、军用飞机或特别授权的其他公务船舶或飞机执行。

第六，在不应行使紧追权的情况下，在领海以外命令外国船舶停驶或逮捕外国船舶，对由此造成的任何损失或损害应予以赔偿。

在国际法上，"孤独号"案（the I'm Alone）是涉及紧追权问题的一个重要案例。

（八）铺设海底电缆和管道的自由

自 1866 年横越大西洋的第一条海底电缆铺设以来，在公海上铺设海底电缆和管道已成为国际习惯法和国际公约所确认的公海自由的一项内容。为了维护海底电缆和管道，在法国的倡议下，25 个国家于 1884 年 3 月缔结了《国际保护海底电缆公约》。1982 年《联合国海洋法公约》规定，所有国家均有权在大陆架以外的公海海底上铺设海底电缆和管道。但各国在铺设海底电缆和管道时，应适当顾及已经铺设的电缆和管道。各国还有责任制止破坏或损害海底电缆和管道的行为。

（九）海洋科学研究

各国均享有在公海上进行科学研究的自由。但是，各国在行使这种自由时，应遵守《联合国海洋法公约》及其他有关法规。根据需要，进行科学研究的国家或国际组织可以使用装备和设施。这些设施或装备不具有岛屿的地位，但在其周围可以设立不超过 500 米的合理宽度的安全地带。如果国家或国际组织违反《联合国海洋法公约》的规定或有关法规，应承担责任。

（十）捕鱼制度

在公海捕鱼是自由的，但并不等于没有任何限制。为了保护公海渔业资源，近百年来在海洋国家间缔结了一些渔业协定，来限制公海渔业，如 1882 年《北海渔业公约》、1911 年《北太平洋海豹保护办法公约》、1946 年《关于管理捕鲸公约》、1958 年《捕鱼与养护公海生物资源公约》、1982 年《联合国海洋法公约》等。其中，《联合国海洋法公约》对公海捕鱼的限制作了新的规定，如各国的公海捕鱼自由必须受其参加的条约义务的限制；各国均有义务为各该国国民采取，或与其他国家合作采取养护公海生物资源的必要措施等。

为了确保跨界鱼类种群和高度洄游鱼类种群的长期养护和可持续利用，1995 年 8 月，在联合国的主持下，召开了跨界鱼类种群和高度洄游鱼类种群会议，并通过了《执行1982 年 12 月 10 日〈联合国海洋法公约〉有关养护和管理跨界鱼类种群和高度洄游鱼类种群的规定的协定》（Agreement for the Implementation of the Provisions of the UN Convention on the Law of the Sea of 10 December 1982, Relating to the Conservation and Management of Straddling Fish Stocks and Highly Migratory Fish Stocks，简称《鱼类种群协定》）。该协定对传统的公海捕鱼自由原则作了一定修改，强化了捕鱼国在养护和管理跨界鱼类种群和高度洄游鱼类种群方面与沿海国进行合作的义务，使许多区域渔业管理组织得以建立，捕鱼自由受到限制。

目前具有重要影响的区域渔业管理组织共有 12 个，即"南极海洋生物资源养护委员会""大西洋金枪鱼养护国际委员会""印度洋金枪鱼委员会""中西部太平洋渔业委员会""美洲间热带金枪鱼委员会""北太平洋溯河鱼类委员会""养护南方蓝鳍金枪鱼委员会""中白令海峡鳕资源养护与管理安排""东南大西洋渔业组织""西北大西洋渔业管理组织""东北大西洋渔业委员会""地中海综合渔业委员会"。另外，2006 年，《南印度洋渔业协定》谈判通过；2009 年，《建立南太平洋渔业管理组织的公约》谈判通过；2011 年 3 月，《建立北太平洋渔业委员会的公约》也原则通过，两个区域渔业管理组织也正在筹建中。

1996 年 11 月，我国签署了《鱼类种群协定》，并作出了相关声明。从长远来看，我国有关部门和企业应如何适应公海渔业制度的新发展，有效应对"区域渔业组织发展迅猛"的新形势，是一个值得进一步加强研究的问题。

（十一）国家管辖范围以外区域海洋生物多样性的养护和利用

国家管辖范围以外区域海洋生物多样性的养护，是一个新问题。它是 20 世纪 80 年代以来，人们在进行海底勘探和开发活动过程中出现的。同时，随着人们捕鱼活动的增加，养护生物多样性问题，越来越受到国际社会的重视。1992 年《生物多样性公约》只适用于各国领土范围。《联合国海洋法公约》虽然对公海生物资源的养护和管理以及海洋环境的保护和保全有所规定，但是没有明确提及"生物多样性"。1995 年《鱼类种群协定》也只在序言中原则性地提到，有必要"保存生物多样性、维持海洋生态系统的完整"。

目前，养护和利用国家管辖范围以外区域海洋生物多样性问题，成为国际社会关注的一个热点问题。2004 年 1 月，联合国大会通过第 24 号决议，决定建立特设非正式工作组，以"研究与国家管辖范围以外区域的海洋生物多样性的养护和可持续利用有关的问题"。2015 年 6 月，联合国大会通过了第 69/292 号决议，决定启动"国家管辖范围以外区域海洋生物多样性养护和可持续利用问题国际协定"谈判，并提出分三步走的路线图，分别是成立协定谈判委员会、决定是否召开政府间大会以启动谈判正式进程和出台"国家管辖范围以外区域海洋生物多样性国际协定"。然而，目前对于通过何种法律程序、如何进行谈判以及何时完成协定谈判工作等问题尚不明确。不过，这是一个重要的立法动态，"国家管辖范围以外区域海洋生物多样性国际协定"也被视为《联合国海洋法公约》的第三个执行协定。

2016 年 3 月 28 日至 4 月 8 日，筹备委员会召开了第一次会议，主要讨论了涵盖惠益分享问题在内的海洋遗传资源问题，包括海洋保护区、环境影响评价、能力建设和海洋技术转让在内的区域管理工具问题等。2017 年 7 月 20 日，筹备委员会向联合国大会提交了《海洋生物多样性养护和可持续利用的具有法律拘束力的国际文书建议草案》（A/AC. 287/2017/PC. 4/2），同时建议在联合国的主持下

拓展阅读

"国家管辖范围以外区域海洋生物多样性国际协定"立法进程的重要性及各方的主要分歧

尽快决定召开政府间会议，充分考虑上述草案的各项要素并依其案文开展详细讨论。2017 年 12 月，第 72 届联合国大会决定将"国家管辖范围以外区域海洋生物多样性养护和可持续利用问题国际协定"谈判正式转入政府间大会阶段，并在 2018 年 9 月到 2020 年上半年安排四次会议，继续聚焦海洋遗传资源及其惠益分享、海洋保护区等划区管理工具、环境影响评价、能力建设和海洋技术转让等议题。针对"国家管辖范围以外区域海洋生物多样性养护和可持续利用问题国际协定"（BBNJ 协定）的谈判，各方态度更加务实，方案更具建设性，对于制度的构想也更加具体。目前谈判中的重要问题包括：如何平衡公海科研自由与规范海洋遗传资源获取及合理分享惠益；如何坚持不损害原则，妥善处理 BBNJ 协定与现有法律文书和机制的关系；如何合理促进环境影响评价程序的透明度和规范化；如何建立行之有效的能力建设和海洋技术转让机制。

国际社会对国家管辖范围以外区域生物多样性的养护和利用问题的讨论表明，有关新

的海洋法规则和制度正在酝酿产生中。

（十二）建立公海保护区的问题

在国际实践中，海洋保护区可以在国家管辖范围以内建立，也可以在国家管辖范围以外建立。国家管辖范围以内的海域，包括国家享有主权的海域，即在领海、内（海）水中建立的保护区，也包括主权以外的海域，如在专属经济区、大陆架上建立的保护区。目前世界上建立的各种海洋保护区大约有 7 000 个。然而，在公海上建立保护区是 20 世纪 90 年代以后才开始的。所谓公海保护区是指为了保护公海上某些特定区域的海洋生态系统和海洋资源，在公海的水域内设立的若干由相关各国共同建设、规划和管理的具有特殊地理条件、生态系统、生物或非生物资源以及海洋开发利用的特殊需要和突出的自然与社会价值的区域。①

目前全球范围内建有 4 个公海保护区，即 2002 年法国、意大利和摩洛哥建立的"地中海派拉格斯海洋保护区"，2010 年南极生物资源养护委员会通过决议建立的"南奥克尼群岛海洋保护区"，2011 年建立的"大西洋公海海洋保护区网路"以及 2017 年建立的"罗斯海保护区"。此外，一些国际组织和非政府组织还提出了数十个公海保护区潜在优选区，如马达加斯加东部的印度洋沙耶德马勒哈浅滩等。目前建立公海保护区已成为国际社会保护国家管辖范围以外的海洋资源的有效手段。值得注意的是，国际社会至今还没有专门针对公海保护区的全球性和区域性公约。换言之，公海保护区的法律依据主要是散见于国际条约中的一些有关生物多样性保护的条款。因此，关于公海保护区的法律制度构建，是一个值得关注的问题。

第七节　国际海底区域

一、国际海底区域的法律地位

国际海底区域（the international sea-bed area），简称"区域"（the area），是国际法上的新概念。它是指国家管辖范围以外的海床、洋底及其底土，即各国领海、专属经济区和大陆架以外海域的海床洋底及其底土。这一部分约占海洋面积的 65%，蕴藏着极其丰富的矿物资源。

在传统海洋法中，关于国际海底的地位有两种对立的理论。

一种是无主物理论（res nullius）。按照这一理论，国家管辖权范围以外的海床、洋底和底土及其资源，是不属于任何人的财产，因而国际海底的资源不仅可以被合法地据有，而且国际海底本身也可以由国家占有，并由该国对其行使主权权利。换言之，各国可以依据"先占""时效"等方式获得国际海底及其资源的主权权利。

另一种是共有物理论（res communis）。这一理论把国际海底看成是公海，只能为各国共同使用，而不得由国家分别予以占有。

1967 年 8 月 17 日，马耳他常驻联合国代表阿维德·帕多（Arvid Pardo）提出，国际海底区域应被看作人类共同的财产，为全人类的福利服务。帕多的建议产生了重大

---

① 参见范晓婷主编：《公海保护区的法律与实践》，海洋出版社 2015 年版，第 19 页。

的影响。联合国大会的一些决议，先后肯定了帕多提出的"人类共同继承财产"（common heritage of mankind）的主张。例如，1970 年 12 月联合国大会通过"各国管辖范围以外的海床洋底及其底土原则宣言"的第 2949（XXV）号决议，宣告国际海底区域为人类共同继承财产，任何国家或个人（包括法人）均不得将其据为己有，国家也不得对其主张或行使主权权利。

国际海底区域的法律地位，是通过一系列联合国大会决议和宣言逐步明确的，最后由《联合国海洋法公约》第十一部分对区域的法律地位作了详细的规定。

第一，国际海底区域及其资源是人类共同继承的财产。

第二，任何国家不应对国际海底区域的任何部分或其资源主张或行使主权或主权权利；任何国家或自然人或法人，也不应将国际海底区域或其资源的任何部分据为己有；任何这种主权和主权权利的主张或行使，或这种据为己有的行为，均应不予承认。

第三，对国际海底区域内资源的一切权利属于全人类，由国际海底管理局代表全人类行使。这种资源不得让渡。

第四，国际海底区域的开发要为全人类谋福利，各国都有公平地享受海底资源收益的权利，特别要照顾到发展中国家和未取得独立的国家的人民的利益。

第五，国际海底区域应开放给所有国家，专为和平目的利用，不加歧视。

第六，国际海底区域的法律地位，不影响其上覆水域或水域上空的法律地位。

二、国际海底开发制度

（一）平行开发制度

国际海底开发制度是联合国第三次海洋法会议上争论的焦点，发展中国家和发达国家为此存在尖锐的对立。经过反复协商后，达成了一个妥协方案，最后确定了"平行开发制度"（paralleled system）作为过渡时期国际海底区域的勘探和开发制度。

按照《联合国海洋法公约》的规定，国际海底区域的勘探和开发，既可以由国际海底管理局企业部进行，也可以由缔约国或国营企业、或在缔约国担保下的具有缔约国国籍或由这类国家或其国民有效控制的自然人或法人、或符合该公约规定的任何组织，与国际海底管理局以协作方式进行。申请者要开发国际海底，首先要与国际海底管理局订立合同，提出两块具有同等价值的可开发国际海底，管理局可以从中选择一块，另一块作为合同区，由申请者在与管理局签订合同后自行开发。

《联合国海洋法公约》还就"平行开发制度"下的生产政策、技术转让、合同的财政条件、反垄断条款、审查制度等问题作出了具体的规定。

（二）《联合国海洋法公约》第十一部分的修改问题

国际海底区域的开发制度是海洋法的新问题。广大发展中国家和发达国家对此有重大的立场和利益分歧。因此，1994 年 7 月，由美国、英国、法国、德国等发达国家共同参与，联合国大会制定、通过了《关于执行 1982 年 12 月 10 日〈联合国海洋法公约〉第十一部分的协定》（Agreement Relating to the Implementation of Part XI of the UN Convention on the Law of the Sea of 10 December 1982，以下简称《协定》），对《联合国海洋法公约》（以下简称《公约》）第十一部分作了根本性的修改。《协定》的订立，实质上构成了对国际海洋法中国际海底区域制度的新发展。

1. 对《联合国海洋法公约》进行修改的主要原因

一是《公约》的普遍性问题。由于国际海底开发制度牵涉所有国家的利益，而《公约》第十一部分中的"平行开发制度"则明显有利于发展中国家，因而造成美、英等西方发达国家的不满，并导致他们不愿加入《公约》，从而影响了《公约》的普遍性。

二是《公约》对市场形势估计不足，法律明显超前。《公约》之所以规定深海海底开发制度，是建立在这样一种假设的基础上："海底开发是一项收益很大的活动，大规模海底开发即将开始"。但是，实践表明深海海底资源的大规模商业开采还不太可能，原因是：开采深海海底金属不仅耗资巨大，而且商业价值极低，有关的金属在市场上都是供大于求。

三是建立国际海底管理局和国际海洋法法庭的实际需要。如果没有发达国家的参加，建立国际海底管理局和国际海洋法法庭，将是十分困难的。

2. 修改的主要内容

（1）关于缔约国的费用承担问题。《公约》规定的机构相当庞大，费用的承担对各缔约国来说是巨大的。因此，《协定》最后具体修改为：尽量减少各缔约国的费用承担，这一原则适用于会议的吃住、会期长短、开会次数等；国际海底管理局各机关的设立和运作采取渐进的方式；缔约国不再承担向企业部提供开发矿址资金的义务。

（2）关于企业部。《公约》规定，企业部的资金来源于申请费、利润提成和参加《公约》的国家按向联合国缴费的比例向国际海底管理局提供的款项；同时规定企业部按照国有规模设立并经营业务，这使得企业部有了特权，它与其他企业的竞争属于不正当竞争。因此，《协定》修改为：不是一开始就成立企业部，而是先由秘书处代其履行职责，直到其能够独立运作；企业部的采矿业务以联合企业的方式进行；适用于承包者的义务同样适用于企业部。

（3）关于决策程序问题。《公约》规定采取实质性问题的三级表决制。《协定》修改为：关于程序问题的决定，由出席并参加表决的过半数成员作出；关于实质问题的决定，由出席并参加表决的2/3多数成员作出。

（4）关于技术转让的问题。《公约》规定深海海底开发承包者要向企业部转让开发技术，并且这种转让是强制性和有偿的。《协定》修改为：《公约》关于强制性转让技术的规定取消，通过市场或者举办联合企业的方式转让和取得技术。

（5）关于生产限额。《公约》对海上生产进行了数额限制，以保护陆上生产国的利益，防止海上生产的同类产品冲击市场，导致价格猛跌。《协定》完全取消了关于生产限额的规定，《公约》原有的条款将不再适用。这是《协定》对《公约》的一个根本性修改。

（6）关于补偿基金。《协定》在这方面亦对《公约》作了根本性的修改。《公约》规定由于深海海底资源开发对于陆上生产国造成的损失应给予补偿；而《协定》则规定对于陆上生产国的损失，以经济援助基金的形式给予补偿。

（7）关于《公约》的财政条款。《公约》规定深海海底开发者从申请到商业性生产都应向国际海底管理局缴费。这对发达国家的承包者显然不利。《协定》修改为：取消生产费和利润的缴纳，"生产年费"的概念仍然保留，但缴纳多少由理事会决定。

（8）关于审查会议。由于"平行开发制度"是过渡时期的临时性制度，《公约》还规定了对该制度的审查制度。这无疑使原本复杂的机构组织运作更加趋于烦琐。因此，《协定》取消了关于审查会议的专门规定，而将其纳入了关于修正、改进程序的其他条款中。

3.《协定》与《公约》第十一部分的关系

第一，在适用《公约》第十一部分有关规定时，被更改、取消的条款将不再适用，而应适用《协定》的新规定。

第二，凡是已经递交批准书加入《公约》的国家，推定为同样接受《协定》的约束；此后表示愿意接受《公约》约束的国家，一旦递交批准书，即表示愿意同样接受《协定》的约束。

第三，按照条约法的有关原则，没有加入《公约》的国家，自然不受《公约》的约束，但是亦不得接受《协定》的约束。

总之，《协定》对《公约》第十一部分作了根本性的修改。这既适应了国际市场的形势，也满足了美国、英国、法国、德国等发达国家的要求，排除了其加入《公约》的障碍，为全面执行《公约》奠定了基础，避免出现两种国际海底区域法律制度并存的局面。事实上，它推动了更多的国家批准《公约》。

另外，从国际法学的角度看，《协定》实质上是对《公约》的一种修订。在一个《公约》尚未生效之前即进行重大修正，这是国际条约史上所罕见的。[①] 它在理论及实践上，向国际法学提出了非常值得探讨的若干新问题。

从国际关系的角度来看，在世界竞争异常激烈的情况下，谁有雄厚的资本和技术，谁就能获得较大份额的权利与利益。各国自身的综合国力，是包括国际经济秩序在内的各种世界秩序的一个极其重要的背景。[②]

从新国际经济秩序的角度来看，《协定》的制定，无疑使发展中国家在争取建立新秩序中遭遇了一次挫折。但是，还须认识到，它也为今后进行国际海洋合作提供了新的条件和机会。《协定》所反映的是一条新国际经济秩序曲线发展的畸形轨迹。

（三）国际海底开发制度的新发展

近年来，国际海底开发制度有了一些新的发展，主要表现在以下几个方面：

1. 海底活动中担保国的责任问题

依据《联合国海洋法公约》第153条第2款和附件三第4条，自然人和法人等实体在"区域"内活动，应得到有关国家的担保。然而，《联合国海洋法公约》及其附件三的相关条款对担保国在海底活动中应承担的责任仅有原则性的规定；在实践中，担保国应承担哪些责任和赔偿责任并不明确。2010年3月，瑙鲁共和国向国际海底管理局提出了"就担保国的责任和赔偿责任问题请国际海洋法法庭海底争端分庭提供咨询意见的提议"。2010年5月，在国际海底管理局第16届会议期间，理事会根据《联合国海洋法公约》第191条，决定请国际海洋法法庭海底争端分庭就以下三个问题提供咨询意见：（1）《联合

---

① 2001年《联合国海洋法公约》第11次缔约国会议和2010年第18次缔约国会议，分别通过了有关沿海国提交外大陆架划界案期限的决定。这两项决定，实质上也修改了《联合国海洋法公约》的规定。

② 参见杨泽伟：《新国际经济秩序研究：政治与法律分析》，武汉大学出版社1998年版，第65—66页。

国海洋法公约》缔约国在按照《联合国海洋法公约》特别是按照第十一部分以及1994年《协定》担保"区域"内的活动方面，有哪些法律责任和义务？（2）如果某个缔约国按照《联合国海洋法公约》第153条第2（b）款担保的实体，没有遵守《联合国海洋法公约》特别是第十一部分以及1994年《协定》的规定，该缔约国应承担何种程度的赔偿责任？（3）担保国必须采取何种必要和适当措施，以履行《联合国海洋法公约》特别是第139条和附件三以及1994年《协定》为其规定的义务？

2011年2月，国际海洋法法庭海底争端分庭对"海底活动中担保国的责任问题"（Responsibilities and Obligations of States Sponsoring Persons and Entities with Respect to Activities in the Area）发表了咨询意见。该咨询意见认为，担保国承担两种义务：一是"确保义务"（responsibility to ensure），即确保被担保的承包者遵守勘探合同条款及《联合国海洋法公约》和其他相关文件规定的义务。这是一种"适当注意"（due diligence）的责任，要求担保国在其国内采取"合理适当"的立法和行政措施。二是"直接义务"（direct obligations），即担保国直接承担不同于确保义务的义务，包括：根据《联合国海洋法公约》第153条第4款协助国际海底管理局的义务；采取预防性措施的义务；适用"最佳环境做法"的义务；在国际海底管理局为保护海洋环境而发布紧急命令时确保提供保证金的义务；为损害赔偿提供资源的义务等。担保国在未履行相关义务并导致损害发生时，应承担赔偿责任。①

国际海洋法法庭海底争端分庭对"海底活动中担保国的责任问题"发表的咨询意见，具有重要意义。一方面，这是国际海洋法法庭及其海底争端分庭第一次行使其咨询管辖权，它在某种程度上扩大了国际海洋法法庭的影响；另一方面，它进一步明确了《联合国海洋法公约》和1994年《协定》中有关担保国的责任问题，满足了"区域"资源勘探和开发活动深入发展的客观要求，有利于促进"区域"资源、环境等方面的保护，从而为国际海底管理局和从事担保行为的国家的相关活动提供了法律依据。② 值得注意的是，中国政府于2010年8月9日向国际海洋法法庭提交了担保国责任咨询案书面意见，表达了中国在国际海底区域内活动中担保国责任问题上的基本立场。2011年2月，国际海洋法法庭海底争端分庭发表的咨询意见基本上采纳了中国书面意见的观点。

2. 国际海底区域"开发规章"的制定

（1）国际海底区域开发制度的现状。《联合国海洋法公约》第十一部分专门规定了支配国际海底区域的原则、国际海底区域内资源的开发制度等。1994年《协定》对《联合国海洋法公约》第十一部分的内容作了根本性的修改。国际海底管理局分别于2000、2010年通过了《"区域"内多金属结核探矿和勘探规章》（2013年7月22日国际海底管理局理事会通过了该规章的修正案，以下简称《结核规章》）③和《"区域"内多金属硫化

<hr />

① See "Seabed Dispute Chamber of the International Tribunal for the Law of the Sea, Responsibilities and Obligations of States Sponsoring Persons and Entities with respect to Activities in the Area (Request for Advisory Opinion submitted to the Seabed Disputes Chamber)", Advisory Opinion, available at http://www.itlos.org.

② 参见国家海洋局海洋发展战略所课题组编著：《中国海洋发展报告》（2011），海洋出版社2011年版，第78页。

③ 《"区域"内多金属结核探矿和勘探规章》，详见国际海底管理局网站：https://www.isa.org.jm。

物探矿和勘探规章》(以下简称《硫化物规章》)①。上述两大规章的出台,为有关实体在"区域"内从事探矿和勘探活动创造了条件。而且,这两项规章对"探矿""勘探合同"等内容的规定比较详尽,在某种程度上进一步完善了《联合国海洋法公约》和 1994 年《协定》的相关内容。2012 年 7 月,国际海底管理局大会又正式通过了《"区域"内富钴铁锰结壳探矿和勘探规章》(以下简称《结壳规章》)。②

可见,目前国际海底区域内资源的开发制度主要包括《联合国海洋法公约》、1994 年《协定》以及《结核规章》《硫化物规章》和《结壳规章》。此外,国际海底管理局还通过了许多"建议"(recommendations)③,如勘探活动中的环境影响评估④等。

(2)国际海底区域"开发规章"制定的新进展。按照《"区域"内多金属结核探矿和勘探规章》的规定,核准的勘探活动的时间不能超过 15 年;如果勘探活动超过了 15 年,承包者就应该申请进行开发活动。自 2001 年至今,国际海底管理局共批准或审核了 27 个国际海底矿区。国际海底管理局与承包商首批签订的 7 个多金属结核勘探合同在 2016 年 3 月至 2017 年 3 月期间到期。

因此,2011 年国际海底管理局第 17 届会议已经决定启动制定"开发规章"的准备工作。⑤ 2012 年国际海底管理局在第 18 届会议上提出了《关于拟订"区域"内多金属结核开发规章的工作计划》(Work Plan for the Formulation of Regulations for the Exploitation of Polymetallic Nodules in the Area),并"将此类规章制定工作作为管理局工作方案的优先事项"⑥。2015 年 2 月,国际海底管理局理事会下设法律与技术委员会(the Legal and Technical Commission)推出了《构建"区域"内矿产开发的规章框架》(Developing a Regulatory Framework for Mineral Exploitation in the Area),以征求国际海底管理局成员国和相关利益攸关方的意见。2016 年 7 月,国际海底管理局公布了《"区域"内矿产资源开发和标准合同条款规章工作草案》(Working Draft Regulations and Standard Contract Terms on Exploitation for Mineral Resources in the Area)⑦。对于该工作草案,迄今国际海底管理局共收到 43 份评论意见,其中有 37 份为公开意见、6 份为不公开意见,中国大洋协会、中国五矿集团公司的意见为不公开意见。⑧ 2017 年 1 月,国际海底管理局公布了"环境规章"草案(the Development and Drafting of Regulations on Exploitation for Mineral Resources in the Area, Environmental Matters)。⑨ 2017 年 8 月,国际海底管理局公布了《"区域"内矿产资源开发规章草案》(Draft Regulations on Exploitation of Mineral Resources in the Area),将开发、环境与监

① 《"区域"内多金属硫化物探矿和勘探规章》,详见国际海底管理局网站:http://www.isa.org.jm。
② 《"区域"内富钴铁锰结壳探矿和勘探规章》,详见国际海底管理局网站:https://www.isa.org.jm。
③ See Aline Jaeckel, "Deep Seabed Mining and Adaptive Management: The Procedural Challenges for the International Seabed Authority", *Marine Policy*, Vol. 70, 2016, p. 206.
④ See ISA, ISBA/19/LTC/8 (March 1, 2013).
⑤ See International Seabed Authority, "Press Release, Seventeenth Session Kingston", Jamaica 11-22 July 2011, available at https://www.isa.org.jm.
⑥ International Seabed Authority, "Work Plan for the Formulation of Regulations for the Exploitation of Polymetallic Nodules in the Area", ISBA/18/C/4 1-10 (2012).
⑦ 详见国际海底管理局网站:https://www.isa.org.jm。
⑧ See "Contributions to the Working Draft Exploitation Regulations", available at https://www.isa.org.jm。
⑨ 详见国际海底管理局网站:https://www.isa.org.jm。

管等事项合并于一份规章草案之中。2018 年 7 月，国际海底管理局公布了《"区域"内矿产资源开发规章草案》的修订版，有关条款内容更加清晰，但各方对该草案中所涉及的开采矿区的申请制度、企业部独立运作、承包者的权利和义务、担保国责任、惠益分享、缴费机制和环境保护等问题仍然存在较大分歧。2019 年 3 月，国际海底管理局再次公布了《"区域"内矿产资源开发规章草案》的修订版，其内容在上一版本的基础上进行了微调。从整体上看，2019 年《"区域"内矿产资源开发规章草案》修订版的内容比较全面，涵盖开发事项的诸多方面，如承包者申请开发的条件、环境保护以及监管等。然而，该修订版草案还有许多议题需要完善，如在涉及人类共同继承财产最核心的收益分享事项上该草案并没有作出任何规定，草案对企业部的设立和运作也缺乏具体规定。2020 年 2 月，国际海底管理局第 26 届第一期会议就"开发规章"所涉财务、环保、决策、监管等问题进行了讨论，但没有形成一致结论。

总之，"开发规章"的核心是调整国际海底管理局、担保国、承包者之间的权利义务关系，其中关键问题是缴费机制。目前各方已就从价和从利等不同缴纳模式进行了深入研讨，目的是要找到既能保护承包者从事开发的积极性和可持续性，又能确保合理分享深海收益的平衡方案。此外，深海环境保护也是"开发规章"的重要内容，区域环境计划的设立和管理备受关注。

（四）国际海底管理局

为了全面管理国际海底资源的勘探、开发和利用等活动，《联合国海洋法公约》规定设立国际海底管理局（the International Seabed Authority）。国际海底管理局大会在《联合国海洋法公约》生效之日（1994 年 11 月 16 日）召开，并于当日宣布管理局成立。国际海底管理局总部设在牙买加首都金斯敦。国际海底管理局以所有成员主权平等原则为基础，其成员国为《联合国海洋法公约》的所有缔约国。

1. 国际海底管理局的组织机构

国际海底管理局设立以下几个机构：

（1）大会。大会由所有缔约国代表组成，是国际海底管理局的最高机关。大会的每一成员都有一票表决权，程序问题以出席并参加表决的成员过半数作出决定，实质问题则需 2/3 成员作出决定。大会拥有制定一般性政策、选举理事会成员、设立必要的附属机关和决定管理局的预算等方面的权力。

（2）理事会。理事会是国际海底管理局的执行机关，向大会负责，按大会所制定的一般政策制定具体政策。理事会领导企业部，对"区域"内活动进行控制。理事会由 36 个成员国代表组成：A 组（4 个最大消费国）、B 组（4 个最大投资国）、C 组（4 个生产国）、D 组（6 个代表特殊利益的发展中国家）以及 E 组（18 个按照确保理事会的席位作为一个整体并根据公平地区分配原则选出的国家），任期 4 年。每一理事有一个投票权，程序问题以出席并参加表决的成员过半数作出决定，实质问题则需要 2/3 或 3/4 多数才能作出决定。理事会还设有经济规划委员会、法律与技术委员会。

（3）秘书处。秘书处由秘书长和其他工作人员组成，为办理行政事务的常设机关。秘书长是国际海底管理局的行政首长。

（4）企业部。企业部为在国际海底区域内活动以及从事运输、加工和销售从"区域"回收矿物的国际海底管理局机关。它可以自己开采矿物，也可以与其他公有或私有公司合作开采。

2. 国际海底管理局的主要职能

国际海底管理局的主要职能有：（1）处理请求核准勘探工作计划的申请，并监督已核准勘探工作计划的实施。（2）执行国际海底管理局和国际海洋法法庭筹备委员会所作出的关于已登记先驱投资者的决定。（3）监测和审查深海底采矿活动方面的趋势和发展。（4）研究深海底矿物生产对生产相应矿物的发展中陆地生产国的经济可能产生的影响。（5）制定海底开发活动及保护海洋环境所需要的规则、规章和程序。（6）促进和鼓励各国进行海底采矿方面的海洋科学研究。

中国与国际海底管理局保持着良好的合作关系。作为勘探合同方和国际海底管理局理事会成员，中国一向重视管理局的工作。2004年5月，中国派代表团参加了国际海底管理局第十届会议。会议对理事会成员进行了改选，中国成功当选为理事会A组成员，任期4年。中国首次从B组进入A组，表明中国经济实力的增强以及在国际海底事务中地位的提升。

此外，中国大洋协会是国际海底多金属结核资源的"先驱投资者"。2001年，中国大洋协会与国际海底管理局签订了勘探合同，成为勘探开发国际海底区域多金属结核资源的承包者之一，在东北太平洋海底获得了一块7.5万平方公里的多金属结核矿区的专属勘探权和优先开采权。2011年7月，国际海底管理局理事会核准了中国大洋协会申请的位于西南印度洋的国际海底区域内1万平方公里的多金属硫化物勘探矿区。2013年7月，国际海底管理局理事会核准了中国大洋协会提出的国际海底富钴结壳资源勘探矿区申请，该矿区位于西太平洋，面积为3 000平方公里。2015年7月，国际海底管理局理事会通过决议核准了中国五矿集团公司提出的东太平洋海底多金属结核资源勘探矿区申请，该矿区位于东太平洋克拉克恩—克利珀顿断裂带，面积近7.3万平方公里。2019年7月，在国际海底管理局第25届会议上，北京先驱高技术开发公司提交的多金属结核勘探工作计划获得批准。此次获批勘探区位于西太平洋国际海底区域，面积约7.4万平方公里。截至目前，我国实体在国际海底区域获得了五块专属勘探矿区。

中国还积极参加了国际海底管理局《"区域"内多金属结核探矿和勘探规章》《"区域"内多金属硫化物探矿和勘探规章》《"区域"内富钴铁锰结壳探矿和勘探规章》的制定，并积极投入国际海底管理局有关新资源采矿规章的制定。

值得注意的是，2015年7月，国际海底管理局大会决定启动国际海底制度定期审查程序，决定由大会主席和理事会主席组成审查委员会，于2016年向大会提交临时报告，于2017年提交最终报告，以确定如何进行审查。国际海底管理局成立20多年，在现有制度架构内保持了总体稳定，但围绕此次定期审查问题，很可能引发维持还是变革现行制度的博弈。

三、国际海洋法法庭

国际海洋法法庭（International Tribunal for the Law of the Sea，ITLOS）[①] 成立于1996

[①] 网址为 http://www.itlos.org。

年 8 月，总部设在德国汉堡。它是《联合国海洋法公约》规定的有关公约解释和适用方面争端的司法解决程序之一。作为《联合国海洋法公约》附件六的《国际海洋法法庭规约》规定了该法庭的组成、权限、程序和争端分庭的设立等，其他有关规定还散见于《联合国海洋法公约》第十一部分（"国际海底区域"）和第十五部分（"争端的解决"）。按照《联合国海洋法公约》的规定，该法庭由 21 名独立法官组成。中国赵理海、许光建和高之国曾先后担任该法庭的法官。现任中国籍法官是段洁龙。

按照《联合国海洋法公约》的规定，国际海洋法法庭的管辖权及于下列案件：有关《联合国海洋法公约》的解释或适用的任何争端；与《联合国海洋法公约》的目的有关的其他国际协定的解释或适用的任何争端；如果同《联合国海洋法公约》主题事项有关的现行有效条约或公约的所有缔约国同意，有关这种条约或公约的解释或适用的争端，也可提交该法庭。

一般来说，国际海洋法法庭的管辖只限于《联合国海洋法公约》的所有缔约国。但是，缔约国以外的实体，也可根据《联合国海洋法公约》第十一部分的规定，或根据相关协定，将案件提交该法庭管辖。例如，国际海底管理局或其企业部、国营企业以及自然人或法人，在作为有关"区域"内活动的合同的当事各方的情形下，他们之间关于该合同的解释或适用等争端，可以提交国际海洋法法庭下设的海底争端分庭解决。

《联合国海洋法公约》还规定了海底争端分庭的组成、管辖权等。此外，国际海洋法法庭还可视必要设立特别分庭，包括简易程序分庭、渔业争端分庭、海洋环境争端分庭和海洋划界争端分庭等。

迄今，国际海洋法法庭已受理 29 起案件，涉及迅速释放、临时措施、海域划界、环境保护等诉讼案和"海底活动中担保国的责任问题"咨询案。①

思考与探索

海洋法虽然是国际法上的一个传统部门，但是随着科学技术的快速发展，尤其是进入 20 世纪 90 年代后，既有很多新的发展，又面临新的挑战。特别是目前海洋法正在经历理念、规则和秩序的变化，并呈现出以下四大发展趋势：一是各国在国家管辖海域的权利要求由主张争议向实控争议转变；二是对国家管辖范围以外海域的限制持续加强；三是深海远洋立法持续深入推进；四是海洋可持续发展"软法"影响力日益增强。海洋法中值得进一步研究的问题很多，主要有：外大陆架的划界问题；外大陆架资源开发的利益分享问题；国际海底资源的矿产开发问题；国家管辖范围外生物多样性的养护问题；深海基因资源的法律地位问题；建立公海保护区的有关法律问题；海上航行安全和保安制度，如"防扩散安全倡议"所引起的相关问题；我国如何应对当今区域渔业组织发展迅猛形势的问题；我国海上能源通道安全的维护问题以及海洋环保问题；与国际法有关的海平面上升

①　详见 http://www.itlos.org/cn/cases。

问题①；水下文化遗产的保护问题；《联合国海洋法公约》的解释和适用问题；《联合国海洋法公约》的发展与完善问题；海洋垃圾和微塑料、海洋酸化、水下噪音等引发的新型海洋法问题等。

复习题

1. 什么是无害通过制度？它与过境通行制度有何不同？
2. 试述专属经济区与大陆架的关系。
3. 试论《联合国海洋法公约》第十一部分修改的原因、主要内容及其影响。
4. 领海和毗连区的法律地位有什么区别？
5. 在各种不同的海域，沿海国的管辖权有何差异？
6. 国际海底区域制度有哪些新发展？

---

① 联合国国际法委员会在 2018 年第 70 届会议上决定将"与国际法有关的海平面上升"（Sea-level Rise in relation to International Law）专题列入其长期工作方案。之后，联合国国际法委员会还决定设立研究组。2020 年 4 月，联合国国际法委员会第 72 届会议公布了《与国际法有关的海平面上升问题研究组共同主席波格丹·奥雷斯库和尼吕费尔·奥拉尔编写的第一次问题文件》（First Issues Paper by Bogdan Aurescu and Nilufer Oral, Co-Chairs of the Study Group on Sea-level Rise in relation to International Law）。在该文件中，联合国国际法委员会不但初步讨论了海平面上升对基线和从基线开始测量的海域外部界限、海洋划界、沿海国及其国民在已确立边界或基线的海域行使主权和管辖权，以及对第三国及其国民的权利可能产生的法律影响问题，而且还较为详细地分析了海平面上升对包括岩礁在内的岛屿地位以及对拥有岸岛的沿海国海洋权利可能产生的法律影响，以及人工岛屿、填海造地或岛屿强化活动作为应对/适应海平面上升措施的法律地位等。此外，联合国国际法委员会还决定，2021 年研究组将在鲁达·桑托拉里亚（Ruda Santolaria）先生和加尔旺·特莱斯（Galvao Teles）女士的共同主持下，审查与国家地位有关的问题以及与保护受海平面上升影响的人有关的问题，并将其作为今后的工作方案（See International Law Commission Seventy-second Session, Sea-level Rise in relation to International Law: First Issues Paper by Bogdan Aurescu and Nilufer Oral, Co-Chairs of the Study Group on Sea-level Rise in relation to International Law, available at https://documents-dds-ny. un. org）。

第八章 空 间 法

引 言

2005 年，北京月球村航天科技有限公司向北京市海淀区法院提起诉讼，请求法院撤销北京市工商行政管理局把北京月球村航天科技有限公司销售月球土地列入北京2005 年度十大典型消费侵权案例并对外公布的违法行政行为，判令被告向原告赔礼道歉、停止侵害、消除影响、赔偿损失 1 元。原告在起诉中称，北京月球村航天科技有限公司是经工商登记注册成立的合法公司，主要业务之一是出售月球土地；而月球土地是外星体不动产，不是消费品，购买月球土地不是消费行为，而是长期投资行为。此外，月球大使馆与购买者之间的买卖行为均系自愿，从未遭遇投诉，而且在工商局作出行政处罚前已经办理了退款，并没有侵害到投资者的权利（有 34 名顾客购买了约 20 公顷的月球土地，总金额为 1.4 余万元）。值得注意的是，在本案中无论是原告还是北京两审法院都援引了《外空条约》。那么，《外空条约》的主要内容是什么？其相关规则能否适用本案？这些问题均是空间法的重要内容之一。

第一节 概 述

一、空间法的概念

空间法（space law）是指调整各国利用空气空间和外层空间活动的原则、规则和制度的总和。空间法包括国际航空法和外层空间法两部分。

人类很早就有探索和利用外层空间的理想，如中国古代神话故事"后羿射日"和"嫦娥奔月"等。然而，在第一次世界大战以前，人类的航空活动基本上还处于试验阶段。1919 年 10 月在巴黎签订的《航空管理公约》（Convention on the Regulation of Aerial Navigation），是世界上第一个关于航空的国际协定。1944 年 11 月，50 多个国家在芝加哥举行国际民用航空会议，并签订了《国际民用航空公约》（Convention on International Civil Aviation）。这样，作为现代国际法的一个新分支——国际航空法就慢慢地产生了。

第二次世界大战后，随着空间科学技术的进步，人类外空活动的增多，联合国为此通过了一系列有关外层空间的探索和利用的宣言和决议，国际社会还制定了一些有关外层空间的条约。因此，国际法的另外一个新分支——外层空间法也应运而生。

二、空气空间与外层空间的分界

国际法学界对空气空间与外层空间的分界问题，还存在很大的分歧。概言之，目前主要有以下六种学说。

（一）航空器最高限度说

这一学说主张，国家领空主权的范围应以航空器能够上升的最高高度为限，一般为30 公里—40 公里。由于这一主张将国家领空主权范围限制太低，不利于确保地面国家的安全，因而未能获得大多数国家的支持。

（二）空气构成说

"空气构成说"又称"纯物理标准说"。这一学说认为，应以大气层的最高限度为国家领空的限度，即有空气的领域为"领空"，无空气的领域为"外空"。由于从地球表面一直到数万公里的高空都有或多或少的空气，而物理学家对如何确定空气空间的界限并无一致意见，因此产生了多种不同划界标准。[1]

（三）人造卫星最低限度说

此学说提出，外层空间的最低界限应以人造卫星离地面的最低高度为限，一般为 100千米—110 千米。这一主张为较多的国家所接受。

（四）有效控制说

这一学说以国家安全需要为依据，认为一国对其空气空间的主权范围应以其能够行使有效控制的高度为界。由于这一主张明显有利于空间科技水平高的国家，因而不可能被大多数国家接受。[2]

（五）同步轨道说

1976 年，哥伦比亚等赤道国家提出，将地球同步轨道作为国家领空的限度，即约36 000 千米的高度以内的空间属于国家领空的范围。这一学说的实质，是对地球同步轨道提出权利要求，故遭到了很多国家的反对。

此外，关于空气空间与外层空间的分界线，还有"海洋类比说""引力平衡说"和"卡曼（Karmann）管辖线"等学说。

（六）功能论

上述几种学说，都是以空间的某种高度来划分空气空间和外层空间的界限。因此，从某种意义上讲，它们都属于"空间论"（spatial approach）。与"空间论"相对立的是"功能论"（functional approach）。"功能论"认为，"应根据飞行器的功能来确定其所适用的法律；如果是航天器，则其活动为航天活动，应适用外空法；如果是航空器，则其活动为航空活动，应受航空法的管辖；整个空间是一个整体，没有划分外层空间和空气空间的必要"[3]。

我国有关专家指出，划定空气空间与外层空间的界限是必要的，但任何匆忙的决定是无助于问题的解决的。选择一条适当的空气空间与外层空间的分界线，不但涉及复杂的科学技术问题，而且还是一个重要的政治和法律问题。对这个问题，应从各国，特别是发展中国家的主权和安全利益出发，根据目前技术的发展状况，并考虑到地球上空的物理特性

---

[1] 参见贺其治：《外层空间法》，法律出版社 1992 年版，第 47 页。

[2] 参见［奥］阿·菲德罗斯等：《国际法》（上册），李浩培译，商务印书馆 1981 年版，第 329 页。

[3] 参见贺其治：《外层空间法》，法律出版社 1992 年版，第 52—53 页。

以及开展外空活动的合理需要，通过反复和耐心的协商予以解决。①

第二节　国际航空法

国际航空法，又称"空气空间法"或"航空法"（air law），是指"调整人类航空活动中各种法律关系的规则体系"②。

一、空气空间的法律地位

一般认为，空气空间分为两部分：国家领土之外的空气空间和国家领土之上的空气空间。就前者而言，所有国家的航空器都享有以符合国际法的方式行使的飞越自由。对后者来说，在第一次世界大战以前，关于国家领土之上的空气空间的法律地位问题，还存在激烈的争论，主要有以下五种理论。③

一是完全自由论。这一学说主张，国家领土之上的空气空间是完全自由的，国家对其没有任何主权，不能禁止或限制外国飞机通过。其代表人物为比利时学者尼斯（Nys）。

二是有条件自由论。此学说的代表人物是法国学者福希叶（Fauchille）。他一方面承认空气空间是完全自由的，另一方面也肯定了地面国家的自保权。

三是海洋比拟论。这一学说把空气空间与海洋相类比，分为领空和公空：离地面一定高度的上空区域为领空，由地面国行使主权；领空之外为公空，公空与公海一样完全自由。

四是有限主权论。此学说认为，原则上一国对其领土之上的空气空间享有主权，但外国航空器享有无害飞越国家领土上空的权利。

五是空中主权论（the Sovereignty of the Air Theories）。这一学说主张，国家对其领土上空享有完全的主权。

此外，20世纪70年代还出现了所谓的"新航空自由论"。其代表人物是荷兰莱顿大学瓦森伯赫（H. A. Wassenbergh）教授。他主张把领空主权与商业航空营运权分隔开来，主权只管政治与安全，管不到经济与商业活动；而在经济与商业活动领域里适用的只有关贸总协定中倡导的贸易自由原则；一旦主权超越了政治与安全的界限而干预商业航空运输，就成了保护主义或主权的滥用，可见，"新航空自由论"实际上是贸易自由在国际航空活动中的翻版。④

值得注意的是，1919年《航空管理公约》第1条明确规定："缔约各国承认，每一个国家对其领土上的空间具有完全的和排他的主权。"1944年《国际民用航空公约》、1958年《领海和毗连区公约》和1982年《联合国海洋法公约》，都确认了国家领空主权原则。因此，国家对其领土之上的空气空间享有完全的和排他的主权，是一项已经确立的国际法原则。

---

① 参见贺其治、黄惠康主编：《外层空间法》，青岛出版社2000年版，第28页。
② 赵维田：《国际航空法》，社会科学文献出版社2000年版，第2页。
③ 参见周鲠生：《国际法》（上册），商务印书馆1976年版，第396—397页。
④ 参见赵维田：《国际航空法》，社会科学文献出版社2000年版，第44—45页。

二、国际航空制度

（一）1919 年《航空管理公约》

《航空管理公约》是第一个关于航空的国际公约，1919 年订于巴黎，共 43 条。其主要内容有：（1）确定了各缔约国对其领土上空享有完全的和排他的主权。这一规定奠定了国际航空法的基石。（2）建立了航空器国籍制度。该公约规定，任何航空器必须有一个国籍，航空器应在其所有人的本国注册，并取得该国的国籍。（3）设立一个常设机构——"国际空中航行委员会"（International Commission for Air Navigation，ICAN）。它是国际民航组织的前身。

（二）1944 年《国际民用航空公约》

1944 年，芝加哥国际民用航空会议签订了《国际民用航空公约》《国际航空运输协定》（International Air Transport Agreement）和《国际航班过境协定》（International Air Services Transit Agreement）。

《国际民用航空公约》共 96 条，其主要内容有：（1）公约除重申领空主权原则外，还明确规定其只适用于民用航空器，而不适用于国家航空器。（2）该公约还规定，非经一国特许或其他批准，不得在缔约国上空或境内，经营定期国际航空业务。

《国际航空运输协定》规定了关于定期国际航班的五种空中自由，因而又称为"五种自由协定"。这五种自由是：（1）飞越外国领土上空而不降落；（2）为非商业目的而降落于外国，如加油或维修等；（3）在航空器的本国装载客货，运往外国卸下；（4）在外国装载客货，运回本国卸下；（5）在本国以外的两国间装卸客货。

《国际航班过境协定》只规定了上述五种自由中的前两种自由，因而又称为"两种自由协定"。

（三）1929 年《统一国际航空运输某些规则公约》

1929 年，在华沙召开的第二届国际航空私法会议上，通过了《统一国际航空运输某些规则公约》（Convention for the Unification of Certain Rules relating to International Carriage by Air，通称 1929 年《华沙公约》）。该公约确立了国际航空承运人统一的责任制度，被认为是"国际私法领域制定国际统一规则的成功范例"[1]。随着国际关系的发展变化，1929 年《华沙公约》经历了多次修改。1999 年 5 月，在蒙特利尔举行的航空法外交会议上，通过了与 1929 年《华沙公约》同名的新公约，从而刷新了原来的规则，并建立了国际航空承运人的新责任制度。[2] 例如，承运人对每一旅客在航空器内或上下航空器的过程中发生事故造成的死亡或身体伤害，在不超过 10 万特别提款权时，实行客观责任制；对超过 10 万特别提款权的损害，则实行推定的过失责任制，只要承运人能证明，这些损害不是由于承运人或其受雇人、代理人的过失造成的或者完全是第三人的过失或者其他非法的作为或不作为造成的，则不承担责任。

（四）2009 年《一般风险公约》和《非法干扰赔偿公约》

《一般风险公约》和《非法干扰赔偿公约》的全称，分别为《关于航空器对第三方造

---

① 赵维田：《国际航空法》，社会科学文献出版社 2000 年版，第 199 页。

② 参见邵津主编：《国际法》，北京大学出版社、高等教育出版社 2000 年版，第 167—168 页。

成损害的赔偿的公约》和《关于因涉及航空器的非法干扰行为而导致对第三方造成损害的赔偿的公约》，2009 年订于蒙特利尔。《一般风险公约》和《非法干扰赔偿公约》适用于从事国际飞行的飞行中的航空器在一缔约国领土内发生的对第三方造成的损害，从而刷新了 1952 年《关于外国航空器对地（水）面第三者造成损害的公约》（简称《罗马公约》）。《罗马公约》对外国航空器对地（水）面第三人造成损害的赔偿责任作了统一的规定。

（五）国际民航组织

1947 年 4 月，国际民用航空组织（International Civil Aviation Organization，ICAO，简称"国际民航组织"）在加拿大的蒙特利尔正式成立。它是协调世界各国政府在民用航空领域内各种经济和法律事务、制定航空技术国际标准的重要组织，也是联合国专门机构之一。

国际民航组织的宗旨是：制定国际空中航行原则，发展国际空中航行技术，促进国际空中航行运输的发展，以保证国际民航的安全和增长；促进和平用途的航行器的设计和操作技术；鼓励用于国际民航的航路、航站和航行设备的发展；保证各缔约国的权利受到尊重和拥有国际航线的均等机会等。国际民航组织设立大会和理事会两个主要机构。自 1974 年起，我国连续当选为国际民航组织理事会的理事国。2015 年 3 月，中国公民柳芳当选为国际民航组织秘书长；2018 年柳芳再次当选，任期从 2018 年 8 月 1 日到 2021 年 7 月 31 日。

（六）《中华人民共和国民用航空法》

1995 年 10 月，第八届全国人大常委会第十六次会议通过了《中华人民共和国民用航空法》（2009、2015、2016、2017、2018、2021 年修正）。该法共 215 条，是我国民用航空的基本法。它既肯定了我国对领空享有完全的、排他的主权，又详细规定了外国民用航空器在我国境内从事民用航空活动时应遵守的规则。

此外，2005 年 2 月，我国还批准了 1999 年《统一国际航空运输某些规则公约》。

值得注意的是，2013 年 11 月中国政府根据 1997 年 3 月《中华人民共和国国防法》等法律的规定，宣布划设"东海防空识别区"。

拓展阅读
中国东海防空识别区

三、国际民用航空安全的法律保护

随着国际航空运输事业的迅速发展，关于国际民用航空安全的法律保护问题也提上了国际社会的议事日程。为此，国际社会制定了相关的国际公约，主要有以下几项。

（一）1963 年《东京公约》

1963 年 9 月，在东京签订的《关于在航空器上犯罪及若干其他行为公约》（Convention on Offences and Certain Other Acts Committed on Board Aircraft，简称《东京公约》），是国际社会试图解决有关航空器内发生的罪行问题而签署的第一个国际公约。其主要内容包括：

第一，《东京公约》适用于：（1）违犯刑法的犯罪；（2）不论是否犯罪，凡可能或确已危害航空器或者机上人员或财产的安全，或者危害机上正常秩序与纪律的行为。

第二，《东京公约》确立了航空器登记国管辖权原则。该公约第 3 条第 1 款和第 2 款规定：“航空器登记国有权对航空器上的犯罪与行为行使管辖权；各缔约国都应采取必要措施，以确立其作为登记国对在该国登记的航空器上犯罪的管辖权。”然而，该公约并不排斥其他国家“依本国法行使的任何刑事管辖权”。该公约实行的是“并行管辖”（concurrent jurisdiction）体制。

（二）1970 年《海牙公约》

1970 年 12 月，在海牙通过的《关于制止非法劫持航空器公约》（Convention for the Suppression of Unlawful Seizure of Aircraft，简称《海牙公约》），是第一个专门处理空中劫持的国际公约，因而又称“反劫机公约”。该公约的主要内容有：

第一，对“劫机犯罪”作了明确的界定。该公约第 1 条规定：“在飞行中航空器上的任何人，凡以武力或武力威胁，或者以任何其他精神胁迫方式，非法劫持或控制该航空器，或者这类行为的任何未遂行为；或者从事这类行为或其任何未遂行为的共犯，均构成犯罪。”

第二，在管辖权问题上有较大突破。该公约第 4 条规定，航空器登记国、降落地国、承租人主要营业地或永久居所地国以及发现地国，都对航空犯罪行为有管辖权。

第三，确立了“或引渡或起诉”（aut dedere aut judicare）原则，即：案犯所在国如果不引渡，则不论罪行是否在其境内发生，应无例外地将这个案件提交有关当局，以便起诉；而有关当局应按照该国法律以对待严重性质的罪行的同样方式作出决定。

（三）1971 年《蒙特利尔公约》

1971 年 9 月，在蒙特利尔通过的《关于制止危害民用航空安全之非法行为公约》（Convention for the Suppression of Unlawful Acts Against the Safety of Civil Aviation，简称《蒙特利尔公约》），也称“反破坏公约”。《蒙特利尔公约》在管辖权、“或引渡或起诉”原则等方面基本上沿袭了《海牙公约》的规定。

《蒙特利尔公约》进一步将如下危害国际民用航空安全的行为规定为犯罪：（1）对飞行中航空器上的人实施暴力行为，凡其具有危害该航空器安全的性质。（2）毁坏使用中的航空器，或者致使该航空器损坏，使之无法飞行或具有危害其飞行安全的性质。（3）不论以何种办法，凡在使用中的航空器上放置或由别人放置一种装置或物质，该装置或物质具有毁坏该航空器性质，或者具有造成其损坏使之无法飞行的性质，或者具有造成其损坏足以危及其飞行安全的性质。（4）毁坏或损坏航行设施，或扰乱其工作，凡任何此种行为具有危害飞行中航空器安全的性质。（5）传送其明知是假的消息，由此危及飞行中航空器的安全。

可见，《蒙特利尔公约》并不限于“在飞行中”（in flight）航空器上的罪行，凡“在使用中”（in service）的航空器上的罪行也包括在内。航空器“在飞行中”是指航空器从装载结束，机窗外部各门均已关闭时开始，直至打开任何一机门以便卸载时为止的任何时间；如果航空器是被强迫降落，则在主管当局接管航空器及其所载人员和财产以前仍被认为是在“飞行中”。“在使用中”是指从地面人员或机组对某一特定飞行的航空器开始进行飞行前的准备时起，直到降落后 24 小时止。

（四）1988 年《蒙特利尔议定书》

1988 年《蒙特利尔议定书》（Montreal Protocol）的全称是《制止在用于国际民用航空的机场发生的非法暴力行为以补充 1971 年 9 月 23 日订于蒙特利尔的〈关于制止危害民

用航空安全之非法行为公约〉的议定书》。该议定书是 1971 年《蒙特利尔公约》的补充。该议定书补充规定："任何人使用一种装置、物质或武器，非法地故意地做出下列行为，即为犯罪：在用于国际民用航空的机场内，对人实施暴力行为，造成或足以造成重伤或死亡者；毁坏或严重损坏用于国际民用航空的机场设备或停在机场上不在使用中的航空器，或者中断机场服务以致危及或足以危及机场安全者。"

（五）1991 年《蒙特利尔公约》

1991 年《蒙特利尔公约》的全称是《注标塑性炸药以便探测公约》。该公约要求，各国制造塑性炸药时加添"可探测物质"，使之成为"注标塑性炸药"（Marking of Plastic Explosive），以便探测。该公约规定，各缔约国应采取必要和有效的措施，在其领土内禁止生产、储存和运输非注标塑性炸药。

（六）2010 年《北京公约》和《北京议定书》

2010 年《北京公约》和《北京议定书》的全称分别为《制止与国际民用航空有关的非法行为的公约》和《制止非法劫持航空器公约的补充议定书》。该公约和议定书将使用民用航空器作为武器和使用危险材料攻击航空器或其他地面目标的行为定为犯罪行为，并就管辖权、法人实体犯罪的责任、军事活动排除条款、公平待遇条款等作出了规定。总之，《北京公约》和《北京议定书》体现了国际社会为解决针对民用航空器的恐怖行动做出的不懈努力，对有效地保护旅客的生命和财产安全，提供了强有力的法律保障。

（七）2014 年《蒙特利尔议定书》

2014 年《蒙特利尔议定书》的全称是《关于修订〈航空器内的犯罪和某些其他行为的公约〉的议定书》。该议定书旨在制止航空器内不循规行为，是对 1963 年《东京公约》的修订和补充。2014 年《蒙特利尔议定书》的主要内容有：新增了"降落地国"和"航空器经营人所在国"的管辖权，明确规定了有关"飞行安保员"（in-flight security officer）的法律地位及其规则，并对机长的职权作出了调整等。

第三节　外层空间法

外层空间法（law of the outer space），又称"外空法"或"国际空间法"，是指"调整各国探索和利用外层空间活动的国际法原则、规则和制度的总和"①。

一、外层空间的法律地位

外层空间法律地位的实质，是国家主权能否及于外层空间。从联合国大会的相关决议和外层空间有关条约的规定来看，外层空间的法律地位是十分明确的，即外层空间不属于任何国家的主权范围，各国不得以任何方式把它据为己有，但各国可以依照国际法自由地探索和利用外层空间。

二、外层空间法的基本原则

1963 年 12 月，联合国大会通过了《各国探索和利用外层空间活动法律原则宣言》

---

① 贺其治、黄惠康主编：《外层空间法》，青岛出版社 2000 年版，第 13 页；尹玉海：《国际空间法论》，中国民主法制出版社 2006 年版，第 1 页。

（Declaration of Legal Principles Governing the Activities of States in the Exploration and Use of Outer Space），提出了九项原则。在此基础上，1966 年 12 月，联合国大会通过了外空委员会拟订的《关于各国探索和利用包括月球和其他天体在内外层空间活动的原则条约》（the Treaty on Principles Governing the Activities of States in the Exploration and Use of Outer Space including the Moon and Other Celestial Bodies，简称《外空条约》）。《外空条约》第一次以多边公约的形式将从事外空活动应遵循的各项基本法律原则确定下来。这些原则构成外层空间法的基础，是指导各国从事外空活动的共同准则。外层空间法的其他一些原则、规则、规章和制度等都是从这些基本原则产生或派生出来的。[①]

（一）全人类共同利益原则

《外空条约》第 1 条第 1 款规定："探索和利用外层空间，包括月球和其他天体，应为所有国家谋福利和利益，而不论其经济或科学发展程度如何，并应为全人类的开发范围。"

（二）自由探索和利用原则

《外空条约》第 1 条第 2 款规定："外层空间，包括月球与其他天体在内，应由各国在平等基础上并按国际法自由探索和利用，不得有任何歧视，天体的所有地区均得自由进入。"该条第 3 款还规定："对外层空间，包括月球与其他天体在内，应有科学考察的自由，各国应在这类考察方面提供便利并鼓励国际合作。"

（三）不得据为己有原则

《外空条约》第 2 条规定："外层空间，包括月球与其他天体在内，不得由国家通过提出主权主张，通过使用或占领，或以任何其他方法，据为己有。"

（四）限制军事化原则

《外空条约》第 4 条规定："各缔约国承诺不在环绕地球的轨道上放置任何载有核武器或任何其他种类大规模毁灭性武器的物体，不在天体上装置这种武器，也不以任何其他方式在外层空间设置这种武器；所有缔约国应专为和平目的使用月球和其他天体。禁止在天体上建立军事基地、军事设施和工事，试验任何类型的武器和进行军事演习。不禁止为了科学研究或任何其他和平目的而使用军事人员。为和平探索月球与其他天体所必需的任何装置或设备，也不在禁止之列。"

（五）援助宇航员原则

《外空条约》第 5 条规定："各缔约国应把航天员视为人类在外层空间的使者，航天员如遇意外事故、危难或在另一缔约国领土上或公海上紧急降落时，应给予他们一切可能的协助。航天员降落后，应将他们安全和迅速地送回航天器的登记国。"

（六）国家责任与赔偿原则

《外空条约》第 6 条规定了各国应对其在外层空间的活动承担国际责任的原则，第 7 条则进一步确定了发射国应对其空间物体造成的损害承担赔偿责任的原则。

（七）对空间物体的管辖权和所有权原则

《外空条约》第 8 条规定："凡登记把物体射入外层空间的缔约国对留置于外层空间

[①] 参见贺其治：《外层空间法》，法律出版社 1992 年版，第 57—58 页；贺其治、黄惠康主编：《外层空间法》，青岛出版社 2000 年版，第 41 页。

或天体的该物体及其所载人员，应仍保持管辖及控制权；射入外层空间的物体，包括降落于或建造于天体的物体，及其组成部分的所有权，不因物体等出现于外层空间或天体，或返回地球，而受影响。"

（八）外空物体登记原则

外空物体登记原则主要体现在《外空条约》第 5 条、第 8 条和第 11 条。

（九）保护空间环境原则

《外空条约》第 9 条规定："各缔约国对外层空间，包括月球和其他天体在内进行的研究和探索，应避免使它们受到有害污染以及将地球外物质带入而使地球环境发生不利变化，并应在必要时为此目的采取适当措施。"

（十）国际合作原则

国际合作原则是国际法的基本原则之一，它也贯穿于《外空条约》的各项条款之中。例如，《外空条约》第 1 条第 1 款关于"全人类共同利益原则"的规定，就是国际合作的一种表现。此外，1996 年联合国大会还通过了《关于探索和利用外层空间的国际合作、促进所有国家的福利和利益，并特别要考虑到发展中国家的需要的宣言》（简称《国际合作宣言》）。

（十一）遵守国际法的原则

《外空条约》第 3 条规定："各缔约国探索和利用外层空间，包括月球与其他天体在内的活动，应按照国际法，包括联合国宪章，并为了维护国际和平与安全及增进国际合作与谅解而进行。"

三、外层空间法律制度

外层空间法律制度，除了个别正在形成的国际习惯规则外，主要是由国际条约组成。

（一）《外空条约》

《外空条约》是外层空间法中最重要的国际公约，它为各国和平探索与利用外层空间提供了基本的法律框架，因而被誉为"外层空间宪章"。《外空条约》"以条约的语言证实了已经作为法律而通过和接受的原则和规则，并进一步通过许多实质性的重要规定丰富了法律的内容"[①]。

（二）《营救协定》

1967 年 12 月，联合国大会通过了《营救宇航员、送回宇航员和归还射入外层空间的物体的协定》（Agreement on the Rescue of Astronauts, the Return of Astronauts and the Return of Objects Launched into Outer Space，简称《营救协定》）。该协定规定，各缔约国发现宇航员遭受危难情况或紧急降落时，应尽快通知发射当局或公开宣布；对降落在该国领域内的宇航员予以救援，并提供必要协助；对降落在公海或不属任何国家管辖区域的宇航员应协助搜寻和救援；应将救获的宇航员迅速并安全送回负责发射的登记国或国际组织。

（三）《责任公约》

1971 年 11 月，联合国大会通过了《空间物体所造成损害的国际责任公约》（Convention

---

① 蓝海昌、欧阳青编译：《外层空间法》，武汉大学出版社 1988 年版，第 118 页。

on International Liability for Damage Caused by Space Objects，简称《责任公约》）。该公约规定，发射国对其空间物体对地球表面或飞行中的航空器造成的损害承担绝对责任；发射国对在空间的物体或人员或财产造成的损害承担过失责任；赔偿应以国际法和公平原则为依据；损害赔偿的请求，应通过外交途径或联合国秘书长向发射国提出。

（四）《登记公约》

1974 年 11 月，联合国大会通过了《关于登记射入外层空间物体的公约》（Convention on Registration of Objects Launched into Outer Space，简称《登记公约》）。该公约规定，发射当局不仅要在本国登记，而且要向联合国秘书长登记。需要进行登记的资料包括：发射国的名称，空间物体的适当标志或其登记号码，发射的日期和地点，基本的轨道参数，空间物体的一般功能。

（五）《月球协定》

1979 年 12 月，联合国大会通过了《指导各国在月球和其他天体上活动的协定》（Agreement Governing the Activities of States on the Moon and other Celestial Bodies，简称《月球协定》）。该协定规定，月球应专用于和平的目的，禁止各种军事利用；对月球的探索和利用应为一切国家谋福利；月球及其自然资源是全人类的共同财产；缔约国对其在月球上的人员、运载器、装备、设施、站所和装置应保有管辖权和控制权；缔约国应对其在月球上进行的活动承担国际责任。

此外，从 20 世纪 60 年代开始，联合国大会还通过了一系列相关的决议，如 1963 年《各国探索和利用外层空间活动的法律原则宣言》、1982 年《各国利用人造地球卫星进行国际直播电视广播所应遵守的原则》、1986 年《关于从外层空间遥感地球的原则》、1992 年《关于在外层空间使用核动力源的原则》以及 1996 年《国际合作宣言》等。另外，联合国和平利用外层空间委员会于 2007 年通过了《空间碎片减缓指南》（Space Debris Mitigation Guidelines）、2016 年通过了《外层空间活动长期可持续性准则》等。上述决议、指南等虽然并不具有法律约束力，但是供各国参考的最佳行为准则。有学者认为，"软法"将在 21 世纪外空活动的规制中发挥越来越重要的作用。[①]

四、外层空间活动的其他国际法问题

（一）卫星直接电视广播

卫星直接电视广播是指"将地面电视台的电视节目直接传送给普通家庭电视机，不需要经过任何地面接收站"[②]。卫星直接电视广播问题，是随着 1965 年美国发射"国际通信卫星一号"而逐渐出现的。它涉及的国际法问题主要有：如何平衡国家主权与自由传播信息的关系？对他国进行卫星直接电视广播，是否需要经过该国的"事先同意"？国家对于国家管辖范围内的私人机构从事的卫星直接电视广播活动是否应该承担国家责任？

为了解决上述问题，1982 年 12 月，联合国大会通过了《各国利用人造地球卫星进行国际直接电视广播所应遵守的原则》，明确要求：进行卫星直接电视广播活动，不得侵犯

---

① 参见赵云：《外空可持续性发展的新视角和新途径：以中国外空合作为例》，《国际法研究》2017 年第 3 期。
② 贺其治、黄惠康主编：《外层空间法》，青岛出版社 2000 年版，第 137 页。

各国主权，包括不得违反不干涉原则，并且不得侵犯有关联合国文书所载明的人人有寻求、接受和传递信息和思想的权利；进行卫星直接电视广播活动应遵照国际法；各国在进行卫星直接电视广播活动以及授权其管辖范围内的个人和实体从事这种活动方面，权利一律平等；进行卫星直接电视广播活动，应当以国际合作为基础；各国应对其本身或其管辖范围内所从事的卫星直接电视广播活动承担国际责任；等等。

（二）卫星遥感地球

卫星遥感地球是指"利用红外微波以及电子遥感器和光谱析像器，从外层空间探测地球表层上下的形状和现象，通过人造卫星上的装备转到地面站，经过光学和电子计算机的处理和分析，达到认识物体本来面貌的目的"①。1972 年 7 月，美国发射"陆地卫星一号"遥感地球卫星以后，卫星遥感地球问题也逐渐引起了国际社会的关注。它涉及的国际法问题主要有：从事卫星遥感是否必须取得被感国的事先同意？对卫星遥感所取得的数据和资料的散发是否应加以限制？被感国能否以低廉价格优先和连续获得有关其领土的数据和资料？

鉴于遥感国（发达国家）和被感国（发展中国家）在上述问题上的分歧，1986 年 12 月，联合国大会通过了《关于从外层空间遥感地球的原则》，明确指出：遥感活动应为所有国家谋福利；进行遥感活动应遵守国际法；进行遥感活动的国家应促进遥感活动方面的国际合作；有关被感国管辖下领土的原始数据和处理过的数据一经制就，该被感国即可在不受歧视的基础上以合理费用和条件取得这些数据等。

（三）外层空间使用核动力源

外层空间使用核动力源是一项尖端技术，其主要目的是为了解决航天器对电能的需要。② 1978 年 1 月，苏联核动力卫星"宇宙—954 号"失控，在重返大气层时烧毁，其放射性残片坠落到加拿大境内的西北部。此后，国际社会开始关注外层空间使用核动力源问题。1992 年 12 月，联合国大会通过了《关于在外层空间使用核动力源的原则》，明确规定：在外层空间使用核动力源的活动应按照国际法进行；核动力源在外层空间的使用应限于用非核动力源无法合理执行的航天任务；发射载有核动力源的空间物体的任何国家在该空间物体发生故障而产生放射性物质重返地球的危险时，应及时通知有关国家；拥有空间监测和跟踪设施的所有国家均应本着国际合作精神，尽早向联合国秘书长和有关国家提供它们可能拥有的关于载有核动力源的空间物体发生故障的有关情报，以便使可能受到影响的各国能够对情况作估计，并采取任何被认为是必要的预防措施；各国应为本国在外层空间涉及核动力源的活动承担国际责任等。

（四）"太空垃圾"

近年来，有关"太空垃圾"问题也日益引起国际社会的关注。所谓"太空垃圾"是指使用寿命已结束的人造卫星和火箭的零部件和碎片等。据有关机构研究统计，目前已确认的 10 厘米以上的太空垃圾约有 1.6 万块；如果把小的垃圾也包括在内，那么数量有几

---

① 倪征燠：《关于外层空间的国际法问题》，载《中国国际法年刊》（1982），中国对外翻译出版公司 1982 年版，第 78 页。

② 参见贺其治：《外空使用核动力源的法律问题》，载《中国国际法年刊》（1986），中国对外翻译出版公司 1986 年版，第 183 页。

十万块。这些垃圾以每秒 7 千米—8 千米的速度绕地球运转，据说一块 10 厘米的碎片就足以完全摧毁宇宙飞船。① 因为"太空垃圾"的风险正在逐年增加，所以日本、美国、澳大利亚和欧盟在 2012 年起草了一项有关太空开发和利用的多边框架——"宇宙活动国际行为规范"。其重点是限制"太空垃圾"的产生，以防对人造卫星造成重大威胁。为了减少"太空垃圾"，该草案要求各国在人造卫星破坏方面进行自制；同时为避免卫星发生碰撞，该草案还建议确立通报制度。

（五）外空透明与建立信任措施

增强外空活动透明度、建立信任措施，是防止外空军备竞赛的有效手段。为此，根据联合国大会的建议，2010 年，联合国秘书长设立了政府专家组，对"外空透明与建立信任措施"进行了研究，并于 2013 年向第 68 届联合国大会提交了最终报告。这是该进程的重大进展。中、美、俄等主要空间国家均支持并积极参与该进程，俄、英等国还单方面实施了一些透明和建立信任措施。值得注意的是，早在 2008 年 12 月欧盟部长理事会就通过了《外空活动行为准则（草案）》，并于 2010 年 9 月公布该草案修正版并正式将其更名为《外空活动国际行为准则》。自 2012 年起，欧盟为此正式启动了多边进程并进行了数轮多边磋商。

（六）外空资源的法律地位问题

2015 年，美国国会通过了经修订的《商业航天发射竞争力法》。该法明确规定，凡从事小行星资源或外空资源商业开采的美国公民，应对所获取的任何小行星资源或外空资源享有权利。2017 年，卢森堡议会审议并通过了《外空资源探索与利用法》。该法不但明确规定了探索与利用外空资源活动的性质，而且提出了"外空资源可以据为己有"的主张。卢森堡成为欧洲第一个进行外空资源商业开采立法的国家。② 另外，国际宇航科学院（International Academy of Astronautics）还发布了《外空矿物资源——挑战与机遇的全球评估》。这是首份外空采矿研究报告。③ 可见，人类探索与利用外空资源的步伐在不断加快。特别是，美国和卢森堡在各自的国内法中提出的"谁开采谁获得所有权"和"外空资源可以据为己有"的主张，使外空资源的法律地位受到国际社会越来越多的关注。

此外，随着科技的进步、人类在外层空间的活动日益增多，与此相关的国际法问题还有：航天开发国际法律责任问题、空间环境保护问题、空间站的法律地位问题以及对外空军事化利用的法律规制问题等。

五、中国的空间政策与法律

近年来，中国的航天事业发展很快。2003 年 10 月，中国首次载人航天飞行取得圆满成功，中国成为继美俄之后第三个能够发射载人飞船并成功进行回收的国家。2005 年 10 月，多人多天的"神舟"六号载人航天飞行又圆满地完成任务。2008 年 9 月，中国实现

---

① 参见《日美澳欧酝酿有关太空活动的国际规范》，《产经新闻》（日本）2012 年 2 月 27 日，转引自《参考消息》2012 年 2 月 28 日，第 16 版。

② 参见廖敏文：《外空资源法律地位的确定问题研究》，《国际法研究》2018 年第 2 期。

③ 该报告是国际宇航界首次组织不同国家、不同专业背景的专家从技术、经济、管理、法律、政策等不同视角对外空矿物资源这一前沿领域联合进行的全方位的专题研究，也是中国专家共同主持的国际宇航科学院课题研究成果首次在美国出版。

了航天员出舱和太空行走。2010 年 10 月，中国发射了第二个月球探测器"嫦娥二号"。
2011 年 9 月，中国成功发射了"天宫一号"飞行器；11 月，又成功发射了"神舟八号"
飞船，并与"天宫一号"首次实现了太空对接。2013 年 12 月，中国发射的"嫦娥三号"
成功实现月球软着陆，并顺利释放"玉兔号"月球车，展开月球巡视勘测等一系列活动。
这不但是中国航天器首次在地外天体实施软着陆，更是人类航天器在距第一次访问 37 年
后再次访问月球。2016 年 8 月，中国将全球首颗量子科学实验卫星送入太空，标志着中
国空间科学研究又迈出重要一步；9 月 15 日，中国"天宫二号"空间实验室成功发射升
空；10 月 17 日，"神舟十一号"飞船成功地将景海鹏、陈冬两名航天员送入太空；10 月
19 日，"神舟十一号"与"天宫二号"成功实现了自动交会对接。2019 年 1 月，"嫦娥四
号"探测器成功着陆月球背面，实现人类探测器首次在月球背面软着陆。2020 年 7 月 23
日，中国首次火星探测任务"天问一号"探测器发射升空；7 月 31 日，中国"北斗三
号"全球卫星导航系统正式开通；11 月 24 日，"嫦娥五号"探测器发射升空并进入地月
转移轨道，并于 12 月 17 日成功返回，带回了从月球采集的岩石和土壤样品。这是中国航
天计划迅速发展的又一个新的里程碑。2021 年 4 月 29 日，"天和"核心舱发射成功，标
志着中国空间站建造进入全面实施阶段；5 月 15 日，"天问一号"着陆巡视器成功着陆于
火星乌托邦平原南部预选着陆区，我国首次火星探测任务着陆火星取得圆满成功。

中国计划 2022 年左右建成永久性空间站，2024 年进行月球南极采样返回任务，2025
年进行低轨道空间太阳能系统验证，2028 年进行火星采样返回任务，2030 年前计划开展
月球北极和南极考察，2035 年中国将测试月球上 3D 打印等关键技术，为建立月球基地奠
定基础；中国计划在 2036 年前实现载人登月，在 2040 年前建成核动力航天飞机。

1980 年 11 月，中国正式成为联合国外空委员会的成员国。1983 年中国加入了《外空
条约》，1988 年又加入了《营救协定》《责任公约》和《登记公约》。1995 年 6 月，中国
国家航天局正式加入了"机构间空间碎片协调委员会"（Inter-Agency Space Debris Coordi-
nation Committee）。

2001 年，中国公布了《空间物体登记管理办法》。该办法共 16 条，明确规定了中国
的空间物体登记制度，凡是在中国境内发射的所有空间物体，以及中国作为共同发射国在
境外发射的空间物体，都必须按照规定进行登记；国家航天局在空间物体国登记后 60 日
内，通过外交部向联合国秘书处进行登记。从 2002 年 12 月开始，中国还实施了《民用航
天发射项目许可证管理暂行办法》。此外，中国香港特别行政区政府于 1999 年还颁布了
《为遵守中华人民共和国所承担的有关发射和运营空间物体及进行其他外空活动的国际义
务，授予主管行政部门许可及其他权力的法令》[①]。2011 年 12 月，国务院新闻办发布了
《2011 年中国的航天》白皮书。2016 年 12 月，国务院新闻办又发布了《2016 中国的航
天》白皮书。该白皮书指出，中国政府积极制定实施发展航天事业的政策与措施，推动
航天事业持续健康快速发展；中国政府认为，和平探索、开发和利用外层空间及其天体是
世界各国都享有的平等权利；中国政府将加强国际空间法研究，积极参与外空国际规则
制定。

根据《2016 中国的航天》白皮书，2011 年至 2016 年间，中国与 29 个国家、空间机

[①] 参见尹玉海主编：《国际空间立法概览》，中国民主法制出版社 2005 年版，第 580—586 页。

构和国际组织签署了 43 项空间合作协定或谅解备忘录，参与联合国及相关国际组织开展的有关活动，推进国际空间商业合作，取得丰硕成果。2016 年，联合国与中国载人航天工程办公室签署《利用中国空间站开展国际合作谅解备忘录》，商定利用中国空间站为各国提供科学实验机会，并在未来为他国航天员或载荷专家提供在轨飞行机会。

值得注意的是，2008 年 2 月，中国与俄罗斯在日内瓦裁军会议上共同提交了《防止在外空部署武器、对外空物体使用或威胁使用武力条约（草案）》。该条约草案旨在弥补现行外层空间法的漏洞，禁止在太空部署任何类型的武器，禁止对太空目标使用或威胁使用武力，确保太空物体完好无损，巩固各方安全，加强军备监控等。2014 年 6 月，中俄两国在听取和借鉴各方意见和建议的基础上，又提交了新的条约草案。该条约草案得到了许多发展中国家的响应和支持，但美国和欧盟以该条约草案未规定核查机制、未禁止反卫星试验、未禁止打击卫星的地面武器等为由表示反对。目前谈判重新启动时间未定。

思考与探索

空间法作为国际法的一个新分支，产生的时间并不长。一方面，有关人类空间活动的许多法律问题尚未解决；另一方面，伴随着科学技术的进步和人类外空活动的增多，新的法律问题还在不断涌现。因此，空间法有着广阔的发展前景，值得我们研究的问题很多，如卫星遥感地球问题、外空使用核动力源问题、卫星直接电视广播问题、外层空间商业化活动的国际法问题、航天开发国际法律责任问题、空间环境保护问题、太空垃圾（人造卫星碎片）的监测与处置问题、空间站的法律地位问题、对外空军事化利用的法律规制问题、空间物体在外空的运行规则以及外空信号的干扰问题等。

复习题

1. 关于空气空间与外层空间的分界问题，主要有哪几种学说？你的看法如何？
2. 试述空气空间和外层空间的法律地位。
3. 试比较《东京公约》《海牙公约》和《蒙特利尔公约》。
4. 论外层空间法的基本原则。
5. 试述外层空间法律制度的主要内容。

第九章　国际人权法

引　言

2006 年 6 月，联合国人权理事会首届会议在日内瓦万国宫举行。中国外交部副部长代表中国政府提出开创国际人权事业新局面五项主张。这次会议通过了 13 个文件，涉及反对强迫消失、土著人民权利、发展权、巴勒斯坦和阿拉伯被占领土人权状况、煽动种族和宗教仇恨、扣押人质等问题。会议决定成立两个工作组，分别负责细化普遍定期审议机制和评估前人权委员会下属机构的工作，并决定特别延长前人权委员会下属所有机构一年期限。那么，人权理事会与人权委员会有何区别？中国当选联合国人权理事会成员意味着什么？这些都是本章所要回答的问题。

第一节　概　　述

一、人权的概念与特征

关于什么是人权，学术界存在很大的分歧。例如，英国学者米尔恩（A. J. M. Milne）认为，人权是最低限度普遍道德权利，而联合国《世界人权宣言》体现的是西方社会的价值和制度，这"在许多国家，尤其是在组成所谓'第三世界'的国家，这种理想标准无可避免地成为乌托邦"[1]。而美国学者亨金主张："所谓'人权'，我的意思仅仅指依照当代共同意见，每个人都要对他的社会和政府提出的或被认为应当提出的那些道德上的和政治上的要求。现代国际文件——《世界人权宣言》和一些国际协定——已列举了这些要求。"[2] 可以说，目前还不存在被普遍接受的人权的定义。

不过，一般认为人权是指每个人都享有或应该享有的基本权利。人权具有以下特征：

第一，人权具有普遍性。人权是一种应当被普遍尊重和遵行的价值，这种价值的存在和实现对于任何国家、种族和民族的任何人是没有区别的，因而它具有普遍的属性。例如，按照《世界人权宣言》第 2 条、《经济、社会、文化权利国际盟约》第 2 条第 2 款和《公民及政治权利国际盟约》第 2 条第 1 款的规定，人人都应当享有基本人权，不因种族、肤色、性别、语言、宗教、政见或其他主张、国籍或门第、财产、出生或其他身份等而受歧视。

第二，人权既有绝对性，又有相对性。基本人权是人固有的不可让渡、不可剥夺和不

---

[1]　[英] A. J. M. 米尔恩：《人的权利与人的多样性——人权哲学》，夏勇、张志铭译，中国大百科全书出版社 1995 年版，第 3 页。

[2]　[美] 路易斯·亨金、王晨光：《人权概念的普遍性》，《中外法学》1993 年第 4 期。

可动摇的权利，因而具有绝对性；但人权从根本上讲又受到法律的限制，因而具有相对性。因为如果不对人权加以限制，就可能出现滥用权利危害社会的现象。在国际人权文件中，对人权的行使既有概括性的限制，也有具体的限制。

第三，人权是权利和义务的统一。没有无义务的权利，也没有无权利的义务。人权作为权利，也是相对于义务而言的。处于一定社会关系中的人在享有某项权利时，必有他人尽相应的义务，其权利才能成为现实的权利。没有义务，权利便无从谈起；没有权利，义务便不复存在。

二、国际人权法的定义及历史发展

国际人权法（International Human Rights Law）是国际法的一个新分支，它是指有关人权国际保护的国际法原则、规则和制度的总称。①

人权是历史发展的产物。人权的概念，是 17—18 世纪资产阶级革命时期提出来的。当时，人权被视为人的天赋的、基本的和不可剥夺的权利。例如，1776 年美国《独立宣言》宣称："一切人生来就是平等的，他们被造物主赋予他们固有的、不可转让的权利，其中有生命、自由以及追求幸福的权利。"1789 年法国国民议会在其通过的《人权与公民权宣言》中宣布，人们生来且始终是自由平等的，人的自然权利就是自由、财产、安全和反抗压迫。

第一次世界大战以后，人权问题开始引起世界各国的广泛关注，人权问题也开始由国内法领域进入国际法的调整范围。在国际联盟的主持下，国际社会制定了几项有关人权的国际公约，如 1926 年《禁奴公约》和 1930 年《禁止强迫劳动公约》等。第二次世界大战期间，由于德、意、日法西斯大规模践踏基本人权，引起了世界人民的义愤，进一步激起了国际社会用国际法保护基本人权与自由的强烈愿望，因此，1945 年《联合国宪章》第一次将人权规定在一个普遍性的国际组织的文件中，并将"增进并激励对于全体人类之人权及基本自由之尊重"列为联合国的宗旨之一。联合国大会 1948 年通过的《世界人权宣言》和 1966 年通过的《经济、社会、文化权利国际盟约》与《公民及政治权利国际盟约》，被统称为"国际人权宪章"。"国际人权宪章"的问世，具有划时代的意义，它标志着国际人权法的初步形成。

第二节　国际人权宪章

一、《联合国宪章》中有关人权保护的规定

早在 1941 年 8 月，美国总统罗斯福和英国首相丘吉尔在其签署的《大西洋宪章》中，就强调和重申了人权。1942 年 1 月，包括中、美、英、苏在内的 26 个对法西斯作战的国家，在华盛顿签署了《联合国家宣言》。该宣言声称："深信为保卫生存、自由、独

---

① 美国学者托马斯·伯根索尔（Thomas Buergenthal）将"国际人权法"界定为处理保护受国际保证的个人和团体的权利不受政府侵犯以及处理促进这些权利发展的法律。参见［美］托马斯·伯根索尔：《国际人权法概论》，潘维煌、顾世荣译，中国社会科学出版社 1995 年版，第 1 页。

立与宗教自由，并保全其本国与其他各国中的人权与正义起见，完全战胜敌国，实有必要。"

1945 年 6 月订立的《联合国宪章》（以下简称《宪章》），包含了人权保护规定的一些条款。例如，《宪章》的序言开宗明义地宣布："欲免后世再遭今代人类两度身历惨不堪言之战祸，重申基本人权，人格尊严与价值，以及男女与大小各国平等权利之信念。"《宪章》第 1 条规定，作为联合国的宗旨之一，是"促成国际合作，以解决国际间属于经济、社会、文化及人类福利性质之国际问题，且不分种族、性别、语言或宗教，增进并激励对于全体人类之人权及基本自由之尊重"。为了实现这一宗旨，《宪章》在第 13 条把"促进经济、社会、文化、教育及卫生各部门之国际合作，且不分种族、性别、语言或宗教，助成全体人类之人权及基本自由之实现"列为联合国大会的主要职责之一。

《宪章》第 55 条又规定："联合国应促进……全体人类之人权及基本自由之普遍尊重与遵守，不分种族、性别、语言或宗教。"《宪章》第 56 条进一步规定："各会员国担允采取共同及个别行动与本组织合作，以达成第 55 条所载之宗旨。"《宪章》第 62 条把"为增进全体人类之人权及基本自由之尊重及维护"作为经济及社会理事会的职权之一，并在第 68 条规定："经济及社会理事会应设立经济与社会部门及以提倡人权为目的之各种委员会，并得设立于行使职务所必需之其他委员会。"1946 年设立的国际人权委员会就是以此为法律依据的。此外，《宪章》第 76 条还把"不分种族、性别、语言或宗教，提倡全体人类之人权及基本自由之尊重"作为联合国托管制度的目的之一。

二、《世界人权宣言》

由于《宪章》并没有说明"人权与基本自由"的具体内涵，因此，1948 年 12 月 10 日，联合国大会以 48 票赞成、0 票反对和 8 票弃权通过了《世界人权宣言》（Universal Declaration of Human Rights，以下简称《宣言》），对人权的范围作了较为详尽的说明。此后，每年的 12 月 10 日被联合国定为"世界人权日"。

《宣言》包括序言和 30 个条文。序言指出，"鉴于各联合国国家的人民已在联合国宪章中重申他们对于基本人权、人格尊严和价值以及男女平等权利的信念，并决心促成较大自由中的社会进步和生活水平的改善……（联合国）大会发布这一世界人权宣言，作为所有人民和所有国家努力实现的共同标准"。《宣言》第 1 条宣告："人皆生而自由，在尊严及权利上均各平等。人各赋有理性良知，诚应和睦相处，情同手足。"第 2 条规定："人人皆得享受本宣言所载之一切权利与自由，不分种族、肤色、性别、语言、宗教、政见或其他主张、国籍或门第、财产、出生或他种身份。"

《宣言》第 3—27 条涉及具体的公民权利和政治权利以及经济、社会和文化权利。这些权利包括：（1）生命权、自由权和人身安全权；（2）禁止奴役、奴隶制和奴隶贩卖；（3）禁止酷刑、不人道待遇或处罚；（4）享有法律主体权；（5）在法律上一律平等，并享受法律的平等保护；（6）享受司法救济的权利；（7）不容加以无理逮捕、拘禁或放逐的权利；（8）享受独立、公正、公开审判的权利；（9）任何人之私生活、家庭、住所或通信不容无理侵犯，其荣誉及信用也不容侵害；（10）自由迁徙和择居权；（11）寻求庇护权；（12）国籍权；（13）结婚及建立家庭权；（14）财产权；（15）思想、良心与宗教自由权；（16）言论自由权；（17）集会结社权；（18）自由选举和参加本国公务权；

（19）享受社会保障权；（20）工作权、同工同酬权、组织及参加工会权；（21）休息权；（22）享受衣、食、住、行、医等社会服务权；（23）受教育权；（24）自由参加社会文化生活、欣赏艺术并共享科学进步及其利益权。

《世界人权宣言》所宣示的个人人权，并非毫无限制。《宣言》第 29 条规定："一、人人对于社会负有义务，因为只有在社会中他的个性才可能得到自由和充分的发展；二、人人于行使其权利及自由时仅应受法律所定之限制，且此种限制之唯一目的应在确认及尊重他人之权利与自由并谋符合民主社会中道德、公共秩序及一般福利所需之公允条件；三、此等权利与自由之行使，无论在什么情形下，均不得违反《联合国宪章》之宗旨及原则。"

总之，《世界人权宣言》较全面地规定了人权的具体内容。尽管作为联合国大会通过的决议，《世界人权宣言》本身并不当然具有法律上的约束力，但《宣言》被认为是对《联合国宪章》中关于"人权与基本自由"概念的具体解释。由于《宣言》的内容不断被联合国大会的决议所提及；不少国家在制定宪法和其他立法活动中，都引用或吸收了《世界人权宣言》，将其视为范本，因此，有学者认为宣言中的内容、原则已经成为习惯国际法的一部分。《世界人权宣言》具有重要的历史意义，它是第一个系统地提出尊重和保护基本人权具体内容的国际文件，对第二次世界大战后国际人权活动的开展发挥了积极的推动作用。"该宣言一直以来成为区域性组织及联合国在人权领域内进一步进行国际立法的基础，国际人权条约经常在其序言中引用该宣言。"[①]

三、《经济、社会、文化权利国际盟约》

由于《世界人权宣言》没有公认的法律约束力，因此要把人权宣言中规定的人权内容变成法律规则，必须另外订立条约。1966 年 12 月 16 日，联合国大会通过了第 2200（XXI）号决议，制定了《经济、社会、文化权利国际盟约》（International Covenant on Economic, Social and Cultural Rights）和《公民及政治权利国际盟约》（International Covenant on Civil and Political Rights）（以下简称"国际人权两公约"）。前者于 1976 年 1 月 3 日生效，我国于 1997 年 10 月 27 日签署该公约，2001 年 2 月，我国批准该公约；后者于 1976 年 3 月 23 日生效，我国于 1998 年 10 月 5 日签署该公约。

《经济、社会、文化权利国际盟约》包括前文和五编，共 31 条。

第一编仅一条（第 1 条），该条规定："所有民族均享有自决权，根据此种权利，自由决定其政治地位及自由从事其经济、社会与文化之发展。""所有民族得为本身之目的，自由处置其天然财富及资源，……无论在何种情形下，民族之生计，不容剥夺。"

第二编（第 2—5 条）规定了国家为实现该公约而承担的义务。

第三编（第 6—15 条）规定了个人应享受的具体的经济、社会和文化权利，主要包括：工作权（第 6 条）；享受公平与良好的工作条件的权利（第 7 条）；组织工会和罢工的权利（第 8 条）；享受社会保障（包括社会保险）的权利（第 9 条）；对家庭包括对母亲和儿童应给以尽可能广泛的保护和协助（第 10 条）；人人有获得相当的生活水准的权利，人人有免受饥饿的基本权利（第 11 条）；人人有享受可能达到的最高标准的身体与精神健康的权

---

① 国际人权法教程项目组编：《国际人权法教程》（第一卷），中国政法大学出版社 2002 年版，第 49 页。

利（第 12 条）；人人有受教育的权利（第 13、14 条）；人人有参加文化生活、享受科学进步及其应用所产生的利益的权利（第 15 条）。缔约国还应采取必要的办法以保存、发扬及传播科学与文化，并应尊重科学研究及创作活动所不可缺少之自由（第 15 条）。

第四编（第 16—25 条）规定了实施问题，主要是要求各缔约国提出关于在遵行该公约所承认的权利方面所采取的措施和所取得的进展的报告。例如，第 16 条规定各缔约国就促进遵守该公约所载之权利所采取的措施及所获之进展，向联合国秘书处提具报告书，再由秘书长将其副本送交经济及社会理事会审议。

第五编（第 26—31 条）为最后条款，主要规定该公约的签署、批准、加入、生效、修正、作准文本等。

四、《公民及政治权利国际盟约》

《公民及政治权利国际盟约》包括前文和六编，共 53 条。

第一编只有一条（第 1 条），其规定与《经济、社会、文化权利国际盟约》的第一编完全相同。

第二编（第 2—5 条）是一般性条款，其规定与《经济、社会、文化权利国际盟约》的第二编基本相同。不过，该编除了规定不歧视条款和男女平等权条款以外，还着重规定了克减条款和不得克减条款。

第三编（第 6—27 条）规定了具体的公民权利和政治权利，主要包括：生存权和生命权（第 6 条）；禁止酷刑和不人道的待遇或惩罚（第 7 条）；禁止奴隶制、奴隶贩卖，免于奴役和强迫劳动（第 8 条）；人人有享有身体自由及人身安全的权利（第 9 条）；被剥夺自由者享有人道主义待遇权（第 10 条）；禁止债务监禁（第 11 条）；迁徙和择居自由（第 12 条）；外国人免于非法驱逐的自由（第 13 条）；法庭面前人人平等，公正审判权（第 14 条）；罪刑法定原则和法律不溯及既往原则（第 15 条）；人人在任何所在有被承认为法律人格的权利（第 16 条）；个人私生活、家庭、住宅、通信不受无理侵扰的权利（第 17 条）；人人有思想、信念及宗教的自由（第 18 条）；言论和接受信息自由（第 19 条）；禁止鼓吹战争的宣传和煽动民族、种族或宗教仇恨（第 20 条）；和平集会权（第 21 条）；人人有自由结社的权利（第 22 条）；成年男女有自主结婚和成立家庭的权利（第 23 条）；儿童享受保护权（第 24 条）；选举权和被选举权（第 25 条）；人人在法律上一律平等，并受法律平等保护（第 26 条）；种族、宗教或语言少数团体有享受其固有文化、信奉躬行其固有宗教或使用其固有语言的权利（第 27 条）。

第四编（第 28—45 条）规定了人权事宜委员会（以下简称"委员会"）的设立、组成和职权等。按照该盟约的规定，委员会由 18 人组成，其委员应为缔约国的国民，品格高尚且在人权问题方面声誉卓著，以个人资格当选任职（第 28 条）。以无记名的投票方式选举委员（第 29 条）。委员会不得有委员一人以上为同一国家之国民；选举委员时应考虑到地域公均分配，并确能代表世界不同文化及各主要法系（第 31 条）。委员会有权接受并审议一缔约国指称另一缔约国不履行公约义务的来文，但需待双方当事国均已声明委员会有此权利（第 41 条）。

第五编（第 46—47 条）是关于公约的解释条款。

第六编（第 48—53 条）为最后条款，主要规定了盟约的批准、加入、生效和修正等。

值得注意的是，《公民及政治权利国际盟约》有两个任择附加议定书。《公民及政治权利国际盟约任择议定书》（Optional Protocol to the International Covenant on Civil and Political Rights）（即第一附加议定书），于 1966 年 12 月 16 日与两个人权公约同时在联合国大会通过并开放签字，1976 年 3 月 23 日开始生效。该议定书的主要内容是设立"人权事宜委员会"的有关事项。1989 年 12 月 15 日，联合国大会又通过了旨在废除死刑的《公民及政治权利国际盟约第二任择议定书》。该议定书已于 1991 年 7 月 11 日生效。

与《世界人权宣言》相比较，《经济、社会、文化权利国际盟约》和《公民及政治权利国际盟约》最大的不同点是，其都在第 1 条中规定了自决权。此外，这两个公约都未提到财产权，而《世界人权宣言》第 17 条则有关于财产权的规定。

总之，国际人权两公约规定的权利要比《世界人权宣言》更具体和详细，同时它还增加了一些新内容。例如，《公民及政治权利国际盟约》第 11 条规定，"任何人不得仅因无力履行契约义务，即予监禁"，而《世界人权宣言》中则没有类似的禁止债务监禁的条款。又如，《公民及政治权利国际盟约》第 20 条还规定了禁止鼓吹战争的宣传和煽动民族、种族或宗教仇恨。可见，国际人权两公约"是对《世界人权宣言》内容的进一步完善和法律化。国际人权两公约把宣言中各国表达出来的有关人权问题的协调意志转变成了协定国际人权法，使之对缔约国产生了法律约束力。这标志着人权保护在国际上从无法状态进入了有组织、有法的时代"[①]。

第三节　区域性国际人权公约

区域性国际人权公约是指由区域性国际组织通过的或主持制定的有关普遍性和专门性人权的公约，如《欧洲人权公约》《美洲人权公约》《非洲人权和人民权利宪章》等。

一、《欧洲人权公约》

1950 年 11 月 4 日，欧洲理事会成员国外交部长在罗马签署了《欧洲保护人权与基本自由公约》（European Convention on the Protection of Human Rights and Fundamental Freedoms），即《欧洲人权公约》（European Convention on Human Rights）。1953 年 9 月 3 日，该公约正式生效。

《欧洲人权公约》是第二次世界大战后出现的第一个区域性人权公约。该公约的序言明确指出，签订该公约的目的在于"作为具有共同思想和具有共同的政治传统、理想、自由与政治遗产的欧洲各国政府，决定采取首要步骤，以便集体施行世界人权宣言中所述的某些权利"。

《欧洲人权公约》共分五章，总计 66 条。根据该公约第 1 条的规定，各缔约国负有义务在其管辖范围内为每个人保护公约所规定的权利和自由。这些权利包括：生命权；禁止施以酷刑或予以残忍、不人道或侮辱的待遇或惩罚；禁止奴隶制、奴役或强迫劳动；享有自由和人身安全的权利；在民事和刑事审判中，享有公正或公开审判和其他保障的权利；隐私权和家庭生活权；住所和通讯、思想、良心和宗教的自由；言论自由；和平集会

---

① 梁西主编：《国际法》（修订第二版），武汉大学出版社 2000 年版，第 329—330 页。

和结社的自由；结婚和建立家庭权。可见，该公约所保护的人权权利与《世界人权宣言》的内容相似。

《欧洲人权公约》签订后，该公约缔约国又通过一系列的议定书，进一步补充、扩大和修改该公约的内容。截至 2011 年 8 月，《欧洲人权公约》已有 14 个议定书①，内容包括增加财产权、受教育权、禁止债务监禁、废除和平时期的死刑制度、错案赔偿制度、一般性非歧视条款、允许个人或非政府组织和个别团体将案件提交法院以及独任法官庭，等等。

为了使公约被更好遵守，该公约设立了两个机构：欧洲人权委员会（European Commission of Human Rights）和欧洲人权法院（European Court of Human Rights）。

欧洲人权委员会是根据该公约第 19 条成立的常设机构，由与缔约国数相等数目的委员组成。委员任期为 6 年，独立行使职权，并非国家的代表。该委员会主席由委员会成员自行选举产生。该委员会可以处理缔约国间指控对方违反公约的事项，也可以受理个人、非政府组织或个别团体提出的申诉。

欧洲人权法院也是根据该公约第 19 条成立的常设司法机构，由同欧洲理事会成员数相等数目的法官组成，但不得有两名法官为同一国家的国民，法官由欧洲理事会的咨询大会以多数票选出，任期 9 年，可连选连任。法官以个人资格独立行使职务，并且在任职期间不得担任同法官的公正性和独立性不相符合的任何职务。该法院的主要职责为审理缔约国和欧洲委员会所委托的涉及解释和适用该公约的所有案件。个人不得直接在法院提起诉讼，只有先经过欧洲人权委员会的审查并认为有必要，才能将有关案件送到该法院。然而，根据 1990 年 11 月 6 日签订的第九议定书第 3 条、第 5 条的规定，允许个人、非政府组织和个别团体将案件提交欧洲人权法院。

《欧洲人权公约》是上述三个区域性人权公约中缔约国数占所属地区国家数比例最大的公约，它有效地推动了欧洲人权运动的发展。《欧洲人权公约》"所建立的解决争端的程序和系统是当今区域性国际人权争端解决程序中最有效的"②。

由于《欧洲人权公约》的内容主要限于政治权利和公民权利，并未重视社会成员的经济、社会和文化权利，为了弥补这一缺陷，1961 年 10 月 8 日，欧洲理事会的成员国又通过了《欧洲社会宪章》，确认了一些经济和社会权利及其实施标准。2007 年 12 月，欧洲议会、欧盟理事会和欧洲委员会颁布实施了《欧盟基本权利宪章》，这是欧洲历史上第一份将公民、政治、经济、社会和文化等所有人权和基本自由都包括在内的人权文件。③

二、《美洲人权公约》

1948 年 5 月，第九次泛美会议通过了《美洲人的权利与义务宣言》。该宣言与《世界人权宣言》一样，没有法律约束力。1969 年 11 月 22 日，美洲国家间人权特别会议在哥斯达黎加的圣约瑟通过了《美洲人权公约》（American Convention on Human Rights），又称《圣约瑟公约》（Pact of San Jose）。该公约于 1979 年 7 月 18 日生效。

① 《欧洲人权公约第 14 议定书》于 2004 年 5 月开放签署，2010 年 6 月生效。
② 万鄂湘、郭克强：《国际人权法》，武汉大学出版社 1994 年版，第 159 页。
③ 参见白桂梅：《国际法》（第三版），北京大学出版社 2015 年版，第 315 页。

《美洲人权公约》除序言外，分 11 章，共计 82 条。该公约序言指出："承认人的基本权利的来源并非由于某人是某一国家的公民，而是根据人类人格的属性。"该公约规定了应给予保护的公民和政治权利，其中包括：法律人格权；生命权；受人道待遇的权利；不受奴役的自由；个人自由权；公平审判的权利；不受有追溯力法律约束的权利；接受赔偿的权利；享受私生活的权利；良心、宗教、思想和言论自由；答辩的权利；集会的权利；结社的自由；家庭的权利；姓名权；儿童的权利；国籍权；财产权；迁移和居住的自由；参加政府的权利；平等受法律保护的权利；司法保护的权利。上述所有权利和自由都应不加歧视地予以尊重。

为履行公约，该公约对美洲国家间人权委员会（Inter-American Commission on Human Rights）和美洲国家间人权法院（Inter-American Court of Human Rights）作了专门规定。

美洲国家间人权委员会是在《美洲人权公约》制定之前就已存在的机构。它是美洲国家组织的附属机构，成立于 1959 年。该委员会由美洲国家组织大会选出，应代表美洲国家组织所有成员国。委员会固定由 7 人组成，他们应具备崇高的道德品质并且是公认的在人权方面有资格的人士。委员任期 4 年，只能连任一次。美洲国家间人权委员会的主要职责是促进尊重和保护人权。该委员会可以在未经当事国提出要求或接受个人申诉的情况下，主动对受指控国进行任何违反人权事项的调查，以便争端能尽早地得到公正解决。

美洲国家间人权法院由 7 位法官组成，他们都应是美洲国家组织成员国国民，都应从具有最高道德权威和在人权方面公认的有资格的法学家中，以个人身份选举产生，但不得有两名法官为同一国家的国民。法官以秘密投票方式，由《美洲人权公约》的缔约国选出。法院法官任期 6 年，只能连任一次。按照《美洲人权公约》第 61 条的规定，只有国家和美洲国家间人权委员会有权向法院提交案件，个人没有诉讼权。根据《美洲人权公约》第 62 条的规定，法院对于缔约国的诉讼管辖权是任意性的，取决于案件当事国是否事先通过特别声明或特别协议表示承认。此外，美洲国家间人权法院还可以对该公约规定的人权问题提出咨询意见。

值得一提的是，1988 年 11 月 7 日，美洲国家组织大会一致通过了《美洲人权公约关于经济、社会和文化权利附加议定书》（即《圣萨尔瓦多议定书》，Protocol of San Salvador），具体规定了有关经济、社会和文化权利的内容，并强调要设立制度化机构以妥善保护这些权利。该议定书已于 1999 年 11 月生效。

三、《非洲人权和民族权宪章》

1981 年 6 月 26 日，非洲统一组织国家和政府首脑会议在肯尼亚首都内罗毕通过了《非洲人权和民族权宪章》（African Charter on Human and Peoples' Rights）。该宪章于 1986 年 10 月 21 日生效。它是最能全面代表发展中国家有关人权的观点和立场的区域性国际公约。

《非洲人权和民族权宪章》包括序言和四章内容，共计 68 条。该宪章在序言中重申，"从非洲根除一切形式的殖民主义，协调并加强它们之间的合作与努力以改善非洲各国人民的生活，且适当地顾及《联合国宪章》和《世界人权宣言》促进国际间合作的庄严誓约"。该宪章受到联合国人权文件和非洲传统的影响。

《非洲人权和民族权宪章》有四大特点："首先，宪章宣布的不仅是权利，还有义务。其次，它不仅规定个人权利，还规定人民的权利。再次，除了保障公民权利和政治权利外，它还保障经济、社会和文化权利。最后，条约是以这样一种方式拟就，即在行使它所宣布的权利时，允许缔约国对此加以非常广泛的限制。"①

《非洲人权和民族权宪章》规定的个人权利有：平等权，生命权和人格权，尊严权，人身自由和安全权，听审权，良心、信仰和宗教的自由，接受信息权，自由结社权，集会权，自由迁徙和居留权，自由地参与管理本国权，财产权，工作权，健康权，受教育权，家庭权，等等。②

《非洲人权和民族权宪章》还用一系列的条文规定了民族的权利，主要包括：民族平等权；民族生存权、自决权；各民族自由处置其天然财富和资源的权利；各民族的经济、社会和文化的发展权；各民族均享有国际国内的和平与安全的权利；各民族均有权享有一个有利于其发展的普遍良好的环境；等等。

为了促进和保护人权，《非洲人权和民族权宪章》第 30 条规定设立非洲人权与民族权委员会（African Commission on Human and Peoples' Rights，以下简称"委员会"）。委员会由 11 人组成，他们应是从具有最高声望且在人权和民族权问题上以道德高尚、诚实正直、公正无私和能力胜任而著称的非洲人中选举出来，同时应考虑选任若干有法律经验的人士。委员会委员以个人资格当选任职。委员会不得有委员一人以上为同一国家之国民。委员由国家和政府首脑会议通过不记名投票选举产生。委员任期为 6 年，且有资格连选连任。委员会选举其主席和副主席，任期为两年。主席和副主席均可连选连任。

非洲人权与民族权委员会的职能主要包括：（1）促进人权和民族权；（2）保证人权和民族权在《非洲人权和民族权宪章》拟定的条件下受到保护；（3）应缔约国、非洲统一组织的机构或者经非洲统一组织认定的非洲组织之请求，解释《非洲人权和民族权宪章》之一切条款；（4）执行国家和政府首脑会议委托给它的任何其他任务。此外，委员会可以诉诸任何适当的调查方法。它可以接受非洲统一组织秘书长或任何其他能够给委员会以指导的人的来文。个人或国家都可以向该委员会提出控诉。对违反人权的控诉，非洲人权与民族权委员会注重用友好协商的方式加以解决。

值得注意的是，2006 年 7 月非盟第七届首脑会议决定正式成立非洲人权法院。非洲人权法院由 11 名法官组成，法官任期为 6 年，可连选连任一次。该法院有审判、调解和咨询三项职能，并拥有诉讼管辖权、调解管辖权和咨询管辖权。该法院的判决是终局性的，但法院可以依照程序规则规定的条件根据新的证据对案件进行重新审查，还可以解释自己的裁决。③ 毋庸置疑，非洲人权法院的建立，是非洲人权保护制度发展的里程碑。然而，由于制度设计的缺陷以及其他因素的影响，非洲人权法院自成立以来运作欠佳。

第四节　人权国际保护的主要内容

人权国际保护的内容十分广泛。按照目前主要的国际人权公约的规定，人权国际保护的内容一般分为三大类：个人的基本权利与自由、集体人权以及专门领域的人权国际保护。

---

① ［美］托马斯·伯根索尔：《国际人权法概论》，潘维煌、顾世荣译，中国社会科学出版社 1995 年版，第 105 页。
② 参见《非洲人权和民族权宪章》第 3—18 条。
③ 参见赵海峰等：《国际司法制度初论》，北京大学出版社 2006 年版，第 98—110 页。

一、个人的基本权利与自由

根据"国际人权宪章"和一些区域性国际人权公约的规定，个人的基本权利与自由主要包括个人的公民权利和政治权利以及个人的经济、社会和文化权利，如平等权、财产权、自由迁徙和居留权，等等。其具体内容，已在本章的前面作了阐述，在此不再赘述。

二、集体人权

集体人权主要包括：发展权、民族自决权、环境权、和平权以及人类共同继承财产权等。

发展权既是一项独立的人权，也是实现其他人权的前提。无论个人还是国家，都可以将它视为取得、实现人权之必要手段的前提性权利。联合国秘书长在他的《发展权作为一项人权的国际意义》报告中指出，"实现人类与社会相协调的潜在能力应视为发展的主要目的"，"人应视为发展进程的主体而不是客体"。

第一次尝试给发展权下定义的是塞内加尔最高法院院长凯巴·麦巴耶（Keba M'Baye）。1970 年，他在斯特拉斯堡人权国际研究所的演讲中提出发展权是一项人权的论点。他认为所有的基本权利和自由必然与生存权、不断提高生活水平权联系在一起，也就是与发展权相联系。发展权是一项人权，因为人类没有发展就不能生存。1977 年，联合国人权与和平司司长卡列尔·瓦萨克将发展权归入一种新的人权，称为人权的"第三代"。根据他的理论，第一代人权主要指某些政治和公民权利，基于这些权利，国家不得干涉个人的某些自由；第二代人权主要指那些需要国家积极参与来实现的社会、经济和文化权利；第三代人权，包括团结的权利，其中不仅包括发展权，也包括和平权，争取一个健康的、生态平衡的环境的权利以及人类共同继承财产的权利。

1979 年 1 月，联合国人权委员会通过一项决议，重申发展权是一项人权，并指出"发展机会均等，既是国家的权利，也是国家内个人的权利"。同年，联合国大会通过的一项决议反映了人权委员会的观点："发展权利是一项人权，平等的发展机会既是各个国家的特权，也是各国国内个人的特权。"

1986 年 12 月，联合国大会通过的《发展权宣言》（Declaration on the Right to Development）提出"发展是经济、社会、文化和政治的全面进程，其目的是在全体人民和所有个人积极、自由和有意义地参与发展及其带来的利益的公平分配的基础上，不断改善全体人民和所有个人的福利"，使发展权的概念演变为一项综合性的权利，而不仅仅限于经济方面。发展权"意味着充分实现民族自决权，包括在关于人权的两项国际公约的有关规定的限制下对他们的所有自然资源和财富行使不可剥夺的完全主权"，这种提法是将民族自决和自然资源的主权看作发展的基础。值得注意的是，1993 年 4 月 2 日通过的《亚洲世界人权会议区域性会议最后宣言》（即《曼谷宣言》）指出，国家政府有权将发展目标摆在优于其他人权政策的位置。

三、专门领域的人权国际保护

专门领域的人权国际保护是由专门性国际人权公约加以规定的。专门性国际人权公约是指由联合国系统主持制定的关于尊重和保护某类个人或某类权利的特殊性国际公约和议定书。这方面的国际公约大约有三十多个，比较重要的有：1948 年《防止及惩治灭绝种族罪公约》、1951 年《关于难民地位的公约》、1953 年《关于修订 1926 年国际禁奴公约的议定书》、1954 年《关于无国籍人地位的公约》、1956 年《废止奴隶制、奴隶贩卖及类似奴隶制之制度与习俗补充公约》、1961 年《关于减少无国籍状况的公约》、1965 年《消除一切形式种族歧视国际公约》、1967 年《难民地位议定书》、1973 年《禁止并惩治种族隔离罪行国际公约》、1979 年《消除对妇女一切形式歧视公约》、1984 年《禁止酷刑和其他残忍、不人道或有辱人格的待遇或处罚公约》、1989 年《儿童权利公约》和 2006 年《残疾人权利公约》等。

（一）防止及惩治灭绝种族罪

1948 年 12 月 9 日，联合国大会通过了《防止及惩治灭绝种族罪公约》（Convention on the Prevention and Punishment of the Crime of Genocide）。该公约是联合国主持制定的第一个人权问题的国际公约，于 1951 年 1 月 12 日正式生效。

该公约共计 19 条。第 1 条首先确认灭种行为系"国际法上之一种罪行"。第 2 条将灭绝种族界定为，"蓄意全部或局部消灭某一民族、人种、种族或宗教团体，犯有下列行为之一者：（甲）杀害该团体之成员；（乙）致使该团体之成员在身体上或精神上遭受严重伤害；（丙）故意使该团体处于某种生活状况下，以毁灭其全部或局部之生命；（丁）强制施行办法意图防止该团体内之生育；（戊）强迫转移该团体之儿童至另一团体"。该公约还规定，"下列行为应予惩治：（甲）灭种；（乙）预谋灭种；（丙）直接公然煽动灭种；（丁）意图灭种；（戊）共谋灭种"。缔约国承允，各依照其本国宪法制定必要的法律，以实施该公约的各项规定，而对于犯灭种罪或有上述所列的行为之一者，无论其为依宪法负责之统治者、公务员或私人，均应惩治之。

（二）废止奴隶制、奴隶贩卖及类似奴隶制之制度与习俗

早在 1926 年 9 月 25 日，国际联盟就主持制定了《废除奴隶制及奴隶贩卖之国际公约》，并对奴隶制作了如下的界定，"奴隶制是指对一人行使附属于所有权之任何或一切权力之地位或状况"。1953 年 12 月 7 日，联合国大会通过了《关于修正废除奴隶制及奴隶贩卖之国际公约的议定书》。

1956 年 9 月 7 日，联合国又主持制定了《废止奴隶制、奴隶贩卖及类似奴隶制之制度与习俗补充公约》。该公约包括序言和六编内容，共计 15 条。按照公约的规定，奴隶贩卖是指"意在使一人沦为奴隶之掳获、取得或处置行为；以转卖或交换为目的取得奴隶之一切行为；将以转卖或交换为目的所取得之人出卖或交换之一切处置行为；及，一般而论，以任何运送方式将奴隶贩卖或运输之一切行为"。禁奴的范围不仅包括债务质役、农奴制，而且包括包办或买卖婚姻、转让妻子、妻子在丈夫亡故后由他人继承、将未满 18 岁的少年或儿童交给他人以供利用或剥削其劳力等制度或习俗。

（三）消除一切形式种族歧视

1963 年 11 月 20 日，联合国大会通过了《联合国消除一切形式种族歧视宣言》。该宣言指出，"鉴于任何种族差别或种族优越的学说在科学上均属错误，在道德上应受谴责，在社会上实为不公，且有危险，无论在理论上或实践上均不能为种族歧视辩解"；"深信一切形式的种族歧视，尤其是基于种族优越偏见或种族仇恨的政府政策，除构成基本人权的侵害外，亦足以妨碍人民间的友好关系、国家间的合作以及国际和平及安全"。

1966 年 3 月 7 日，联合国又制定了《消除一切形式种族歧视国际公约》（International

Convention on the Elimination of All Forms of Racial Discrimination）。该公约于 1969 年 1 月 4 日正式生效。

该公约除前言外，包括三部分内容，共计 25 条。该公约第 1 条将种族歧视定义为："基于种族、肤色、世系或原属国或民族本源之任何区别、排斥、限制或优惠，其目的或效果为取消或损害政治、经济、社会、文化或公共生活任何其他方面人权及基本自由在平等地位上之承认、享受或行使。"该公约第 2 条还规定，各缔约国有义务"立即以一切适当方法实行消除一切形式种族歧视与促进所有种族间之谅解之政策"；"不对人、人群或机关实施种族歧视行为或习例"；"对任何人或组织所施行之种族歧视不予提倡、维护或赞助"；"宣告凡传播以种族优越或仇恨为根据之思想，煽动种族歧视，以及对任何种族或属于另一肤色或民族本源之人群实施强暴行为或煽动此种行为者……概为犯罪行为，应依法惩处"。

（四）禁止并惩治种族隔离罪行

1973 年 11 月 30 日，联合国大会通过了《禁止并惩治种族隔离罪行国际公约》（International Convention on the Suppression and Punishment of the Crime of Apartheid）。该公约于 1976 年 7 月 18 日正式生效。

该公约除前言外，共计 19 条。该公约第 1 条宣布，"种族隔离是危害人类的罪行，由于种族隔离的政策和办法与类似的种族分离和歧视的政策和办法所造成的不人道行为，都是违反国际法原则，特别是违反《联合国宪章》的宗旨和原则的罪行，对国际和平与安全构成严重的威胁"；"凡是犯种族隔离罪行的组织、机构或个人即为犯罪"。该公约第 2 条规定，"种族隔离的罪行应包括与南部非洲所推行的种族分离和种族歧视的类似政策和办法，是指为建立和维持一个种族团体对任何其他种族团体的主宰地位，并且有系统地压迫他们，而作出的不人道行为"。

该公约所列举的种族隔离行为包括：（1）剥夺一个或一个以上种族团体的一个或一个以上成员的生命和人身自由的权利；（2）对一个或一个以上的种族团体故意加以旨在使其全部或局部灭绝的生活条件；（3）任何立法措施及其他措施，旨在阻止一个或一个以上的种族团体参与该国政治、社会、经济和文化生活者，及故意造成条件，以阻止一个或一个以上这种团体的充分发展，特别是剥夺一个或一个以上种族团体的成员的基本人权和自由；（4）任何旨在按照种族界限分化人民的措施，包括立法措施；（5）剥削一个或一个以上种族团体的成员的劳力，特别是强迫劳动；（6）迫害反对种族隔离的组织或个人，剥夺其基本权利和自由。

按照该公约第 4 条的规定，缔约国承担的义务主要有：（1）采用必要的立法或其他措施来禁止并预防对于种族隔离罪行和类似的分隔主义政策或其表现的鼓励，并惩治触犯此种罪行的人；（2）采取立法、司法和行政措施，按照本国的司法管辖权，对犯或被告发犯上述所列举的行为的人，进行起诉、审判和惩罚，不论这些人是否住在罪行发生的国家的领土内，也不论他们是该国国民抑或其他国家的国民，抑或是无国籍人士。

（五）消除对妇女一切形式歧视

为了实现《联合国宪章》关于男女平等的规定，消除对妇女的歧视，1951 年国际劳工组织大会通过了《关于男女工人同工同酬的公约》，该公约要求每一个成员以适当方法促进并保证男女工人同工同酬的原则对一切工人适用。1952 年，联合国大会通过了《妇女政治权利公约》，该公约于 1954 年 7 月 7 日生效。1967 年，联合国大会通过了《消除对妇女歧视宣言》，该宣言敦促各国政府、非政府组织以及个人尽最大努力，促进男女在法律上以及在日常生活中享有平等的待遇。

1979 年 12 月 18 日，联合国大会通过了《消除对妇女一切形式歧视公约》（Convention on the Elimination of All Forms of Discrimination against Women）。该公约于 1981 年 9 月 3 日正式生效。该公约除前言外，包括六部分内容，共计 30 条。该公约第 1 条规定，"对妇女的歧视"是指"基于性别而作的任何区别、排除和限制，其作用或目的是妨碍或破坏对在政治、经济、社会、文化、公民或任何其他方面的人权和基本自由的承认，以及妇女不论已婚未婚在男女平等的基础上享有或行使这些人权和基本自由"。

根据该公约的有关规定，缔约国有义务：（1）谴责对妇女一切形式的歧视，协议立即采用一切适当办法，推行政策，消除对妇女的歧视；（2）承担在所有领域，特别是在政治、社会、经济、文化领域，采取一切适当措施，包括制定法律，力谋妇女的充分发展和进步，以保证她们在与男子平等的基础上，行使和享有人权和基本自由；（3）采取一切适当措施，改变男女的社会和文化行为模式，以消除因性别分尊卑的观念或基于男女定型任务的偏见、习俗和一切其他方法；（4）采取一切适当措施，保证家庭教育应包括正确了解母性的社会功能和确认教养子女是父母的共同责任，在任何情况下，均应以子女的利益为重；（5）采取一切适当措施，包括制定法律，以打击一切形式的贩卖妇女和迫使妇女卖淫以进行剥削的行为；等等。

（六）禁止酷刑

1975 年 12 月 9 日，联合国大会通过了《保护人人不受酷刑和其他残忍、不人道或有辱人格待遇或处罚宣言》。在此基础上，1984 年 12 月 10 日，联合国大会又通过了《禁止酷刑和其他残忍、不人道或有辱人格的待遇或处罚公约》（Convention against Torture and Other Cruel, Inhuman or Degrading Treatment or Punishment，简称《禁止酷刑公约》）。该公约已于 1987 年 6 月生效。

该公约除前言外，包括三部分内容，共计 33 条。该公约第 1 条规定，"酷刑"是指"为了向某人或第三者取得情报或供状，为了他或第三者所作或涉嫌的行为对他加以处罚，或为了恐吓或威胁他或第三者，或为了基于任何一种歧视的任何理由，蓄意使某人在肉体或精神上遭受剧烈疼痛或痛苦的任何行为，而这种疼痛或痛苦是由公职人员或以官方身份行使职权的其他人所造成或在其唆使、同意或默许下造成的"。

该公约要求：（1）每一缔约国应采取有效的立法、行政、司法或其他措施，防止在其管辖的任何领土内出现酷刑的行为；任何特殊情况，不论为战争状态、战争威胁、国内政局动荡或任何其他社会紧急状态，均不得援引为施行酷刑的理由；上级官员或政府当局的命令不得援引为施行酷刑的理由。（2）每一缔约国应保证将一切酷刑行为定为刑事罪行；每一缔约国应根据上述罪行的严重程度，规定适当的惩罚。（3）如有充分理由相信任何人在另一国家将有遭受酷刑的危险，任何缔约国不得将该人驱逐、遣返或引渡至该国。（4）每一缔约国应采取各种必要措施，确定在下列情况下，该国对酷刑罪有管辖权：这种罪行发生在其管辖的任何领土内，或在该国注册的船舶或飞机上；被控罪犯为该国国民；受害人为该国国民，而该国认为应予管辖。

（七）保护儿童权利

联合国在《世界人权宣言》中宣布，儿童有权享受特别照料和协助。1959 年 11 月 20 日，联合国大会通过了《儿童权利宣言》。该宣言专门列举了 10 项儿童的基本权利，如所有儿童不受歧视地享有宣言列举的一切权利；儿童应受特别保护，应通过法律的方法获得各种机会与便利；儿童有权获得姓名和国籍；儿童有健康成长和发展权；等等。

1989 年 11 月 20 日，联合国大会又通过了《儿童权利公约》（Convention on the Rights of the Child）。该公约已于 1990 年 9 月正式生效。①

该公约包括序言和三部分内容，共计 54 条。该公约第 1 条规定，"儿童"是指 18 岁以下的任何人，除非对其适用之法律规定成年年龄低于 18 岁。

该公约对儿童的权利作了较为具体的规定，主要有：生命权，姓名权，国籍权，尽可能知道谁是其父母并受其父母照料的权利，与家人团聚的权利，对影响到其本人的一切事项自由发表自己的意见的权利，自由发表言论的权利，思想、信仰和宗教自由的权利，结社自由及和平集会自由的权利，隐私、家庭、住宅或通信不受任意干涉或非法干涉的权利，荣誉和名誉不受非法攻击的权利，不受任何形式的身心摧残、伤害或凌辱、忽视或照料不周、虐待或剥削包括性侵犯的权利，享有可达到的最高标准的健康、医疗和康复设施的权利，受教育的权利，等等。

（八）保护残疾人权利

全球约有 6.5 亿残疾人。他们是世界上最大的少数群体。因此，2001 年联合国大会通过了第 56/168 号决议，决定设立特别委员会制定和审议一项保护残疾人权利与尊严的国际公约。2006 年 12 月 13 日，第 61 届联合国大会通过了《残疾人权利公约》（Convention of the Rights of Persons with Disabilities）。该公约已于 2008 年 5 月 3 日生效。

《残疾人权利公约》由序言和包括宗旨、定义、一般原则等在内的 50 个条款组成。该公约的宗旨是促进、保护和确保所有残疾人充分和平等地享有一切人权和基本自由，并促进对残疾人固有尊严的尊重。该公约第 1 条规定，残疾人包括肢体、精神、智力或感官有长期损伤的人，这些损伤与各种障碍相互作用，可能阻碍残疾人在与他人平等的基础上充分和切实地参与社会。

该公约的核心是确保残疾人享有与健全人相同的权利，并以正式公民的身份生活，从而在获得同等机会的情况下，为社会作出宝贵贡献。该公约涵括了残疾人应享的各项权利，例如：享有平等、不受歧视和在法律面前平等的权利；享有健康、就业、受教育和无障碍环境的权利；享有参与政治和文化生活的权利；等等。此外，该公约就残疾人事业的国际合作提出了相应措施。

值得注意的是，2006 年 12 月联合国大会通过了《保护所有人免遭强迫失踪国际公约》。它是第一个将强迫失踪作为侵犯人权行为予以禁止的具有普遍约束力的公约。

拓展阅读
《保护所有人免遭强迫失踪国际公约》

---

① 2000 年 5 月 25 日，联合国大会又通过了《〈儿童权利公约〉关于买卖儿童、儿童卖淫和儿童色情制品问题的任择议定书》和《〈儿童权利公约〉关于儿童卷入武装冲突问题的任择议定书》。

第五节　人权国际保护的实施制度

一、人权国际保护的机构

根据有关国际人权公约的规定，为了保证公约的履行，由联合国或其他一些机构负责监督有关人权公约的实施。比较重要的国际人权机构有：联合国大会、经社理事会、联合国人权委员会、联合国人权理事会、联合国人权高级专员办事处、人权事务委员会、经社文权利委员会、禁止酷刑委员会、消除种族歧视委员会、儿童权利委员会、消除对妇女歧视委员会、防范酷刑小组委员会、迁徙工人委员会、残疾人权利委员会、强迫失踪问题委员会以及欧洲人权委员会、美洲国家间人权委员会和非洲人权与民族权委员会等。其中影响最大的要属原来的联合国人权委员会和现在的联合国人权理事会。

拓 展 阅 读

联合国人权高级专员办事处

（一）联合国人权委员会

联合国人权委员会（Commission on Human Rights，以下简称"人权委员会"）是联合国经社理事会附属机构的职司委员会之一。1946 年 6 月，经社理事会通过决议设立了正式的人权委员会。人权委员会是联合国系统内处理一切有关人权事项的主要机构。根据经社理事会的决议，人权委员会的主要职责是，向经社理事会提出有关人权的提案、建议或报告，并帮助经社理事会协调联合国系统内的人权工作。

人权委员会的主要活动包括：（1）对人权问题进行专题研究，提出建议并起草国际人权文书。在这方面，委员会的主要工作成就有：起草了"国际人权宪章"和许多其他有关人权的公约。（2）审议、调查有关侵犯人权的指控，处理有关侵犯人权的来文。自20 世纪 70 年代以来，特别是自 80 年代以来，人权委员会的大量工作是审议和调查有关侵犯人权的指控，其中用时较多的是审议"国别人权问题"。[①] 2006 年 6 月，联合国大会通过决议，解散人权委员会，其职能由联合国人权理事会承担。

（二）联合国人权理事会

1. 联合国人权理事会（以下简称"人权理事会"）的组成

2006 年 3 月 15 日，第 60 届联合国大会以 170 票赞成、4 票反对、3 票弃权的表决结果通过一项决议，决定设立共有 47 个席位的人权理事会（Human Rights Council），以取代总部设在瑞士日内瓦的人权委员会。

该决议规定，人权理事会是联合国大会的附属机关，联合国大会将在 5 年后对该理事会的地位进行审查。人权理事会的 47 个席位按公平地域原则分配。人权理事会首届 47 个当选成员有：（1）非洲地区组 13 席：阿尔及利亚、摩洛哥、南非和突尼斯（任期均为 1年）；加纳、加蓬、马里和赞比亚（任期均为 2 年）；塞内加尔、毛里求斯、吉布提、喀麦隆、尼日利亚（任期均为 3 年）。（2）亚洲地区组 13 席：印度、印度尼西亚、菲律宾和巴林（任期均为 1 年）；巴基斯坦、日本、斯里兰卡和韩国（任期均为 2 年）；孟加拉

---

① 参见富学哲：《从国际法看人权》，新华出版社 1998 年版，第 41 页。

国、马来西亚、中国、约旦、沙特（任期均为 3 年）。(3) 东欧地区组 6 席：波兰、捷克（任期均为 1 年）；罗马尼亚、乌克兰（任期均为 2 年）；阿塞拜疆、俄罗斯（任期均为 3 年）。(4) 拉美及加勒比地区组 8 席：阿根廷、厄瓜多尔（任期均为 1 年）；巴西、秘鲁、危地马拉（任期均为 2 年）；墨西哥、乌拉圭、古巴（任期均为 3 年）。(5) 西欧及其他发达国家地区组 7 席：芬兰、荷兰（任期均为 1 年）；英国、法国（任期均为 2 年）；瑞士、德国、加拿大（任期均为 3 年）。人权理事会的总部也设在瑞士日内瓦。

该决议还规定，人权理事会成员由联合国大会秘密投票产生，候选国必须获得联合国大会全体成员国的过半数支持（即至少 96 票）方能当选。在选举理事会成员时，联合国大会应考虑候选国在促进和保护人权方面所作的贡献，及其在这些方面自愿作出的承诺。如同一地区获得联合国大会过半数支持的候选国超过了该地区的席位总数，则按得票多寡分配席位。理事会成员每届任期 3 年，连续两任后须间隔 1 年方可寻求新任期。联合国大会每年改选 1/3 左右的成员。经 2/3 成员国同意，联合国大会可中止严重违反人权国家的人权理事会成员资格。

2. 人权理事会与人权委员会的主要区别

人权理事会是根据 2005 年联合国首脑会议《成果文件》的要求设立的，目的是取代不断遭到批评的人权委员会。人权理事会与人权委员会的主要区别有：(1) 隶属关系：人权理事会是联合国大会的下属机构；人权委员会则归联合国经社理事会管辖。(2) 组成：人权理事会由 47 个成员组成，成员构成以公平地域分配为基础，其中非洲 13 席、亚洲 13 席、东欧 6 席、拉美和加勒比 8 席、西欧和其他发达国家 7 席（包括北美和大洋洲）；人权委员会则由 53 个成员组成，成员构成按区域分配原则产生，其中非洲 15 席、亚洲 12 席、东欧 5 席、拉美和加勒比 11 席、西欧和其他发达国家 10 席。(3) 产生方式：人权理事会成员由联合国大会无记名投票直接选举产生，当选成员必须获得联合国大会 193 个成员国半数以上票支持，即至少 96 票，对于严重并有计划侵犯人权的理事会成员，联合国大会可经 2/3 成员国同意中止其成员资格；[①] 人权委员会委员则由各地区组织推荐，并经联合国经社理事会批准产生。(4) 任期：人权理事会成员任期为 3 年，在连续 2 任后不能连任；人权委员会成员任期虽同为 3 年，但可多次连选连任。(5) 会议：人权理事会每年举行会议不少于 3 次，总会期不少于 10 周，并可召开特别会议；人权委员会则在每年春季举行为期 6 周的会议。(6) 职责：人权理事会负责对联合国所有成员国作出阶段性人权状况回顾报告，理事会成员在任期内必须接受定期普遍审查机制的审查；人权委员会则没有这类规定。

二、人权国际保护的实施制度

（一）报告制度

各主要国际人权公约一般都规定，缔约国应按公约规定的时间和程序向有关机构提交报告，说明在履行公约方面采取了哪些措施、取得了什么样的进展、有何具体的困难。有关人权机构对此类报告进行审议，并可就报告的内容发表无法律约束力的评论或提出建议。

---

① 2011 年 3 月 1 日，联合国大会以协商一致的方式通过决议，中止利比亚联合国人权理事会成员资格（利比亚于 2010 年 5 月当选为联合国人权理事会成员）。这是联合国大会首次中止人权理事会某一成员的资格。

例如，《经济、社会、文化权利国际盟约》第 16 条要求各缔约国就促进遵守该公约所载之各种权利而采取的措施及所获之进展，向联合国秘书长提具报告书，再由秘书长将其副本送交经社理事会审议；第 17 条要求缔约国在该公约生效后 1 年内按商定办法分期提出报告书，报告书得说明由于何种因素或困难以致影响该公约所规定的各种义务履行之程度；第 18 条要求联合国各专门机关向经社理事会报告其有关工作之进展，报告书应详载有关决议和建议；第 19 条要求经社理事会将各国提交的报告书转交人权委员会研讨并提出一般建议，或斟酌情形供其参考；第 20 条规定各缔约国和各专门机关也可以向经社理事会就上述一般建议和报告书提出批评、建议。

又如，《消除一切形式种族歧视国际公约》第 9 条亦规定，缔约国承诺于该公约对其本国开始生效后 1 年内及其后每两年，并凡遇消除种族歧视委员会（以下简称"委员会"）请求时，就其所采用之实施该公约各项规定之立法、司法、行政或其他措施，向联合国秘书长提出报告，供委员会审议，委员会得请缔约国递送进一步之情报；委员会应将年度工作报告送请秘书长转送联合国大会，并得根据审查缔约国所送报告及情报之结果，拟具意见与一般建议，此项意见与一般建议应连同缔约国核具之意见，一并提送联合国大会。

（二）国家来文及和解制度

国家来文及和解制度是缔约国通过有关国际机构监督其他缔约国履行人权公约义务的一项重要制度。《公民及政治权利国际盟约》在这方面的规定较有代表性。

按照《公民及政治权利国际盟约》第 41 条和第 42 条的规定，缔约国可以随时声明，承认人权事宜委员会有权接受并审议一缔约国指控另一缔约国不履行该公约义务的来文。如某一缔约国认为另一缔约国未实施该盟约条款，得书面提请该缔约国注意。受请国应于收到此项来文 3 个月内，向递送来文的国家提出书面解释或任何其他声明，以阐明此事，其中应在可能及适当范围内，载明有关此事的本国处理办法，及业经采取或正在决定或可资援用的救济办法。如在受请国收到第一件来文后 6 个月内，问题仍未获有关缔约国双方满意的调整，当事国任何一方均有权通知人权事宜委员会及其他一方，将事件提交人权事宜委员会。人权事宜委员会对于提请处理的事件，应于查明对此事件可以运用的国内救济办法悉已援用无遗后，依照公认的国际法原则处理。人权事宜委员会审查来文时，应举行不公开会议。

如果按照上述规定提请人权事宜委员会处理的事件，未能获得有关缔约国满意的解决，人权事宜委员会得经有关缔约国事先同意，指派一专设和解委员会。和解委员会应为有关缔约国斡旋，俾以尊重该盟约为基础，和睦解决问题。和解委员会由有关缔约国接受的 5 名委员组成。和解委员会于详尽审议案件后，无论如何应于受理该案件 12 个月内，向人权事宜委员会主席提出报告书，转送有关缔约国。和解委员会如能达成和睦解决办法，其报告书应扼要说明事实及所达成的解决办法。如未能达成解决办法，和解委员会报告书应载有其对于有关缔约国争执事件的一切有关事实问题的结论，以及对于事件和睦解决各种可能性的意见。有关缔约国应于收到报告书后 3 个月内，通知人权事宜委员会主席是否愿意接受和解委员会报告书的内容。

（三）个人申诉制度

许多国际人权条约还有关于个人申诉制度的规定。例如，《公民及政治权利国际盟约任择议定书》第 1 条规定，人权事宜委员会有权接受并审查该议定书的缔约国管辖下的个人声称为该国侵害《公民及政治权利国际盟约》所载之任何权利的受害人的来文。其第 2 条指出，凡是声称其在《公民及政治权利国际盟约》规定下的任何权利遭受侵害的个人，必须是在其国内可以运用的补救办法"悉已援用无遗"后，才能向人权事宜委员会提出书面申请，要求审查。其第 4 条要求：人权事宜委员会应将根据该议定书所提出的任何来文，提请被控违反《公民及政治权利国际盟约》任何规定的该议定书缔约国的注意；收到通知的国家，应在 6 个月内向人权事宜委员会提出书面解释或声明，说明原委及业已采取的救济办法。其第 5 条规定：人权事宜委员会应参照申请人及关系缔约国所提出的一切书面资料，审查根据该议定书所收到的来文；如果同一事件已在或正在另一国际调查或解决程序审查之中，如在区域性的人权委员会或人权法院的审查或审理中，人权事宜委员会不得审查；未用尽国内救济办法的申请，人权事宜委员会也不予以审查；人权事宜委员会应召开不公开会议审查来文，并应向关系缔约国及该个人提出其意见。

此外，《消除一切形式种族歧视国际公约》第 14 条也规定："缔约国得随时声明承认委员会有权接受并审查，在其管辖下自称为该缔约国侵犯本公约所载任何权利行为受害者的个人或个人联名提出之来文。"

第六节　人权国际保护与国家主权

人权国际保护与国家主权的关系，既是当今国际社会深切关注的一个重大问题，也是现代国际法上的一个基本的理论问题。从国际法的角度，探讨人权国际保护与国家主权的实质，科学认识和正确处理二者之间的关系，对于加强人权领域的国际合作、维护世界和平以及促进国际法的发展，均有重要意义。

一、人权国际保护与国家主权的关系

（一）国家主权原则与人权原则在国际法中的地位

首先，国家主权原则是国际法的基本原则。作为国家根本属性的国家主权，在国际法上是指"最高权威……是在法律上并不从属于任何其他世俗权威的法律权威。因此，依照最严格和最狭隘的意义，主权含有全面独立的意思，无论在国土以内或在国土以外都是独立的"[①]。国家主权原则是一项公认的国际法基本原则。这一基本原则已经得到国际社会的普遍承认。

其次，人权原则是国际法的原则之一。从《联合国宪章》和有关国际人权法律文件的规定可以看出，人权原则也是国际法的重要组成部分和原则之一。

最后，国家主权原则与人权原则的适用范围。国家主权原则与人权原则，在适用范围上也是不同的。[②] 由于国家主权原则是国际法的基本原则之一，因而它适用于国际关系和联合国活动的所有领域以及国际法的所有效力范围，构成整个国际关系和国际法的基础，是整个国际社会赖以存在、合作的基石。而人权原则仅仅适用于国际人权法领域，并且即使在这

---

① ［英］詹宁斯、瓦茨修订：《奥本海国际法》（第一卷第一分册），王铁崖等译，中国大百科全书出版社 1995 年版，第 92 页。

② 参见富学哲：《从国际法看人权》，新华出版社 1998 年版，第 178—179 页。

一领域也必须遵守国家主权原则。因此，从这一意义上来说，国家主权原则高于人权原则。

（二）人权国际保护对国家主权的影响

1. 人权国际保护对国家主权的新挑战

近二三十年来，国际政治、经济、社会、安全等各个领域几乎时时处处都有人权问题。在地区和全球范围内出现的人权问题的重大进展，可以说是 20 世纪最突出的现象之一。国际关系中的这种人权化趋势，对传统国际法上的国家主权提出新的挑战。

首先，旨在限制或削弱国家主权的种种理论和学说纷纷出台，如所谓的"人权高于主权""人权无国界""主权有限论""主权过时论"等。一些国家的政府官员和学者或明或暗地主张并支持这一观点，认为在国际关系中人权是高于一切的，当然也是高于主权的。因此，一国主权的行使必须受制于人权的国际保护。

例如，1999 年 4 月，时任捷克总统哈维尔（Havel）在加拿大国会的演说中就明确指出："在当今世界里，国家主权的偶像一定会逐渐消退……这种转变，要求我们逐渐抛弃那种互不干预的观念，即那种认为其他国家发生的事，其他国家对人权尊重与否，与己无关的观念……人权高于国家权利。人类自由是一种高于国家主权的价值。就国际法而言，保护单个人的国际法律优先于保护国家的国际法律……人权不可分割，对一些人不公正也就是对所有人的不公正。"[1] 美国学者雷斯曼（W. Michael Reisman）也认为："尽管'主权'这一名词继续在国际法律实践中得以运用，但在现代国际法上它所指的对象已大不相同。国际法仍然保护主权，但保护的是人民的主权而非君主的主权。"他说，在人权面前已不能再坚持通常意义上的国家主权，沉湎于'明日黄花'（the Good Old Days）并继续鼓吹与国内人权无关的'主权'的人，的确犯了一个时代错误，他们确实损害了人权……人权已使国际法发生了全面的、本质的变化[2]。

特别是，几任联合国秘书长都突出强调人权问题的重要性。例如，1991 年时任联合国秘书长的德奎利亚尔就宣称："目前一个日益上升的认识是，不得干涉基本上属于国家内部管辖事务的原则，不能被用来庇护大规模地、有系统地、不受惩罚地违反人权的行为。"1992 年，时任联合国秘书长加利更直截了当地表示："主权绝对论的时代一去不复返了。"[3] 当然，上述观点并不能否认人权国际保护应尊重国家主权。

其次，对侵犯人权的追诉趋于国际化，使国家的司法主权受到冲击。美国普林斯顿大学国际法教授福尔克（Richard Falk）明确指出："政府须在规定范围内行事，即便是政府、军事领袖，如果他们对人类犯下了罪行或是严重地侵犯了人权，也有可能要对自己的行为负责。这一基本思想代表了革命性的发展。这些新出现的国际标准及其实施毋庸置疑地向一些主权观念提出了挑战。"[4]

众所周知，普遍司法管辖权最先只限于极少数世界性的犯罪或跨国犯罪，如海盗等。

---

① See http://www. libertas 2000. net.

② W. Michael Reisman, "Sovereignty and Human Rights in Contemporary International Law", *The American Journal of International Law*, Vol. 84, 1990, p. 869, p. 876.

③ Gene M. Lyons and Michael Mastanduno, *Beyond Westaphalia? State Sovereignty and International Intervention*, The Johns Hopkins University Press, 1995, p. 2.

④ 参见理查德·福尔克：《寻求主权与人权的调和》，载于美国驻华大使馆和领事馆网站：http://china. usembassy-china. org. cn。

然而，受"人权高于主权"等新干涉主义思潮的影响，当今普遍司法管辖权呈扩大的趋势，所谓侵犯人权的罪行已被列入普遍司法管辖的范围，并限制了司法豁免的适用范围。

例如，1992年美国制定了《酷刑受害者保护法》。按照该法规定，无论有关酷刑和任意处死发生在何处，美国联邦法院都有管辖权。该法将1789年美国《外国人侵权诉讼法》授予外国人民事诉讼权利的范围从一般性的民事侵权案扩展到了侵犯人权的案件，从而在法律上为美国法院介入"人权诉讼"敞开了大门，也为各种"政治难民"和反政府势力利用美国司法程序进行反对本国政府的图谋提供了便利。[1] 1992年以来，美国联邦法院已受理并裁判了数十起针对外国政府高级官员的民事诉讼。[2]

又如，前几年比利时法庭对4名卢旺达人进行了审判，这4人在1994年非洲卢旺达的种族冲突中犯下了灭绝种族罪。比利时法庭管辖权的依据，是1993年比利时制定的国内法《关于惩治严重践踏国际人道法行为的法律》。[3]

特别值得注意的是，近些年来国际社会还出现了一系列对国家领导人的公职行为进行刑事追诉的事例。具体内容已在本书第一章第三节述及，在此不再赘述。

最后，人权国际保护的发展，使个人在国际法上的地位得到了很大的提高，从而导致"在是非判断的价值取向上出现了强调以人为本的倾向"[4]。传统国际法并不调整国家与个人的关系，国家如何对待本国的国民，完全是其主权范围内的事情。但在今天，在国际人权领域，主权国家与其国民之间的关系，已不再是完全属于一国国内管辖的事项，而是国际社会共同关注的问题。在涉及主权国家与个人的关系时，国际舆论和道义往往会站在处于弱势的一方（个人）。当道义与法律（合理与合法）之间出现尖锐矛盾时，在道义上占先的一方一定会据此挑战现有的法律规章，从而对国家主权产生影响。换言之，国际法要求主权国家善待其本国国民，对国家及于其国民的主权权力作出某种要求或限制，已成为当代国际法的重大发展之一。

2. 国家主权受到人权国际保护的限制

首先，主权国家不能违背国际条约中所体现的有关保护人权的一般性国际义务。由于人权的国际保护已成为现代国际法的一项重要内容，《联合国宪章》和一系列的国际条约都为各国政府普遍设定了保护人权的一般性国际法律义务。这就构成了对国家主权的一个重要限制。例如，《联合国宪章》第1条规定："发展国际间以尊重人民平等权利及自决原则为根据之友好关系……增进并激励对于全体人类之人权及基本自由之尊重。"这是联合国193个会员国在人权问题上承担的基本义务。诚如奥地利学者厄马克拉（Felix Ermacora）所言："联合国的宗旨是在各地促进并激励对人权的尊重。联合国已经成功地制定了现代的人权标准，就此而言，它已经接近其宗旨。这就自动暗含了一种对国内管辖权

① 参见黄惠康：《世纪之交国际法发展演变的动态与趋势》，载李双元主编：《国际法与比较法论丛》（第一辑），中国方正出版社2002年版，第18页。
② 例如，2000年8月10日，美国纽约曼哈顿联邦法院缺席判决前波黑塞族领导人卡拉季奇向1992年波黑内战期间受到强奸和酷刑的波黑妇女赔偿7.4亿多美元。
③ 根据该法，比利时拥有对战争罪、反人道罪和灭绝种族罪的普遍管辖权。
④ 黄惠康：《世纪之交国际法发展演变的动态与趋势》，载李双元主编：《国际法与比较法论丛》（第一辑），中国方正出版社2002年版，第6页。

的限制。"①

其次，国家不得违反其缔结或加入的国际人权条约所规定的义务。如果一个国家加入了有关的国际人权条约，便承担了相应的国际法义务，而不能借口与其国家主权相冲突而拒不履行这些义务。② 正如亨金所指出的："对人权的某些严重侵犯（如种族隔离和其他形式的种族歧视、灭绝种族、奴隶制和酷刑），除了破坏有关各方参加的国际公约之外，同时也侵犯了有关国家遵守的具有约束力的国际习惯法，而且还侵犯了各会员国同意的《联合国宪章》。大多数国家支持这样的观点：联合国会员国，甚至包括非会员国实施的严重侵犯人权的固定模式，破坏了国际法和该国承担的国际义务。很明显，这些侵犯不属于国内管辖权限。一种涉嫌侵犯的行为是否属于上述各种侵犯人权的行为是一个国际法的问题，而不是一个受指控的国家自己决定的问题。"③

最后，国家在行使主权权力时，应当遵守有关人权的国际法强制性规范，如禁止实行奴隶制度，禁止种族隔离、种族歧视和种族灭绝等。一国如果在其国内实施了上述有关政策，国际社会就可以认为该行为是侵犯人类基本权利的行为，该国也就不得以国家主权为借口来规避国际法律责任。

总之，随着人权国际保护的发展与演进，各国对待其国民的主权权力，已"受到国际法特别是人权国际保护规范的限制"④。况且，"国际人权法日益发展，国际人权保护涉及的范围越来越宽，对国家主权的限制就愈加广泛"⑤。

（三）国家主权对人权国际保护的制约

国家是国际人权法的主体。人权的国际保护在任何时候都离不开国家。而国家要达到保护人权的目的，就不可能没有主权。因此，只有坚持国家主权原则，才能更好地保护人权。

1. 国家主权是实现人权国际保护的前提和基础

一方面，主权国家反映并保护人权的基本要求和内容。由于个人首先是一个国家的国民，因此，个人人权就需要通过主权国家来实现。无论是个人的政治权利，还是个人的经济、社会和文化权利，主权国家通过国内法的方式予以调整、保护，可以说这是最直接、最重要和最有效的途径。诚如亨金所说："显然，国际人权被视为权利，便意味着每个人可以要求享有它们。但它们却是由各国政府宣布的，并取决于政府愿意接受和尊重它们。"⑥ 另一方面，主权国家参加有关的国际人权公约以后，按照各自的宪法体制，分别采取转化或并入的方式，将公约的规定适用于该国的全部领土。主权国家根据自己的具体国情，不仅要在立法，而且要在司法、行政等各个方面，采取相应的措施来保障人权。

可见，人权国际保护的真正实现取决于主权国家的内部因素，没有主权国家，就不可

① 王可菊：《当代西方学者关于人权与主权的观点》，《外国法译评》1997年第3期。
② 参见万鄂湘、郭克强：《国际人权法》，武汉大学出版社1994年版，第68页。
③ ［美］L.亨金：《权利的时代》，信春鹰等译，知识出版社1997年版，第66页。
④ ［英］詹宁斯、瓦茨修订：《奥本海国际法》（第一卷第一分册），王铁崖等译，中国大百科全书出版社1995年版，第293页。
⑤ 万鄂湘、郭克强：《国际人权法》，武汉大学出版社1994年版，第74页。
⑥ 转引自庞森：《当代人权ABC》，四川人民出版社1991年版，第105页。

能实现人权。

2. 承担人权保护方面的国际义务是国家行使主权的表现

首先，人权国际保护的基本规范需由各主权国家来共同协议。人权国际保护的基本规范，即国际人权条约，基本上是主权国家之间的协议。它体现了主权国家的意志，是各主权国家间意志协调的结果。在此基础上，才形成所谓的国际人权标准、人权保护机制等。因此，没有主权国家，就不能形成人权国际保护的基本规范。

其次，主权国家是否签署、加入某一国际人权条约，即是否愿意接受条约所规定的保障人权的义务，也是由各国自行决定的。它体现了一国的主权意志。[1] 因为国际法上不存在任何强迫主权国家参加条约（包括人权条约）的规则。而按照国际法上"条约不及第三国"的原则，一主权国家如果没有参加某个或某些人权条约，就意味着不受各该条约义务的限制。因此，各主权国家对国际人权条约，既可以参加，也可以有保留地参加，甚至可以不参加，任何其他国家不得加以干涉。况且，即使一国参加了某一国际人权公约，该国对某项具体权利也有作出限制的权利，即提出保留的权利。[2] 正如厄马克拉所说："来自有关公约的每项义务，都是根据国家自己的意志来承担的，而不能根据一个完全随意的理由来承担……如果国家同意接受公约的约束可能涉及限制国家主权，那也必须看到国家的同意是可以随时撤销的。"[3]

3. 侵犯人权问题主要通过主权国家的国内法途径解决

首先，国际社会目前还缺乏一个具有普遍管辖权的人权法院。亚洲至今还没有一部区域性的人权公约，更谈不上建立亚洲人权法院。非洲国家之间虽然设立了有关的人权法院，但基本上无案可审。在美洲，尽管按照《美洲人权公约》的规定，设立了美洲国家间人权法院，但根据该公约第 45 条和第 62 条，声明接受美洲国家间人权法院管辖的国家也不超过 20 个。即使一体化程度最高、被认为具有"超国家"性质的欧洲人权法院所作出的判决，虽然对当事国有约束力，但它都是通过当事国国内机构提供的"公平补偿"来执行的，因而也不能算是完全国际性的。[4]

即使 2002 年 7 月在海牙正式成立的国际刑事法院（International Criminal Court，ICC），其管辖权也只是对国家刑事管辖权的补充。只有在一国的国内法院不愿意、不能够、不方便或不能有效地行使管辖权等特殊情况下，国际刑事法院才可以行使管辖权。国际刑事法院的对人管辖权的范围只限于自然人，国家和法人都被排除在国际刑事法院的属人管辖权范围之外。国际刑事法院对诉讼事项的管辖权的范围，也仅限于那些引起国际社会关注的、最严重的国际罪行，即灭绝种族罪、战争罪、反人类罪和侵略罪。[5]

其次，关于人权遭受侵犯的救济与保护，基本上仍是国家主权管辖下的事情。一国国

---

[1] See Stephen D. Krasner, *Sovereignty: Organized Hypocrisy*, Princeton University Press, 1999, p. 123.

[2] 例如，被认为最重要的两个人权条约——《经济、社会、文化权利国际盟约》和《公民及政治权利国际盟约》，都存在普遍的保留情况。按照条约法上的保留制度，保留可以排除条约的某一条款对保留国适用时的法律效果。因此，如果人权条约当事国在条约的某一事项或某些事项上提出了此等保留，就意味着该当事国在有关事项上未承担任何的义务。

[3] 沈宗灵、黄枬森主编：《西方人权学说》（下），四川人民出版社 1994 年版，第 485 页。

[4] 参见万鄂湘、郭克强：《国际人权法》，武汉大学出版社 1994 年版，第 73 页。See Stephen D. Krasner, *Sovereignty: Organized Hypocrisy*, Princeton University Press, 1999, p. 119.

[5] 参见邵沙平、余敏友主编：《国际法问题专论》，武汉大学出版社 2002 年版，第 215 页。

民在自己的某项权利受到侵犯后，即使是他的本国在这项权利上承担了条约义务，他也是不能到外国法院寻求救济的，解决问题的法律途径就是诉诸本国的法院。此外，《世界人权宣言》第 8 条也指出："人人于其宪法或法律所赋予之基本权利被侵害时，有权享受国家管辖法庭之有效救济。"《公民及政治权利国际盟约》第 2 条第 3 款也详细规定："本盟约缔约国承允：（a）确保任何人所享本盟约确认之权利或自由如遭受侵害，均获有效之救济，公务员执行职务所犯之侵权行为，亦不例外；（b）确保上项救济申请人之救济权利，由主管司法、行政或立法当局裁定，或由该国法律制度规定之其他主管当局裁定，并推广司法救济之机会；（c）确保上项救济一经核准，主管当局概予执行。"

最后，人权的监督机制也需主权国家协助。例如，《公民及政治权利国际盟约》建立了专门性的监督机构，即人权事宜委员会。人权事宜委员会有权接受并审查缔约国管辖下的个人声称为该国侵害公约所载之任何权利的受害人的来文。但是，凡是声称其在该公约规定下的任何权利遭受侵害的个人，必须是在其国内可以运用的补救办法悉已援用无遗后，才能向人权事宜委员会提出书面申请，要求审查。此外，《消除一切形式种族歧视国际公约》第 14 条和《禁止酷刑和其他残忍、不人道或有辱人格的待遇或处罚公约》第 22 条也都有类似的规定。

可见，人权的监督机制必须首先依赖于侵权地国的法律手段去解决和"用尽当地救济措施"（exhaustion of local remedies），然后才谈得上利用其他的国际人权监督方法。

特别值得注意的是，为了保障国家主权，一些国际人权条约还有限制性条款的规定。例如，《公民及政治权利国际盟约》第 4 条第 1 款规定："如经当局正式宣布紧急状态危及本国，本盟约缔约国得在此种危急情势绝对必要之限度内，采取措施，减免履行其依本盟约所负之义务"。《经济、社会、文化权利国际盟约》第 8 条也规定，为了维护国家安全或公共秩序、或为保障他人权利自由，可以对组织工会和罢工权利的行使予以限制。此外，《公民及政治权利国际盟约》第 12 条、第 18—22 条分别对迁徙和择居权以及离开任何国家的权利、宗教或信仰的权利、发表自由的权利、和平集会的权利和结社的权利等，作了与上述内容基本相同的限制。这些限制都是出于维护国家主权的需要而对个人人权所施加的限制。

二、寻求人权国际保护与国家主权的和谐统一

（一）应当辩证地看待人权国际保护与国家主权的关系

人权国际保护与国家主权并不是绝对对立的，而是互相统一、互相促进的。在由主权国家组成的国际社会中，一方面，作为国际法基本原则之一的国家主权原则，是整个国际社会赖以存在的基石，也是实现人权的保障；另一方面，促进人权的国际保护则是主权国家的共同使命和奋斗目标。人权的国际保护是在主权国家之间发展起来的，是主权国家意志的体现。不过，人权的国际保护反过来又对传统的国家主权理论提出新的挑战，并促使人们重新审视国家主权的内涵。但是，人权国际保护并不意味着否认国家主权，人权也不得成为破坏国家主权的借口，更不能成为干涉别国内政的工具。因此，简单地、笼统地认为人权高于主权，失之于片面，且不符合国际社会的客观现实。而无视人权国际保护的迅速发展、否定基本人权的观点和行为，则又是与《联合国宪章》的宗旨背道而驰的。

（二）人权国际保护应尊重国家主权

人权的国际保护首先是建立在主权国家相互合作和承担国际义务的基础上的。因此，只有充分尊重国家主权和不干涉内政原则，才可能真正促进人权的国际保护，并最终促进人权的实现。正如中国政府代表于 1991 年 9 月在世界人权大会第一次筹备会议上发言指出，没有国家主权，个人人权就失去了基本保障。美国学者亨金也认为："任何社会的人权状况主要依赖于国家和有赖于国家尊重、保证这些权利的程度和手段。显然，任何国家内的个人权利将取决于它对权利观念的赞同，还有赖于民族的道德观念和规范以及国家的态度、政策及社会力量。"①

（三）避免人权国际保护的政治性利用

"正是由于人权乃高贵的理念，呐喊'人权弹压'也就能成为批判敌对势力时极为有效的政治工具。"② 因此，在未来的国际实践中，避免人权国际保护的政治性利用，是十分必要的。

马克思曾经指出，理论观念取决于社会物质生活条件的发展。的确，任何权利都是一种主观可能性，要使这种可能性变成现实，离不开一定的物质条件。人权问题也是各国政治、经济、文化、宗教、地理等各种因素综合作用的结果，存在不可忽视的民族性。③ 因此，不同的国家基于不同的经济发展程度、政治状况及文化传统，必然形成自己对人权的理解和评价标准。如果一个国家将自己的人权观、价值观和政治制度等强加于人，甚至奉行双重乃至多重标准，那么必然会导致国家间的对抗，也无益于人权事业的进展。正如联合国秘书长在第 46 届联合国大会年度报告中指出的，"维护人权时必须尽量谨慎，以免人权被用来作为侵犯各国基本国内管辖权、破坏各国主权的跳板"，因为"滥用这一原则是制造无政府状态最灵验的方法"。④ 1992 年 9 月，第十届不结盟运动首脑会议通过的《最后文件》也宣布："人权不应被用作政治压力的工具，尤其是对不结盟和其他发展中国家。所有国家均有权在尊重国家主权、自决和不干涉别国内政原则的基础上自由地建立它们自己的政治经济体系和制度。"⑤

第七节 中国与人权国际保护

一、中国在国际人权领域的活动

（一）积极参与国际人权机构的活动

中华人民共和国自 1971 年恢复了在联合国的合法席位以后，一直派遣代表团出席联

---

① Louis Henkin, *The Human Rights in Contemporary China*: *A Comparative Perspective*, Columbia University Press, 1986. 转引自韩德培总主编：《人权的理论与实践》，武汉大学出版社 1995 年版，第 967 页。

② ［日］大沼保昭：《人权、国家与文明》，王志安译，生活·读书·新知三联书店 2003 年版，第 94 页。

③ 1993 年世界人权大会通过的《维也纳宣言和行动纲领》第 5 项，一方面，强调各个国家，不论其政治、经济和文化体系如何，都有义务促进和保护一切人权和基本自由；另一方面，指出民族特性和地域特征以及不同的历史、文化和宗教背景的意义都必须予以考虑。

④ 转引自刘楠来主编：《发展中国家与人权》，四川人民出版社 1994 年版，第 42 页。

⑤ 富学哲：《从国际法看人权》，新华出版社 1998 年版，第 182 页。

合国大会和联合国经社理事会的历届会议。在这些会议上，中国政府代表阐述了中国对人权问题的原则立场，并积极参与有关人权问题的审议。

从 1979 年起，中国连续三年派观察员出席联合国人权委员会会议，并于 1981 年首次当选为人权委员会的成员国。1982 年，中国首次作为正式成员，参加了第 38 届联合国人权委员会会议。此后，中国在历次经社理事会的选举中一直连选连任。自 1984 年开始，中国政府向人权委员会推荐的人权事务专家，连续当选为人权委员会下属的"防止歧视和保护少数小组委员会"的委员和候补委员，并先后担任该机构的"土著居民工作组"和"来文工作组"成员。

中国还积极参加联合国妇女地位委员会的活动。中国政府支持联合国对妇女问题的关注，特别是 1995 年 9 月，中国在北京成功地承办了联合国第四次世界妇女大会和 95 非政府组织妇女论坛。

特别值得注意的是，在第 60 届联合国大会选举新建立的联合国人权理事会首届 47 个成员的会议上，经过 3 轮无记名投票，中国高票当选，任期为 3 年。① 中国当选联合国人权理事会成员意味着：一方面，中国在保护人权方面取得了显著成绩和巨大进步；另一方面，世界多数国家对中国人权状况的进步和成就给予肯定。根据联合国人权理事会的有关精神，只有那些尊重人权和人权状况进步明显的国家才有资格当选为理事会成员。中国当选为人权理事会成员将有利于该理事会在世界各地促进和保护人权的伟大事业。2009 年 2 月，中国首次接受人权理事会国别人权审查。

（二）参与制定国际人权文书

自 1981 年起，中国政府派代表参加了一系列国际人权文书的起草工作组，其中包括《儿童权利公约》《保护所有迁徙工人及其家属权利国际公约》《禁止酷刑和其他残忍不人道或有辱人格的待遇或处罚公约》《个人、团体和社会机构在促进和保护世所公认的人权和基本自由方面的权利和义务宣言》《保护民族、种族、语言、宗教上属于少数人的权利宣言》《保护所有人免遭被迫或非自愿失踪宣言》以及《发展权宣言》等工作组。② 在这些工作组会议上，中国代表提出的意见和修正案受到了各方面的重视，不少意见还被有关国际人权文书采纳。

（三）签署、批准和加入了一系列国际人权公约

截至 2021 年 10 月，中国政府已先后批准或加入了 26 项国际人权文书，包括 6 项联合国核心人权公约。它们是：《1949 年 8 月 12 日关于战俘待遇之日内瓦公约》（1956 年 12 月 28 日交存批准书，1957 年 6 月 28 日对中国生效）；《1949 年 8 月 12 日关于战时保护平民之日内瓦公约》（1956 年 12 月 28 日交存批准书，1957 年 5 月 28 日对中国生效）；《1949 年 8 月 12 日改善战地武装部队伤者病者境遇之日内瓦公约》（1956 年 12 月 28 日交存批准书，1957 年 5 月 28 日对中国生效）；《1949 年 8 月 12 日改善海上武装部队伤者病者及遇船难者境遇之日内瓦公约》（1956 年 12 月 28 日交存批准书，1957 年 5 月 28 日对中国生效）；《消除对妇女一切形式歧视公约》（1980 年 7 月 17 日签署，同年 11 月 4 日交存批准书，1981 年 9 月 3 日对中国生效）；《消除一切形式种族歧视国际公约》（1981 年

① 2006 年人权理事会成立以来，中国已五次当选理事会成员。
② 参见罗玉中、万其刚、刘松山：《人权与法制》，北京大学出版社 2001 年版，第 596—597 页。

12 月 29 日交存加入书，1982 年 1 月 28 日对中国生效）；《关于难民地位的公约》（1982
年 9 月 24 日交存加入书，同年 12 月 23 日对中国生效）；《关于难民地位的议定书》
（1982 年 9 月 24 日交存加入书，当日对中国生效）；《防止及惩治灭绝种族罪公约》（1983
年 4 月 18 日交存加入书，同年 7 月 17 日对中国生效）；《禁止并惩治种族隔离罪行国际公
约》（1983 年 4 月 18 日交存加入书，同年 5 月 18 日对中国生效）；《1949 年 8 月 12 日日
内瓦四公约关于保护国际性武装冲突受难者的附加议定书》（第一议定书）（1983 年 9 月
14 日加入，1984 年 3 月 14 日对中国生效）；《1949 年 8 月 12 日日内瓦四公约关于保护非
国际性武装冲突受难者的附加议定书》（第二议定书）（1983 年 9 月 14 日加入，1984 年 3
月 14 日对中国生效）；《禁止酷刑和其他残忍、不人道或有辱人格的待遇或处罚公约》
（1986 年 12 月 12 日签署，1988 年 11 月 3 日对中国生效）；《残疾人职业康复和就业公
约》（1987 年 9 月 5 日批准，1990 年 11 月 2 日对中国生效）；《反对体育领域种族隔离国
际公约》（1987 年 10 月 21 日签署，1988 年 4 月 3 日对中国生效）；《男女工人同工同酬
公约》（1990 年 9 月 7 日批准，同年 11 月 2 日对中国生效）；《儿童权利公约》（1990 年 8
月 29 日签署，1992 年 4 月 2 日对中国生效）；《就业政策公约》（1997 年 12 月 17 日交存
批准书，1998 年 12 月 17 日对中国生效）；《经济、社会及文化权利国际公约》（1997 年
10 月 27 日签署，2011 年 2 月 28 日批准）；《准予就业最低年龄公约》（1998 年 12 月 29
日批准）；《禁止和立即行动消除最恶劣形式的童工带动公约》（2002 年 8 月 8 日交存批准
书，2003 年 8 月 8 日对中国生效）；《〈儿童权利公约〉关于买卖儿童、儿童卖淫和儿童色
情制品问题的任择议定书》（2002 年 8 月 29 日批准）；《1958 年消除就业和职业歧视公
约》（2005 年 8 月 28 日批准）；《〈儿童权利公约〉关于儿童卷入武装冲突问题的任择议定
书》（2007 年 12 月 29 日批准）；《残疾人权利公约》（2008 年 6 月 26 日批准）；《〈联
合国打击跨国有组织犯罪公约〉关于预防、禁止和惩治贩运人口特别是妇女和儿童行
为的补充议定书》（2009 年 12 月 26 日批准）。

值得注意的是，中国政府还认真履行条约义务，及时向相关条约机构提交履约报告，
与条约机构开展建设性对话。① 例如，近年来中国政府撰写了《经济、社会、文化权利国
际盟约》第二次履约报告、《儿童权利公约》第三和第四次合并履约报告（包括履行
《〈儿童权利公约〉关于买卖儿童、儿童卖淫和儿童色情制品问题的任择议定书》最新情
况、《〈儿童权利公约〉关于儿童卷入武装冲突问题的任择议定书》首次履约报告）和
《残疾人权利公约》首次履约报告，并分别向联合国提交了上述报告。

二、中国在人权问题上的基本立场

中国政府认为，人权的实现在本质上是一国内部管辖事项，人权的国际保护归根到底要
通过各国的国内立法来实施；中国主张各国在平等和相互尊重的基础上开展人权领域的对话
和合作，通过建设性对话与合作解决分歧，反对将人权问题政治化和采用双重标准。②

---

① 截至 2019 年 3 月，中国已向各条约机构提交履约报告 27 次，总计 43 期，接受审议 26 次。中国注重与相关
人权条约机构开展建设性对话，并结合国情积极采纳建议。自 2009 年以来，中国 3 次接受联合国人权理事会普遍定期
审议并顺利通过，中国对各国所提建议均给予认真、负责任的反馈。参见中国国务院新闻办公室发布的《为人民谋幸
福：新中国人权事业发展 70 年》白皮书。
② 参见段洁龙主编：《中国国际法实践与案例》，法律出版社 2011 年版，第 399 页。

1991 年 11 月，中国国务院新闻办公室发表了《中国的人权状况》白皮书。这是中国政府首次以政府文件的形式系统阐述中国在人权问题上的基本立场。2009 年 4 月，中国国务院新闻办公室发布了《国家人权行动计划（2009—2010 年）》。这是中国政府制定的第一份以人权为主题的国家规划，是全面推进中国人权事业发展的阶段性政策文件，是中国政府落实尊重和保障人权这一宪法原则的一项重大举措。① 2016 年 9 月，中国国务院新闻办公室发布了《国家人权行动计划（2016—2020 年）》，承诺为包括儿童、妇女、老人、残疾人和少数民族等在内的社会最脆弱群体提供更多保护。

2018 年 12 月，中国国务院新闻办公室发表了《改革开放 40 年中国人权事业的发展进步》白皮书，详述了中国的人权改善情况。其所强调的"生存权""发展权"细化为减贫、温饱、饮水、居住、出行、健康等方面，其他方面的人权还包括生活水平的提升，以及人身人格权、财产权、工作权、社会保障权、受教育权、文化权、选举权、知情权、参与权、表达权等。

同月，在纪念联合国颁布《世界人权宣言》70 周年的座谈会上，习近平在贺信中表示，"中国人民愿同各国人民一道，秉持和平、发展、公平、正义、民主、自由的人类共同价值，维护人的尊严和权利，推动形成更加公正、合理、包容的全球人权治理"②。上述说法提出了一整套"人权观"的逻辑体系，其内容包括"和平、发展、公平、正义、民主、自由"，以及"尊严和权利"，途径是"同各国人民一道"，方法实践及目标则是"推动形成更加公正、合理、包容的全球人权治理"。

此外，中国领导人关于人权问题的论述和中国代表在国际人权会议上的发言，均不同程度地体现了我国关于人权问题的基本立场。

（一）强调人权概念的完整性

1993 年 6 月，中国政府代表团团长在世界人权大会上发言强调："人权是一个完整的概念，既包括个人权利，也包括集体权利，在个人权利中，既包括公民权利和政治权利，也包括经济、社会和文化权利。人权各个方面互相依存，同等重要，是不可分割、不可或缺的。"③ 值得注意的是，2013 年 5 月中国国务院新闻办公室发布的《2012 年中国人权事业的进展》白皮书，还首次提及了生态人权保障。

2017 年 6 月 22 日，联合国人权理事会通过了中国倡导的"发展对享有所有人权的贡献"决议，首次将"发展促进人权"理念引入国际人权体系。这是继"构建人类命运共同体"重大理念被写入联合国决议之后，中国又一次对全球人权治理贡献出中国方案。2017 年 12 月，首届"南南人权论坛"在北京举行，讨论并通过了《北京宣言》。2019 年 12 月，"2019·南南人权论坛"在北京举行，论坛主题为"文明多样性与世界人权事业的发展"。2020 年 7 月，在联合国经社理事会享有特别咨商地位的中国人权研究会和其他中国国内社会组织参加了联合国人权理事会第 44 次会议，多位代表通过视频发言，向与会各方分享中国在疫情防控中保障生命健康权、保障特定群体合法权益、减贫脱贫促进人权

---

① 2011 年 7 月，人民出版社还出版了《国家人权行动计划（2009—2010 年）评估报告》。
② 《习近平致信纪念〈世界人权宣言〉发表 70 周年座谈会强调　坚持走符合国情的人权发展道路　促进人的全面发展》，《人民日报》2018 年 12 月 11 日，第 1 版。
③ 《刘华秋团长在世界人权大会上发言　阐述中国立场　提出四项建议》，《人民日报》1993 年 6 月 17 日，第 6 版。

进步等方面的成果和经验，阐述中国特色社会主义人权发展道路和以人民为中心的人权理念，受到多方关注和肯定。

（二）支持联合国实现人权的宗旨和原则

1986 年，在第 41 届联合国大会上，中国代表团团长就联合国通过《经济、社会、文化权利国际盟约》和《公民及政治权利国际盟约》20 周年发表讲话表示："两个公约对实现《联合国宪章》关于尊重人权的宗旨和原则有着积极的意义。我国政府一贯支持宪章的这一宗旨和原则。"[①] 1993 年 6 月 23 日，中国副代表在世界人权大会主要委员会上发言指出，联合国人权领域活动的指导方针应是《联合国宪章》的宗旨和原则。

值得一提的是，中国提前 10 年实现《联合国 2030 年可持续发展议程》减贫目标，为全球减贫事业发展和人类发展进步作出了重大贡献。此外，中国的人类发展指数从 1990 年的 0.499 增长到 2019 年的 0.761。中国是自 1990 年联合国开发计划署在全球首次测算人类发展指数以来，唯一从低人类发展水平组跨越到高人类发展水平组的国家。[②] 总之，中国坚持人权的普遍性与中国国情相结合，坚持以人民为中心的人权理念，坚持生存权发展权是首要的基本人权，坚持以发展促人权，坚持人民幸福生活是最大的人权，坚持人权法治保障，坚持促进人权事业全面发展，推动构建人类命运共同体。

思考与探索

联合国人权理事会与人权委员会有何不同？联合国人权理事会面临哪些挑战？其前景如何？中国政府应怎样处理好与人权理事会的关系？这些都是值得研究的问题。此外，国际人权公约的实施问题、国际人权公约的改革问题、国际人权机构改革进程中的扩权问题、国际人权机构间的协调问题、弱势群体权利的国际法律保护问题、网络环境下儿童权利保护的新问题、经济全球化背景下我国实现劳工权利所面临的新挑战等，都是需要我们加强研究的问题。

复习题

1. 试述人权的概念与特征。
2. 简述"国际人权宪章"的主要内容，并加以评析。
3. 试比较三大区域性国际人权公约。
4. 什么是发展权？
5. 国际人权保护的实施制度主要有哪些？
6. 试述中国在国际人权领域的主要活动。

---

① 白桂梅等编著：《国际法上的人权》，北京大学出版社 1996 年版，第 190 页。

② 参见中华人民共和国国务院新闻办公室：《全面建成小康社会 中国人权事业发展的光辉篇章》，人民出版社 2021 年版，第 26 页。

第十章　外交和领事关系法

引　言

　　为防止其他国家滥用外交邮袋、维护国家安全，我国于 2005 年 9 月开始执行关于驻华使领馆外交邮袋的新规定，即《外交部关于驻华外交代表机构运进外交邮袋事的照会》。按照该规定，外交相关人员不得进入机场停机坪等隔离区直接提取或发运外交邮袋，即不再允许其保持所谓"持续视觉控制"，并对外交邮袋规格和重量实行"三个一"标准（即外交邮袋每批次总重量不得超过 1 000 公斤、单件重量不得超过 100 公斤、单件物体为任何边长不超过 1 米的立方体）。我国上述措施招致一些国家反对，并多次向我国交涉。有的国家甚至指责我国有关做法违反《维也纳外交关系公约》。那么，《维也纳外交关系公约》和《维也纳领事关系公约》的主要内容是什么？我国的上述做法是否违反《维也纳外交关系公约》的相关规定？这些都是本章所要解决的问题。

第一节　概　　述

一、外交关系和领事关系

（一）外交关系的定义

　　外交关系（diplomatic relations）有广义和狭义之分。广义的外交关系是指国与国之间正式维持的连续的对外关系；狭义的外交关系是指国家之间相互派遣常驻使节，以维持正式连续的对外关系的手段和方式。①

（二）外交关系的类型

　　外交关系的形式是多种多样的。基于中华人民共和国成立以来的外交实践，它可以分为以下几种：②

　　一是正式的外交关系。正式的外交关系又称为正常的外交关系，它以双方互派常驻使节、互设使馆为主要特征。

　　二是非正式的外交关系。非正式的外交关系是指两个尚未建交的国家直接进行外交谈判。例如，中美建交之前所进行的大使级会谈，就是中美间一种非正式的外交关系。

　　三是半外交关系。半外交关系又称为不完全的外交关系，它主要表现在双方互派的外交使节停留在代办的级别上，如 20 世纪 50 年代中英关系长期停留在互派代办的阶段，这

---

① 参见［韩］柳炳华：《国际法》（下卷），朴国哲、朴永姬译，中国政法大学出版社 1997 年版，第 185 页。
② 参见周鲠生：《国际法》（下册），商务印书馆 1976 年版，第 506—518 页。

就是一种半外交关系。

四是国民外交。国民外交主要表现为个人或民间团体进行友好访问，发展国家间交往关系。

此外，还有所谓的"乒乓外交""葬礼外交""灾难外交""金元外交""石油外交""能源外交""原子外交"和"全球治理外交"等。①

（三）领事关系的定义

领事关系（consular relations）是指一国基于协议在他国领土内执行领事职务所形成的国家间关系。

二、外交和领事关系法

外交和领事关系法（diplomatic and consular relations law）是传统国际法的重要组成部分。它主要是指适用于国家间外交关系领域和领事关系领域的国际法原则、规则和制度的总称。

外交和领事关系法的渊源，过去主要是国际习惯。第二次世界大战后，国际条约成为外交和领事关系法的主要渊源。这方面的条约主要有：1961 年《维也纳外交关系公约》（1964 年 4 月生效，191 个缔约国）、1963 年《维也纳领事关系公约》（1967 年 3 月生效，179 个缔约国）和 1969 年《联合国特别使团公约》（1985 年 6 月生效，现有缔约国 39 个）。此外，还有 1946 年《联合国特权与豁免公约》（1946 年 9 月生效）、1947 年《联合国专门机构特权与豁免公约》（1948 年 12 月生效）、1973 年《关于防止和惩处侵害应受国际保护人员包括外交代表的罪行的公约》（1977 年 2 月生效、现有缔约国 180 个）和 1975 年《维也纳关于国家在其对国际组织关系上的代表权公约》（尚未生效，现有缔约国 34 个，接近批准或加入国达 35 个的条约生效门槛）等。

1986 年 9 月，我国颁布了《中华人民共和国外交特权与豁免条例》；1990 年 10 月，我国又颁布了《中华人民共和国领事特权与豁免条例》。这两个条例与外交和领事关系法的相关公约的规定是一致的。其中，《中华人民共和国领事特权与豁免条例》第 27 条规定："中国缔结或参加的国际条约对领事特权与豁免另有规定的，按照国际条约的规定办理，但中国声明保留的条款除外。中国与外国签订的双边条约或者协定对领事特权与豁免另有规定的，按照条约或者协定的规定执行。"此外，2007 年外交部发布了《中国领事保护和协助指南》，提醒中国公民出国后注意尊重当地风俗习惯，遵守当地法律规定，注意交通安全。另外，中国外交部结合工作实践，起草了《中华人民共和国领事保护与协助工作条例（草案）》（征求意见稿）。未来该条例出台后，将是当代中国第一部关于领事保护与协助工作的专门立法，也是第一部针对海外公民和机构安全的专门立法。

第二节 外交关系法

一、外交机关

外交机关一般分为国内机关和驻外机关两部分。

---

① 参见［英］R. P. 巴斯顿：《现代外交》（第二版），赵怀普、周启明、刘超译，世界知识出版社 2002 年版，第 1 页。

（一）国内机关

国内机关是国家外交活动的领导机关，包括国家元首、政府和外交部门。它们在外交关系中的职权范围，由各国宪法或其他法律加以规定。根据国际法，国家元首、政府首脑和外交部长在外国时，享有全部外交特权与豁免。此外，国家元首在外国还享有礼仪上的殊荣。

拓展阅读

美国外交部为何称为"国务院"

（二）驻外机关

驻外机关又称外交代表机关，一般分为常设机关和临时性机关两大类。前者包括一国派驻外国的使馆和向国际组织派遣的常驻使团。后者一般称为特别使团。

1. 国家派驻国际组织的常驻使团

国际联盟成立后，国家开始在国际组织的总部设立常驻使团。国家派驻国际组织的常驻使团一般分为两类：成员国的常驻使团和非成员国的常驻使团。前者又称为常驻代表团，后者亦称为常驻观察员代表团。

根据 1975 年《维也纳关于国家在其对国际组织关系上的代表权公约》第 6 条，常驻代表团的职务主要有：（1）确保派遣国在组织的代表权；（2）保持派遣国同组织之间的联络；（3）同组织和在组织内进行谈判；（4）查明组织的各项活动，向派遣国政府提出报告；（5）确保派遣国参与组织的各项活动；（6）保护派遣国在同组织关系上的利益；（7）同组织和在组织内进行合作，促进组织宗旨和原则的实现。

按照 1975 年《维也纳关于国家在其对国际组织关系上的代表权公约》第 7 条，常驻观察员代表团的职务包括：（1）确保派遣国的代表团，保障该国在同组织关系上的利益，保持派遣国同组织的联络；（2）查明组织的各项活动，向派遣国政府提出报告；（3）促进同组织的合作和同组织进行谈判。

值得注意的是，一些重要的政府间国际组织不但接受主权国家派遣的常驻使团，而且也向成员国和非成员国派遣常驻使团。例如，联合国开发计划署自 1966 年成立以来，已经在 100 多个国家设立了常驻代表处。

2. 特别使团

根据 1969 年《联合国特别使团公约》的规定，"特别使团"（special missions）是指由一个国家，经另一个国家同意，为了就特别问题同该另一国进行交涉，或为了执行同该另一国有关的特别任务，而派往该国的、代表其本国的临时使团。

一国在事先通过外交途径或者其他双方同意或共同接受的途径取得另一国同意后，可以向另一国派遣特别使团。特别使团的职能应由派遣国和接受国双方同意而予以决定。特别使团应由派遣国的一名或几名代表组成，派遣国可以从中指定一个团长。特别使团也可以包括外交人员、行政和技术人员以及服务人员。

特别使团的任务在遇到下列情况时应立即终止：（1）经有关各国取得协议；（2）特别使团任务完成；（3）为特别使团指定的期限届满，除非明确予以延长；（4）派遣国发出通知结束或召回特别使团；（5）接受国发出通知认为特别使团已结束。但是派遣国和接受国之间外交关系或领事关系的断绝，其本身不应造成在断交时存在的特别使团的结束。

应该指出的是，特别使团与外交团不同。外交团（diplomatic corps）是指由驻在一国首都的所有国家的外交使节组成的一个团体。外交团的团长一般由到任最早、等级最高的使馆馆长担任。外交团的作用主要是礼仪方面的，它不具有任何法律职能。

二、使馆的建立及其职务

（一）使馆的建立

根据国际实践，使馆的建立是由国家间的协议来决定的。《维也纳外交关系公约》第2条规定："国与国间外交关系及常设使馆之建立，以协议为之。"

（二）使馆人员

1. 使馆人员的类别

使馆人员一般分为使馆馆长和使馆职员。

（1）使馆馆长。按照《维也纳外交关系公约》第14条的规定，使馆馆长分为三级：向国家元首派遣之大使或教廷大使，及其他同等级位之使馆馆长；向国家元首派遣之使节、公使及教廷公使；向外交部长派遣之代办。值得注意的是，代办是最低一级的馆长，而临时代办是在馆长职位空缺或不能执行职务时，暂时代理行使馆长职务的使馆外交人员。

（2）使馆职员。使馆职员包括外交职员、行政及技术职员和事务职员。其中，外交职员是指具有外交官级位之使馆职员，如参赞、武官、秘书和随员；行政及技术职员是指承办使馆行政及技术事务之使馆职员，如译员、会计、打字员和无线电技术人员等；事务职员是指为使馆服务的使馆职员，如司机、清洁工、维修工和厨师等。

2. 使馆人员的派遣与接受

关于使馆人员的派遣与接受，《维也纳外交关系公约》第4条和第7条分别规定了如下程序，"派遣国对于拟派驻接受国之使馆馆长人选务须查明其确已获得接受国之同意，接受国无须向派遣国说明不予同意之理由"；"关于陆、海、空军武官，接受国得要求先行提名，征求该国同意"。可见，派遣国在正式派遣使馆馆长之前，必须先征求接受国的意见；接受国如果不同意，也不需要向派遣国说明理由。陆、海、空军武官的派遣，接受国也可以要求先征求其意见，获得其同意后派遣国才予以派遣。至于其他使馆职员，原则上由派遣国自主选派，不需征求接受国的同意。

此外，《维也纳外交关系公约》第9条还规定，接受国可以不加解释随时通知派遣国，宣告使馆馆长或使馆任何外交职员为不受欢迎人员或使馆任何其他职员为不能接受的人员。在这种情况下，派遣国应斟酌情况召回该员或终止其在使馆中之职务；接受国还可以在任何人员到达其国境前，宣告其为不受欢迎或不能接受的人员。

（三）使馆的职务

根据《维也纳外交关系公约》第3条，使馆的主要职务为：（1）在接受国中代表派遣国。（2）在国际法允许的范围内，在接受国中保护派遣国及其国民的利益。（3）与接受国政府办理交涉。（4）用一切合法手段调查接受国的状况和发展情形，并向派遣国政府报告。（5）促进派遣国与接受国之间的友好关系，发展两国间的经济、文化和科学关系。此外，使馆还可以执行领事职务等。

当然，使馆的职务也可以因某种原因而终止，如派遣国与接受国断绝外交关系、派遣国或接受国的国际法主体资格消失以及因革命而产生新政府等。①

另外，《维也纳外交关系公约》第 43 条还规定，外交代表的职务遇有下列情形之一者即告终了：（1）派遣国通知接受国，外交代表的职务业已终了；（2）接受国通知派遣国，该外交代表被宣布为不受欢迎的人，因而拒绝承认该外交代表为使馆人员。

三、外交特权与豁免

（一）外交特权与豁免的根据

外交特权与豁免（diplomatic privileges and immunities）有狭义和广义之分。前者是指使馆及其人员在接受国为执行职务所享有的一切优惠权利和豁免；后者还包括所有从事外交活动的其他类型的驻外使团——如领事馆、特别使团、国家派驻国际组织的代表团或观察员代表团、国际组织的使团——的特权与豁免。②

关于外交特权与豁免的理论根据问题，国际法学界众说纷纭。概言之，主要有以下三种学说：

1. 治外法权说（the Extraterritoriality Theory）

治外法权说是一种法律拟制（legal fiction），也是最早出现的一种理论。该说认为，使馆处于接受国之外，是派遣国领土的一种延伸。同样，人们假设大使是本国君主本人的化身，因此，应被视为处于接受国领土管辖之外。③ 这一学说曾经得到不少国际法学者和司法判例的支持，但现已被摒弃。

2. 代表性说（the Representative Character Theory）

该说主张，使馆及其外交代表之所以享有外交特权与豁免，是因为他们是派遣国的代表，而国家基于主权平等原则，相互之间是没有管辖权的。代表性说在当今仍然具有重要的现实意义，但它的缺陷也很明显，即不能解释为什么对于外交代表的私人行为也给予外交特权与豁免。

3. 职务需要说（the Functional Necessity Theory）

根据这一学说，使馆及其外交代表享有外交特权与豁免的原因在于，这是其有效执行职务的需要。

现今国际法学者一般认为，给予外交特权与豁免，一方面是基于对外交代表所代表的国家的尊重，另一方面是考虑到外交代表执行职务的需要。《维也纳外交关系公约》兼采代表性说和职务需要说，作为现代外交特权与豁免的理论依据。

（二）使馆的特权与豁免

根据《维也纳外交关系公约》的有关规定，使馆的特权与豁免主要有：

1. 使馆馆舍不得侵犯

接受国官员非经使馆馆长许可，不得进入使馆馆舍；接受国负有特殊责任，采取一切适当步骤保护使馆馆舍免受侵入或损害，并防止一切扰乱使馆安宁或有损使馆尊严的情

---

① 2003 年 4 月 10 日，美英联军拉倒了巴格达市中心的萨达姆塑像。这表明统治伊拉克 20 多年的萨达姆政权从此倒台。伊拉克常驻联合国代表杜里，神色黯然地向新闻界宣布"游戏已经结束"后，悄然离开纽约。

② 参见黄德明：《现代外交特权与豁免问题研究》，武汉大学出版社 2005 年版，第 8 页。

③ 参见［印度］B. 森：《外交人员国际法与实践指南》，周晓林等译，中国对外翻译出版公司 1987 年版，第 76 页。

事；使馆馆舍及设备，以及馆舍内其他财产与使馆交通工具免受搜查、征用、扣押或强制执行（第 22 条）。应当指出的是，在 2008 年 3 月发生的中国驻外使领馆遭不法分子暴力冲闯事件中，有关接受国违反了应采取一切适当步骤保护使馆馆舍免受侵入或损害的义务。

2. 使馆档案和文件不得侵犯

拓展阅读
2008 年中国驻外使领馆遭不法分子暴力冲闯事件

使馆档案及文件无论何时，也不论位于何处，均属不得侵犯（第 23 条）。

3. 通信自由

接受国应允许使馆为一切公务目的自由通信，并予保护；使馆的来往公文不得侵犯；外交邮袋不得予以开拆或扣留（第 27 条）。

4. 行动及旅行自由

除接受国为国家安全设定禁止或限制进入区域另订法律规章外，接受国应确保所有使馆人员在其境内行动及旅行的自由（第 26 条）。

5. 免纳捐税

派遣国及使馆馆长对于使馆所有或租赁的馆舍，概免缴纳国家、区域或地方性捐税，但其为对供给特定服务应纳之费者不在此列（第 23 条）；使馆办理公务所收之规费及手续费免征一切捐税（第 28 条）。

6. 使用国旗和国徽

使馆及其馆长有权在使馆馆舍、使馆馆长寓邸与交通工具上使用派遣国的国旗或国徽（第 20 条）。

（三）外交代表的特权与豁免

按照《维也纳外交关系公约》的有关规定，外交代表的特权与豁免主要包括：

1. 人身不可侵犯

外交代表不受任何方式的逮捕或拘禁；接受国对外交代表应特示尊重，并应采取一切适当步骤以防止其人身、自由或尊严受到任何侵犯（第 29 条）。

2. 私人寓所、文书、信件和财产不可侵犯

外交代表的私人寓所一如使馆馆舍应享有同样的不得侵犯权及保护；外交代表的文书、信件及财产同样享有不得侵犯权（第 30 条）。

3. 管辖豁免

外交代表对接受国的刑事管辖享有豁免。外交代表对接受国的民事及行政管辖也享有豁免，但下列案件除外：（1）关于接受国境内私有不动产的物权诉讼，但其代表派遣国为使馆用途置有的不动产不在此列；（2）关于外交代表以私人身份并不代表派遣国而为遗嘱执行人、遗产管理人、继承人或受遗赠人的继承事件的诉讼；（3）关于外交代表于接受国内在公务范围以外所从事的专业或商务活动的诉讼。另外，外交代表如果主动提起诉讼，就不得对与主诉直接相关的反诉主张管辖豁免。对外交代表一般不得执行处分，但在上述民事和行政管辖的案件中，如果执行处分又无损于其人身或寓所之不得侵犯者，则不在此限。此外，外交代表也无以证人身份作证的义务（第 31 条）。

不过，外交代表的管辖豁免也可以由派遣国明示放弃。另外，外交代表在民事或行政诉讼程序上管辖豁免的放弃，不得视为对判决执行的豁免也默示放弃，后项放弃必须分别

为之（第 32 条）。

4. 免纳捐税、关税，行李免受查验

外交代表免纳一切对人或对物课征的国家、区域或地方性捐税，但下列各项不在此列，如通常计入商品或劳务价格内的间接税、为供给特定服务所收费用等（第 34 条）。接受国应按照本国制定的法律规章，准许下列物品入境，并免除一切关税及贮存、运送及类似服务费用以外的一切其他课征：使馆公务用品；外交代表或与其构成同一户口的家属的私人用品，包括供其定居之用的物品在内。外交代表私人行李免受查验，但有重大理由推定其中装有不在免税之列的物品，或接受国法律禁止进出口或有检疫条例加以管制的物品者，不在此限；在这种情况下，查验必须有外交代表或其授权代理人在场，方得为之（第 36 条）。

5. 其他特权与豁免

外交代表还应免适用接受国施行的社会保险办法（第 33 条）；接受国对外交代表应免除一切个人劳务及所有各种公共服务，并应免除关于征用、军事募捐及屯宿等方面的军事义务（第 35 条）。

（四）享有外交特权与豁免人员的义务

根据《维也纳外交关系公约》第 41 条和第 42 条，享有外交特权与豁免人员对接受国主要负有以下义务：（1）外交代表在不妨碍外交特权与豁免的情形下，负有尊重接受国法律规章和不干涉接受国内政的义务。（2）使馆馆舍不得充作与国际法规定不相符的用途。（3）外交代表不应在接受国内为私人利益从事任何专业或商业活动。

第三节　领事关系法

一、领馆的建立和领馆人员

（一）领事关系的建立

按照《维也纳领事关系公约》第 2 条的规定，国与国之间领事关系的建立，通过协议来进行。一般来讲，两国同意建立外交关系也即同意建立领事关系，但是，断绝外交关系并不当然断绝领事关系。

（二）领馆的设立

《维也纳领事关系公约》第 4 条规定，领馆必须经接受国同意后才能在该国境内设立；领馆的设立地点、领馆类别及其辖区，由派遣国与接受国协商确定。

（三）领馆人员

1. 领馆人员的类别

领馆人员包括领事官员、领事雇员和服务人员。所谓"领事官员"（consular officer）是指派任此职承办领事职务的任何人员，包括领馆馆长在内。"领馆雇员"（consular employee）是指受雇担任领馆行政或技术事务的任何人员，如办公室秘书、译员等。"服务人员"（members of the service staff）是指受雇担任领馆杂务的任何人员，如司机、传达员等。

2. 领馆馆长的等级及其委派

根据《维也纳领事关系公约》第 9 条，领馆馆长分为四级，即：总领事、领事、副领事和领事代理人。领馆馆长由派遣国委派。委派及承认领馆馆长的手续，一般按照派遣国及接受国的法律规章与惯例办理。领馆馆长须经接受国以发给"领事证书"的形式给予准许，才能执行职务。接受国如果拒不发给领事证书，也无须向派遣国说明其拒绝的理由。不过，领馆馆长在领事证书送达之前可以暂时执行职务。

二、领事职务及其终止

（一）领事职务

按照《维也纳领事关系公约》第5条，领事的职务主要包括：（1）保护，即在国际法允许的范围内，在接受国内保护派遣国及其国民的利益。（2）促进，即增进派遣国与接受国间的商业、经济、文化及科学关系的发展，并在其他方面促进两国间的友好关系。（3）调查和报告，即以一切合法手段调查接受国内商业、经济、文化及科学活动的状况及发展情形，向派遣国政府报告，并向有关人士提供资料。（4）发给护照或签证，即向派遣国国民发给护照及旅行证件，并向拟赴派遣国旅行人士发给签证或其他适当文件。（5）帮助派遣国国民。（6）办理公证及其他行政事务，即担任公证人、民事登记员及类似的职务，并办理若干行政性质的事务，但以接受国法律规章无禁止的规定为限。（7）监督、检查和协助，即对具有派遣国国籍的船舶，在该国登记的航空器及其航行人员，行使派遣国法律规章所规定的监督和检查权；对具有派遣国国籍的船舶与航空器及其航行人员，给予协助。

（二）领事职务的终止

根据《维也纳领事关系公约》第25条，除其他情形外，领馆人员的职务遇有下列情势之一即告终了：（1）派遣国通知接受国有关领事人员的职务业已终了。（2）撤销领事证书。（3）接受国通知派遣国不再承认有关领事人员为领馆馆员。

三、领事特权与豁免

（一）领馆的特权与豁免

按照《维也纳领事关系公约》第28—39条的规定，领馆的特权与豁免主要有：

1. 领馆馆舍在一定限度内不得侵犯

接受国官员非经领馆馆长或其指定人员或派遣国使馆馆长同意，不得进入领馆馆舍中专供领馆人员工作之用的区域，但是在遇到火灾或其他灾害需要迅速采取保护行动时，应推定领馆馆长已经表示同意。接受国负有特殊责任，采取一切适当步骤保护领馆馆舍免受侵入或损害，并防止任何扰乱领馆安宁或有损领馆尊严的情事。领馆馆舍、馆舍设备以及领馆的财产与交通工具，应免受为国防或公用目的而实施的任何方式的征用；如果为了上述目的确有征用的必要时，应采取一切可能步骤以免领馆职务的执行受到妨碍，并应向派遣国给予迅速、充分和有效的赔偿。

2. 领馆档案及文件不得侵犯

领馆档案及文件无论何时，也不论位于何处，都不得侵犯。

3. 行动自由

接受国应确保所有领馆人员在其境内行动及旅行的自由，但接受国为国家安全设定禁止或限制进入区域所订法律规章另有规定的除外。

4. 通信自由

接受国应准许领馆为一切公务目的自由通信，并予保护；领馆的来往公文不得侵犯；领馆邮袋不得予以开拆或扣留，但接受国主管当局有重大理由认为邮袋装有公文文件及用品之外的物品时，可以请派遣国授权代表一人在场的情况下将邮袋开拆，如果派遣国当局拒绝此项请求，邮袋应退回至原发送地点。

5. 与派遣国国民通信及联络

领事官员可以自由与派遣国国民通信及会见；遇有领事辖区内有派遣国国民受逮捕或监禁或羁押候审或受任何其他方式的拘禁的情事，经其本人请求时，接受国主管当局应迅即通知派遣国领馆；领事官员有权探访受监禁、羁押或拘禁的派遣国国民，与之交谈或通信，并代聘其法律代表。

6. 使用国旗和国徽

领馆所在的建筑物及其正门上、领馆馆长寓邸以及在执行公务时乘用的交通工具上，可以悬挂派遣国国旗并展示国徽。

7. 领馆馆舍免税

领馆馆舍及职业领馆馆长寓邸之以派遣国或代表派遣国人员为所有权人或承租人者，一律免于缴纳国家、区域或地方性的一切捐税，但其为供给特定服务应纳之费者不在此列。此外，领馆在接受国境内征收派遣国法律规章所规定的领馆办事规费与手续费及其收据，一律免缴接受国内的一切捐税。

（二）领事官员及其他领馆人员的特权与豁免

根据《维也纳领事关系公约》的规定，领事官员及其他领馆人员的特权与豁免主要包括：

1. 领事官员人身不得侵犯

接受国对于领事官员应表示适当尊重，并应采取一切适当步骤以防止其人身自由或尊严受任何侵犯（第40条）。领事官员不得予以逮捕候审或羁押候审，但遇有严重罪行的情形，依主管司法机关的裁判执行者不在此列；对于领事官员不得施以监禁或对其人身自由加以任何其他方式的拘束，但为执行有确定效力的司法裁决者不在此限；如对领事官员提起刑事诉讼，该员须到管辖机关出庭；但进行诉讼程序时，应顾及该员所任职位予以适当的尊重（第41条）。

2. 管辖的豁免

领事官员及领馆雇员对其为执行领事职务而实施的行为不受接受国司法或行政机关的管辖，但不适用下列民事诉讼：（1）因领事官员或领馆雇员并未明示或默示以派遣国代表身份而订契约所生的诉讼；（2）第三者因车辆船舶或航空器在接受国内所造成的意外事故而要求损害赔偿的诉讼（第43条）。

3. 一定范围内作证义务的免除

领馆人员可以在司法或行政程序中到场作证。但领馆人员就其执行职务所涉事项，无担任作证或提供有关来往公文及文件的义务，并有权拒绝以鉴定人身份就派遣国的法律提出证言（第44条）。

4. 免纳关税、捐税及免受查验

接受国应依照本国制定的法律规章，准许领馆公务用品、领事官员或与其构成同一户

口的家属的私人自用品（包括供其初到任定居之用的物品）入境，并免除一切关税以及贮存、运送及类似服务费用以外的一切其他课征；领事官员及与其构成同一户口的家属所携私人行李免受查验（第50条）。领事官员及领馆雇员以及与其构成同一户口的家属免纳一切对人或对物课征的国家、区域或地方性捐税（第49条）。

5. 其他特权与豁免

其他特权与豁免包括：免除外侨登记及居留证（第46条）；免除工作证（第47条）；免于适用社会保险办法（第48条）；免除个人劳务及捐献（第52条）等。

（三）领馆及其人员对接受国的义务

《维也纳领事关系公约》第55条明确规定，在不妨碍领事特权与豁免的情形下，凡享有此项特权与豁免的人员，均负有尊重接受国法律规章的义务，并负有不干涉该国内政的义务；领馆馆舍不得充作任何与执行领事职务不相符合的用途。此外，《维也纳领事关系公约》第57条还特别规定，职业领事官员不应在接受国内为私人利益从事任何专业或商业活动。

思考与探索

由于《维也纳领事关系公约》不影响当事国间现行有效的其他国际协定，也不禁止各国间另订国际协定，以确认、补充、推广或引申该公约之各项规定。因此，领事关系法的一个特点是有大量的关于领事的双边条约。尤其值得注意的是，近年来不少国家签订了许多双边条约，将领事的特权与豁免加以扩大，以致等同于外交代表的特权与豁免。

此外，现代外交特权与豁免面临的挑战及其发展趋势问题、滥用外交特权与豁免的问题、接受国被军事占领后的原外交使节的外交特权与豁免问题、接受国与第三国武装冲突中的外交使节的外交特权与豁免问题、外交人员的违法行为包括国际犯罪行为的豁免问题、对海外中国公民和法人的外交保护问题、在华国际组织及其人员的特权与豁免问题、军事人员的特权与豁免问题等，都值得进一步研究。

值得注意的是，2020年7月21日美国政府要求中国政府在72小时内关闭驻休斯敦总领事馆，并撤离所有人员。鉴于美国公然违反国际法和国际关系基本准则以及中美领事条约，严重破坏中美关系，中国政府决定采取对等报复措施，于2020年7月24日决定关闭美国驻成都总领事馆。由此产生的国际法问题值得思考。

复习题

1. 外交关系和领事关系有何联系与区别？
2. 你如何看待外交特权与豁免的理论根据问题？
3. 外交代表的特权与豁免的主要内容是什么？
4. 领馆的特权与豁免主要有哪些？

第十一章　国际组织法

引　言

1997 年 11 月，国际竹藤组织（International Network for Bamboo and Rattan, IN-BAR）在北京宣告成立。这是第一个将其总部落户中国的政府间国际组织。截至 2021 年 5 月，它已有成员国 47 个。① 国际竹藤组织旨在促进竹藤技术的开发和转化，以保护环境、造福人类。目前它已与世界上 70 多个国家的政府、私人和非营利机构建立了广泛的联系，形成一个覆盖全球的网络。那么，诸如国际竹藤组织这样的政府间国际组织的法律地位究竟如何？它们的组织结构和表决制度又是怎样的？这些都是国际组织法的重要内容。

第一节　概　　述

一、国际组织的概念与类型

（一）国际组织和国际组织法的定义

国际组织（international organization）是现代国际生活的重要组成部分，它是指"两个以上国家或其政府、人民、民间团体基于特定目的，以一定协议形式而建立的各种机构"②。

国际组织有广义和狭义之分。③ 广义的国际组织，既包括政府间国际组织，即若干国家或其政府所设立的机构，如国际货币基金组织、世界贸易组织和欧洲联盟等；也包括非政府间组织，即若干国家的民间团体及个人所组成的机构，如国际奥林匹克委员会、国际红十字会组织和国际律师协会等。狭义的国际组织则专指若干国家或其政府通过签订国际协议而成立的机构。这既是严格意义上的国际组织，也是国际法所着重研究的对象。因为只有这类组织才具有国际法律人格，并且在世界事务中发挥着更大的作用。

20 世纪以来，特别是第二次世界大战以后，由于国际组织的作用日益加强，各国国

---

① 参见国际竹藤组织网站：http://www.inbar.int.
② 梁西著、杨泽伟修订：《梁著国际组织法》（第六版），武汉大学出版社 2011 年版，第 5 页。
③ 一些学者提出了如下界定国际组织的标准：一个国际组织必须旨在涵盖至少三个国家，具有真正国际性的目标；国际组织的成员国身份必须包括完全的投票权，并且必须向在该组织运作领域内的所有适格国家开放；国际组织的投票必须不受任何国内团体控制；国际组织的章程必须规定正式的结构，赋予成员国定期选举管理机构以及官员的权利；一个常设性的总部应该有可能持续运作；国际组织的官员在超过特定期限之外不得都拥有同一个国家的国籍；国际组织不得从事营利性活动，至少要有三个国家向国际组织的预算提供大额资金；每个国际组织必须表明它可以独立存在，并且选任它的官员；有证据显示它当前所进行的活动。参见［美］阿尔瓦雷茨：《作为造法者的国际组织》，蔡从燕等译，法律出版社 2011 年版，第 6 页。

际法学者也越来越重视对政府间国际组织的基本文件和实践的研究。现在，这方面已经形成了现代国际法的一个部门法——国际组织法（the law of international organizations）。国际组织法是指"用以调整国际组织内部及其对外关系的各种法律规范（包括有关国际组织建立、存在与活动的一切有约束力的原则、规则和制度）的总体"①。它以政府间国际组织为研究对象，其研究范围相当广泛，通常包括国际组织的法律地位、成员资格、组织结构、职权范围、活动程序、特权与豁免以及国际组织的继承等内容。

（二）国际组织的特征

综观国际关系的长期实践，国际组织在国际法上具有如下特征：

第一，国际组织是国家之间的组织，而不是凌驾于主权国家之上的世界政府机构，它的权力是由成员国授予的。因此，无论国际组织的职权多么广泛，都不能违反国家主权原则而干涉本质上属于国家国内管辖的任何事项。国家为了使国际组织实现其宗旨，需要在一定范围内约束国家本身的行为而赋予国际组织若干职权，但是，国际组织并不要求成员国放弃其在国际范围内反映国家主权主要属性的那些职权。另外，在国际组织内部，各成员国不论人口多寡、版图大小以及政治、经济和社会制度如何，其法律地位一律平等。

第二，国际组织的成员主要是国家。国家既是国际关系的主体，也是国际组织的主体。虽然有些国际组织，允许接纳非独立国家的实体作为其"准成员"或"非正式成员"，但这仅是一种特例、而非常规，它不能改变国际组织的主要参加者是国家这一本质特征。

第三，国际组织的职能主要是促进国际合作或防止战争。因此，它不同于以领土和国民为基础而拥有无限职能的国家。国际组织按照其宗旨、职能制定组织法，并根据组织法规定，为了实现其宗旨，在必要范围内确定组织机构和机关的权限与责任。

第四，国际组织一般都设立一些常设机构。这些机构通常按照一定的规章进行活动。

第五，国际组织是以国际条约为基础而建立的。该条约具体规定了该国际组织的宗旨与原则、主要机构、职权范围、活动程序以及成员国的权利和义务等。当然，该条约必须符合国际法。另外，原则上该条约的效力只及于成员国。

（三）国际组织的类型

随着世界各国间政治、经济、文化、科技等方面的发展，国际组织的种类也不断丰富。关于国际组织的分类标准，众说纷纭，"要想提出一个令人满意的国际组织的分类，是很难的"②。以下是几种常见的分类方法：

其一，按活动的目的不同，国际组织可分为一般性组织和专门性组织。前者有过去的国际联盟和现在的联合国；后者包括最早在1865年创立的国际电报联盟、1874年创立的邮政总联盟、第一次世界大战后设立的国际劳工组织、第二次世界大战后设立的联合国教科文组织及其他属于联合国专门机构的组织。

其二，按成员范围的不同，国际组织可分为全球性组织与区域性组织。前者如联合

---

① 梁西著、杨泽伟修订：《梁著国际组织法》（第六版），武汉大学出版社2011年版，第3页。

② I. A. Shearer, *Starke's International Law*, Butterworths, 1994, p. 549. 有学者指出，国际组织太过复杂因而不能利用类型化简单地看待——它们变动的性质使得人们难以把之归结于一种类型——认为GATT/WTO只会在国际贸易法方面作出贡献，国际劳工组织只会影响劳工问题的规制，以及联合国只是影响和平与安全的想法，是鼠目寸光的。参见［美］阿尔瓦雷茨：《作为造法者的国际组织》，蔡从燕等译，法律出版社2011年版，第18页。

国、世界贸易组织，后者如东南亚国家联盟、美洲国家组织等。

其三，按与成员国主权关系的不同，国际组织可分为超国家组织与国家间组织。一般认为，一个超国家的组织有权作出直接约束个人、团体、企业以及其所属的各国政府的决议，而不问其政府意向如何，这些个人、团体、企业都必须执行，如欧洲联盟就是一个超国家的机构。如果一个国际组织的职权只是协调成员国之间的关系，其决定只约束成员国，而不对成员国的个人创设权利和义务，这样的组织即为国家间组织。

此外，按照构成的不同，国际组织可分为政府间组织和非政府间组织；按照持续性的不同，国际组织可分为常设的组织与临时的组织；按照与联合国的关系的不同，国际组织可分为与联合国有关的组织及与联合国无关的组织等。

二、国际组织的历史发展

国际组织的产生必须具备两个基本条件：一是客观上的可能性，即国际社会的形势与客观情况能够提供开展国际组织活动的条件，国际社会各成员关系密切，而且在广阔的范围内拥有足以维持国际组织关系的社会基础；二是主观上认识到建立国际组织的必要性。因为国际组织不能自发产生，而是有意识、有目的地成立的。加入国际组织则意味着要受组织关系的约束，本国主权权力也要受到限制，如果对此没有足够的认识，则不可能成立国际组织。

可见，国际组织的形成是以国际关系的演变为基础的，它是国际政治经济发展到一定阶段的产物。

中世纪后期一直到近代，不断有人提出建立国际组织的种种设想。其代表人物有杜布瓦（Pierre Dubois）、克律塞（Emeric Cruce）、彭威廉（William Penn）、卢梭（J. J. Rousseau）和康德（Immanuel Kant）等。这些早期的思想和理论，对后来国际组织的形成与发展，有着不可低估的影响。

人类社会进入 19 世纪以后，随着国际关系的发展和国家间交往的加深，各国间多边活动日益增加，国家间的民间交往逐渐发展到政府间的国际会议。政府间的国际会议成为讨论和解决国际问题的一种有用的手段。1815 年维也纳会议、1856 年巴黎会议、1878 年柏林会议以及两次海牙和平会议，都是这种会议的重要例子。这种会议可以说是政府间的一种临时性议事组织。

到 19 世纪中期，随着科学技术的进步和社会经济的发展，国际协作的范围日益扩大。各国间已有关于调整交通、电信等方面相互关系的国际协定存在。在实施多边协定时，国家间出现了为某种特定目的而建立起来的"国际行政联盟"（international administrative unions）。这是一种比较稳定的组织形式。这类机构的规模与种类，是随着国际关系的发展而发展的。例如，早在 1865 年就成立了国际电报联盟，此外还有：1874 年邮政总联盟、1875 年国际度量衡组织、1883 年国际保护工业产权联盟、1886 年国际保护文化艺术作品联盟、1890 年国际反奴隶生活联盟和同年成立的国际铁路货运联盟等。诸如此类的国际行政组织的出现，标志着国际组织的发展进入了一个新的历史阶段。

第一次世界大战后成立的国际联盟，是人类历史上第一个世界综合性的国际组织，因而具有重大的政治与法律意义。国际联盟据以成立的《国际联盟盟约》，包括一个序言和 26 个条文，构成了《凡尔赛和约》的一部分。国际联盟设有四个主要机关：大会、行政院、秘书处和常设国际法院。

国际联盟作为一种国际组织的形式，它对现代国际组织的发展具有重要的影响。国际联盟的出现，是国际组织历史的继续和跃进。① 国际联盟的理论与实践以及当初创建国际联盟的努力，为后来联合国这个崭新的国际组织的顺利建立铺平了道路。

联合国是在第二次世界大战的战火中和废墟上酝酿产生的。联合国的建立，使国际组织的发展进入了另一个新阶段。此后，国际组织的数量大量增加，种类不断丰富，职权范围逐步扩大，国际组织间的协调也在日益加强。

三、国际组织的法律地位

国际组织是基于特定目的而设立的。因此，国际组织为了实现其目的和任务，除了开展维持组织内部的活动外，还要开展对外的各种活动。国际组织开展对外有效而又负责的活动的基础是在其活动范围内拥有必要的法律地位，而这种地位的前提条件是必须具备能成为权利和义务主体的法律人格。

大部分国际组织的设立宪章都对国际组织的法律人格予以承认，如《国际劳工组织宪章》第 39 条、《欧洲经济共同体条约》第 210 条和《欧洲原子能共同体条约》第 184 条。此外，有的国际组织的设立宪章对其法律人格不作规定，而是根据特别条约予以承认。例如，联合国专门机构的法律人格，是由 1947 年《专门机构特权与豁免公约》第 2 条规定的。

不过，国际组织的法律人格即使没有明文规定，也要给予承认。国际组织具备必要的机关，并按设立宪章规定的宗旨行使职能，这已说明它具有独立意志，能够在国际社会进行活动。国际组织的意志不同于成员国的共同意志。国际组织不是简单地协调成员国意志的对话场所，而是承担权利义务的真正的法律人格者。所以，即使设立宪章对法律人格无任何规定，也应解释为制定国际组织设立宪章时已包括决定赋予其法律人格。国际组织没有法律人格就无法存在。国际法院在"关于为联合国服务而受损害的赔偿咨询意见"（Advisory Opinion on Reparation for Injuries Suffered in the Service of the United Nations）中所提出的咨询意见，是关于国际组织法律人格的司法上的权威意见。国际法院认为："原则上联合国组织有国际人格，它的职能是如此重要以致该组织非具有某种程度的国际人格，就不能履行其职能。"②

国际组织在国际法上的法律人格和行为能力，一般包括以下内容：缔结双边或多边协定；召集与参加国际会议；派遣与接受外交使团（节）；调解国际争端；承担国际责任与请求国际赔偿；参加另一个国际组织的活动甚至加入另一个国际组织；作出国际承认与作为国际承认的对象；构成国际继承的主体与客体；其他行为能力，如登记

拓展阅读

1949 年国际法院"关于为联合国服务而受损害的赔偿咨询意见"

与保存条约，临时托管一定的领土，拥有本组织的旗帜、徽章等。

由上可见，国际组织有可能具有广泛地享受国际权利和承担国际义务的能力。不过，

---

① 参见梁西著、杨泽伟修订：《梁著国际组织法》（第六版），武汉大学出版社 2011 年版，第 54 页。

② Peter Malanczuk, *Akehurst's Modern Introduction to International law*, Routledge, 1997, p. 93.

国际组织的此等能力与主权国家是有差别的。国际组织的法律人格是派生的。它所取得的法律人格，不管范围有多大，同主权国家比较起来，显然是很有限的。没有主权国家的授权，任何国际组织在法律上的权利能力和行为能力都是不可能存在的。这种法律人格的局限性是国际组织法律地位的一个重要特征。

四、国际组织的法律制度

国际组织的制度化是现代国际组织的基本特征之一。国际组织据以成立的多边条约一般就是该国际组织的组织约章。组织约章规定了该国际组织的成员资格、宗旨原则、组织结构、活动程序、职权范围等法律制度。

（一）国际组织的成员

国际组织的成员一般可分为两类：正式成员和非正式成员。

1. 正式成员

正式成员是国际组织的正式参加者，它们通常参加该组织的全部活动。正式成员在该国际组织内的地位是平等的，享有同样的权利，如代表权、发言权和表决权等，也承担着同样的义务。但有些国际经济组织（如国际货币基金组织），正式成员的权利和义务是有差别的，往往是承担的财政义务越多，拥有的决策权利也越大。国际组织的正式成员一般为国家，但也有国际组织允许非国家实体作为其正式成员，如联合国成立之初，接纳了苏联的两个加盟共和国白俄罗斯和乌克兰为联合国的会员。国际组织的成员资格通常由该组织的章程加以规定，凡参与创立国际组织，即为创始成员国；凡加入已经存在的国际组织，即为纳入成员国。国际组织的成员资格也可能因某种原因而丧失，如退出或被开除等。

2. 非正式成员

非正式成员主要有以下两种情况：

（1）准成员。有些国际组织，由于对经济、社会、文教等部门负有广泛的国际责任而允许某些非独立国家的政治实体参加该组织，这些非主权实体即为准成员（associate member）。例如，联合国亚太经济社会委员会、亚太电讯组织和世界贸易组织都将中国的香港列为其准成员。此外，很多国际组织甚至允许欧洲联盟以准成员的资格参加其活动。一般而言，准成员在国际组织的重要机构中没有表决权和选举权与被选举权。[①] 世界卫生组织对准成员的权利与义务的性质与范围作出过明确规定，并为其他一些国际组织所仿效。

（2）观察员。大多数国际组织可接纳非成员国、民族解放运动组织、政府间组织、非政府间组织甚至个人作为观察员出席其有关会议。观察员的任务是向本国政府或派出组织汇报派往组织的活动情况，或尽力将本国政府、派出组织或个人意见提供给派往组织参考。观察员一般是每次会议临时邀请的，但也有国际组织接纳常驻观察员代表团。观察员在该组织的有关会议上通常既无发言权也无表决权，不过观察员可以获得会议的所有资料，并且有时还可以提出正式的提议。

---

① 参见饶戈平主编：《国际组织法》，北京大学出版社1996年版，第91页。

（二）国际组织的组织结构

国际组织一般设有三个主要机关：大会、理事会和秘书处。

1. 大会

大会由所有会员国组成，一般是最高权力机关。它定期召开会议（一般是一年举行一次），必要时召开特别会议。大会可以讨论、审议其职能范围内的任何问题和相关事项，并就重大问题作出决议。

2. 理事会

理事会是国际组织的执行机关，通常由有限的会员国代表组成，与大会相比开会较多。但是有的国际组织的理事会也由所有会员国组成，如美洲国家组织。理事会一般由单数国家代表组成。

3. 秘书处

秘书处是行政机关，主要从事同成员国进行联络、交换情报以及筹备成立其他机关、执行决议、对外代表、登记条约等行政事务方面的辅助性工作，在秘书长的领导下，由代表会员国独立完成任务的国际工作人员组成。

（三）国际组织的表决制度

国际组织的表决，是组织活动程序的核心内容，它是指成员国对该组织有关决议草案表示反对或赞成的一种方式。各种国际组织的表决程序并不完全一样。概言之，有以下三种类型：

其一，全体一致通过。国际会议和国际组织决议的表决，在传统做法上必须以到会全体代表一致通过为基础来进行。这种制度是建立在国家主权平等原则基础上的。国际联盟大会和行政院的表决，均采取一致同意制。这种制度实际上赋予每一成员国以否决权。现在，只有少数区域性组织采用此制度。

其二，多数表决。最先采用多数表决方法的是司法系统的国际组织，如 1794 年根据《杰伊条约》成立的混合仲裁委员会。到 19 世纪，一些行政、技术性的国际组织也采用了多数表决。政治性国际组织采用多数表决比较晚。目前，不仅联合国等普遍性国际组织采用了多数表决，而且区域性国际组织也采用了此制度。多数表决中的多数是指出席并投票的成员国的多数。按照决议事项的重要程度，多数表决可分为三种情况：

（1）简单多数表决，即决议只需获得超过成员国过半数的同意票就可通过。目前，不少国际组织的机关采用简单多数表决。

（2）特定多数表决，即对于重要问题的表决必须获得特定的大于过半数的多数同意。这里的特定多数，一般是以 2/3 为准，如联合国大会对于重要事项的表决，但也有规定为 3/4、4/5 或更高比例的。

（3）加权表决（weighted voting），即在某些有关经济、金融等领域的国际组织中，实行按照特殊比例分配给各成员国以不等量的投票权，采取所谓"加权表决制"。这一制度偏重于从成员国的利害大小与经济实力着眼，给予占优势的国家以较大的决定权。如国际货币基金组织和世界银行，均采取按基金份额多少来分配投票权的方式。世界银行的每个成员国除一律平等可投 250 个基本票外，还按所占股份，以每股增加一个投票权的比例计算。

其三，协商一致（consensus）。第二次世界大战以后，国际组织和国际会议逐渐出现了一种新的决策方式——协商一致，即会议文件经协商后，如所有代表团均不正式提出反对意见，即认为通过，无须交付表决。协商一致对于提高决议的效率是可取的，但是它也存在贬低决议内容、方式暧昧不清以及由于允许保留意见而使得达成的协议有降低实际价值的缺点。

五、国际组织的特权与豁免

国际组织的特权与豁免是国际组织法律人格的又一重要特征。国际组织为了有效地工作并正常地履行职权，显然需要在其暂时或长期驻在国享有一定的特权与豁免，以免受到当地法院及行政机关的干扰。国际组织的特权与豁免问题，在国际联盟成立后才受到注意。第二次世界大战以后，国际组织大量出现，其组织及人员的豁免，除在国际组织基本文件中作原则性的规定外，大多是通过多边条约、总部协定或与东道国协定的方式来加以规定的。联合国的特权与豁免颇具代表性，其他国际组织在这方面与联合国大同小异。

《联合国宪章》第 105 条规定："一、本组织于每一会员国之领土内，应享受于执行其职务及达成其宗旨所必需之特权及豁免。二、联合国会员国之代表及本组织之职员，亦应同样享受于其独立行使关于本组织之职务所必需之特权及豁免。三、为明定本条第一项及第二项之施行细则起见，大会得作成建议，或为此目的向联合国会员国提议协约。"根据上述规定，1946 年 2 月，联合国大会通过了《联合国特权与豁免公约》；1947 年 6 月，联合国与美国签订了《总部协定》。在这些国际文件的规定下，联合国享有下列特权与豁免：

联合国的房舍、档案以及属于联合国或联合国所持有的一切文件，均不可侵犯；联合国在每个会员国领土内的公务通信的优先权、收费率和税捐等方面所享有的待遇，应不次于该会员国政府给予任何他国政府包括其使馆的待遇；联合国的财产和资产，对于各种方式的法律程序享有豁免；联合国得持有款项、黄金或任何货币，并得自由移转之；联合国的资产，应免除一切直接税；会员国出席联合国各种会议的代表，在执行职务期间和往返开会处所的旅途中，不受逮捕或拘禁，其行李不受扣押；联合国职员的公务言论和行为，豁免法律程序，其薪金免纳税捐；虽非联合国正式职员但为联合国执行使命的专家，在执行使命期间，享有与会员国出席联合国会议代表大体相同的特权与豁免；联合国发给职员的通行证，各会员国应承认并接受为有效的旅行证件。[①]

总之，赋予国际组织特权与豁免的目的，并不在于使其具有特殊的身份或治外法权的地位，而在于使其以独立、公正不倚与有效的方式履行其职责。

第二节 联 合 国

一、联合国的建立

联合国（United Nations）是接受 1945 年在旧金山会议上签订的《联合国宪章》所载之义务的国家所组成的世界性组织。它是一个在集体安全原则基础上维持国际和平与安全

---

① 参见梁西著、杨泽伟修订：《梁著国际组织法》（第六版），武汉大学出版社 2011 年版，第 114—115 页。

的非常广泛的一般政治性组织，是当今最具普遍性、最有影响和最大的一个国际组织。联合国的建立，经历了以下四个阶段。

（一）战争中期的构想

早在第二次世界大战的中期，创立一个国际安全组织的思潮就已经出现了。1941年，英国、澳大利亚、加拿大、新西兰、比利时、捷克斯洛伐克、希腊、卢森堡、荷兰、挪威、波兰、南斯拉夫、南非以及法国的代表，签署了《伦敦宣言》，强调"持久和平的唯一真正基础是，各国自由人民志愿在一个已经摆脱侵略威胁、人人享有经济和社会安全的世界中合作"。1942年1月，中、苏、美、英等26个国家的代表在华盛顿签署了共同反对法西斯的《联合国家宣言》（The Declaration by United Nations）。1943年10月，中、苏、美、英代表在莫斯科会议上共同签发了四国《普遍安全宣言》（The Declaration on General Security，又称《莫斯科宣言》），主张建立一个战后普遍安全组织的思想和愿望有了进一步的发展。《莫斯科宣言》为联合国奠定了所据以创立的方针和基础，它实际上是建立联合国的第一个步骤。

（二）敦巴顿橡树园会议

1944年8月至10月，中、苏、美、英四国代表在华盛顿郊区的橡树园召开会议。这次会议根据《莫斯科宣言》的精神，草拟了战后国际组织章程的草案，称为《关于建立普遍性国际组织的建议案》，并建议将这个组织命名为"联合国"。建议案总共包括12章，内容涉及联合国的宗旨与原则、会员资格、主要机关及其职权、关于维持国际和平与安全以及社会合作的各种安排等。总之，橡树园建议案绘制了联合国的蓝图，对联合国的成立起了十分重要的作用。

（三）雅尔塔会议

1945年2月，在克里米亚的雅尔塔举行的英、美、苏三国首脑会议，对于新的国际安全组织的建立方案又有所发展。一方面，该会议解决了敦巴顿橡树园会议所未能解决的关于安理会的表决程序问题，通过了所谓的"雅尔塔方案"（The Yalta Formula），即后来的"五大国一致"原则，使安理会各常任理事国因此而享有"否决权"。另一方面，该会议确定，1945年4月25日在旧金山召开联合国家会议，以便依照在敦巴顿橡树园非正式会谈中建议的方针制定这个组织的宪章。雅尔塔会议为联合国的诞生进一步铺平了道路。

（四）旧金山会议

旧金山会议的正式名称为"联合国家关于国际组织的会议"（The United Nations Conference on International Organization）。参加会议的共有50个国家。代表们研究和讨论了橡树园建议案、雅尔塔表决方案和各国政府所提出的修正案。1945年6月25日，代表们一致通过了《联合国宪章》（Charter of the United Nations），并于次日正式举行签字仪式。《联合国宪章》于1945年10月24日生效，联合国自此正式成立。1946年2月，联合国大会决定将联合国总部设在纽约。1947年，联合国大会决定将10月24日定为"联合国日"。

二、联合国的宗旨和原则

《联合国宪章》（以下简称"宪章"）规定了联合国的宗旨与原则、会员国、主要机关的组成、职权范围、活动程序与主要工作，以及有关联合国组织的地位与宪章的修正等，它是联合国一切活动的法律依据。宪章由序文和19章组成，共111条。《国际法院规约》为宪章的组成部分。《联合国宪章》是联合国组织的根本法，它本身是一个多边条约，是一个立法性的国际公约，对会员国有约束力。

（一）联合国的宗旨

宪章第 1 条将联合国的宗旨规定为以下四项：维持国际和平与安全；发展各国间的友好关系；促进国际间有关经济、社会及文化方面的合作；构成协调各国行动的中心。

（二）联合国的原则

为了实现联合国的上述宗旨，宪章第 2 条规定了联合国本身及其会员国应遵守的若干原则。这些原则是：会员国主权平等；善意履行宪章义务；和平解决国际争端；禁止以武力相威胁或使用武力；集体协助；确保非会员国遵行宪章原则；不干涉内政。

关于以上原则，联合国虽系从该组织的角度提出问题，规定权利和义务，但其中一些原则，特别是会员国主权平等、善意履行宪章义务、和平解决国际争端、禁止以武力相威胁或使用武力、不干涉内政等，均系国际社会全体接受的原则，因而其效力已超出了一个国际组织宪章的范围，而对各国具有拘束力。但这种拘束，就其性质来说，已不属于国际组织拘束成员国的范畴，而是作为公认的国际法基本原则被各国接受了。

三、联合国的会员国

联合国的会员国可以分为创始会员国和纳入会员国两大类。

（一）创始会员国（original members）

按照宪章第 3 条的规定，凡曾经参加旧金山联合国国际组织会议或以前曾签署《联合国家宣言》的国家，签署了宪章并依法予以批准的，均为联合国的创始会员国。联合国的创始会员国共 51 个。

（二）纳入会员国（elective members）

根据宪章第 4 条的规定，"凡其他爱好和平之国家，接受本宪章所载之义务，经本组织认为确能并愿意履行该项义务者，得为联合国会员国"；"准许上述国家为联合国会员国，将由大会经安全理事会之推荐以决议行之"。

由上可见，联合国会员国资格是根据宪章的规定而取得的。同样，会员资格在一定条件下也有可能丧失。会员国资格的丧失一般有三种情况：

其一，会员国的开除。宪章第 6 条规定："联合国之会员国中，有屡次违犯本宪章所载之原则者，大会经安全理事会之建议，得将其由本组织除名。"开除是最严厉的制裁形式。

其二，会员国权利的中止。宪章第 5 条规定："联合国会员国，业经安全理事会对其采取防止或执行行动者，大会经安全理事会之建议，得停止其会员权利及特权之行使。此项权利及特权之行使，得由安全理事会恢复之。"宪章第 19 条又规定："凡拖欠本组织财政款项之会员国，其拖欠数目如等于或超过前两年所应缴纳之数目时，即丧失其在大会投票权。"

其三，会员国的退出。《联合国宪章》虽然没有像《国际联盟盟约》那样作出关于会员国自动退出的规定，但在旧金山会议上有关委员会的报告肯定，联合国会员国具有退出组织的权利，而且这一意见得到了与会全体国家的承认。因此，可以说联合国的会员国保留有自动退出组织的权利。1965 年，印度尼西亚就是自动宣布退出联合国的。

四、联合国的主要机关

为了实现宪章所规定的宗旨，联合国设有六大主要机关：大会、安全理事会、经济及社会理事会、托管理事会、国际法院和秘书处。此外，联合国还设有执行其职能所必需的各种辅助机关。

（一）大会（The General Assembly）

1. 大会的组成及职权

大会是联合国的主要审议机关，由全体会员国组成。大会每年举行一届常会，一般为期3个月，在9月的第三个星期二开幕，12月25日以前闭幕，如果议程尚未讨论完毕，则在第二年春天继续开会。在一定条件下，联合国还可以召开大会的特别会议或紧急特别会议。会议的地点在宪章中没有指定，但大会通常在联合国总部所在地即纽约举行，也有在其他地方举行会议的例子。

此外，根据宪章第22条的规定，大会"得设立其认为由于行使职务所必需之辅助机关。"因此，在大会下有七个主要委员会：（1）政治与安全委员会（第一委员会）；（2）经济与财政委员会（第二委员会）；（3）社会、人道与文化委员会（第三委员会）；（4）非殖民化委员会（第四委员会）；（5）行政与预算委员会（第五委员会）；（6）法律委员会（第六委员会）；（7）特别政治委员会。大会也可以随时就特定事项设立专门委员会，如裁军委员会、国际法委员会。

大会的职权是广泛的。大会可以讨论宪章范围内的任何问题或事项，除安理会正在处理者外，得向联合国会员国或安理会，提出对各该问题或事项的建议。值得注意的是，联合国大会虽然在政治、经济、社会、文化等领域享有广泛的职权，但这些职权多属建议性质。联合国大会通过的决议虽然对会员国可以产生一定的政治影响，但并不具有法律约束力。

2. 大会的表决程序

按照宪章的规定，每一会员国在大会应有一个投票权，大会的决议事项分为两类，适用不同的程序。第一类是所谓重要问题的决议，大会应以到会投票的会员国2/3多数来决定。此类问题包括：关于维持国际和平及安全的建议，安理会非常任理事国的选举，经济及社会理事会理事国的选举，托管理事会理事国的选举，对于新会员国加入联合国的审批，会员国权利及特权的停止，会员国的除名，关于施行托管制度的问题及预算问题等。第二类是关于其他问题的决议，应以到会及投票的会员国过半数来决定。

（二）安全理事会（The Security Council）

1. 安全理事会的组成

安全理事会简称安理会，由5个常任理事国（中、法、苏、美、英）和10个非常任理事国组成（非常任理事国最初为6个，1965年通过修改宪章，增加到10个）。其中，苏联的常任理事国席位现由俄罗斯接替。非常任理事国由联合国大会选举产生。在选举时，首先应特别照顾到各会员国对维持国际和平及安全以及联合国其他宗旨的贡献，也应照顾到地理上的公平分配。非常任理事国任期为2年，每年改选5个，不得连选连任。按照惯例，非常任理事国的席位作如下分配：亚非5个，东欧1个，拉丁美洲2个，西欧及其他国家2个。安理会每一理事国应有代表一人。安理会主席由各理事国依其国名英文字首的排列次序，按月轮流担任，每个国家 1 个月。

2. 安全理事会的职权

安理会是联合国维持国际和平与安全方面负主要责任的机关。安理会的职权主要是执行性的，它有权根据宪章的规定采取执行行动来维持国际和平与安全，其有关决议对各会员国也是有约束力的。安理会除在和平解决国际争端方面行使重要的职权外，还在维持和平与制止侵略方面行使重要的职能。

3. 安全理事会的表决程序

根据宪章第 27 条，安理会每一理事国拥有一个投票权；安理会关于程序事项的决议，应以 9 个理事国的可决票表决之；安理会对于其他一切事项的决议，应以 9 个理事国的可决票包括全体常任理事国的同意票表决之。这就意味着常任理事国享有否决权。但对于和平解决国际争端的决议，争端当事国不得投票。此外，关于某一事项是否属于程序性这一先决问题，也必须以 9 个理事国的可决票决定之，其中应包括全体常任理事国的同意票在内。这意味着五大常任理事国在安理会享有所谓的"双重否决权"。[①]

从已有的国际实践来看，否决权的行使与国际政治形势密切相关。联合国成立初期，以美国为首的西方集团操纵联合国的表决机器，因此当时行使否决权的主要是苏联。但进入 20 世纪 60 年代之后，由于新会员国激增，联合国的力量结构发生了重大变化，美国成了常任理事国中行使否决权最多的国家。进入 90 年代后，形势又发生了新的变化。例如，90 年代初海湾危机爆发后，在安理会连续通过的十多项决议中，没有一个常任理事国对这些决议投反对票。这在安理会的表决史上，是十分罕见的。

自从联合国成立以来，否决权问题一直是修改宪章的一个焦点。然而，随着国际形势的发展变化，各国对否决权的态度各不相同。不过，发展中国家一贯主张：修改或适当限制否决权，以实现大小国家一律平等。

（三）经济及社会理事会（The Economic and Social Council）

经济及社会理事会简称经社理事会，由联合国大会选出的 54 个理事国组成。理事国任期为 3 年，每年改选 1/3，改选时得连选连任。经社理事会的每一理事国应有代表 1 人。

经社理事会的职权包括：做成或发动关于国际经济、社会、文化、教育、卫生及其他有关事项的研究及报告，并向联合国大会、各会员国和有关专门机构提出关于此种事项的建议；提出有关促进尊重全人类的人权及基本自由的建议；拟订关于其职权范围内事项的协约草案，并提交大会；按照联合国所定的规则，召开国际会议以讨论其职权范围以内的事项；同各专门机构订立协定，使之同联合国建立关系；通过磋商与协议，来协调各专门机构的活动；采取适当步骤，以取得专门机关的经常报告；向安理会提供情报，并应安理会的邀请，予以协助。

经社理事会每一理事国应有一个投票权，理事会的决议，应以到会及投票的理事国过半数表决之。从 1971 年开始，我国一直当选为经社理事会的理事国。

（四）托管理事会（The Trusteeship Council）

托管理事会，是联合国负责监督托管领土行政管理的机关。联合国成立后，置于国际

[①] 参见梁西著、杨泽伟修订：《梁著国际组织法》（第六版），武汉大学出版社 2011 年版，第 150 页。

托管制度下的领土共有 11 个。由于托管领土的人民不断努力，托管领土相继取得了独立或自治。1994 年 10 月 1 日，联合国的最后一个托管领土帕劳独立。因此，托管理事会在联合国的地位，是联合国改革中一个亟待解决的问题。①

（五）国际法院 （ The International Court of Justice ）

国际法院是联合国的主要机关之一，也是联合国的主要司法机关。关于法院的组织、职权和程序规则等内容，将在第十三章"国际争端的和平解决"中阐述。

（六）秘书处 （ The Secretariat ）

秘书处是联合国的第六个主要机关。秘书处由秘书长 1 人和联合国所需要的若干办事人员组成。秘书长应由联合国大会经安理会的推荐委派，任期为 5 年，连任期也为 5 年。办事人员则由秘书长按照联大所定章程委派。办事人员的雇佣及其服务条件，应首先考虑工作效率、才干及忠诚；并在征聘办事人员时，在可能范围内，充分注意地域上的普及。

秘书长是联合国的行政首长。秘书长在大会、安理会、经社理事会及托管理事会的一切会议上，应以秘书长资格行使职务，并应执行各该机关所托付的其他职务。秘书长应向大会提交关于联合国的常年工作报告。秘书长得将其所认为可能威胁国际和平与安全的任何事件，提请安理会注意。

秘书长和办事人员在执行职务时，不得请求或接受联合国以外任何政府或其他当局的训示，并应避免足以妨碍其国际官员地位的行动。秘书长和办事人员只对联合国负责。联合国各会员国应尊重秘书长和办事人员责任的专属国际性，不能影响其责任的履行。

联合国成立以来，已有九任秘书长。现任秘书长是葡萄牙人古特雷斯。前八任秘书长分别为：赖伊（挪威人）、哈马舍尔德（瑞典人）、吴丹（缅甸人）、瓦尔德海姆（奥地利人）、德奎利亚尔（秘鲁人）、加利（埃及人）、安南（加纳人）和潘基文（韩国人）。按照惯例，安理会常任理事国的国民不得担任秘书长职务。

五、中国与联合国等国际组织

中国是联合国安理会的五大常任理事国之一，也是联合国的创始会员国。中国与联合国等国际组织的关系，颇为复杂，期间经历了一段颇为曲折的道路。②

从联合国的起源来说，早在 1943 年，中国代表出席了莫斯科四国外长会议，签署了《普遍安全宣言》，主张尽快建立一个国际组织。1944 年秋，中国又参加了橡树园会议，参与《关于建立普遍性国际组织的建议案》的起草工作，并对建议案提出了不少重要的补充意见。后来，这些意见的一部分被会议接受并载入了《联合国宪章》。③ 1945 年，雅尔塔会议决定，中国作为四个发起国之一，与苏、美、英共同召集旧金山制宪会议。中国派遣了由 10 人组成的代表团出席了旧金山会议。中国代表顾维钧最先在宪章上签字。在《联合国宪章》第 23 条上，中国被列为安理会五个常任理事国之一。可见，中国在联合国的创建过程中起到了重要作用。

---

① 随着帕劳取得独立，托管理事会于 1994 年 11 月 1 日停止运作。1994 年 5 月 25 日，托管理事会通过决议，决定修改其议事规则，取消每年举行会议的规定，并同意视需要举行会议——由托管理事会或托管理事会主席作出决定，或由托管理事会多数成员或联合国大会或安全理事会提出要求。

② 参见梁西：《联合国与中国——纪念周鲠生先生诞辰一百周年》，《武汉大学学报》（社会科学版）1989 年第 4 期。

③ 参见丘宏达：《现代国际法》，三民书局 1995 年版，第 863—864 页。

1949 年中华人民共和国的成立，揭开了中国历史的新篇章。它对整个国际形势及联合国，产生了深远的影响。

从国际法的角度看，中华人民共和国成立后，中华人民共和国中央人民政府是中国的唯一合法政府，应在联合国中代表中国。从它成立之日起，就应当立即享有其在联合国的一切合法权利。因此，新中国成立后，中华人民共和国就应该是也必然是联合国创始会员国和常任理事国。

然而，由于种种原因，新中国在联合国的合法席位，长期被无理剥夺。1950 年，安理会在新中国代表和苏联代表缺席的情况下，两次非法通过决议，要求成立由美国指挥的所谓"联合国军"。显然，这是对国际法和《联合国宪章》的恣意践踏。

在 20 世纪整个 50 年代到 60 年代历届联合国大会会议上，中国在联合国的代表权问题，先是以所谓的"时机不成熟"为借口被搁置，后又以"中国代表权问题必须由联合国大会 2/3 多数才能决定"为由继续拖延。

直到 1971 年 10 月 25 日，第 26 届联合国大会终于以压倒性多数通过了关于"恢复中华人民共和国在联合国组织中的一切权利"的第 2758 号决议。中国合法代表权在联合国的恢复，使国际关系向多极化方向发展的趋势更加明显。此后，在联合国内外，中国为维持国际和平与安全，为促进国际经济及社会的发展，发挥着日益重要的作用。

进入 90 年代以后，中国对国际组织的态度发生了很大的变化，由原来的消极观望到目前的积极参与。一方面，国际组织可以为中国的现代化进程提供帮助；另一方面，积极参与多边机构的活动可以巩固中国日益攀升的国际地位。正如 2011 年 3 月 18 日美国《华尔街日报》的文章所指出的，中国在利用国际机构促进国家利益和在这些机构那里满足自身需要方面，已经变得更富成效；而且，中国日益增强的作用，对其参与的这些国际组织而言，也往往是建设性和有帮助的。

伴随着 80 年代初中国成为世界银行集团成员国、2001 年加入世界贸易组织，中国加入了众多的国际机构。近年来，中国参与各国际机构活动的积极性也不断提高，特别是在维和方面。现在，中国是联合国安理会五大常任理事国中向全球动荡地区派遣维和人员最多的国家。另外，中国还积极推动地区经济融合，并在东盟地区论坛等地区安全论坛中发挥更加积极的作用。而且，中国还承办了旨在实现朝鲜半岛无核化的"六方会谈"。

特别值得一提的是，1997 年 11 月，国际竹藤组织在北京宣告成立。这是第一个将其总部落户中国的政府间国际组织。2001 年 6 月，中国、俄罗斯、塔吉克斯坦、吉尔吉斯斯坦、哈萨克斯坦和乌兹别克斯坦六国，签署了《上海合作组织成立宣言》，建立了"上海合作组织"。2015 年 12 月，首个由中国倡议设立的多边金融机构——亚洲基础设施投资银行（Asian Infrastructure Investment Bank，简称亚投行，AIIB）在北京正式成立。它是一个政府间性质的亚洲区域多边开发机构，重点支持基础设施建设，成立宗旨是促进亚洲区域的建设互联互通化和经济一体化的进程，并且加强中国及其他亚洲国家和地区的合作。截至 2021 年 12 月，亚投行有 103 个成员。

此外，2006 年 11 月，在日内瓦举行的世界卫生大会特别会议上，陈冯富珍当选为世界卫生组织总干事。这是中国首次提名竞选并成功当选联合国专门机构的最高领导职位。另外，赵厚麟当选为国际电信联盟秘书长，李勇当选为联合国工业发展组织总干事，屈冬玉当选为联合国粮农组织总干事，柳芳当选为国际民航组织秘书长。

第三节 联合国改革

联合国改革，是当今国际社会普遍关注的问题，也是目前联合国所面临的重大问题之一。然而，联合国为什么要改革？联合国改革的理论基础是什么？联合国改革的法律依据又如何？这是我们研究联合国改革首先应当解决的问题。[①]

一、联合国改革的理论基础

联合国改革是指为了适应国际关系的变化和提高效率，而对联合国进行的机构性演变的过程。[②] 联合国改革的理论基础主要包括两个方面：一是联合国面临新挑战；二是国际法律秩序的危机。[③]

（一）联合国面临新挑战

联合国之所以要改革，是因为它面临诸多挑战。

1. 国际关系的变化

国际关系的变化是联合国改革的外部因素。

（1）国际关系中的"无政府状态"更加明显。在当今的国际社会里，由于各国都是平等共处的主权国家，没有凌驾于其上的权威，在各国之上也不可能有一个超国家的世界政府存在。各国之间既没有一个统一的最高立法机关来制定法律，也没有一个处于国家之上的司法机关来适用和解释法律，更没有一个凌驾于国家之上的行政机关来执行法律。因此，主权国家可以按照自己的国家利益行事，只受所谓"权力均衡"的限制。所以，从这个意义上说，存在迪金森（Goldsworthy Lowes Dickinson）所说的"国际无政府状态"（international anarchy）[④]。有学者指出，无政府状态是国际社会生活的主要事实与理论思考的起点，"对国际生活最有成效的研究，大多与探寻国际生活缺少这种共同政府所造成的后果有关"[⑤]。

冷战结束后，虽然美苏两极对峙已经消失，但原来在两极格局掩盖下的民族矛盾、种族纷争和宗教冲突一再涌现，地区分治主义不断抬头。因此，国际关系中的"无政府状态"似乎比以往更加明显。有学者认为："20世纪90年代的世界，比东西方核武器、意识形态的对抗突然结束时人们估计的要更加危险得多。"[⑥] 联合国开发计划署《2002年人类发展报告》也指出："9·11"事件后，"人们有理由担心出现更加严重的全球分裂现象"。

[①] 参见杨泽伟主编：《联合国改革的国际法问题研究》，武汉大学出版社2009年版，第18页。

[②] See Beck Verlag, *United Nations: Law, Policies and Practice*, Vol. II, Martinus Nijhoff, 1995, p. 1013.

[③] 有学者认为，联合国改革缺乏政治、经济和法律理论。See Ernst-Ulrich Petersmann, "How to Reform the United Nations: Lessons from the International Economic Law Revolution", *UCLA Journal of International Law and Foreign Affairs*, Vol. 2, No. 2, 1997/98, p. 193; Kamil Idris and Michael Bartolo, *A Better United Nations for the New Millennium: The United Nations System—How It Is Now and How It Should Be in the Future*, Kluwer Law International, 2000, p. 1.

[④] ［英］赫德利·布尔：《无政府社会——世界政治秩序研究》，张小明译，世界知识出版社2003年版，第37页。

[⑤] ［美］詹姆斯·德·代元主编：《国际关系理论批判》，秦治来译，浙江人民出版社2003年版，第101页。

[⑥] Erskine Childers and Brian Urquhart, "Renewing the United Nations System: The International Civil Service", *Development Dialogue*, No. 1, 1994, p. 11.

（2）经济全球化的震荡日益突出，南北差距进一步扩大。人类进入 20 世纪 90 年代以来，"全球化"（globalization）浪潮汹涌而至，出现了经济全球化、政治全球化、法律全球化、生态环境全球化、文化信息全球化等现象。其中，经济全球化（即狭义的全球化）是全球化的基础和重要组成部分，也是全球化进程的最基本动因。所谓经济全球化是指"跨国商品与服务交易及国际资本流动规模和形式的增加，以及世界各国经济的相互依赖性增强"①。经济全球化具体表现为生产全球化、贸易全球化和金融全球化等。总之，由于信息时代的到来、现代市场经济前所未有的全球扩张以及全球性问题的日益严重，使得经济全球化的规模日益扩大、速度空前加快。这正是今天国际社会普遍感受到经济全球化震荡的缘由。

在经济全球化的背景下，不少发展中国家在全球化的浪潮中被边缘化，最不发达国家的数目越来越多，发展中国家的债务负担越来越沉重，南北差距进一步扩大。例如，1971年联合国大会第一次将 25 个发展中国家确定为最不发达国家。1982 年增加到 36 个，1993 年增加到 47 个，2001 年增加到 49 个。当 21 世纪进入第二个十年之际，全世界经联合国核准的最不发达国家总共有 50 个，其中竟有 36 个国家位于非洲大陆。

（3）从传统安全观到非传统安全观的演变十分显著。所谓"传统安全观"是指一种国家安全至上、政治与军事安全为主、以武力或战争方式解决国家间矛盾和冲突的安全观念；"非传统安全观"则是指由非政治和非军事因素所引发、直接影响甚至威胁本国和别国乃至地区与全球发展、稳定和安全的跨国性问题以及与此相应的一种新安全观。"非传统安全观"的出现，实际上反映了人们对安全问题认识的变化和国家安全观的扩展，即安全意识与安全概念从政治、军事领域逐步扩展到经济、文化、社会、资源、环境、科技、信息、舆论等领域，出现了金融安全、经济安全、科技安全、信息安全、生态安全、环境安全、资源安全、能源安全、粮食安全、文化安全、舆论安全、社会安全、公共卫生安全等概念；国家安全概念已从过去只是针对外部军事入侵和战争威胁的传统含义，扩展到保持本国稳定、发展和有序；安全认识和关注的对象不仅包括国家，还扩大到作为公民的个人和整个人类。②

因此，正如联合国前秘书长安南所言："今日之世界已完全不同于 1945 年。"③ 我们现在和未来几十年所面临的最大的安全威胁已经绝不仅仅是国家发动的侵略战争了，这些威胁扩大到恐怖主义、毒品和武器交易、跨国有组织犯罪、生态和环境问题、民族和宗教冲突、邪教猖獗、金融动荡、信息网络攻击、基因与生物事故、非法移民、地下经济及洗钱、能源安全、武器扩散、传染病蔓延、海盗和贫穷等"非传统安全"领域。④ 况且，上述"非传统安全"领域的威胁还在不断加剧，并以前所未有的范围和强度对一国、地区

---

① 国际货币基金组织编著：《世界经济展望》，中国金融出版社 1994 年版，第 45 页。

② 参见陆忠伟主编：《非传统安全论》，时事出版社 2003 年版，第 19—23 页。

③ Edward C. Luck, "How Not to Reform the United Nations", *Global Governance*, Vol. 11, 2005, p. 407.

④ See Mark Udall, "Collective Security and the United Nations", *Denver Journal of International Law and Policy*, Vol. 33, No. 1, 2004-2005, p. 4. 此外，"威胁、挑战和改革问题高级别小组"在其《一个更安全的世界：我们的共同责任》的报告中，将当今世界面临的各种威胁归纳成六组，即：经济和社会威胁，包括贫穷、传染病及环境退化；国家间冲突；国内冲突，包括内战、种族灭绝和其他大规模暴行；核武器、放射性武器、化学和生物武器；恐怖主义；跨国有组织犯罪。2005 年 3 月，安南秘书长在其《大自由：实现人人共享的发展、安全和人权》报告中采纳了上述高级别小组报告中的观点。

乃至全球的发展、稳定和安全造成强烈的冲击。

2. 联合国自身发展的需要

联合国自身发展的需要是联合国改革的内部动因。

（1）会员国的发展变化。一方面，会员国的数量增长迅猛。联合国成立之初，会员国只有 51 个。而截至 2021 年 12 月 31 日，联合国会员国已发展到 193 个，几乎囊括世界上所有的国家。联合国成立时，安理会由 11 个成员国（包括 5 个拥有否决权的常任理事国和 6 个无否决权的非常任理事国）组成，占当时会员国总数的 20%。现在 15 个安理会成员却只占会员国总数的 7.8%。这说明安理会的代表性已大大降低，显然已不能反映联合国的现实，必须予以扩大。

另一方面，会员国的力量对比也发生了变化。以德国、日本、巴西等国为代表，这些国家的综合国力不断上升，并且在全球和地区事务中的影响力也不断增强。它们在财政或其他方面是联合国的积极支持者，对联合国作出了重要贡献。[①] 因此，这些国家迫切要求改革联合国，尤其是增加安理会常任理事国的席位，使其能力、影响及对联合国的贡献能得到反映。

（2）安理会职能的扩大。近年来，安理会采取了不少超越《联合国宪章》基本原则的行动。例如，在纳米比亚、柬埔寨、索马里、萨尔瓦多、安哥拉、莫桑比克、卢旺达、海地、南非和前南斯拉夫等国组织和实施国际监督下的民主选举；在柬埔寨、东帝汶和科索沃等国家和地区设立了联合国临时权力机构，实际上行使国家的主权权力；同意美国以联合国维和部队的名义派遣数万美军到索马里采取超出自卫范围的大规模军事行动；2003 年美国占领伊拉克后，安理会通过第 1483 号决议确认美英对伊拉克的占领等。此外，安理会还处理大体上属于国内性质的冲突，监督各国的人权状况，加强预防性外交，频繁使用强制性措施等。总之，安理会的触角不断地深入国家主权的管辖范围，使国家军备、环境保护、人权等诸多方面都受到不同程度的影响。

（3）联合国的业务、预算和职能都急剧扩增。今天联合国执行着复杂的任务，在世界各地直接提供重要的服务。为此，联合国与国家政府、区域组织、民间社会团体、慈善基金会和私营部门公司等众多伙伴通力协作，开展维持和平、建设和平、减贫扶贫、防治艾滋病毒/艾滋病和促进千年发展目标等众多领域的活动。联合国秘书处的工作人员也从成立初期的 1 500 人扩展到现在的 45 000 人，另外还有许多志愿者以及维和人员遍布世界各地[②]。联合国因而产生了机构臃肿、效率低下、人浮于事、铺张浪费等现象。近期揭露出来的维和部队性丑闻、"石油换食品案"及高级官员滥用职权和贪污腐败等，进一步暴露出联合国的内部管理存在的诸多严重问题。因此，从组织层面来说，联合国从机构设立、

---

① 根据 2012 年 12 月联合国大会通过的预算决议，2013 年至 2015 年联合国会员国应缴会费的分摊比例，日本是 10.83%，德国是 7.14%，日、德两国分别位居世界第二和第三。而根据 2015 年 12 月联合国大会通过的预算决议，2016 年至 2018 年联合国会员国应缴会费的分摊比例，前四位国家分别是：美国（22.000%）、日本（9.680%）、中国（7.921%）、德国（6.389%）。据 2018 年 12 月联合国大会通过的预算决议，2019—2021 年联合国会员国应缴会费的分摊比例，中国是 12.01%，位于第二，仅次于美国；中国承担的联合国维和行动的费用摊款比例达到了 18.6556%，位居第二，仅次于美国。另据 2021 年 12 月联合国大会通过的预算决议，2022—2024 年中国作为联合国会员国应缴会费的分摊比例达到了 15.254%，位于第二，仅次于美国。

② 联合国派出了各种各样的特派团，维和预算达到 50 亿美元，在外地部署了 8 万名维和人员。参见联合国秘书长的报告：《着力改革联合国：构建一个更强有力的世界性组织》（2006 年 3 月 7 日），A/60/692.

人员配备到行政管理，在适应时代变化和应对各种危机方面还存在着差距。

（4）其他国际组织的挑战。一方面，非政府组织的作用增大，并进一步扩大对联合国的影响。冷战结束以来，非政府组织发展迅速，目前全世界约有5万个非政府组织①，其中与联合国建立正式关系的约有1 500多个。非政府组织与联合国的关系，已从部分参与经社理事会会议扩大到组织非政府组织论坛，与联合国召开的国际会议并行举行，实际上已成为联合国会议的一部分。例如，2000年，来自100多个国家的1 000多个非政府组织和其他民间团体在联合国总部举行了非政府组织千年论坛，发表了它们的宣言和行动议程，并提出了"为21世纪的到来加强联合国"的改革建议和设想。2003年，联合国秘书长还任命了"联合国与民间社会关系知名人士小组"，该小组向秘书长提交了"我们人民：民间社会、联合国和全球施政"的报告，代表全球非政府组织和民间社会，再次提出了改革联合国的意见和方案。

另一方面，区域性国际组织的影响增强。联合国成立以来，建立了相当多的区域性和次区域性国际组织。其中，有些区域性国际组织对其成员的稳定和繁荣作出了重大贡献，也有一些区域性国际组织已经开始直接处理对和平与安全的威胁，还有些区域性国际组织在它们的任务区域外开展了维持和平行动。由于区域性国际组织无论是在宗旨目标还是在组织结构和执行手段等方面，都比较集中、有效和灵活，因此，区域性国际组织在全球事务中正扮演着越来越重要的角色，对联合国的作用和地位构成挑战。

总之，今日联合国所担负的使命和面临的挑战，已经与70多年前大不相同了。诚如联合国前秘书长安南所说："联合国处于三岔路口。"② 美国《基督教科学箴言报》也指出："在安南任职的10年，全球发生了最深刻的变化，或者说联合国以前是世界最大的会议召集者，现在则在很大程度上是'行动者'——管理的维和人员比以往任何时候都多，对发展努力进行引领，与艾滋病作斗争，这种观点几乎没有什么人反对。"③ 因此，要使诞生于70多年前的联合国适应21世纪的时代要求，改革是其必由之路。

（二）国际法律秩序的危机

"9·11"事件后，随着国际关系的演变，一些国际法的基本原则和制度受到了严重的挑战，从而引发了国际法律秩序的危机。国际法上的这些新变化，已成为影响联合国改革进程的重要因素之一。

第一，"保护的责任"与国际法的"新规范"带来新变化。④

第二，国家主权的内涵更加丰富，即国家主权不仅是一种权利，而且是一种义务或责任。作为责任的主权意味着：对外是尊重别国的主权；对内是尊重国内所有人的尊严和基本权利，保护本国人民免遭屠杀、种族清洗和饥饿等严重伤害。从某种意义上说，作为责任的主权已成为良好的国际公民权利的最起码的内容。在国际人权公约中，在联合国的实践以及在国家本身的实践中，作为责任的主权已日益得到广泛的承认。正如有学者所言："主权在很长的一段时间里一直被当作独立权和不受外部干涉的权利，但在今天，主权也

---

① 详见国际组织年鉴网站：http://www.uia.be。

② Edward C. Luck, "How Not to Reform the United Nations", *Global Governance*, Vol. 11, 2005, p. 407.

③ 《安南以后的联合国领导人什么样？》，载于美国《基督教科学箴言报》网站2006年9月27日的文章，转引自《参考消息》2006年9月29日第3版。

④ 详见本书第二章第二节"不干涉内政原则"的有关论述。

包含对其国民、其他国家、国际组织、区域性组织、公私机构等的某些义务或责任。"①
联合国前秘书长安南也指出："实际上主权意味着责任和权力，其中在这些责任中，最重
要的是保护本国公民免遭暴力和战争的责任。"②

第三，不干涉内政原则受到冲击。③

第四，"预防性"攻击与"先发制人"战略对国际法造成一定程度的破坏。④

第五，使用武力的正当性问题引发的讨论。⑤

第六，恐怖主义定义的分歧。"9·11"事件后，如何有效地预防和打击恐怖主义活
动已成为国际社会关注的焦点问题之一。恐怖主义危及联合国的一切主张：尊重人权、法
治、保护平民；民族与国家之间的相互容忍；和平解决冲突。然而，关于恐怖主义的定
义，无论是各国政府还是学者之间都存在较大分歧。恐怖主义的定义问题，也是多年来在
联合国内分歧最大、争论最激烈的问题之一，并始终没有取得一致。

2004 年 12 月，"威胁、挑战和改革问题高级别小组"在其报告中将"恐怖主义"表
述为："现有有关恐怖主义各方面的公约、日内瓦四公约和安理会第 1566（2004）号决议
已经列明的各种行动，以及任何有意造成平民或非战斗员死亡或严重身体伤害的行动，如
果此种行动的目的就其性质和背景而言，在于恐吓民众或强迫一国政府或一国际组织实施
或不实施任何行为。"⑥ 虽然联合国前秘书长安南在 2005 年 3 月《大自由：实现人人共
享的发展、安全和人权》报告中对上述定义表示赞同，并呼吁各国支持这一定义，但
由于该定义没有把反对外国占领的斗争与恐怖主义区别开来，也没有提及国家恐怖主
义，更没有反对反恐中的双重标准，因此绝大多数阿拉伯国家和其他许多国家都反对
这一定义。

总之，由于会员国不能就包括恐怖主义定义在内的一项全面的公约达成协议，从而制
约了联合国拟定一项综合战略的能力。这使得联合国不能充分发挥其道德权威和谴责恐怖
主义的力量。

二、联合国改革的法律依据

《联合国宪章》是联合国的根本法。联合国的组织结构、职权范围和活动程序，都是
以宪章为依据的。《联合国宪章》为联合国规定了宗旨与原则，并赋予它一定的权力，它
的一切活动不能超出宪章所规定的范围。因此，联合国改革的法律依据就是《联合国宪
章》。事实上，联合国的改革主要通过两种方式来进行：一是按照《联合国宪章》规定的

---

① Alfred van Staden and Hans Vollaard, *The Erosion of State Sovereignty: Towards a Post-territorial World?*, Janneke Nijman, *Sovereignty and Personality: A Process of Inclusion*, all in Gerard Kreijen（ed.）, *State, Sovereignty and International Governance*, Oxford University Press, 2002, p. 182, p. 128.

② Secretary-General Addresses International Peace Academy Seminar on "The Responsibility to Protection", see http://www.un.org.

③ 详见本书第二章第二节"不干涉内政原则"的有关论述。

④ 详见本书第三章第二节"自卫权"的有关论述。

⑤ 详见本书第二章第二节"禁止以武力相威胁或使用武力原则"的有关论述。

⑥ 威胁、挑战和改革问题高级别小组的报告：《一个更安全的世界：我们的共同责任》（2004 年 12 月 1 日），
载于联合国网站：http://www.un.org。

修改程序；二是在联合国实践中产生的"事实上的修正"的方法。①

（一）程序分析

《联合国宪章》第 18 章第 108 条和第 109 条规定了两种修改程序：一种是联合国大会对宪章的个别修正（amendments）；另一种是联合国会员国全体会议对宪章进行重新审查（reviewing）。

1. 对宪章的个别修正

《联合国宪章》第 108 条规定："本宪章之修正案经大会会员国三分之二表决并由联合国会员国三分之二、包括安全理事会全体常任理事国、各依其宪法程序批准后，对于联合国所有会员国发生效力。"这一条款规定了对宪章进行修改的基本程序。

（1）修改程序。关于修改《联合国宪章》的动议权，宪章对此没有明确规定，但是按照《大会议事规则》（the Rules of Procedure of the GA）第 13 条第 3、4、5、7 款，联合国大会本身、联合国其他主要机关包括安理会以及联合国任何会员国，都可以提出修改宪章的动议。况且，这种动议权还不受时间和内容的限制。因此，针对宪章任何条款的修正案都可以提交给任何一届联合国大会。

关于修正案的生效条件，宪章第 108 条规定，宪章修正案在联合国大会表决通过时，要获得 2/3 的多数。很多学者认为，这里的 2/3 是指联合国会员国总数的 2/3，而不是宪章第 18 条第 2 项所指的"到会及投票之会员国 2/3"。因为在修正案的表决阶段，支持的国家越多，那么以后批准的国家也就有可能越多，该修正案也就容易生效。这种解释，一方面能增强宪章的完整性，另一方面又能使得该修正案更加民主、合法。② 宪章第 108 条还规定，宪章修正案的批准需要包括五大常任理事国在内的 2/3 以上的多数同意。这一规定，虽然增加了修正案被批准的难度，但它既照顾了五大常任理事国的否决权，又保护了中小国家的利益。

关于联合国大会是否应为修正案的批准设立时限，存在较大分歧。宪章起草者们也意识到这一问题，并试图为批准规定一个时限。③ 联合国在其实践中，也曾规定会员国对宪章修正案进行批准的时限。例如，1963 年联合国大会通过关于扩大经社理事会和安理会成员的修正案时，要求会员国在 1965 年 9 月 1 日之前完成其各自的批准程序。该修正案在美国交存批准书后于 1965 年 8 月 31 日生效。

（2）宪章修正案的法律效果。宪章修正案一旦生效，就对联合国的所有会员国都有法律约束力，即使那些反对或没有批准修正案的国家也受该修正案的约束。1945 年，在旧金山制宪会议上，挪威代表曾经提出，关于宪章中影响会员国义务的重要条款的修正应对反对该修正的国家不具拘束力，但是这一建议未经会议的讨论。

关于反对或未批准宪章修正案的会员国是否有退出联合国组织的权利问题，宪章第 108 条并没有作出明确的规定。④ 根据旧金山制宪会议设立的"专门委员会"（the

---

① 参见杨泽伟主编：《联合国改革的国际法问题研究》，武汉大学出版社 2009 年版，第 34 页。

② See Bruno Simma, "Amendments", in Paul Taylor et al. (eds.), *Documents on Reform of the United Nations*, Dartmouth Publishing Company, 1997, p. 507.

③ 参见许光建主编：《联合国宪章诠释》，山西教育出版社 1999 年版，第 669 页。

④ 相反，《国际联盟盟约》第 26 条第 2 项有如下规定："联盟任何会员国有自由不承认盟约之修正案，但因此即不复为联盟会员国。"

Technical Commission）通过的《解释宣言》（the Interpretative Declaration）的规定，会员国在下列两种情况下可以退出联合国组织：一是当会员国的权利和义务被其不能接受的修正所改变时，会员国有权退出组织；二是当会员国在一项修正案经多数通过但得不到批准时，也拥有同样的退出的权利。[1]

（3）宪章修改的实践。联合国成立以来，按照宪章第 108 条规定的程序，对宪章条款的个别修正只有以下三次[2]：

第一次是对第 23 条、第 27 条和第 61 条的修正案。联合国大会于 1963 年 12 月 17 日通过，1965 年 8 月 31 日生效。第 23 条修正案将安理会原来的 11 个理事国增加到 15 个，即把其中的非常任理事国从 6 个增加到 10 个。第 27 条的修正案则将原来条文的措辞改为：安理会关于程序事项的决定，应以"9 个理事国"（原为"7 个理事国"）的可决票表决之；关于其他一切事项的决定，应以"9 个理事国"（原为"7 个理事国"）的可决票包括 5 个常任理事国的同意票表决之。第 61 条的修正案将经社理事会原来的"18"个理事国增加到"27"个理事国。

第二次是对第 109 条的修正案。联合国大会于 1965 年 12 月 20 日通过，1968 年 6 月 12 日生效。第 109 条修正案，将该条（一）的措辞相应修正为"安理会任何 9 个理事国（原为'7 个理事国'）之表决"。

第三次是对第 61 条的修正案。联合国大会于 1971 年 12 月 20 日通过，1973 年 9 月 24 日生效。第 61 条修正案将经社理事会原来的"27"个理事国再次增加到"54"个理事国。

可见，上述宪章的修改，只是关于增加安理会和经社理事会理事国的或者与此相关的修正，而对于否决权、扩大安理会常任理事国的席位等实质性问题的修改都没有涉及。上述三个修正案，主要反映了联合国会员国数目的变化。

2. 对宪章进行重新审查

《联合国宪章》第 109 条规定："联合国会员国，为检讨本宪章，得以大会会员国三分二之表决，经安全理事会任何九理事国之表决，确定日期及地点举行全体会议。联合国每一会员国在全体会议中应有一个投票权。全体会议以三分二表决所建议对于宪章之任何更改，应经联合国会员国三分二、包括安全理事会全体常任理事国、各依其宪法程序批准后，发生效力。如于本宪章生效后大会第十届年会前，此项全体会议尚未举行时，应将召集全体会议之提议列入大会该届年会之议事日程；如得大会会员国过半数及安全理事会任何七理事国之表决，此项会议应即举行。"

宪章第 109 条，提供了召开"审查宪章的联合国会员国全体会议"（General Conference of the Members of the United Nations for Purpose of Reviewing the Present Charter）进行修正的途径。从程序方面分析，首先，审查宪章的全体会议的召开，需要大会和安理会的决议通过，并且还要获得大会 2/3 的多数和安理会至少 9 个理事国的同意。

其次，全体会议以 2/3 的表决所建议的对宪章的任何更改，都应经过联合国会员国

① See *Documents of the United Nations Conference on International Organization*, San Francisco, Vol. 7, 1945, pp. 262–267.

② See Bruno Simma, "Amendments", in Paul Taylor et al. (eds.), *Documents on Reform of the United Nations*, Dartmouth Publishing Company, 1997, pp. 517–520.

2/3，包括安理会全体常任理事国按照各自的宪法程序批准后，才发生效力。

最后，如果该项全体会议在第十届联合国大会召开前尚未举行，那么召开该项全体会议的建议将自动列入第十届联合国大会议程，只要经大会会员国半数及安理会任何 7 个理事国赞成，该全体会议就可召开。"这是大国在旧金山制宪会议上所做的一项让步，特别是将通过召开全体会议的建议所需赞成数目降至会员国半数，使中小国家召开全体会议的希望得到了某种程度上的满足。"① 然而，迄今为止，联合国从未适用过第 109 条所规定的上述程序。

联合国成立后，广大中小国家一直提议召开审查宪章会议来修改宪章。1946 年、1947 年和 1948 年，古巴和阿根廷代表团连续在三届联合国大会上要求召开讨论取消否决权的特别会议或审查宪章的全体会议，但都遭到多数会员国包括美国的反对。1953 年 11 月，联合国大会还曾经讨论了关于召开全体会议的准备工作，并通过了联合国大会第 796（Ⅷ）号决议，要求秘书处对宪章从法律和实践方面进行研究。1955 年 11 月，第十届联合国大会通过第 992（Ⅹ）号决议，决定在"合适的时间"举行审查宪章的全体会议，成立"审查宪章会议筹备委员会"（Preparatory Committee on Arrangements for a Conference for the Purpose of Reviewing the Charter），并与秘书长进行协商以确定召开全体会议的时间、地点、组织与程序问题。1974 年 12 月，联合国大会通过了第 3349（XXIX）号决议，决定成立一个由 42 个会员国组成的"联合国宪章问题特设委员会"（the *Ad Hoc* Committee on the Charter of the UN），讨论各国政府对审查宪章的意见以及在不需要修改宪章的情况下如何提高联合国工作效能的建议。1975 年 12 月，联合国大会通过了第 3499（XXX）号决议，决定将特设委员会改为由 47 国参加的"联合国宪章和加强联合国作用特别委员会"（the Special Committee on the Charter of the UN and on the Strengthening of the Role of the Organization）。此后，该特别委员会根据联合国大会历次决议所交付的任务不断地进行工作，并取得了一些突出的成就，如 1982 年《和平解决国际争端的马尼拉宣言》等，但是在宪章修改的问题上至今仍没有多大进展。②

综上可见，就程序方面来说，按照《联合国宪章》规定，对宪章任何条款的修改，不论是由联合国大会通过的还是由联合国会员国全体会议通过的，安理会常任理事国都享有否决权。这就使得任何修改宪章的意图受到严格限制，即只要有一个安理会常任理事国表示反对，该修正案就无法生效。③ 然而，随着国际力量对比的变化，在目前的国际关系背景下，安理会常任理事国无论是迫于国际政治压力、还是出于舆论道德的考量，都不得不在修改宪章问题上作出一定的让步。

（二）实践透视

与上述《联合国宪章》规定的"正式修正"（formal amendments）不同，还有一种在联合国实践中产生的修正宪章的方法，有学者称之为"事实上的修正"（*de facto* amend-

---

① 许光建主编：《联合国宪章诠释》，山西教育出版社 1999 年版，第 671 页。

② 在 1995 年"联合国宪章和加强联合国作用特别委员会"会议上，波兰代表团曾经提出启动第 108 条规定的修宪程序以删除"敌国"条款的建议。参见《联合国宪章和加强联合国作用特别委员会的报告》A/50/33.

③ 参见梁西著、杨泽伟修订：《梁著国际组织法》（第六版），武汉大学出版社 2011 年版，第 70 页。

ments）。① "事实上的修正" 不需要按照宪章第 108 条和第 109 条规定的程序来进行。联合国在其实践过程中，曾经出现了以下四种 "事实上的修正" 的改革方式。②

1. 对宪章条款的扩大解释

《联合国宪章》对宪章本身如何进行解释的问题未作任何规定。有关宪章的疑义，似应根据宪章第 10 条和第 92 条由联合国大会和国际法院解释，但是也并无根据认定联合国其他机关与会员国不能自行解释。③ 因此，在联合国的实践中，联合国的所有机关和会员国，都按各自的意志来解释宪章。

例如，宪章第 18 条第 2、3 项规定，大会关于所有问题的表决，无论重要问题或其他问题，其 "多数" 均以 "出席并投票" 的会员国计算，因此不包括 "缺席" 和 "不参加投票" 者在内。而投弃权票的会员国应被认为没有参加投票，就是对这一条款的扩大解释。又如，宪章没有提及安理会常任理事国的弃权问题，但在联合国多年的实践中已形成一种惯例，常任理事国在投票中的弃权被解释为不产生否决效果。1971 年 6 月，国际法院也曾发表咨询意见，认为常任理事国的自愿弃权已一贯被解释为并不妨碍安理会决议的通过。此外，安南担任秘书长以来，秘书长的职权已远远超过了宪章规定的范围，并且这种对秘书长职权的扩大解释也得到了大会和安理会的认可。总之，对宪章任何条款的扩大解释，只要得到多数会员国的同意，就成为一种有效解释。

2. 缔结 "专门的补充协定"（special supplementary agreements）

迄今，联合国缔结了一系列的相关协定以弥补宪章的缺陷。例如，关于联合国的特权与豁免问题，宪章第 105 条只作了原则性的规定，而 1946 年缔结的《联合国特权与豁免公约》则在这方面规定了广泛而详细的内容。此外，1947 年 6 月，联合国秘书长和美国国务卿还签订了有关处理纽约联合国总部的特权与豁免的《总部协定》。该协定规定：联合国有权就总部辖区制定必要的管理规则，总部地址享有一定的特权与豁免等。另外，联合国同各政府间的专门机构也签订了一系列的协定。1947 年 7 月，联合国同万国邮政联盟在巴黎签订的协定就是其中之一。

3. 创设 "辅助机关"（subsidiary organs）

根据宪章第 7 条第 2 款、第 22 条、第 29 条和第 68 条，联合国可以设立其认为执行职能所必需的各种辅助机关，如大会的纳米比亚理事会、安理会的印度及巴基斯坦委员会、经社理事会的自然资源委员会等。联合国各主要机构对其所设立的辅助机关的组织与职能，可以随时加以变更或终止。在联合国六大机构中，大会与经社理事会设立的辅助机关最多，而且随着各主要机构的活动范围与日俱增，辅助机关的设立也有不断增长之势。④ 上述辅助机关不仅积极协助联合国各主要机构的工作，而且在一定程度上也扩大了这些机构的原有职能。

---

① See Meinhard Schroder, *Amendment to and Review of the UN Charter*, in Paul Taylor et al. (eds.), *Documents on Reform of the United Nations*, Dartmouth Publishing Company, 1997, pp. 491-499.

② See Meinhard Schroder, *Amendment to and Review of the UN Charter*, in Paul Taylor et al. (eds.), *Documents on Reform of the United Nations*, Dartmouth Publishing Company, 1997, pp. 496-498; Rumki Basu, *The United Nations—Structure and Functions of an International Organization*, Sterling Publishers Private Limited, 1993, p. 182.

③ 参见梁西著、杨泽伟修订：《梁著国际组织法》（第六版），武汉大学出版社 2011 年版，第 67 页。

④ 参见梁西著、杨泽伟修订：《梁著国际组织法》（第六版），武汉大学出版社 2011 年版，第 94 页。

4. 宪章某些条款的不履行或久不适用①

虽然宪章中的某些条款很重要，但是由于种种原因一直无法适用。例如，宪章第43条规定："联合国各会员国为求对于维持和平及安全有所贡献起见，担任于安全理事会发令时，并依特别协定，供给为维持国际和平及安全所必需之军队、协助及便利，包括过境权。"由于联合国成立以后的冷战对峙的国际格局，特别协定难以达成，因而该条一直未能适用、形同虚设。与此相关的宪章第 44、45、46、48、106 条均未履行。此外，与宪章第 53、77、107 条有关的"敌国条款"（the enemy states clauses），② 由于联合国的创始会员国与其"敌国"的敌对关系已经不复存在，"敌国条款"已失去其法律意义。③

三、改革是联合国的必由之路

联合国是第二次世界大战结束前夕特定国际关系的产物。随着国际关系的发展和国际格局的演变，改革是联合国历史发展的必然。在联合国的改革问题上，应奉行如下一些基本理念。

（一）联合国在国际事务中的作用是不可或缺的

我们对联合国应有一个清醒的认识。④ 不可否认，联合国既有不少先天性的体制上的缺陷，也有诸多后天性的决策中的失误。然而，70 多年来，联合国历经国际风云变幻，在曲折的道路上成长壮大，为人类的和平与繁荣作出了重要贡献。它在实现全球非殖民化、维护世界和平与安全、促进经济和社会发展等方面取得了令人瞩目的成就。俄罗斯政治研究中心副主任阿列克谢·马卡尔金曾经撰文指出，在已经过去的几十年间，联合国充当了一个独一无二的对话场所，各国在"冷战"的年代里在这里都能阐述自己的观点，至少可以指望自己的呼声被人听到；联合国还是不干涉内政等国际法基本原则的主流认知的传播者。⑤ 因此，联合国在当今国际社会中的地位和作用，仍然是无可替代的。

（二）联合国改革是一个渐进的过程

联合国成立以来，就一直在不停地进行改革。好几任秘书长都曾就联合国的改革提出过设想，不少成员国也提出过各种各样的要求和建议。然而，70 多年来对宪章条款的个别修正只有三次，内容仅仅是关于增加安理会和经社理事会理事国的或者与此相关的修正，而对于否决权、扩大安理会常任理事国的席位等实质性问题的修改都没有涉及。这一方面说明各国对大幅度的制度改革难以达成共识，另一方面也显示联合国的改革极需耐

① 参见张雪慧：《联合国体制改革的若干问题》，北京大学博士学位论文 1997 年，第 13—14 页。

② 按照宪章第 53 条第 2 项的规定，"敌国"是指"第二次世界大战中为本宪章任何签字国之敌国"。

③ See Meinhard Schroder, *Amendment to and Review of the UN Charter*, in Paul Taylor et al.（eds.），*Documents on Reform of the United Nations*, Dartmouth Publishing Company, 1997, p. 497.

④ See Franz Cede and Lilly Sucharipa-Behrmann（eds.），*The United Nations: Law and Practice*, Kluwer Law International, 2001, p. 327.

⑤ 参见［俄］阿列克谢·马卡尔金：《跨时代的联合国》，俄新社莫斯科 2005 年 8 月 29 日电，转引自《参考消息》2005 年 8 月 30 日，第 7 版。

心。诚如有学者所说："联合国改革的难度比'斯芬克司'① 的难题更加深奥。"② 还有人甚至认为，联合国的改革将打开一个"潘多拉盒子"（Pandora's Box）。③ 因此，对于联合国的改革，应从有助于维护和增进联合国会员国的团结的目的出发，遵循先易后难、循序渐进的原则；对于尚存分歧的重大问题，需要采取谨慎态度，继续磋商，争取广泛一致，不应人为设定时限或强行推动作出决定。④ 这正像联合国前秘书长安南所指出的："（联合国）改革不是一个事件，而是一个过程。"⑤

（三）联合国的改革应有利于提高联合国的权威和效率

前已述及，当今的联合国面临严重的威胁与挑战，国际法律秩序也处于危机状态中。因此，联合国改革的现实目标在于：维护《联合国宪章》的宗旨和原则，推动多边主义的发展，提高联合国机构的工作效率，加强联合国在国际社会的地位和作用，增强联合国应对国际关系和国际法上新威胁和新挑战的能力。

（四）联合国改革成功与否主要取决于成员国的态度或政治意愿

虽然联合国涉及的领域比较广，但它主要还是一个政治性的组织。可以说，联合国所做的每一件事，都取决于成员国的政治意愿，特别是一些大国的政治意愿。⑥ 联合国的改革更不能例外。例如，对宪章的个别修正，既需要会员国 2/3 多数通过，还须安理会全体常任理事国的同意。因此，任何联合国改革方案的提出，既要考虑本国的国家利益，也要顾及国际社会的共同利益和价值。换言之，只有保持国家利益与国际利益的平衡、大国利益与小国利益的平衡，联合国的改革才能成功。诚如联合国前秘书长德奎利亚尔所说："任何有关实施宪章原则的看法，如果反映的只是一类国家的利益和观点，无视别国的利益和观点，就注定会带来分裂；包括大会、安理会和秘书处在内的各主要机关之间，应始终如一地保持宪章所设想的平衡，这对本组织的内部运作和履行维持和平的任务都至关重要；在这个大变革的时代，联合国管理国际事务时必须特别注意不要失去平衡，唯有始终如一地遵守宪章所揭示的各项原则，才能提供必要的均衡，才能稳固可靠。"⑦

第四节 专门性国际组织

一、概况

进入 20 世纪以后，国际组织的发展趋势之一是专门性国际组织的逐步增加。

---

① 斯芬克司（Sphinx）是指希腊神话中的带翼狮身女怪，传说她常令过路行人猜谜，猜不出即杀害之；后谜底被俄狄浦斯道破，遂自杀；今每用以隐喻"谜"样的人物。参见夏征农主编：《辞海》，上海辞书出版社 2000 年版，第 1791 页。

② 庞森：《走进联合国》，四川出版集团·四川人民出版社 2005 年版，第 254 页。

③ See Adam Roberts and Benedict Kingsbury（eds.），*United Nations，Divided World：The UN's Roles in International Relations*，Clarendon Press，1991，pp. 206~207.

④ 参见《中国关于联合国改革问题的立场文件》（2005 年 6 月 7 日），载于外交部网站：http://www. fmprc. gov. cn。

⑤ Kofi Annan，*Renewing the United Nations：A Programme for Reform*，UN Doc. A/51/950，14 July 1997，par. 25.

⑥ See Kamil Idris and Michael Bartolo，*A Better United Nations for the New Millennium：The United Nations System—How It Is Now and How It Should Be in the Future*，Kluwer Law International，2000，p. 9.

⑦ 陈东晓等：《联合国：新议程和新挑战》，时事出版社 2005 年版，第 147—148 页。

专门性国际组织是指"以某种专业技术活动为主的组织，通常又称非政治性组织（non-political organization）"①。专门性国际组织主要从事经济、社会或文教等行政或技术方面的单一活动。

从国际组织的发展史上看，专门性国际组织比一般政治性国际组织要先产生。最早的专门性国际组织的雏形，是有关国际河川的管理组织。早在 1804 年，欧洲就创立了莱茵河委员会，负责管理莱茵河的航行、税收等有关事项。诸如此类的国际河川管理制度，对以后专门性国际组织的发展具有一定的影响。

进入 19 世纪下半叶以后，由于科学技术的进步，各种专门性国际组织相继产生。第二次世界大战以来，专门性国际组织的发展更加迅猛。现在这类组织已成为国际组织体系中的一种重要的类别。应当指出的是，现代专门性国际组织，有的是依据一般政治性国际组织的决定而设立的，有些则与一般政治性国际组织建立了工作关系。

二、联合国专门机构

（一）概念和特征

联合国专门机构是联合国体系的一个重要组成部分。联合国专门机构（the Specialized Agencies of the United Nations）是指"根据特别协定而同联合国建立关系的或根据联合国决定而创设的那种对某一特定业务领域负有国际责任的政府间专门性国际组织"②。

作为一类比较特别的国际组织，联合国专门机构主要具有以下特征：

第一，联合国专门机构是政府间国际组织。所有联合国专门机构都是依据政府间的多边条约而成立的，这种政府间的性质，是联合国专门机构最重要的特征。③ 一般说来，只有主权国家才能加入联合国专门机构。

第二，联合国专门机构在专门领域从事活动。只有在经济、社会、文化、教育、科学、卫生等领域负有广泛活动职能的国际组织才能成为联合国专门机构。联合国专门机构的这种专门性，是它们同其他一般政治性国际组织相区别的重要特征。

第三，联合国专门机构同联合国具有法律联系。根据《联合国宪章》第 57 条和第 63 条的规定，由各国政府间协定所成立的各种专门机构，依其组织约章的规定，与经济、社会、文化、教育、卫生及其他有关部门负有广泛国际责任的，应通过与联合国经社理事会订立协定的方式同联合国建立关系。宪章在这方面把联合国设计为一个协调国际行政的核心组织。经社理事会是联合国分工负责这一任务的机关。为此目的，经社理事会设置了一个"同政府间机构商谈委员会"，以便同各专门机构建立上述关系分别进行谈判，并签订关系协定。此种协定，需经联合国大会的核准。

第四，联合国专门机构具有独立的国际法律人格。各专门机构虽然根据协定同联合国产生联系，但它们本身是自主的，并不是联合国的附属机关。各专门机构都有其各自的成员国、组织文件、体系结构、议事规则、经费来源以及各自的总部。各专门机构的决议和活动，也不需要联合国的批准。

① 江国青：《联合国专门机构法律制度研究》，武汉大学出版社 1993 年版，第 2 页。
② 梁西著、杨泽伟修订：《梁著国际组织法》（第六版），武汉大学出版社 2011 年版，第 283 页。
③ 参见江国青：《联合国专门机构法律制度研究》，武汉大学出版社 1993 年版，第 42—43 页。

目前，与联合国订立关系协定的专门机构有：国际电信联盟、万国邮政联盟、世界卫生组织、世界气象组织、国际劳工组织、联合国教育科学及文化组织、国际货币基金组织、世界银行、国际开发协会、国际金融公司、国际民用航空组织、世界知识产权组织、联合国粮食及农业组织、国际海事组织、国际农业发展基金、国际原子能机构、联合国工业发展组织等。

（二）各专门机构简介

1. 国际电信联盟①

国际电信联盟成立于 1865 年，总部设在日内瓦。1947 年，它成为联合国的专门机构之一。1972 年 5 月，中国在该组织的合法权利正式恢复；同年 10 月 25 日起开始参加其活动。

该组织的宗旨是：维持和扩大国际合作，以改进和合理使用包括陆地、水上、航空、宇宙、广播等在内的各种电信业务；协调各国行动，促进技术措施的发展及其最有效的运用，以提高电信业务的效率；扩大技术设施的用途并尽量使之为公众普遍利用等。国际电信联盟的主要机构有：全权代表大会、行政大会和行政理事会。该组织还设有四个常设机构：总秘书处、国际频率登记委员会、国际无线电咨询委员会和国际电报电话咨询委员会。

2. 万国邮政联盟②

万国邮政联盟成立于 1875 年，总部设在伯尔尼。1948 年 7 月，该联盟成为联合国的专门机构之一。1972 年 4 月，中国在该组织的合法权利正式恢复；同年 5 月 8 日中国政府通知该组织，决定参加其活动。

该组织的宗旨是：组成一个单一的各国相互交换邮件的邮政区域，组织和改进邮政业务；参与提供联盟成员国寻求的邮政技术援助，促进邮政方面的国际合作。万国邮政联盟的基本活动之一是为成员国的邮政管理机关所执行的各种国际邮政业务制定规则。该联盟设有世界邮政大会、执行理事会、邮政研究咨询理事会和国际事务局等机构。

3. 世界卫生组织③

世界卫生组织创建于 1948 年 4 月，同年 9 月成为联合国的一个专门机构。其总部设在日内瓦。1972 年 5 月，第 25 届世界卫生组织大会通过了恢复中国在该组织合法席位的决议，同年 8 月，中国政府决定逐步参加该组织的活动。

世界卫生组织以使全世界人民达到尽可能高的健康水平为其宗旨。该组织提供世界范围的服务来增进人的健康，与成员国在卫生工作方面进行合作，并协调生物化学的研究工作。世界卫生组织的主要机构有：世界卫生大会、执行局和秘书处。

4. 世界气象组织④

世界气象组织创建于 1950 年，总部设在日内瓦。中国于 1972 年恢复在该组织的席位，并当选为执行委员会委员。从 1987 年起，中国一直被世界气象大会选为该组织的主席。

---

① 网站为 http://www.itu.int。
② 网站为 http://www.upu.int。
③ 网站为 http://www.who.int。
④ 网站为 http://www.wmo.int。

世界气象组织的宗旨是：促进气象服务和观测方面的国际合作；促进气象情报的迅速交换、气象观测资料的标准化，以及观测和统计资料的统一发布。此外，它还推动气象学在航空、航运、水利、农业和其他人类活动中的应用，促进实用水文学，并鼓励气象学方面的研究和培训。该组织设有世界气象大会、执行委员会和秘书处等机构。

5. 国际劳工组织①

国际劳工组织成立于 1919 年，总部设在日内瓦，1946 年 12 月成为联合国专门机构。中国自 1983 年 6 月起正式恢复参加该组织的活动。

国际劳工组织的宗旨是：促进各国间在工业及劳工方面的国际合作，改善劳动状况，扩大社会保障措施，以增进世界和平及社会正义。该组织的一项最重要职能是通过或拟订有关劳工问题的国际公约与建议书。国际劳工组织的主要机构有：国际劳工大会、理事会和国际劳工局。

6. 联合国教育、科学及文化组织②

联合国教育、科学及文化组织创立于 1946 年 11 月，并成为联合国的专门机构之一，其总部设在巴黎。1971 年 10 月，该组织执行局第 88 届会议通过决议，承认中华人民共和国的代表是中国唯一合法的代表。1974 年 3 月起，我国正式向该组织派出了常驻代表，并于 1979 年成立了"中华人民共和国联合国教科文组织全国委员会"。

联合国教育、科学及文化组织的宗旨是：通过促进各国间在教育、科学及文化方面的合作，对和平与安全作出贡献，以促进对正义、法治以及人类均得享受的人权与基本自由的普遍尊重。该组织设有如下机构：大会、执行局和秘书处。

7. 国际货币基金组织③

国际货币基金组织成立于 1945 年，总部设在华盛顿。1980 年 4 月，该组织执行董事会通过了恢复中国的合法权利的决定。中国现在是该组织理事会的理事。

国际货币基金组织的宗旨是：提供协调机构，便于国际间在金融货币方面的合作；稳定国际汇兑，防止竞争性的外汇贬值；消除国际贸易中的外汇障碍；促进国际贸易的扩大与平衡发展以及通过贷款调整成员国国际收支的暂时失调等。其主要活动包括：在成员国国际收支失衡时，对其提供短期信贷；协商解决有关国际金融的各种问题；通过组织培训、派出代表及专家等形式，对成员国提供有关财政、货币、银行、外贸等方面的技术援助等。该组织设有理事会、执行董事会等机构。

8. 国际复兴开发银行④

国际复兴开发银行又称世界银行，1945 年成立，1947 年 11 月成为联合国专门机构之一，总部设在华盛顿。其成员限于参加国际货币基金组织的国家。中国在世界银行（包括国际开发协会及国际金融公司在内）的权利已于 1980 年 5 月恢复，现为该银行的理事国之一。

---

① 网站为 http://www.ilo.org。

② 网站为 http://www.unesco.org。

③ 网站为 http://www.imf.org。

④ 网站为 http://www.worldbank.org。

国际复兴开发银行的宗旨是：促进生产目的资本投资以协助成员国领土的复兴和开发；促进外国私人投资，促进国际贸易的平衡增长以及国际收支平衡的维护。该组织设有理事会和执行董事会。理事和执行董事的投票权依认缴的资本多少决定。世界银行有两个附属机构：国际开发协会和国际金融公司，均为联合国的专门机构。世界银行、国际开发协会和国际金融公司统称为"世界银行集团"。

9. 国际民用航空组织①

国际民用航空组织成立于 1947 年 4 月，同年 10 月成为联合国专门机构之一，总部设在蒙特利尔。1974 年 2 月 15 日，中国政府正式通知该组织，决定承认《国际民用航空公约》及其 8 个议定书，并自同日起参加该组织的活动。从 1974 年 9 月起，中国一直被选为该组织理事会的理事国。

国际民用航空组织的宗旨是：发展国际空中航行的原则和技术，并促进国际航空运输的发展，以保证国际民用航空的安全和有秩序的增长；促进为和平用途的航空器的设计和操作技术；鼓励发展供国际民航应用的航路、航站和航行设备；满足世界人民对安全、正常、有效和经济的空运需要等。该组织的主要机构有：大会、理事会、航行委员会和秘书处。

10. 世界知识产权组织②

世界知识产权组织成立于 1970 年 4 月，1974 年 12 月成为联合国的一个专门机构，是技术性最强的机构之一。其总部设在日内瓦。中国于 1980 年 6 月加入该组织，从 1982 年 11 月起成为其协调委员会的委员。

世界知识产权组织的宗旨是：通过各国间的合作并在适当情形下同其他国际组织合作促进在全世界保护知识产权；确保各国间在执行各种国际协定方面的国际合作。该组织设有大会、成员国会议、协调委员会和国际局。

11. 联合国粮食及农业组织③

联合国粮食及农业组织成立于 1945 年 10 月，1946 年 12 月成为联合国最大的一个专门机构，总部设在罗马。中国从 1973 年 4 月起恢复参加该组织的活动。

联合国粮食及农业组织的宗旨是：提高营养和卫生水平；改善农、林、渔业一切粮食和农业产品的生产、加工、销售和分配；促进乡村发展和改善农村人口的生活条件；通过上述手段消除饥饿。为实现上述宗旨，该组织在近几年将活动重点放在协助与支持发展中国家发展粮食和农业生产方面。该组织的主要机构有：大会、理事会和秘书处。

12. 国际海事组织④

国际海事组织成立于 1958 年 3 月，1959 年 1 月成为联合国的专门机构之一，总部设在伦敦。中国在该组织的席位于 1972 年 5 月恢复。从 1973 年 3 月 1 日起，中国政府正式参加该组织的活动。

国际海事组织的宗旨是：作为各国就影响国际贸易中的航运技术事项进行合作和交换

---

① 网站为 http://www.ico.int。

② 网站为 http://www.wipo.int。

③ 网站为 http://www.fao.org。

④ 网站为 http://www.imo.org。

资料的机构；鼓励在有关海上安全、航运效率和防止船舶造成的海洋污染的事项中普遍采取最高的可行标准，并处理与这些事项有关的法律问题；鼓励各国政府取消影响国际贸易中航运的歧视性行为和不必要的限制；审议有关航运公司不正当的限制性做法的事项。该组织设有大会、理事会、海上安全委员会、海洋环境保护委员会和秘书处等机构。

13. 国际农业发展基金①

国际农业发展基金创立于 1977 年 11 月，以罗马为其临时的总部地址。该基金是联合国系统内迄今成立最晚的一个专门机构。② 中国于 1981 年 1 月加入该组织。

国际农业发展基金的宗旨是：通过向发展中国家、特别是缺粮国家提供优惠贷款和赠款，来为它们以粮食生产为主的农业发展项目筹集资金。发放农业贷款是该基金的主要活动之一。该基金的主要机构有：理事会、执行局。另设有总裁 1 人，为该基金的行政首长。

14. 国际原子能机构③

国际原子能机构成立于 1957 年 7 月，总部设在维也纳。1983 年 10 月，该机构通过决议接纳中国为新的成员国。

国际原子能机构的宗旨是：加速并扩大原子能对全世界和平、健康和繁荣的贡献；确保由其本身、或经其请求、或在其监督或管制下提供的协助，不致用于推进任何军事目的。该机构设有大会、理事会和秘书处等机关。总干事为其行政首长。

三、世界贸易组织

世界贸易组织（World Trade Organization，WTO）④，简称世贸组织，成立于 1995 年 1 月 1 日。作为协调成员方贸易关系的全球性国际贸易组织，它是根据 1993 年《乌拉圭回合最后文件》中的《马拉喀什建立世界贸易组织协定》而创建的。从 1996 年 1 月 1 日起，世界贸易组织继承了关贸总协定的业务，成为联合国的专门机构。其总部设在日内瓦。世界贸易组织不仅为协调各成员方的贸易政策与立场提供了一个正式和常设的固定场所，而且其缜密的法律原则、规则和制度对维护国际贸易交往的有序发展和推动全球贸易自由化的进程等，均将产生深远的影响。中国是关贸总协定的创始成员之一。从 1980 年起，中国与总协定有一定程度的工作联系。1986 年，中国决定申请恢复总协定成员国的地位。2001 年 12 月，中国正式成为世界贸易组织的成员。

（一）世界贸易组织的宗旨与基本原则

世界贸易组织的宗旨，综合起来，可分为下列六项：提高人类生活水平；保证充分就业、实际收入和有效需求的持续增长；扩大货物生产与货物贸易并扩大服务贸易；最适宜地利用世界资源；保证发展中国家的国际贸易增长份额和经济发展；建立一体化的多边贸易机制。⑤

为实现上述各项宗旨，乌拉圭回合的各项协议为世界贸易组织和各成员方规定了应遵守的若干基本原则。这些原则分别是：非歧视原则；关税保护原则；公平贸易原则；优惠待遇原则；透明度原则；协商与协商一致原则。

① 网站为 http://www.ifd.org。
② 参见梁西著、杨泽伟修订：《梁著国际组织法》（第六版），武汉大学出版社 2011 年版，第 342 页。
③ 网站为 http://www.iaea.org。
④ 网站为 http://www.wto.org。
⑤ 参见曾令良：《世界贸易组织法》，武汉大学出版社 1996 年版，第 35—37 页。

（二）世界贸易组织的成员

根据世贸组织章程的规定，世贸组织的成员可分为创始成员和加入成员两类。

1. 创始成员

凡世贸组织章程生效时的 1947 年《关税与贸易总协定》的缔约国和欧洲共同体，接受该章程和各项多边贸易协定的，其各项减让和承诺表附于 1994 年《关税与贸易总协定》的，且其具体承诺表附于《服务贸易总协定》的，均应成为世贸组织的创始成员。

2. 加入成员。根据世贸组织章程第 12 条的规定，任何国家或在其对外商业关系和世贸组织章程及多边贸易协定所规定的其他事项上享有充分自主权的分关税领土，根据它与世贸组织之间达成的条件，均可加入建立世贸组织的协定及其他各项多边贸易协定，上述国家或分立的关税领土被接纳时，须由部长会议作出加入决定，此等决定应由世贸组织成员的 2/3 多数同意才能通过。

（三）世界贸易组织的组织结构

世贸组织为了实现其章程规定的宗旨，充分、有效地履行其章程所规定的职能，建立了较为系统的组织结构，设立了三个主要机关：部长会议、总理事会和秘书处。此外，按章程规定，世贸组织可以设立一系列专门机构。

1. 部长会议

部长会议是世贸组织的最高权力机关。它由世贸组织全体成员的代表组成，至少每两年举行一次常会。它应履行世贸组织的各项职能并为此采取必要的行为。

2. 总理事会

总理事会由全体成员的代表组成。总理事会应在其认为适当时举行会议。在总理事会下，分别设立货物贸易理事会、与贸易有关的知识产权理事会和服务贸易理事会。总理事会在部长会议闭会期间，行使部长会议的职能。

3. 秘书处与总干事

世贸组织章程第 6 条规定，应设立一名总干事领导下的世贸组织秘书处。总干事应由部长会议任命，秘书处的所有职员则由总干事任命。总干事和秘书处职员的职责具有排他的国际性质。总干事是世贸组织的行政首长。世贸组织现任总干事是尼日利亚人恩戈齐·奥孔乔-伊韦阿拉（Ngozi Okonjo-Iweala），她是世贸组织成立以来的首位女性总干事，也是首位来自非洲的总干事，其任期从 2021 年 3 月 1 日开始。

（四）世界贸易组织的法律地位

《建立世界贸易组织协定》第 8 条明确规定了世界贸易组织的法律地位："世界贸易组织应享有法律人格，并且其每一成员应给予世界贸易组织为行使其职能可能必要的此等法律能力。"

第五节　区域性国际组织

一、概念和特征

区域性国际组织主要是指"一个区域内若干国家或其政府、人民、民间团体基于特定目的,以一定协议而建立的各种常设机构"①。

区域性国际组织在古代已有萌芽。但是真正意义上的区域性国际组织,则是到近代以后才开始出现的。第二次世界大战以后,区域性国际组织发展迅速。很多区域性国际组织,尤其是区域性经济组织就是在这一时期产生的。各种区域性国际组织,形成了与全球性国际组织并行发展的趋势。

区域性国际组织一般具有以下特征:②

第一,区域性国际组织具有明显的地理性质。区域性国际组织的成员国一般是特定地区内的一些主权国家。它们领土接壤,交往频繁,比较容易建立和发展睦邻关系;同时,由于交往的增多,利害冲突也容易产生,因此需要建立一定的组织形式来加以调整。

第二,区域性国际组织具有比较稳定的社会、政治基础。区域性国际组织的成员国,往往具有共同的利益和政治背景,它们在民族、历史、语言、文化甚至精神上的联系比较密切,存在相互关心的政治、军事、经济或社会问题,有的还实行了相似的政治、经济和社会制度。

第三,区域性国际组织具有较明显的集团性。成立区域性国际组织的目的,主要是维护本区域内的和平与安全,促进本区域的发展,在有关国际事务中用一个声音说话,形成一种集体的力量。

在区域性国际组织中,有些是政治性的,有些是专门性的。但是,一般区域性国际组织从其基本活动来看,不仅具有政治方面的职权,也具有调整和促进本区域内社会、经济和其他有关专业方面的作用。

《联合国宪章》第51—54条专门规定了区域性国际组织的法律地位及其与联合国的特殊法律关系。按照宪章的规定,联合国并不排除利用区域办法或区域机关来应对关于维持国际和平及安全而宜采取区域行动的事件,但此项办法或机关及其工作必须符合联合国的宗旨与原则。区域性国际组织的任务主要有:第一,设立区域性国际组织的联合国会员国,将地方争端提交安理会以前,应通过区域组织,力求争端的和平解决。第二,在适当情形下,应协助安理会实施依安理会权力而采取的强制行动,但此项行动必须有安理会的授权。此外,为了维持国际和平与安全,区域性国际组织已采取或正在考虑的行动,不论何时都应向安理会充分报告。综上可见,区域性国际组织已被纳入联合国维持国际和平与安全的全球体制。

二、最主要的区域性国际组织

第二次世界大战以后,成立了很多区域性国际组织。目前,比较重要的区域性国际组织主要有:美洲国家组织、欧洲联盟、非洲联盟、阿拉伯国家联盟、东南亚国家联盟和上海合作组织。

（一）美洲国家组织

在世界各地现有的区域性国际组织中,美洲国家组织历史最悠久,其起源可以追溯到19世纪初期中南美独立战争。1899年,美洲国家正式成立了"美洲共和国国际联

拓展阅读

上海合作组织

---

① 梁西主编:《国际法》(修订第二版),武汉大学出版社2000年版,第371页。

② 参见梁西著、杨泽伟修订:《梁著国际组织法》(第六版),武汉大学出版社2011年版,第238—239页。

盟"。1910 年，将其名称改为泛美联盟。1948 年，在哥伦比亚波哥大召开的第九次美洲国家会议中，通过了《美洲国家组织宪章》（《波哥大公约》），将该组织确定为"美洲国家组织"（Organization of American States，OAS）。① 其总部设在华盛顿。

根据《美洲国家组织宪章》第 4 条，美洲国家组织的宗旨为：加强美洲大陆的和平与安全；防止会员国间所能引起困难的可能原因并保证会员国间可能发生的争端的和平解决；为遭到侵略的那些国家规定共同行动；寻求会员国间所引起的政治、法律及经济问题的解决；以合作行动来促进会员国经济、社会及文化的发展。

美洲国家组织的成员国以拉丁美洲国家为主，也包括美国，目前共有 33 个成员国。② 该组织的主要机构有：大会、常设理事会、经社理事会、教科文理事会、总秘书处和外交部长协商会议等。

（二）欧洲联盟

欧洲联盟（European Union，EU，简称"欧盟"），③ 其前身是欧洲共同体。它是第二次世界大战后高度发展起来的西欧各国的国际联盟，是一种新型的区域性国际组织。欧盟的显著特点为：欧盟是一个联合起来逐步走向高度一体化甚至"国家实体联合"的经济与政治实体。④

欧盟的历史发展，可以追溯到 1950 年 5 月法国外长舒曼提出的"舒曼计划"。根据该计划，1951 年 4 月，法国、联邦德国、意大利、荷兰、比利时、卢森堡六国在巴黎签订了《欧洲煤钢联营条约》，建立煤钢共同市场；1957 年 3 月，这六国外长在罗马签订了《欧洲经济共同体条约》和《欧洲原子能联营条约》；之后，这六国又于 1967 年 7 月，决定把欧洲煤钢联营、欧洲原子能联营并入欧洲经济共同体，统称为欧洲共同体。欧洲共同体的成员国最初只有上述 6 国。其后，英国、丹麦、爱尔兰于 1973 年加入，希腊于 1981 年加入，葡萄牙和西班牙于 1986 年加入，后来奥地利、芬兰和瑞典又相继加入。2002 年 11 月，欧盟 15 国外长会议决定邀请塞浦路斯、匈牙利、捷克、爱沙尼亚、拉脱维亚、立陶宛、马耳他、波兰、斯洛伐克和斯洛文尼亚 10 个中东欧国家入盟。2003 年 4 月，在希腊首都雅典举行的欧盟首脑会议上，上述 10 国正式签署入盟协议。2004 年 5 月，这 10 个国家正式成为欧盟的成员国。这是欧盟历史上的第五次扩大，也是规模最大的一次扩大。2013 年 7 月，克罗地亚加入后，欧盟现有成员国为 27 个。⑤ 其总部设在布鲁塞尔。

1991 年 12 月，欧盟成员国在荷兰的马斯特里赫特一致同意，使这个联盟成为更大的经济、货币和政治联盟，包括制定更加统一的对外和安全政策的欧盟条约的修正条款。到 1993 年年初，欧盟已经具备一个真正的"单一"市场，或者说共同市场的基本组成部分，其人员、商品、劳务和资本可以自由流动，尽管有些部分仍有待于进一步实施。1993 年

---

① 网站为 http://www.oas.org。

② 1962 年古巴被取消在该组织的成员资格；2009 年，美洲国家组织第 39 届大会一致通过废止《中止古巴成员国资格的决议》，但古巴拒绝重返该组织。2019 年 4 月 27 日，委内瑞拉政府宣布已完成退出美洲国家组织的所有规定程序。

③ 网站为 http://europa.eu。

④ 参见梁西著、杨泽伟修订：《梁著国际组织法》（第六版），武汉大学出版社 2011 年版，第 266 页。

⑤ 2016 年 6 月 23 日，英国举行了"脱欧"公投，结果 51.9% 的民众支持英国脱离欧盟。2017 年 3 月 29 日，英国正式启动脱欧程序。2019 年 10 月 17 日，英国与欧盟达成最终版本的脱欧协议。2020 年 1 月 22 日，英国议会完成对脱欧协议的立法程序。1 月 29 日，欧洲议会通过脱欧协议。1 月 31 日，英国正式退出欧盟。

11 月 1 日，《马斯特里赫特条约》（以下简称《马约》）正式生效。这一天，欧洲共同体正式成为欧盟，欧洲 3 个共同体的委员会成为欧盟委员会。根据《马约》，成员国已开始就共同的外交和安全政策（"第二根支柱"）以及司法和国内事务（"第三根支柱"）问题，进行政府间协调。2002 年 1 月 1 日，欧洲统一货币"欧元"，开始流通。

欧盟的主要机构有：部长理事会、欧洲议会、欧盟委员会、欧洲法院和欧洲理事会。成员国一致同意把一定的国家主权权力交给欧盟机构，并在对这些权力的共同管理中进行合作。部长理事会是欧盟的立法与决策机关；欧洲议会主要起监督和咨询作用，有权决定共同体机构的预算，在某些条件下可以对理事会的决定进行修改；欧盟委员会由 27 人组成，是欧盟的执行机构，负责执行部长理事会的决议，代表欧盟对外联系与谈判等；欧洲法院是欧盟的最高司法机构，负责解释基本条约，并审理和裁判在执行条约中发生的争端。此外，欧洲理事会（European Council）是欧盟的首脑会议，负责对各成员国的重要政策与行动进行协调，已成为超越了部长理事会，成为最终决策机关。

在对外关系方面，欧盟现已同 100 多个国家建立了正式关系，并以国际组织身份参加联合国和其他一些国际组织的活动。

值得注意的是，自 2002 年始，欧盟成立了以法国前总统德斯坦为主席的宪法条约起草筹备委员会。经过两年多时间的反复修改，《欧洲宪法条约》于 2004 年 6 月份获得了 25 个成员国的通过。2004 年 10 月，欧盟 25 国在罗马正式签署了《欧洲宪法条约》。《欧洲宪法条约》确定了欧盟的机构设置和权限，明确了欧洲公民的基本权利，为欧洲未来的发展模式确定了框架。2007 年 12 月，欧盟首脑签署《里斯本条约》，意味着欧盟正式结束了长达 6 年的制宪进程。这是欧洲一体化进程中具有里程碑意义的关键一步，为欧盟的政治一体化带来了新希望。2009 年 11 月，比利时首相赫尔曼·范龙佩当选为欧盟理事会第一任常任"总统"、英国人凯瑟琳·阿什顿当选为欧盟第一任"外交部长"。

（三）非洲联盟

非洲联盟（African Union，AU，简称"非盟"）① 是继欧盟之后成立的第二个重要的国家间联盟，是集政治、经济、军事等为一体的全洲性政治实体。非盟的前身是 1963 年 5 月成立的非洲统一组织。1999 年 9 月，非统组织第四届特别首脑会议通过《苏尔特宣言》，决定成立非盟。2002 年 7 月，非盟举行第一届首脑会议，并宣布非盟正式成立。非盟现有 55 个成员国，总部设在埃塞俄比亚首都亚的斯亚贝巴。

非盟的主要机构有非盟首脑会议、执行理事会、泛非议会、常驻代表委员会和非盟委员会。首脑会议为非盟最高权力机构，其主要职责是制定非盟的共同政策、监督政策和决议的执行情况、向执行理事会和委员会下达指示等。首脑会议每年在非盟总部或应邀在成员国召开。在成员国提出要求并经 2/3 成员国同意后，非盟可召开特别首脑会议。执行理事会由成员国外长或其他部长组成，每年举行两次会议，负责实施大会决议和对成员国的制裁。根据《非洲联盟宪章草案》，非盟下设联盟大会、部长理事会、泛非议会、司法机构、非洲法院和非洲银行等专门机构。

非盟的主要任务是维护和促进非洲大陆的和平与稳定，推行改革与减贫战略，实现发展与复兴。

---

① 网站为 http://www.au.int。

（四）阿拉伯国家联盟

阿拉伯国家联盟（League of Arab States，LAS，简称"阿盟"）①，是阿拉伯世界最具代表性和影响力的组织，也是世界上最早成立的区域性组织之一。1944 年 9 月，阿拉伯各国外长在埃及的亚历山大举行会议，决定成立阿拉伯国家联盟。1945 年 3 月，叙利亚、约旦、伊拉克、沙特阿拉伯、黎巴嫩、埃及、也门 7 国代表在开罗举行会议，签订了《阿拉伯国家联盟公约》，阿拉伯国家联盟正式宣告成立。其总部设在开罗。

根据《阿拉伯国家联盟公约》第 2 条的规定，阿拉伯国家联盟的宗旨为：密切成员国之间的合作关系，协调彼此间的政治活动，捍卫阿拉伯国家的独立和主权，全面考虑阿拉伯国家的事务和利益；各成员国在经济、财政、交通、文化、卫生、社会福利、国籍、护照、签证、判决的执行以及引渡等方面密切合作；成员国相互尊重对方的政治制度，不得诉诸武力解决彼此之间的争端，成员国与其他国家缔结的条约和协定对阿盟其他成员国不具约束力。该组织的主要机构有：首脑会议、各专门委员会和常设秘书处等。

（五）东南亚国家联盟

1967 年 8 月，印度尼西亚、马来西亚、菲律宾、新加坡和泰国 5 国外长在曼谷举行会议，通过了《东南亚国家联盟成立宣言》，于是，"东南亚国家联盟"（Association of Southeast Asian Nations，ASEAN，简称"东盟"）② 正式成立。其总部设在雅加达。东盟共有 10 个成员国，除了 5 个创始成员国外，文莱和越南分别于 1984 年、1995 年加入，老挝和缅甸于 1997 年加入，柬埔寨于 1999 年加入。东盟观察员国为巴布亚新几内亚。东盟 10 个对话伙伴是：澳大利亚、加拿大、中国、欧盟、印度、日本、新西兰、俄罗斯、韩国、美国。

根据《东南亚国家联盟成立宣言》，东南亚国家联盟的宗旨为：以平等和协作精神，共同努力促进本地区的经济增长、社会进步和文化发展；遵循正义、国家关系准则和《联合国宪章》，促进本地区的和平与稳定；同国际和地区组织进行紧密和互利的合作。

东南亚国家联盟的主要机构有：首脑会议、东盟协调理事会、东盟共同体理事会、东盟领域部长机制、东盟秘书长和东盟秘书处。

2008 年 12 月，《东盟宪章》正式生效。《东盟宪章》是东盟成立 40 多年来第一份具有普遍法律意义的文件，它确立了东盟的目标、原则、地位和架构，同时赋予了东盟法人地位，对各成员国都具有约束力。在 2015 年 11 月举行的第二十七届东盟峰会上，东盟领导人宣布将在 2015 年 12 月 31 日建成以政治安全共同体、经济共同体和社会文化共同体三大支柱为基础的东盟共同体，同时通过了愿景文件《东盟 2025：携手前行》，为东盟未来 10 年的发展指明方向。2015 年 12 月 31 日，东盟共同体正式成立。

近些年来东盟积极开展多方位外交。其中，东盟与中日韩（10+3）、东盟分别与中日韩（10+1）合作机制，已经发展成为东亚合作的主要渠道。2002 年 1 月，东盟又启动东盟自由贸易区的建设。2010 年 1 月 1 日，中国—东盟自由贸易区正式建成。目前，中国—东盟自由贸易区是一个拥有 19 亿人口、国内生产总值接近 6 万亿美元、贸易总额达 4.5 万亿美元、由发展中国家组成的自由贸易区。这是中国对外洽谈的第一个自由贸易

---

① 网站为 http://www.asportal.org。

② 网站为 http://asean.org。

区，也是世界上由发展中国家组成的最大贸易区。此外，2003 年 10 月，中国政府在印度尼西亚巴厘岛举行的第七次东盟与中国领导人会议上，宣布加入《东南亚友好合作条约》，并与东盟签署了宣布建立"面向和平与繁荣的战略伙伴关系"的联合宣言，中国成为第一个加入《东南亚友好合作条约》的域外大国。2014 年 9 月，中国—东盟自贸区升级版谈判启动，旨在深化地区经济融合的区域全面经济伙伴关系协定也从程序磋商进入实质性谈判阶段。2020 年 11 月，包括东盟十国以及中国、日本、韩国、澳大利亚和新西兰在内的 15 个亚太国家签署了世界上最大的自由贸易协定——《区域全面经济伙伴关系协定》（Regional Comprehensive Economic Partnership，RCEP）。① 该协定是地区国家以实际行动维护多边贸易体制、建设开放型世界经济的重要一步，对深化区域经济一体化具有标志性意义。2021 年 11 月，中国与东盟建立全面战略伙伴关系，中国与东盟的合作翻开新篇章。

思考与探索

国际组织是当今国际社会生活的重要组成部分，也是经济全球化时代的一个显著特征。人类进入高度发展的 21 世纪后，应该如何进一步开展对国际组织新的研究？各种类型的国际组织及其法律制度，今后到底将如何继续发展变化？应如何继续发挥国际组织应有的功能？中国在国际组织中的作用应怎样定位？英国退出欧盟将对欧盟的发展产生哪些影响？G20 这种国际组织的新形式，是否代表国际组织未来发展的方向？这些问题，需要进行更深入的研究和探讨。另外，联合国改革的重大国际法问题，也是中国国际法学界亟须进一步加强研究的课题。

复习题

1. 论国际组织的法律地位。
2. 当今联合国面临哪些挑战？
3. 试论联合国改革的法律依据。
4. 谈谈你对联合国安理会常任理事国否决权的看法。
5. 区域性国际组织与联合国有何法律关系？

---

① 2022 年 1 月 1 日，《区域全面经济伙伴关系协定》正式生效。

第十二章　条　约　法

引　言

　　1689年9月8日（康熙二十八年七月二十日），中俄两国订立了《尼布楚条约》。这是中国与欧洲国家最早订立的条约，也是一项平等的条约。该条约的主要内容有：第一，两国相互承认对方为主权国家，两国国家元首康熙大帝与彼得大帝处于平等地位；第二，划定两国边界，规定以额尔古纳河、大兴安岭为两国边界，以南属于中国，以北属于俄国……第五，该条约由中（满）、俄、拉丁三种文字写成，中、俄两种文本具有同等效力。[①] 那么，为什么说《尼布楚条约》是一项平等条约？它是否符合条约法上有关缔结条约的一些原则？这些都是与本章密切相关的问题。

第一节　概　　述

一、条约的概念与特征

（一）条约的概念

　　条约（treaty）是现代国际法的主要渊源，也是国际法主体间相互交往的一种最普遍的法律形式。因此，条约在现代国际法上占有特别重要的地位。然而，中外国际法学者和国际立法性公约对条约的界定仍然存在很大分歧。

　　1969年《维也纳条约法公约》第2条给"条约"下的定义为："称'条约'者，谓国家间所缔结而以国际法为准之国际书面协定，不论其载于一项单独文书或两项以上相互有关之文书内，亦不论其特定名称为何。"很显然，该公约所称之条约，仅指国家之间缔结的条约，而未包括国家与其他国际法主体之间以及其他国际法主体彼此间所缔结的条约。

　　1986年《关于国家和国际组织间或国际组织相互间条约法的维也纳公约》第2条规定："条约指一个或更多国家和一个或更多国际组织间或国际组织相互间以书面缔结并受国际法支配的国际协议，不论其载于一项单独的文书或两项或更多有关文书内，也不论其特定的名称为何。"

　　综合以上两项条约的规定，条约是指"国际法主体间缔结而以国际法为准，旨在确立其相互间权利与义务关系的国际书面协议"[②]。

（二）条约的特征

　　条约在国际法上具有如下基本特征：

[①]　参见王铁崖编：《中外旧约章汇编》（第一册），生活·读书·新知三联书店1957年版，第1—5页。

[②]　万鄂湘等：《国际条约法》，武汉大学出版社1998年版，第3页。

第一，条约是国际法主体间签订的协议。只有国家、国际组织等国际法主体之间所缔结的协议才是条约，而任何个人（包括自然人和法人）之间、个人与国家之间订立的协议，不论其性质或内容何等重要，都不是条约。1952 年国际法院对"英伊石油公司案"（the Anglo-Iranian Oil Company Case）所作的判决认为，国家与公司之间签订的特许协议只是一个契约，国际联盟的调解并不使该契约具有条约性质。1959 年联合国国际法委员会第 11 次会议也指出，仅一方为国家、而另一方为自然人或法人的协议，无论何时都不是国际条约。

第二，条约必须以国际法为准。这是指条约必须按 1969 年和 1986 年两个条约法公约所规定的程序缔结，条约的内容不得与国际法相抵触。这是区分合法条约与非法条约、平等条约与不平等条约的重要标准。

第三，条约的基本内容是确立国际法主体之间的权利义务关系。一般来说，无论条约的性质和名称为何，也无论条约是双边的或是多边的造法性条约，条约总是为了确立国际法主体之间的权利与义务关系而订立的。如果某一协议只是表明有关国家对某一问题的态度，而不涉及该国的具体权利与义务，则不称为条约。

第四，条约必须采用书面形式。条约以书面方式出现，不但有助于缔约国清楚地表达自己的缔约意图，而且有利于条约的顺利执行。因此，1969 年和 1986 年两个条约法公约都规定，条约是以国际法为准的国际书面协定。国际实践中曾有所谓"口头协议"，并可能有法律上的效力，但"口头协议"在国际上是不多见的。

二、条约的名称与分类

（一）条约的名称

"条约"有广义和狭义两种含义。广义的条约是指以各种名称出现的国际书面协议的总称。狭义的条约是指国际书面协议中以条约为特定名称的协议。

关于条约的名称，国际法上没有一个强制性的规定和标准。一般认为，条约名称的不同，只反映条约内容、缔结程序等方面的差异，并不影响其法律性质。

国际法上比较常见的条约名称主要有以下几种：

1. 条约

这是广义条约中最正式的一种。通常以政治性问题为内容，用于较为重要的事项，如和平条约、友好条约、同盟条约、边界条约等。

2. 公约（convention）

它通常是多个国家举行国际会议缔结的多边条约，其内容多为造法性的行为规则，如《维也纳外交关系公约》《联合国海洋法公约》等。

3. 协定（agreement）

协定通常是政府部门为解决某一方面的具体问题而达成的协议，如航空协定、邮电协定等。

4. 议定书（protocol）

它一般有三种情形：（1）作为一个公约的辅助文件，规定某些条款的解释、保留意见或其他类似问题。批准公约时，这种议定书也通常包括在内。（2）作为一个公约的附属文件，但具有独立的性质，并需个别批准，如 1930 年《关于国籍法冲突的若干问题的公约》和《关于某种无国籍情况的议定书》就属这种类型。（3）作为一个独立条约的名称，如《和平解决国际争端的总议定书》等。

5. 宪章（charter）、盟约（covenant）、规约（statute）

它常常是国际组织的章程，如《联合国宪章》《国际联盟盟约》《国际法院规约》等。

6. 换文（exchange of notes）

换文是一种常用的简易缔约形式。当事国就有关事项，以互相交换外交照会的形式达成的协议，称为换文。换文的程序简便，通常不需批准。

7. 宣言（declaration）

宣言主要有三种类型：其一是指一个条约，如 1856 年关于海战规则的《巴黎宣言》。其二是指附于一个条约上的非正式文件，用来解释或澄清条约中的某些条款。其三是指单纯的政策声明而没有规定具体的权利和义务。

8. 联合声明（joint statement）、联合公报（joint communique）

它是指两个或两个以上的国际法主体就同一事项发表各自的声明，并同时生效，如《中英关于香港问题的联合声明》等。

9. 谅解备忘录（memorandum of understanding）

这是处理较小事项的条约，如 1963 年《美苏关于建立直接通讯联络谅解备忘录》、1986 年《中英双方关于"香港身份证明书"问题的备忘录》等。

10. 文件（act）、总文件（general act）或最后文件（final act）

这一般是指在国际会议上通过的规定一般国际法规则或解决一般国际法问题的多边条约，如 1890 年《关于禁止非洲奴隶贸易的布鲁塞尔总文件》、1885 年关于非洲事项的柏林会议最后文件等。

此外，国际实践中还有许多比较常见的名称，如专约（convention）、临时协定（modus vivendi）、补充协定（arrangement）以及会议记录和暂行办法等。

（二）条约分类

关于条约的种类，国际法上没有一种公认的分类法，常见的有以下几种：

1. 造法性条约和契约性条约

这是按条约的法律性质所作的分类。造法性条约是指数目较多的国家用以制定一般国际法规则以便相互遵守的条约。契约性条约是指缔约国之间就一般关系或特定事项上的相互权利和义务而签订的条约。不过，在国际实践中，这两类条约很难严格区分。

2. 双边条约和多边条约

这是按缔约方的数目所作的分类。双边条约是指两方签订的条约，不过每一缔约方可以包括几个国际法主体。多边条约是指多方签订的条约。

3. 正式条约和简式条约

这是根据条约的缔结程序所作的分类。正式条约是指经过国内立法机关正式批准而缔结的条约。简式条约是指无须国内立法机关的批准，仅由全权代表签署或交换构成条约的文书便生效的条约。

此外，按条约的内容，条约可以分为政治类条约、经济类条约、文化类条约、农林渔牧类条约和交通运输类条约等；按条约效力的持久程度，条约可以分为过渡性条约和持久性条约；按条约的政治性质，条约可以分为平等条约和不平等条约；按参加条约的条件，条约还可以分为封闭性条约和开放性条约；等等。

三、条约法的编纂

条约法（the law of treaties）是指解决有关条约的缔结、效力、解释、终止等问题的法律规则的总和。国际社会系统的条约法编纂工作，始于第二次世界大战后。1968年和1969年，联合国在维也纳召开了两次条约法会议，对国际法委员会起草的条约法公约草案进行审议。1969年5月，会议正式通过了《维也纳条约法公约》（Vienna Convention on the Law of Treaties），该公约于1980年1月27日生效，迄今有116个缔约国。我国于1997年5月9日加入该公约，1997年10月3日该条约对我国生效。

《维也纳条约法公约》由序言、正文和一个附件组成。正文分为8编，共85条，内容涉及条约的缔结和生效、条约的遵守、条约的适用和解释、条约的修正与修改、条约的失效与终止以及条约的保管机关等。《维也纳条约法公约》是对条约法系统的、全面的编纂，是一部成功的条约法法典。

除了《维也纳条约法公约》以外，联合国国际法委员会主持编纂的有关条约方面的国际公约还有：1978年8月《关于国家在条约方面的继承的维也纳公约》（1996年11月6日生效，现有缔约国22个）、1986年3月《关于国家和国际组织间或国际组织相互间条约法的维也纳公约》（尚未生效，需要35国批准或加入，现有缔约方44个，其中国家32个，国际组织12个）。

第二节　条约的缔结

一、缔约能力和缔约权

缔约能力和缔约权，是两个不同的概念。缔约能力（capacity to conclude treaties），是指"独立参加条约法律关系，并且直接承担条约义务和享受条约权利的能力，简言之即合法缔结国际条约的能力"[①]。而缔约权（the competence to conclude treaties, the treaty-making competence），则指国家和其他国际法主体内部某个机关或个人缔结条约的权限。前者由国际法决定，后者由该主体的内部法律或规则决定。

根据1969年《维也纳条约法公约》和1986年《关于国家和国际组织间或国际组织相互间条约法的维也纳公约》的规定以及国际实践，国家、国际组织、争取独立的民族都具有缔约能力。

按照国家主权原则，任何国家都拥有与其他国际法主体缔结条约的权利。《维也纳条约法公约》第6条规定："每一国家皆有缔约之能力。"国家的缔约能力是国家固有的、完全的能力，也是国家主权的属性。国家的缔约权必须由国家统一行使。至于一个国家内部由哪个机关代表国家行使缔约权，这通常由各国的国内法、一般是宪法来决定。一般来说，由国家元首或国家最高行政机关代表国家缔结条约。例如，根据我国宪法和缔结条约程序法的有关规定，外交部在国务院领导下管理同外国缔结条约和协定的具体事务；国务

---

① 万鄂湘等：《国际条约法》，武汉大学出版社1998年版，第20页。

院同外国缔结条约和协定；全国人大常委会决定同外国缔结的条约和重要协定的批准和废除；国家主席根据全国人大常委会的决定，批准和废除同外国缔结的条约和重要协定。

国际组织的缔约能力，已经得到了国际社会的普遍承认。按照《关于国家和国际组织间或国际组织相互间条约法的维也纳公约》规定，国际组织具有缔结国际条约的权利，其缔约能力依照该组织的规则确定。目前，国际社会中存在着为数众多的国际组织间以及国际组织与其他国际法主体间的条约。不过，与国家的缔约能力相比，国际组织的缔约能力是有限的。

二、缔约程序

关于缔约程序，国际法上并无硬性规定。一般来讲，缔约程序通常包括：谈判、签署、批准和交换批准书。

（一）谈判

谈判（negotiation）是指缔约各方为就条约的内容达成协议而进行的交涉过程。谈判是缔结条约的第一步。通常情况下，条约的谈判是由各国有缔约权的机关委派的全权代表来进行的。谈判代表一般需持有证明被授权进行谈判的"全权证书"（full powers）。所谓"全权证书"是指一国主管当局颁发的，指派一人或数人代表该国谈判、议定或认证条约约文，表示该国同意受条约拘束，或完成有关条约之任何其他行为的文件。

按照《维也纳条约法公约》第 7 条第 2 款，下列人员由于所任职务无须出具"全权证书"，视为代表其国家：国家元首、政府首脑及外交部长，为实施关于缔结条约之一切行为；使馆馆长，为议定派遣国与驻在国间条约约文；国家派往国际会议或派驻国际组织或该国际组织一机关之代表，为议定在该会议、组织或机关内议定之条约约文。如果条约的缔结是由一个未经授权的代表所为，除非该国事后确认，不发生法律效果。

拓展阅读

全权证书

双边条约的起草，可以由一方提出草案，对方同意或修改，也可以由双方共同起草。多边条约的起草，一般是以召开国际会议的形式，由各方代表共同起草，或由国际组织起草，或由专门委员会起草。条约约文的议定，应经所有参加起草条约的国家同意。国际会议议定条约约文，通常应以出席及参加表决的国家的 2/3 多数票通过。条约约文议定后，进入约文的认证阶段。

（二）签署

签署（signature）是指"有权签署人将其姓名签于条约约文之下"①。条约在正式签署前，可以由谈判代表草签。草签只是表示各方谈判代表对条约约文的认证，不代表该国因此承受条约约束。草签时，一般是由缔约谈判代表将其姓名的首字母签于条约约文的下面，中国谈判代表只需签姓。

在缔约程序中，签署可以具有三种含义：第一，仅仅表示认证条约的约文；第二，表示认证条约的约文，同时还表示已明确同意承受条约的约束，即不再需要对条约的批准；第三，表示认证条约的约文，同时表示已初步同意缔结条约，但还需经过本国批准才承受

---

① 李浩培：《条约法概论》，法律出版社 1987 年版，第 71 页。

条约的约束。至于签署究竟是何种意义，既可以由缔约双方共同约定，也可以由任何一方通过单方面声明而确定该签署的含义。

为了体现国家主权平等原则，按照国际惯例，条约签署采取轮换制。所谓轮换制是指签署双边条约时，每一个国家都在己方保存的约本首位（左）签字，然后交换，对方则在同一文本的次位（右）签字。多边条约的签字，则按缔约国所同意的文字的各国国名的字母顺序排列，依次签字。

（三）批准

批准（ratification）是指缔约国的有权机关对其全权代表所签署的条约的确认，并同意接受条约的约束的行为。根据《维也纳条约法公约》第14条第1款的规定，遇有下列情形，一国得以批准表示承受条约的约束：条约有此规定；另经确定谈判国协议需要批准；该国代表已对条约作须经批准之签署；该国对条约作须经批准之签署之意思可见诸其代表所奉之全权证书，或已于谈判时有此表示。

批准条约是一国的主权行为。尽管各国对其全权代表已签署的条约，一般是给予批准的，但国家并没有批准的义务。条约批准的主要作用有：第一，使缔约国的主管行政当局有时间对已经签署而事关重要的条约进行进一步的审查，借以考虑缔结该约的利弊得失，以便最后做出确定接受该条约约束的结论。第二，为了避免谈判代表由于其主观上的某种错误而对条约进行签署。[①]

除批准外，一国表示同意承受条约约束的方式，还有接受、赞同与核准等。条约的接受、赞同与批准并无实质意义的区别。接受、赞同是政府的行为，而批准是立法机关的行为。因此，接受、赞同实际上是简化的批准方式。

（四）交换批准书

交换批准书（exchange of instruments of ratification），是指缔约双方互相交换各自国家权力机关批准该条约的证明文件。批准书一般是由国家元首或其他权力机关签署，外交部长副署。交换批准书的时间和地点，一般在条约中明文规定。国际上的一般做法是，在一方的首都签署条约，而在另一方的首都交换批准书。批准书通常由序文、主文、结尾三部分组成，内容包括条约的名称、签署或批准日期、保证遵守条约等。

至于多边条约，由于签字国众多，无法互换批准书。按照国际惯例，批准书交存某一个签署国政府或交存条约中指定的某一个国际组织，然后由它们将条约已被批准的情况通知各缔约国。

三、条约的加入

（一）加入的含义

加入（accession）是指未签署条约的国家在多边条约签署后参加该公约并受其约束的一种正式国际法律行为。一般来讲，加入主要适用于开放性的多边条约，特别是造法性的国际公约；双边条约或非开放性的多边条约很少有加入的问题。

（二）加入的情形

根据《维也纳条约法公约》第15条的规定，以加入表示同意承受条约的约束可以有三

---

① 参见李浩培：《条约法概论》，法律出版社1987年版，第76—77页。

种情形：（1）条约规定一国得用加入来表示此种同意；（2）另经确定，谈判国协议，该国得以加入方式表示此种同意；（3）全体当事国嗣后协议，该国得以加入方式表示此种同意。

传统国际法学认为，国家不能加入尚未生效的条约。然而，现代条约法的理论与实践都认为，加入与生效是两个不同性质的问题，条约的生效部分地还依赖加入书的交存。因此，一国不仅可以加入尚未生效的条约，而且加入本身还可算在条约生效的条件之内。

至于加入条约的形式，必须是书面的。加入国以书面通知条约保存方，由保存方转告其他缔约国。

（三）加入国的法律地位

条约的加入国应该具有与条约的原始缔约国平等的法律地位，享受同等的条约权利和承担同等的条约义务。

四、条约的登记与公布

条约的登记与公布（registration and publication of treaties），是指缔约国将其缔结的条约送交国际组织，以便公开发表。

条约的登记与公布制度始于国际联盟。联合国成立后，继承了国际联盟关于条约的登记制度。《联合国宪章》第 102 条规定："一、本宪章发生效力后，联合国任何会员国所缔结之一切条约及国际协定应尽速在秘书处登记，并由秘书处公布之。二、当事国对于未经依本条第一项规定登记之条约或国际协定，不得向联合国任何机关援引之。"《维也纳条约法公约》第 80 条第 1 款也规定："条约应于生效后送请联合国秘书处登记或存案及记录，并公布之。"

条约的登记与公布制度并不是一项强制性程序，其目的在于反对秘密外交。有关国家不遵守条约的登记与公布制度的唯一后果是，丧失向联合国任何机关援引该条约的权利。因此，登记不是条约生效的必备条件，条约未登记，并不影响其法律效力。

五、《中华人民共和国缔结条约程序法》

1990 年 12 月 28 日，我国第七届全国人大常委会第十七次会议通过了《中华人民共和国缔结条约程序法》（以下简称《缔结条约程序法》），这是我国第一部关于缔结条约程序的法律。该法共 21 条，其主要内容有：

1. 适用范围

该法适用于我国同外国缔结的双边和多边条约、协定和其他具有条约、协定性质的文件。

2. 缔约权

国务院同外国缔结条约和协定；全国人大常委会决定同外国缔结的条约和重要协定的批准和废除；国家主席根据全国人大常委会的决定，批准和废除同外国缔结的条约和重要协定；外交部在国务院领导下管理同外国缔结条约和协定的具体事务。

3. 谈判和签约代表的委派

以国家或政府名义缔结条约、协定，由外交部或国务院有关部门报请国务院委派代表，全权证书由国务院总理或外交部长签署；以政府部门名义缔结协定，由部门首长委派代表，并由部门首长签署代表的授权证书。我国国务院总理、外交部长无须出具全权证书；我国派驻外国使馆馆长、政府部门首长、派往国际会议或国际组织的代表，在谈判、签署条约或协定时，除另有约定外，也无须出具全权证书。

4. 谈判和签约的程序

由国家名义谈判和签署条约、协定，由外交部或国务院有关部门会同外交部提出建议并拟订条约、协定的中方草案，报国务院审定；以政府名义谈判和签署条约、协定，由外交部或者国务院有关部门提出建议并拟订条约、协定的中方草案，报国务院审定；以政府部门名义谈判和签署属于本部门职权范围内事项的协定，由本部门决定或者本部门同外交部会商后决定，或者本部门同国务院其他有关部门会商后，报国务院决定。

5. 条约的批准

由全国人大常委会决定下列条约和重要协定的批准：友好合作条约、和平条约等政治性条约；有关领土和划定边界的条约、协定；有关司法协助、引渡的条约、协定；同我国法律有不同规定的条约、协定；缔约各方议定须经批准的条约、协定；其他须经批准的条约、协定。

6. 条约的加入和接受

加入多边条约和协定，分别由全国人大常委会或国务院决定；接受多边条约和协定，由国务院决定。

7. 条约的保存

以国家或政府名义缔结的条约由外交部保存；以政府部门名义缔结的双边协定由本部门保存。

8. 条约的登记

我国缔结的条约和协定由外交部按照《联合国宪章》的有关规定向联合国秘书处登记；需要向其他国际组织登记的，由外交部或国务院有关部门按照各该国际组织章程的规定办理。

9. 条约的公布

经全国人大常委会决定批准或加入的条约和重要协定，由全国人大常委会公布；其他条约、协定的公布办法，由国务院规定。

10. 条约的修改和废除

我国缔结的条约和协定的修改、废除或退出的程序，比照各该条约、协定的缔结的程序办理。

《缔结条约程序法》具有重要意义。它完善了我国宪法中有关对外关系方面的规定，对我国缔结条约的实践具有重要的指导作用。然而，随着我国对外关系和缔约实践的快速发展，《缔结条约程序法》在内容、体系、措辞等方面都存在不少缺陷。例如，该法的内容过于原则、对国务院各部门办理缔约工作的事权规定不清晰、全国人大常委会批准条约的权力与国务院核准条约的权力界限不清、没有对条约适用于香港特别行政区和澳门特别行政区的问题进行规定等，这些都亟待修改和完善。

第三节　条约的生效和暂时适用

一、条约的生效

（一）条约生效的含义

条约的生效（entry into force of treaties）是指"一个条约正式发生法律上的效力，从而开始对各当事国产生法律拘束力，当事国自此承担条约义务和享受条约权利"①。

国际法没有对条约生效的方式和日期作出统一的规定。《维也纳条约法公约》第 24 条规定："条约生效之方式及日期，依条约之规定或依谈判国之协议；倘无此种规定或协议，条约一俟确定所有谈判国同意承受条约之拘束，即行生效。"

（二）双边条约的生效

在国际实践中，双边条约生效的方式主要有：

第一，自签字之日起生效。有关经济、贸易和技术合作方面的协定，多采用这种方式。例如，1982 年《中国与瑞典关于相互保护投资的协定》就规定，该协定自签字之日起生效。

第二，自批准之日或自互换批准书之日或之后若干时间生效。例如，1950 年《中苏友好同盟互助条约》第 6 条规定："本条约须经双方批准后，立即生效。"1984 年《中英关于香港问题的联合声明》第 8 条规定："本联合声明须经批准，并自互换批准书之日起生效。"1995 年《中国和俄罗斯联邦引渡条约》第 22 条规定："本条约须经批准，批准书在北京互换。本条约自互换批准书之日起第 30 天开始生效。"

第三，自条约规定的生效日期生效。例如，1946 年 9 月 14 日签订的《法兰西共和国政府和越南民主共和国政府临时协定》第 11 条规定："本协定自 1946 年 10 月 30 日起生效。"

（三）多边条约的生效

在国际实践中，多边条约生效的方式主要有：

第一，自全体缔约国批准或各缔约国明确表示承受拘束之日起生效。例如，1959 年《南极条约》第 13 条规定："当所有签字国都交存批准书时，本公约应对这些国家和已交存加入书的国家生效。"

第二，自一定数目的国家交存批准书或加入书之日或之后某日起生效。例如，1969 年《美洲人权公约》第 74 条规定："一旦 11 个国家交存其批准书或加入书，本公约应立即生效。"又如，1983 年《关于国家对国家财产、档案和债务的继承的维也纳公约》第 50 条规定："本公约应在第 15 份批准书或加入书交存之日后第 30 天生效。"

第三，自一定数目的国家（其中包括某些特定的国家）提交批准书后生效。例如，1967 年《关于各国探索和利用包括月球和其他天体在内外层空间活动的原则条约》第 14 条规定，该条约在 5 国政府交存批准书后即可生效，但其中必须包括该条约保管国，即苏联、英国和美国。此外，1985 年《多边投资担保机构公约》也采取了类似的生效方式。

第四，以特定事件的发生为条约生效的条件。例如，1925 年《洛迦诺公约》规定，该公约在德国加入国际联盟时生效。

二、条约的暂时适用

条约的暂时适用（provisional application of treaties）是指条约在生效前的适用。条约的暂时适用一般涉及须经批准的条约。当一个条约一方面需要批准、另一方面又有某种急需付之执行的原因时，缔约国就采取暂时适用的措施。对此，《维也纳条约法公约》第 25（1）条规定："条约或条约之一部分于条约生效前在下列情形下暂时适用：条约本身如此

---

① 万鄂湘等：《国际条约法》，武汉大学出版社 1998 年版，第 69 页。

规定；或谈判国以其他方式协议如此处理。"

在国际实践中，暂时适用条约的情形并不是太多，比较典型的例子有 1947 年《关税与贸易总协定》和 1982 年《联合国海洋法公约》。

值得注意的是，2012 年国际法委员会第 64 届会议决定，把"条约的暂时适用"作为当前国际法委员会逐渐编纂的议题之一，并任命朱安（Juan Manuel Gomez-Robledo）为该议题的特别报告员。

2013 年，国际法委员会第 65 届会议收到了特别报告员的第一次报告，该报告笼统地论述了与条约的临时适用有关的主要法律问题。2018 年，国际法委员会第 70 届会议收到了特别报告员的第五次报告以及关于该专题的文献目录；同时，国际法委员会还一读通过了《关于条约暂时适用的整套准则草案》（the Entire Set of Draft Guidelines on Provisional Application of Treaties），其中有 12 条准则草案，作为条约暂时适用指南草案。它包括"范围""目的""一般规则""协议形式""暂时适用的开始""暂时适用的法律效果""保留""违约责任""暂时适用的终止和中止""各国国内法和国际组织规则与暂时适用的条约的遵守""各国国内法关于同意暂时适用条约的权限的规定和国际组织关于同意暂时适用条约的权限的规则""关于在源自各国国内法和国际组织规则的限制之下暂时适用的协议"等。预计，国际法委员会关于本专题工作的最后成果由两部分组成：一是由国际法委员会通过的一套带有评注的准则，以及也是由国际法委员会通过的一套带有评注的示范条款，准则和示范条款共同构成《条约的暂时适用指南》（the Guide to Provisional Application of Treaties）；二是一份文献目录。①

三、条约的有效期

根据实践，条约可以分为无期限的条约和有期限的条约两种。条约的有效期长短不一，一般都在条约中明文规定。

（一）无期限的条约

无期限的条约，除非另订新约，否则永远有效。造法性国际公约通常是无期限的，如《联合国宪章》《维也纳外交关系公约》等。边界条约一般也是无期限的。

（二）有期限的条约

有期限的条约，需要在条约里明文加以规定。期限长短，根据各条约的具体情况而定，有的为 1 年，有的为 10 年，甚至更长。有期限的条约，既可以规定在期满后自动延长，也可以允许在期满后单方面终止。延长条约期限可通过两国正式换文的方式，或者按条约规定的延长程序办理。

第四节　条约的保留

一、保留的定义

条约的保留（reservations to treaties）是指一国在签署、批准、接受、赞同或加入条约

---

① See "Sixth Report on the Provisional Application of Treaties By Juan Manuel Gómez-Robledo, Special Rapporteur", 24 February 2020, A/CN. 4/738, available at https://www.un.org.

时所作的片面声明，不论措辞或名称为何，其目的在于摒除或更改条约中若干规定对该国适用时的法律效果。

双边条约一般不存在保留问题，而多边条约则经常出现保留的情形。这主要是因为多边条约参加国较多，各国利益往往又互相矛盾，有的国家在参加条约时不能接受某些条款，于是就产生保留问题。一国提出保留的目的，是免除该国的某项义务或变更某项义务。保留一般不同于一国表示同意条约约束时所作的解释性声明。

1948 年 12 月，联合国大会通过了《防止及惩治灭绝种族罪公约》（简称《灭种罪公约》），若干国家在加入该公约时提出了一些保留意见，由此引起了关于多边条约保留问题的争议。1950 年 11 月，联合国大会通过了第 478（V）号决议，请求国际法院就《灭种罪公约》保留的法律问题发表咨询意见。1951 年国际法院"《灭种罪公约》保留案"的咨询意见（Reservations to the Convention on Genocide, Advisory Opinion）对于多边条约的保留问题，具有重要意义。

虽然国际法院强调上述咨询意见只限于《灭种罪公约》，但是这个咨询意见对于条约法中关于保留问题的法律规则的形成产生了一定的影响。《维也纳条约法公约》第 20、21 条接受了上述咨询意见的观点。

拓展阅读

1951 年国际法院"《灭种罪公约》保留案"咨询意见

二、保留的范围

根据《维也纳条约法公约》第 19 条的规定，任何国家都有权在签署、批准、接受、赞同或加入条约时提出保留，但保留的范围有一定的限制，即在下列三种情况下不得提出保留：

第一，该项保留为条约所禁止。例如，1956 年《废止奴隶制、奴隶贩卖及类似奴隶制之制度与习俗补充公约》第 9 条规定，不得对公约作出保留。

第二，条约仅准许特定的保留，而有关的保留不在其内。例如，1958 年《大陆架公约》第 12 条规定，任何国家可以对第 1 条至第 3 条以外的其他条文作出保留。

第三，该项保留与条约目的及宗旨不合。例如，1966 年《消除一切形式种族歧视国际公约》第 20 条第 2 款规定：凡与本公约之目标及宗旨抵触之保留不得容许，其效果足以阻碍本公约所设任何机关之业务者，亦不得容许。

三、保留的接受与反对

《维也纳条约法公约》第 20 条主要规定了保留的接受和反对的问题。按照该条的规定：

第一，凡是条约明示准许的保留，无须其他缔约国事后予以接受，除非条约有相反的规定。

第二，如果从谈判国的有限数目及条约的目的与宗旨可以看出，在全体当事国间适用全部条约是每一个当事国同意承受条约拘束的必要条件时，那么保留须经全体当事国接受。

第三，如果条约是国际组织的组织约章，那么保留须经该组织主管机关接受，除非条约另有规定。

第四，凡不属于上述三种情况时，除非条约另有规定：保留经另一缔约国接受时，就该另一缔约国而言，保留国即成为该条约的当事国，但须以该条约对这些国家都已生效为条件；保留经另一缔约国反对时，并不排除该条约在反对国与保留国之间的生效，除非反对国明确地表示了相反的意思；一国表示其同意承受该条约拘束而附有保留的行为，只要至少有另一缔约国已经接受该项保留，就成为有效。

此外，《维也纳条约法公约》第 20 条还规定了保留可以用默示的方式接受：除条约另有不同规定外，如果一国直至接到保留通知后 12 个月的期间届满之日，或直至其表示同意承受该条约拘束之日，并未对该保留提出异议，该保留就被认为已经为该国所接受，在这两个日期中，以较后一个日期为准。

四、保留及反对保留的法律效果

《维也纳条约法公约》第 21 条分别规定了保留和反对保留在法律上的效果。

（一）保留的法律效果

依照该条第 1 款和第 2 款，凡是根据公约有关规定对另一当事国成立的保留，其效果为：

第一，对保留国而言，在其与该另一当事国的关系上，按照保留的范围，修改保留所涉及的条约规定。

第二，对该另一当事国而言，在其与保留国的关系上，按照相同的范围，修改这些规定。

第三，此项保留，在条约其他当事国相互间，并不修改该条约的规定。

（二）反对保留的法律效果

依照该条第 3 款，反对保留的效果为：

如果反对一项保留的国家并未反对该条约在该国与保留国之间生效，那么该保留所涉及的规定，在保留的范围内，不适用于该两国之间。

此外，除条约另有规定外，保留和对保留的反对，都可以随时撤回。保留、对保留的明示接受和反对保留，都须以书面提出，并通知各缔约国和有权成为该条约当事国的其他国家。

值得注意的是，1993 年国际法委员会第 45 届会议决定把"关于条约保留的法律和实践"作为国际法委员会逐渐编纂的议题之一。1994 年，佩莱（Alain Pellet）被任命为该议题的特别报告员。经过多年的努力，2011 年 5 月，国际法委员会"对条约的保留工作组"（the Working Group on Reservations to Treaties）敲定了"构成《关于对条约的保留的实践指南》的准则草案案文和标题"（Text and Title of the Draft Guidelines Constituting the Guide to Practice on Reservations to Treaties）。该实践指南的准则草案共分五部分：第一部分是"（条约保留的）定义"，第二部分是"（条约保留的）程序"，第三部分是"（条约）保留和解释性声明的允许性"，第四部分是"（条约）保留和解释性声明的法律效力"，第五部分是"国家继承情况下的（条约）保留、接受保留、反对保留以及解释性声明"。2011 年 8 月，国际法委员会第 63 届会议审议了特别报告员佩莱专门提交的"关于对条约的保留的第 17 次报告"（Seventeenth Report on Reservations to Treaties），并在报告的基础上通过了《条约保留的实践指南》（the Guide to Practice on Reservations to Treaties）。此外，国际法委员会还提请联合国大会注意该指南并广为散发。

第五节　条约的遵守与适用

一、条约必须遵守

（一）条约必须遵守原则的含义

国际法上的条约必须遵守（*pacta sunt servanda*）原则是指"在条约缔结后，各方必须按照条约的规定，行使自己的权利，履行自己的义务，不得违反"[①]。

应该注意的是，条约必须遵守原则并不是绝对的。因为各种条约的性质不完全一样，如果不论条约的性质如何而一律强令缔约一方遵守，将会造成不公正的后果。因此，条约必须遵守原则应该受到一定的限制，即条约必须遵守是指有效的条约必须遵守；至于非法的、无效的条约，不在条约必须遵守的范围之内。

（二）条约必须遵守原则确立的依据

条约必须遵守原则是一项古老的原则，它源于古罗马法，后来发展成传统国际法上的一项原则，并一直沿用到现在。从国际法的历史发展来看，国际法的理论和实践无不确认和强调条约必须遵守原则。

就国际法的理论来说，无论是近代国际法学者格劳秀斯、瓦特尔，还是现代国际法学者安齐洛蒂、凯尔逊，都强调国家遵守条约的义务，一致承认条约必须遵守。

从国际法的实践来分析，早在公元前3100年左右，美索不达米亚平原上的两个城邦国家拉伽虚和乌玛在签订的《拉伽虚乌玛条约》中就规定，乌玛向苏美尔的神宣誓，遵守条约。[②] 许多国际判例和仲裁裁决也都支持条约必须遵守原则。例如，常设仲裁法院在1910年"英美北大西洋渔业案"的仲裁裁决中就明确宣告："任何国家都有义务善意履行由条约产生的义务。"常设国际法院在不少判决和咨询意见中也适用了条约必须遵守原则。此外，条约必须遵守原则还得到了许多重要的国际法律文件的认可。例如，《联合国宪章》序言郑重宣布："尊重由条约与国际法其他渊源而起之义务。"《维也纳条约法公约》第26、27条分别规定："凡有效之条约对其各当事国有拘束力，必须由各该国善意履行"；"一当事国不得援引其国内法规定为理由而不履行条约"。

由上可见，条约必须遵守既是一条古老的原则，又是一条经广泛的国家实践、国际仲裁和司法实践所支持并由国际公约所确认的原则。

（三）国家愿意履行条约义务的原因

为什么国家愿意履行条约义务呢？有学者认为，这主要有三个原因："第一，条约义务的履行总是相互的、对应的，缔约一方指望从对方对条约的履行中获取权利和利益，必须以自己实践对对方的承诺为条件；第二，国际社会的互赖和依存关系使国家认识到，遵守条约不仅是国际社会良性运转的依托，而且是国家自身享受国际间的长远利益和更大范围利益的条件；第三，和平与正义是绝大多数国家向往和追求的目标，善意履行条约是实

[①] 　邵津主编：《国际法》，北京大学出版社、高等教育出版社2000年版，第338页。

[②] 　参见杨泽伟：《国际法史论》，高等教育出版社2011年版，第2页。

现国际间持久和平与公正的有力保证。"①

二、条约的适用

条约的适用（application of treaties），不但涉及条约适用的时间范围和空间范围，而且还涉及条约的冲突等问题。

（一）条约适用的时间范围

一般来讲，在适用条约时，自条约生效之日起开始适用，不能溯及既往，除非条约有不同的规定。

《维也纳条约法公约》第 28 条规定，条约不能溯及既往（non-retroactivity of treaties），即"除条约表示不同意思，或另经确定外，关于条约对一当事国生效之日以前所发生之任何行为或事实或已不存在之任何情势，条约之规定不对该当事国发生拘束力"。1986 年《关于国家和国际组织间或国际组织相互间条约法的维也纳公约》也作了相同的规定。

条约不能溯及既往的原则，也得到了国际司法判例的支持。1926 年，常设国际法院在"阿姆巴蒂洛斯案"（the Ambatielos Case）中明确指出，《英希条约》不包含任何规定可以溯及既往的条款，因而不能认为该条约的任何规定在批准前已经生效，而事实上，《英希条约》第 32 条规定，该条约在批准时立即生效。

（二）条约适用的空间范围

条约适用的空间范围，一般是条约当事国的全部领土。《维也纳条约法公约》第 29 条规定："除条约表示不同意思，或另经确定外，条约对每一当事国之拘束力及于其全部领土。"全部领土的内涵，包括一国的领陆、领水和领空。

条约的规定应在条约当事国的全部领土内适用，这是公认的国际法原则。然而，条约适用于当事国全部领土的规则不是绝对的，当一国不想条约影响其领土的某些部分时，可以限制该条约的适用范围。例如，1990 年《中华人民共和国香港特别行政区基本法》第 153 条规定："中华人民共和国缔结的国际协议，中央人民政府可根据香港特别行政区的情况和需要，在征询香港特别行政区政府的意见后，决定是否适用于香港特别行政区。中华人民共和国尚未参加但已适用于香港的国际协议仍可继续适用。中央人民政府根据需要授权或协助香港特别行政区政府作出适当安排，使其他有关国际协议适用于香港特别行政区。"由此可见，中国缔结的条约不一定都适用于香港特别行政区。

（三）条约的冲突

条约的冲突是指缔约国所订条约的内容与其在先或在后所订条约的内容不符而发生矛盾，从而产生哪一个条约应优先适用的问题。条约的冲突主要是由于现代国际关系的复杂性所致。

《联合国宪章》第 103 条规定："联合国会员国在本宪章下之义务与其依任何其他国际协定所负之义务有冲突时，其在本宪章下之义务应居优先。"宪章的这一规定意味着，作为联合国会员国的缔约国，其在宪章之下所担负的义务，优先于其在其他国际协定之下所担负的义务。

《维也纳条约法公约》第 30 条对"关于同一事项先后所订条约之适用"做出了如下

---

① 万鄂湘等：《国际条约法》，武汉大学出版社 1998 年版，第 175—176 页。

规定：如果条约中明文规定该条约不得违反先订或后订条约，或不得视为与先订或后订条约不合，则该先订或后订条约之规定应居优先；如果条约没有明文规定，那么在先条约的当事国同时也是后条约的当事国，但在订立后条约时没有终止或停止施行先条约的情形下，先条约仅在其规定与后条约相符的范围内才适用，即冲突的条款按后条约执行；如果后条约的当事国不包括先条约的全体当事国，在同为先后两个条约的当事国之间，按后条约执行，而在为两条约的当事国与仅为其中一个条约的当事国之间，其权利和义务则依两国均为当事国的条约的规定办理。

（四）条约在国内的执行

国家缔结条约以后，就应采取必要的措施，以保证对其有效的条约在其领土内的执行。条约在国内的执行，属于国内法的范围。由于各国国内法制度各不相同，因此各国保证条约在国内执行的方式也不完全一样。一般来讲，一国既可以每次采取特别立法措施；也可以一次永久地规定出一般原则，使得一切生效条约可以当然执行；还可以按照习惯法默示地承认条约在国内法上的约束力。

此外，现在一些国际公约还明文规定，缔约国应采取必要的立法或其他措施来保证条约在其领土内的执行。例如，1980年联合国大会通过的《消除对妇女一切形式歧视公约》第24条规定："缔约各国承担在国家一级采取一切必要措施，以充分实现本公约承认的各项权利。"

第六节 条约与第三国

一、条约相对效力原则

条约相对效力原则，是指条约在原则上只对缔约国有约束力，而对作为非缔约国的第三国是不发生效力的。所谓第三国是指非条约当事国的国家或者说条约当事国以外的国家。第三国有以下几种情形：未签署条约的国家；对需要批准或核准的条约，而未予批准或核准的国家；原来是条约的当事国，但后来退出该条约的国家；多边条约缔约国中提出保留的国家，就其保留的条款而言，也属第三国。

条约相对效力原则，源于古罗马法中"约定对第三者既无损亦无益"的原则，后来在许多国家合同法中得到广泛采用，并成为一项公认的国际法原则。《维也纳条约法公约》第34条规定："条约非经第三国同意，不为该国创设义务或权利。"

二、条约为第三国创设义务

《维也纳条约法公约》第35条规定："如条约当事国有意以条约之一项规定作为确立一项义务之方法，且该项义务经一第三国以书面明示接受，则该第三国即因此项规定而负有义务。"根据这一规定，一项条约要对第三国创设并发生义务，必须具备以下两个条件：当事国有此意思表示；第三国以书面形式明示接受。

未经第三国同意不得对其加以条约义务的原则，也得到了国际司法实践的支持。例如，1928年独任仲裁人胡伯在"帕尔玛斯岛仲裁案"（the Palmas Island Arbitration Case）的裁决中宣称，无论对条约的解释如何正确，也不能将其解释为对独立第三国的权利任意处置……荷兰所享有的初步权利不能由第三国间缔结的条约予以修改。

值得注意的是，未经第三国同意不得对其加以条约义务的原则，有例外情况。例如，为了制裁而在多边公约中对侵略国课以的义务，与一般的条约为第三国创设义务完全不同，它属于追究国家责任的性质，根本不需要侵略国的同意。《维也纳条约法公约》第75条对此作了明确的规定："本公约之规定不妨碍因依照《联合国宪章》对侵略国之侵略行为所采取措施，而可能引起之该国任何条约义务。"

三、条约为第三国创设权利

《维也纳条约法公约》第36条规定："如条约当事国有意以条约之一项规定，对一第三国或其所属一组国家或所有国家给予一项权利，而该第三国对此表示同意，则该第三国即因此项规定而享有该项权利。该第三国倘无相反之表示，应推定其表示同意，但条约另有规定者不在此限。依第一项行使权利之国家应遵守条约所规定或依照条约所确定之条件行使该项权利。"按照这一规定，某一条约要为第三国创设权利，也必须具备三个条件：条约当事国有此意思表示；第三国表示同意，或如无相反的表示，可推定其同意；第三国同意后，应按条约规定行使权利。

在国际实践中，条约为第三国创设权利的例子，并不少见。例如，1919年《凡尔赛和约》第380条关于基尔运河自由通航条款，规定该运河对一切国家开放；1947年《对意大利和约》第31条确定了一些属于阿尔巴尼亚的权利。

四、取消或变更对第三国的义务或权利

一个条约为第三国设立的义务或权利已经成立后，原条约当事国是否可以取消或变更的问题，《维也纳条约法公约》第37条分别作了规定："依照第35条使第三国担负义务时，该项义务必须经条约各当事国与该第三国之同意，方得取消或变更，但经确定其另有协议者不在此限。依照第36条使第三国享有权利时，倘经确定原意为非经该第三国同意不得取消或变更该项权利，当事国不得取消或变更之。"这条的意思是，条约使第三国负担义务时，除另有协议外，该项义务一般必须经条约各当事国与该第三国的同意方得取消或变更；条约使第三国享有权利时，对权利的取消或变更无须原条约当事国的同意，但必须得到第三国的同意。

五、条约的规定成为国际习惯法

如果条约的规定形成了国际习惯法规则，那么在这种情况下，第三国的权利义务的法律依据，不是条约规定本身而是表现于条约中的习惯国际法规则。对此，《维也纳条约法公约》和国际法院的判决都予以了肯定。例如，《维也纳条约法公约》第38条"条约所载规则由于国际习惯而成为对第三国有拘束力"规定："第34条至第37条之规定不妨碍条约所载规则成为对第三国有拘束力之公认国际法习惯规则。"国际法院在1969年"北海大陆架案"的判决中也指出："这个规则虽然在起源上是条约性或契约性的，却在此后成为国际法的组成部分，且现已通过法律的确信被接受为国际法的组成部分，从而拘束从未成为该公约当事国的那些国家。毫无疑问，这种过程是完全可能的，并且实际上也时时发生；的确，它是新的习惯国际法规则可由此形成的一些公

认的方法之一。"①

第七节 条约的解释

一、条约解释的含义

条约的解释（interpretation of treaties）是指"条约解释主体（包括有关国家或有关机构）按一定的规则和方法，对条约各条款、各条款相互间关系以及构成条约整体的其他文件的正确含义加以阐明"②。

条约的解释是条约法上很重要的一个问题。它对于正确履行条约、减少或消除当事国间的条约纷争、维护国际关系的稳定等，都具有重要的意义。

二、条约解释的主体

条约解释的主体问题，其实就是谁有权解释的问题。它包括条约当事国、国际组织、仲裁法庭和国际法院。

（一）条约当事国

条约的当事国当然有权对条约进行解释，因为条约当事国既是条约的缔结者，也是它的履行者。根据国家主权原则，各缔约国解释的权利是平等的，每一当事国对条约所作的解释具有同等的价值，都属于官方解释，但只有由全体条约当事国就某种解释达成一致的协议才构成正式的、有权的解释。

（二）国际组织

原则上国际组织对它赖以创立和活动的组织约章有权解释。这主要是因为该组织是根据这些组织约章创立和活动的，又是执行这些组织约章规定的职权的机构。只有该组织本身最了解这些组织约章的真实含义。不过，国际组织的解释只在该组织的范围内有效。

（三）仲裁法庭和国际法院

一些国际公约包含条约解释的条款和解决争端的程序，规定当事国可把解释条约时产生的争端诉诸仲裁法庭或国际法院，仲裁法庭或国际法院从而获得解释条约的权力。例如，《消除一切形式种族歧视国际公约》第 22 条规定："两个或两个以上缔约国间关于本公约之解释或适用之任何争端不能以谈判或以本公约所规定之程序解决者，除争端各方商定其他解决方式外，应于争端任何一方请求时提请国际法院裁决。"《国际法院规约》第 36 条规定，"条约之解释"是当事国自愿接受法院强制管辖的法律争端之一。

值得注意的是，仲裁法庭或国际法院并不当然具有对条约作出解释的权力，只有在争端当事国就条约的解释无法达成协议时，应当事国的请求，仲裁法庭或国际法院才有权就条约的规定对当事国作出有约束力的解释。此外，仲裁法庭或国际法院所作的解释，只对该争端当事国有效。

---

① 李浩培：《条约法概论》，法律出版社 1987 年版，第 489—490 页。
② 万鄂湘等：《国际条约法》，武汉大学出版社 1998 年版，第 204 页。

三、条约解释的原则与方法

关于条约解释的原则与方法问题，国际法学界的分歧很大。《维也纳条约法公约》第31—33条就"条约之解释"作出了规定。

（一）条约解释的原则

在国际法上，对于条约解释较为普遍的原则有：①

（1）约文原则。条约应主要地按其现状，并根据其实际约文，予以解释。条约具体的词语应被赋予其在上下文中通常的、自然的和不牵强附会的意义。

1932年常设国际法院"1919年《关于夜间雇用妇女公约》的解释案"（Interpretation of the 1919 Convention Concerning Employment of Women During the Night），是一件涉及条约解释的咨询意见案。

拓展阅读

1932年常设国际法院"1919年《关于夜间雇用妇女公约》的解释案"的咨询意见

本案阐明了关于条约解释的一项重要原则——约文原则：一个条约所用的名词，如果不是明白地用于某种专门意义，或者从上下文看不出另外的意思，就必须按照它们在日常用语中的通常意义来解释；如果缔约国对此提出异议，必须提出有效的证据来证明不同于一般含义的解释；一个术语的一般用法的含义已被普遍接受时，若要限制它的适用范围，须在约文中对此作出限定，否则将按一般含义解释。②

（2）综合原则。条约须作为整体来解释，一些个别的部分或章节也作为整体来解释。

（3）有效原则。在解释条约时，应作通盘考虑以使条约最有效与最有用，即使条约的条款得以实施并产生相应的效力。这个原则在解释多边条约（包括国际组织的基本文件）上尤为重要。然而在运用这条原则时，不得使解释起修正公约的作用，或不得使解释与条约文字和精神具有相反效果。

（4）合理原则。应该假定，各缔约国所追求的是合理的东西，而且是既与公认的国际法原则又与对第三国的前条约义务不相抵触的东西。因此，如果一项规定的意义含糊不明，那么，应在合理与不合理的两种意义中采取合理的意义；在合理程度不同的两种意义中采取较合理的一种意义；在符合公认的国际法原则和对第三国的前条约义务与不符合这些原则和义务的两种意义中，采取符合这些原则和义务的一种意义。

（5）从轻原则。如果一个条款的意义含糊不明，应采取使担负义务的一方较少负担的意义，或对缔约一方的属地和属人最高权极少妨碍的意义，或对缔约国加以较少的一般限制的意义。但是，在运用这个解释规则时，必须注意到，承担义务是条约的首要目的。

（6）嗣后惯例原则。在解释约文时，可以求助于缔约各方的关于该条约的嗣后行动和实践，因为嗣后行动和实践提供了关于该条约正确解释的最好和最可靠的证据。值得注意的是，国际法委员会从2012年开始从事"与条约解释相关的嗣后协定和嗣后惯例"

---

① 关于这个概括所依据的权威著作，可参见［奥］阿·菲德罗斯等：《国际法》（下册），李浩培译，商务印书馆1981年版，第213—216页；［英］詹宁斯、瓦茨修订：《奥本海国际法》（第一卷第二分册），王铁崖等译，中国大百科全书出版社1998年版，第663—665页；See I. A. Shearer, *Starke's International Law*, Butterworths, 1994, pp. 435–438.

② 参见黄惠康、黄进编著：《国际公法国际私法成案选》，武汉大学出版社1987年版，第165页。

（Subsequent Agreements and Subsquent Practice in relation to the Interpretation of Treaties） 议题的编纂工作。

2018 年，国际法委员会第 70 届会议二读通过了《与条约解释相关的嗣后协定和嗣后惯例》结论草案案文。它包括四部分，共 13 项结论，如"范围""条约解释通则和资料""以嗣后协定和嗣后惯例作为作准的解释资料""嗣后协定和嗣后惯例的定义""作为嗣后惯例的行为""嗣后协定和嗣后惯例的识别""嗣后协定和嗣后惯例可能对解释产生的影响""能够随时间演变的条约用语的解释""嗣后协定和嗣后惯例作为解释资料的权重""与条约解释有关的缔约方协定""在缔约国大会框架内通过的决定""国际组织的组成文书"和"专家条约机构的声明"等。根据该结论草案案文的规定，"嗣后协定"是指缔约方在条约缔结后达成的关于解释条约或适用条约规定的协定；嗣后惯例可包括某一缔约方的任何适用条约的行为，不论此行为是行使行政、立法、司法还是其他职能。[1]

（二）条约解释的方法

条约解释的基本方法主要有：文法解释、系统解释、历史解释、限制或扩张解释和目的解释等。

（1）文法解释。文法解释是从文字、语法分析角度来确定法律条文的含义而不考虑立法者意图或法律条款以外的其他要求。文法解释是解释条约的基本方法，因为解释条约首先必须探求缔约各方表现于条约文本中的真正意思，而缔约方意图的确定又是以条文表示的意义为依据的。

（2）系统解释。系统解释就是指分析某一法律规范与其他法律规范的联系以及它在整个法律体系和所属法律部门中的地位和作用，来说明该法律规范的内容和意义。系统解释方法对于条约的解释具有重要意义。如果对条约条款中任何一个条款有疑义，必须对整个条约加以通盘考虑；不但要考虑条约的词句，而且要考虑条约的目的、缔结条约的动机和其他情况。

（3）历史解释。在国际法上，对于运用历史解释方法来解释条约，存在不同的观点。以劳特派特为代表的主观解释学派认为，为解释一个条约，应当研究该条约的准备资料，作为探知缔约各方真正的共同意思的最好方法。而以贝克特（Beckett）、麦克奈尔（McNair）为代表的约文解释学派则持相反的意见。[2] 笔者认为，由于准备资料一方面存在混乱、不明确甚至自相矛盾的缺点，另一方面它只能说明过去，往往与时代精神有一定距离。因此，准备资料只有在采用约文解释法发生困难时可作为辅助方法谨慎地使用。换言之，历史解释方法仅仅是一种辅助性手段。

（4）限制或扩张解释。在国际法上，为了帮助阐明缔约各方的意思，在有些情形下，必须对条约文本的个别文字进行扩张或限制的解释。对于本身明白清楚的一个规定，不应进行扩张解释，只有在构成该条约的主题的事项规定不清楚、不明确，使条文意思含糊时，才可以引用扩张解释。任何倾向于限制缔约任何一方自由行使权利的规定，必须按最狭义的意义来理解。如果所用的词语并不明白表示该缔约方约许了担任或实行某种行为，

① See "Subsequent Agreements and Subsequent Practice in relation to the Interpretation of Treaties"（Text of the draft conclusions adopted by the Drafting Committee on second reading）, 11 May 2018, A/CN.4/L.907, available at http://www.un.org.

② 参见李浩培：《条约法概论》，法律出版社 1987 年版，第 414—417 页。

引起负担的规定也须按狭义解释。

（5）目的解释。目的解释是指探求法律在社会中所要达到的目的，并据此来确认法律规定的具体含义。当立法原意或法律规范条文不适应形势发展时，应该以立法目的为依据加以校正、补充。在国际法上，目的解释方法对条约的解释甚为重要，并且出现了目的解释学派。目的解释强调解释一个条约应符合该条约的目的。在国际法学者中，安齐洛蒂、阿尔伐勒兹、田中、卡斯特罗、卡瓦雷等也都主张目的解释。为建立国际组织而缔结的多边条约，更应当按照目的来予以解释。

第八节 条约的修订

由于国际情势的变化，条约缔结以后往往需要进行修订。条约的修订（revision of treaties）是指条约的当事国在缔结条约后于该条约有效期内改变条约规定的行为。条约的修订分为条约的修正（amendment of treaties）和条约的修改（modification of treaties）。

一、条约的修正

条约的修正是指原条约全体当事国对条约个别条款的修订。按照《维也纳条约法公约》第40条，条约的修正应遵循以下规则：第一，修正多边公约的任何提议，必须通知全体当事国，各缔约国都应有权参加对修正条约提议采取行动的决定，以及参加条约修正的谈判和缔结。第二，凡有权成为条约当事国的国家，也有权成为修正后条约的当事国。第三，未参加修正协定的原条约当事国，不受修正协定的约束。第四，修正协定生效后成为条约当事国的国家，如无相反表示，应视为修正后的条约的当事国，并就其与不受修正协定约束的原条约当事国的关系而言，应视为未修正条约的当事国。

多边条约一般都明文规定了该条约的修正程序。例如，《联合国宪章》第108条规定，对于《联合国宪章》的任何修正案，必须得到联合国2/3的会员国表决通过，然后由2/3的会员国（其中必须包括中、英、法、美、苏五国）批准，才能生效。

二、条约的修改

条约的修改是指原条约的若干当事国彼此间对条约的修订。按照《维也纳条约法公约》第41条的规定，条约的修改应遵循以下规则：第一，必须是条约内有这种修改的规定，或者该项修改不为条约所禁止，而且不影响其他当事国的权利和义务，同时该项修改也不涉及有效实现整个条约的目的和宗旨。第二，如果若干国家彼此间对条约进行了修改，应将修改的内容通知其他当事国。

第九节 条约的终止与无效

一、条约的终止与停止施行

（一）条约的终止

条约的终止（termination of treaties）是指"条约由于某种法律事实和原因的发生而造

成条约失去效力的法律情况"①。

按照《维也纳条约法公约》的规定和国际条约的实践，条约的终止一般有以下原因：

一是条约到期。条约通常都规定一定的有效期限，若期限届满，且无延长期限的行为，条约便会因自然终止而失效。例如，1950 年《中苏友好同盟互助条约》第 6 条第 2 项规定："本条约有效期为三十年。"由于中、苏双方在上述期限届满时均未提出延长要求，该条约遂于 1980 年 4 月 11 日期满失效。

二是条约解除条件成立。有的条约明文规定了解除条件，一旦解除条件成立，条约即终止效力。例如，1948 年《防止及惩治灭绝种族罪公约》第 15 条规定："倘因解约关系，致本公约之缔约国数目不足 16 国时，本公约应于最后一项解约通知生效之日起失效。"

三是条约被代替。由于另订新约，旧条约失效。例如，1960 年《中缅边界协定》第 4 条第 2 项规定："本协定在互换批准书后立即生效，到两国政府将签订的中缅边界条约生效时自动失效。"1961 年 1 月，《中缅边界条约》生效，《中缅边界协定》自然终止。

四是退约。有些多边条约明确规定缔约国有退约的权利。某缔约国提出退约，在一定的期限内，如果其他缔约国不提出反对，该条约就对退约国终止效力。例如，1971 年《关于制止危害民用航空安全的非法行为公约》第 16 条规定："任何缔约国可以书面通知保存国政府退出本公约；退出应于保存国政府接到通知之日起 6 个月后生效。"

五是缔约各国同意终止条约。条约生效后，经全体当事国的同意，条约可以终止。因此，《维也纳条约法公约》第 54 条第 2 款规定，无论何时经全体当事国同其他各缔约国咨商后表示同意，予以终止。

六是条约履行完毕。条约规定的事项，如移转领土、买卖商品、交付赔偿等，如果履行完毕，可以说该条约终止了。当然，条约处分的结果仍然存在，而条约本身也有证据的价值。在国际实践中，有的条约履行完毕并不使条约当然失效，尽管它们已不再需要其他履行行为。

七是条约的履行不可能。条约缔结后，如果发生意外使条约的履行不可能，可以终止条约。《维也纳条约法公约》第 61 条第 1 款规定："倘因实施条约所必不可少之标的物永久消失或毁坏以致不可能履行条约时，当事国得援引不可能履行为理由终止或退出条约。"但如果不能履行是由于当事国"违反条约义务或违反对条约任何其他当事国所负其他国际义务之结果，该当事国不得援引不可能履行为理由"，来终止条约。

八是新的强行法规则的产生。《维也纳条约法公约》第 64 条规定："遇有新一般国际法强制规律产生时，任何现有条约之与该项规律抵触者，即成为无效而终止。"因此，条约缔结后，如果出现新的强行法规则，条约自当终止。

九是单方面废约。原则上，条约不能单方面被废除，但在下述情况下，国际法允许单方面废约。

（1）一方违约。根据国际法上"对不履行者不必履行"的原则，如有缔约一方违反条约义务，则他方有权宣布废除条约。《维也纳条约法公约》第 60 条规定："双边条约当事国一方有重大违约情势时，他方有权援引违约为理由终止该条约，或全部或局部停止其施行。多边条约当事之一有重大违约情势时，其他当事国有权以一致协议：在各该国与

---

① 梁西主编：《国际法》（修订第二版），武汉大学出版社 2000 年版，第 435 页。

违约国之关系上，或在全体当事国之间，将条约全部或局部停止施行或终止该条约。"

（2）情势变迁（fundamental change of circumstances）。情势变迁是指"当事国在缔结条约并同意受其约束时存在一个前提，即缔约时的情况保持不变，一旦上述情况发生了根本性变化，当事国可援引该理由要求终止、暂停实施或修改该条约"①。

情势变迁是一项古老的原则，其最初萌芽可以追溯到古巴比伦时期《汉穆拉比法典》的有关规定。在国际实践中，情势变迁原则经常被引用。例如，20 世纪 20 年代下半期，中国政府分别照会有关缔约国，要求修改或终止载有领事裁判权的条约，就是以"情势变迁"为理由的。

为了保持条约关系的稳定，防止情势变迁原则滥用，《维也纳条约法公约》第 62 条对援引情势变迁原则终止或退出条约作出了严格的限制：发生变迁的一些情势必须存在于缔约当时；发生的情势变迁必须是根本性的；发生的情势变迁必须是各当事国所未预见的；这些情势的存在原来必须构成各当事国同意受该条约约束的必要基础；发生的情势变迁的效果必须是将根本改变依该条约尚待履行的义务的程度。② 此外，该条还规定了适用情势变迁原则的两个例外：不得援引情势变迁原则作为终止或退出边界条约的理由；如果因为当事国自己违反条约义务而引起情势变迁的，该国不得援引情势变迁原则终止或退出条约。

（二）条约的停止施行

条约的停止施行（suspension of the operation of treaties）是指条约缔结生效以后，由于某种原因的出现，一个或数个缔约方在一定期间内暂停施行条约的一部或全部，但条约本身并未终止，嗣后必要时可依一定程序恢复条约的施行。可见，条约的停止施行与条约的终止是有区别的。

根据《维也纳条约法公约》的规定，条约的停止施行可以在下述情况下发生：全体缔约方表示同意；条约有这样的规定；后订条约默示同意；一方违约；情势变迁等。

二、条约的无效

条约的无效（invalidity of treaties）是指条约缔结后因不符合条约生效的实质要件而不能发生国际法上的效力。

《维也纳条约法公约》第 46—53 条对"条约的无效"作出了具体规定。

（一）违反国内法关于缔约权限的规定

如果一项条约为无缔约权限或越权者所为且事后未得到其本国追认，则该条约无效。然而，《维也纳条约法公约》第 46 条对这种违反国内法的缔约权限导致条约无效的情况做了严格的限制：第一，违反国内法的行为必须是明显的；第二，该行为涉及根本上重要的国内立法规则。只有满足上述条件，一国才可以援引违反国内法的缔约权限作为条约无效的理由。

此外，如果一缔约国的代表表示该国同意接受某一条约约束的权力附有特定的限制，必须在其表示同意前已将此项限制通知其他谈判国，否则该国不得援引该代表未遵守该项

① 万鄂湘等：《国际条约法》，武汉大学出版社 1998 年版，第 353 页。
② 参见李浩培：《条约法概论》，法律出版社 1987 年版，第 548 页。

限制的事实而主张条约无效。

（二）错误

如果条约的错误在一国缔约时存在，并且构成该国同意承受条约约束之必要根据的事实或情势，那么该国可以援引条约内的错误主张该条约无效。然而，如果该项错误是由有关国家本身行为所造成，或当时情况使该国完全可能知悉有错误，那么就不能以此为理由主张该条约无效。1962 年的"柏威夏寺案"就是一个典型的例子。

（三）诈欺

如果一国因另一谈判国的诈欺行为而缔结条约，该国可援引诈欺为由撤销其承受条约约束的同意。

（四）贿赂

如果一谈判国直接或间接地贿赂另一谈判国的代表，使之同意承受条约的约束，那么该国可以贿赂为由撤销其承受条约约束的同意。

（五）强迫、威胁或使用武力

根据《维也纳条约法公约》第 51 条和第 52 条，一国同意承受条约约束的表示是他国以行为或威胁强迫其代表而取得者，应无法律效果；条约系违反《联合国宪章》所含国际法原则——以威胁或使用武力而获缔结者无效。

（六）与一般国际强行法相抵触

根据《维也纳条约法公约》第 53 条，条约在缔结时，与一般国际法强制规则抵触者无效。

思考与探索

条约法是国际法上的重要内容之一。目前，国际法委员会正在对"条约的暂时适用"的议题进行编纂。因此，条约的保留、条约的暂时适用、条约的实施、条约的解释、条约与第三国的关系、条约必须遵守原则以及《中华人民共和国缔结条约程序法》的修改等问题，都值得研究。

复习题

1. 试述《中华人民共和国缔结条约程序法》的主要内容。
2. 论条约的保留。
3. 什么是条约相对效力原则？
4. 条约解释的原则和方法有哪些？
5. 试述条约修订的主要规则。
6. 条约的终止与条约的停止施行有何不同？

第十三章 国际争端的和平解决

引 言

2013 年 1 月 22 日，菲律宾向中国提交了就南海问题提起国际仲裁的照会及通知。2013 年 2 月 19 日，中国声明不接受菲方所提仲裁，并将菲方照会及所附通知退回，中国表示"不接受、不参与"。2014 年 12 月 7 日，中国发布《中华人民共和国政府关于菲律宾共和国所提南海仲裁案管辖权问题的立场文件》，认为仲裁庭对本案不具管辖权。2015 年 10 月 29 日，仲裁庭裁决认为它对菲律宾提起的多数争端事项具有管辖权。2016 年 7 月 12 日，仲裁庭对"南海仲裁案"作出最终裁决，认为：中国对九段线内海洋区域的资源主张历史性权利没有法律依据，中国主张的岛礁无一能产生专属经济区，中国有关行为破坏了菲律宾在其专属经济区享有的主权权利，中国岛礁建设对海洋环境产生巨大破坏，中国岛礁建设违反了争端解决程序中的义务等。同日，中国发布了《中华人民共和国外交部关于应菲律宾共和国请求建立的南海仲裁案仲裁庭所作裁决的声明》明确指出：该裁决是无效的，没有拘束力，中国不接受、不承认。那么，为什么中国政府认为仲裁庭对"南海仲裁案"没有管辖权、仲裁庭的裁决没有拘束力？其实，"南海仲裁案"既涉及国际争端解决的一般方法，也与具体的国际仲裁制度密切相关。

第一节 概　　述

一、国际争端的概念、特征与种类

（一）国际争端的概念

随着国家的出现，国家间交往的逐渐增多，国际争端时常产生。国际争端（international disputes）有广义和狭义之分。广义的国际争端包括国家与国家之间的争端、国家与国际组织之间的争端、国际组织之间的争端以及国家与他国个人之间的争端。狭义的国际争端则专指国家与国家之间的争端。

（二）国际争端的特征

与国内争端不同，国际争端主要有以下特征：

第一，国际争端的主体主要是国家。虽然国家与他国个人（包括法人）之间的争议，也会引发国际争端，但它不属于严格意义上的国际争端的范畴。[①]

第二，国际争端的解决难度较大。因为它往往涉及争端当事国的重大利益。

第三，国际争端的解决方法比较特殊。与国内社会不同，国际社会没有超越于主权国

[①] See I. A. Shearer, *Starke's International Law*, Butterworths, 1994, p. 441.

家之上的司法机关来审理国际争端。因此，国家解决国内争端的传统方法就不一定适宜于国际争端。同时，国际争端的解决方法还会随国际关系的发展而变化。

（三）国际争端的种类

国际争端因其起因和性质的不同，一般可以分为四类：

其一是政治争端。政治争端是指由于政治利益的冲突而产生的争端。这类争端涉及国家利益，不能用法律的方法加以解决，因此又称为"不可裁判的争端"（non-justifiable disputes）。政治争端一般由争端当事国直接协商，用政治或外交的方式来处理。

其二是法律争端。法律争端是指争端当事国的要求和论据是以国际法所承认的理由为根据的争端。法律争端可以通过仲裁或司法程序的方式加以解决，因此又称为"可裁判的争端"（justifiable disputes）。

其三是事实争端。事实争端是指国家因"事实问题的分歧"（difference of opinion on point of facts）而产生的争端。[①] 事实争端一般通过设立国际调查委员会，采取公平调查的方式，查明事件的真相，从而获得解决。

其四是混合性争端。在国际关系的实践中，很多国际争端既有政治争端的成分，又包含法律争端的因素，是一种混合性质的争端。这种争端，既可以用政治或外交方法加以解决，又可通过法律手段来处理，有时甚至需要政治和法律方法并用才能解决。事实上，单纯的政治争端或法律争端并不多见，政治争端和法律争端是很难截然分开的。

二、国际争端的解决方法

（一）和平解决国际争端原则

本书第二章已经述及，和平解决国际争端原则已经成为公认的国际法基本原则之一。因此，以和平方法解决争端是国家的义务。至于以哪种和平方法解决争端，则由当事国协商选择。

（二）解决国际争端的方法

解决国际争端的方法，可以分为两大类：

其一是和平的解决方法（peaceful means of settlement）。它包括外交或政治的解决方法和法律的解决方法。前者如谈判、斡旋、调停、调解和国际调查，以及在联合国组织的指导下解决争端；后者如仲裁和司法解决。

其二是武力或强制的解决方法（forcible or coercive means of settlement）。它包括战争和非战争武装行动、还报、报复、平时封锁和干涉等。[②]

（1）还报（retortion）。还报，又称反报，是指针对另一国的某种不礼貌、不友好或不公平的行为，一国采取同样或类似的行为作为还击。还报的目的是迫使对方停止其不礼貌、不友好或不公平的行为，因而它不构成国际不法行为。但还报的目的一旦达到，一切还报行为就必须立即停止。

（2）报复（reprisals）。报复是指针对另一国的国际不法行为，一国采取相应的强制措施以迫使对方停止其不法行为或使对方对其不法行为所造成的后果进行赔偿。报复与还

---

①　参见苏义雄：《平时国际法》，三民书局 1996 年版，第 418 页。

②　See I. A. Shearer, *Starke's International Law*, Buterworths, 1994, pp. 441-471.

报的主要区别在于：报复必须先有他国的国际不法行为，而还报则与国际不法行为无关。此外，报复还必须与其所受损害的程度相当。

（3）平时封锁（pacific blockade）。平时封锁是指在和平时期，一国或数国以武装力量阻止船舶进出另一国的港口或海岸，迫使被封锁的国家接受封锁国所提出的条件的行为。由于平时封锁侵犯了被封锁国的领土主权，因此它被现代国际法所禁止。如果平时封锁是安理会根据《联合国宪章》第 42 条而采取的一种集体执行行动，则不在此列。

第二节　国际争端的政治解决方法

一、谈判与协商

自古以来，谈判（negotiation）就是最常见的解决争端的方法。谈判也是国际争端政治解决的基本方法之一。许多国际条约都强调通过直接谈判的方式解决争端，如 1907 年《海牙和平解决国际争端公约》第 38 条、《国际联盟盟约》第 13 条等。谈判可以是双边的，也可以采用多边的形式，如关于朝核问题的"六方会谈"。

第二次世界大战以后，国际社会逐渐出现了"协商"（consultation）的方法，并日益受到各个国家的重视。很多国际条约也将协商作为一种和平解决国际争端的方法加以明确规定。例如，1978 年《关于国家在条约方面继承的维也纳公约》将协商和谈判并列为解决国际争端的方法；1982 年《关于和平解决国际争端的马尼拉宣言》强调在依《联合国宪章》第 33 条规定的办法未能解决争端时，"应立即进行协商，找出彼此同意的方法，和平解决争端"[1]。

值得注意的是，《联合国海洋法公约》第 15 部分"争端的解决"第 283 条还规定了"交换意见的义务"（obligation to exchange views），即如果缔约方之间对本公约的解释或适用发生争端，争端各方应迅速就以谈判或其他和平方法解决争端一事交换意见；如果解决这种争端的程序已经终止，而争端仍未得到解决，或如已达成解决办法，而情况要求就解决办法的实施方式进行协商时，争端各方也应迅速着手交换意见。有学者认为，《联合国海洋法公约》提出的上述"交换意见的义务"，发展了和平解决争端的政治方法；从谈判到协商再到交换意见的发展过程，表明和平解决争端的方法向和缓的方向发展。[2]

二、斡旋与调停

作为和平解决国际争端的政治方法，斡旋（good offices）和调停（mediation）一样，都是由第三方的介入，促成争端当事方直接谈判，只是介入的程度略有不同。斡旋在于促成争端当事方的谈判，第三方并不直接参与。至于调停，第三方不但直接参与争端当事方的谈判，而且提出其认为适当的解决办法。

斡旋或调停可以由争端当事方一方或双方提出；从事斡旋或调停者，可以是一国或数国，也可以是国际组织或个人。例如，在 1947 年荷兰与印度尼西亚之间的争端中，安理

---

①　王铁崖、田如萱编：《国际法资料选编》（续编），法律出版社 1993 年版，第 713 页。

②　参见余民才、程晓霞编著：《国际法教学参考书》，中国人民大学出版社 2002 年版，第 187—188 页。

会指派了一个由比利时、澳大利亚和美国组成的斡旋委员会进行斡旋活动；又如，1965年苏联就印巴克什米尔问题的争端进行斡旋活动，取得了一定的成效。

应该指出的是，在外交实践中，一般不严格区分斡旋与调停，但在理论上它们是两种不同的解决争端的方法。

三、调查与调解

（一）调查

调查（inquiry）是和平解决国际争端的方式之一。早在1899年，第一次海牙和平会议通过的《海牙和平解决国际争端公约》第9—14条就规定，凡遇有国际争端不涉及国家荣誉或根本利益而只起因于对事实的意见分歧者，如争端当事国不能以外交手段解决，则于情况许可范围内，设立国际调查委员会（International Commission of Inquiry），进行公正认真的调查，辨清事实，以促进争端的解决。此后，"调查"一直是被各国和国际组织所承认和接受的解决国际争端的方法。况且，包括《国际联盟盟约》和《联合国宪章》在内的一系列国际法律文件，都对"调查"方法予以确认和重申。

在解决国际争端的实践中，一般先通过协议设立由若干人组成的调查委员会或调查小组；调查的方法主要包括听取争端当事国的意见，询问证人，搜集证据，查看现场等；最后调查委员会应提出调查报告，但报告只限于说明事实真相，对争端当事国没有法律约束力。

（二）调解

调解（conciliation）又称为和解，是指将争端提交一个由若干人组成的委员会，由该委员会查明事实真相，并提出解决争端的建议和报告，以促使争端得以解决。

调解与调查不同，调查只限于澄清事实，然后由争端当事方自行谈判解决；而调解除了澄清事实外，还提出包括解决争端的建议的报告，尽管该报告没有法律约束力。

调解方法起源于两次海牙和平会议通过的《海牙和平解决国际争端公约》的相关规定。此后，各国缔结了数百个规定了调解的条约，设立了100多个常设调解委员会。[1] 联合国成立后，在联合国主持下制定的许多国际公约，一般都有专门条款规定"调解"程序，如《公民及政治权利国际盟约》第42条、《维也纳条约法公约》第66条、《关于国家在条约方面继承的维也纳公约》第42条及其附件、《联合国海洋法公约》第284条及其附件五等。

第三节 国际争端的法律解决方法

一、仲裁

（一）仲裁的概念及其历史发展

仲裁（arbitration）又称公断，是指当事国在协议的基础上，同意将争端交给由它们自己选择的仲裁员处理，并相互承诺遵守其裁决。仲裁是国际争端的法律解决方法之一。

仲裁历史悠久。古希腊城邦国家对于彼此间的边界、河流等方面的争端，往往采取仲

---

① 参见［英］劳特派特修订：《奥本海国际法》（下卷第一分册），王铁崖等译，商务印书馆1972年版，第12页。

裁的方式，予以解决。① 近代的仲裁制度始于 1794 年英美两国缔结的《友好通商航海条约》[Treaty of Amity Commerce and Navigation Between Great Britain and the United States of America，一般称为《杰伊条约》（Jay Treaty）] 中的有关规定。② 按照《杰伊条约》，英美两国同意设立三个混合仲裁庭，以解决自美国独立以来在条约谈判过程中无法解决的各种争端。此后，许多条约都采用这种方式，设立仲裁委员会来解决争端。

1900 年，常设仲裁法院（the Permanent Court of Arbitration）在荷兰海牙宣告成立。常设仲裁法院由国际局、常设行政理事会和仲裁法庭组成。

国际局（International Bureau）由秘书长 1 人和若干工作人员组成，其任务主要是保管档案、处理行政事务。常设行政理事会（Permanent Administrative Council）由公约缔约国驻荷兰的外交代表和荷兰外交大臣组成，其主要任务是指导和监督国际局的工作，并就仲裁法院的工作、经费等向缔约国提出报告。仲裁法庭是在缔约国间出现争端并同意提交常设仲裁法院裁决时，由各国在仲裁员名单中选出仲裁员组成。

可见，常设仲裁法院既不是常设的，也不是法院，而只是提供一个仲裁员的名单以供缔约国从中选任仲裁员组成临时性的仲裁法庭，该法庭就特定案件进行裁决后就解散了。常设仲裁法院自成立以来，受理的案件并不多。

（二）国际仲裁制度

根据两次海牙和会通过的《海牙和平解决国际争端公约》、1949 年《和平解决国际争端修订总议定书》和 1958 年国际法委员会拟定的《仲裁程序示范规则》（Model Rules on Arbitral Procedure），国际仲裁制度的内容主要包括以下几个方面：

（1）仲裁的法律依据。仲裁的法律依据，是仲裁条约、协定或有关条约中的仲裁条款。仲裁条约可以是双边的，也可以是多边的。它既可以在争端发生之后订立，也可以事先缔结。仲裁条约一般应规定提交仲裁的争端范围、仲裁庭的组成、仲裁庭的程序规则和适用的法律、裁决的效力等。

（2）仲裁的审理范围。1907 年《海牙和平解决国际争端公约》第 38 条明确规定了仲裁的审理范围："关于法律性质的问题，特别是关于国际公约的解释或适用问题，各缔约国承认仲裁是解决外交手段所未能解决的争端的最有效而且也是最公平的方法。因此，遇有关于上述问题的争端发生时，各缔约国最好在情况许可的范围内将争端提交仲裁。"但仲裁是自愿性质的，争端当事国没有接受强制仲裁的义务。

（3）仲裁庭的组成。仲裁庭通常由 3 人或 5 人组成，由争端当事国各指派仲裁员 1 人，其余成员为争端当事国共同选定的具有第三国国籍人士。仲裁庭一旦组成，在作出裁决之前应保持不变。

（4）仲裁庭适用的法律。原则上，仲裁庭应适用仲裁协定所规定的法律规则。如果仲裁协定对此未作规定，那么仲裁庭一般适用国际法，即《国际法院规约》第 38 条所规定的国际法，如国际条约、国际习惯和一般法律原则等。此外，仲裁庭在争端当事国同意的情况下，还可以适用公允及善良原则来裁判争端。

---

① 参见杨泽伟：《国际法史论》，高等教育出版社 2011 年版，第 9 页。

② 参见日本国际法学会编：《国际法辞典》，外交学院国际法教研室总校订，世界知识出版社 1985 年版，第 437 页。

（5）仲裁程序。争端当事国一般会就仲裁程序达成协议。如果争端当事国事先没有协议或协定中没有规定程序规则，或者所定规则不够具体，仲裁庭有权确定或完善程序规则。仲裁程序包括辩护和审理两个阶段。

（6）仲裁裁决。仲裁裁决是书面的，一般包括仲裁员姓名、裁决日期等。仲裁裁决采用多数原则作出。仲裁裁决具有法律约束力，当事国在法律上有接受的义务。仲裁裁决是终局性的，不得上诉。

应当指出的是，2016年"南海仲裁案"仲裁庭的裁决之所以是无效的，是因为仲裁庭没有管辖权、菲律宾单方面提起强制仲裁的行为违反了国际法。

二、司法解决

拓展阅读
中菲"南海仲裁案"仲裁庭裁决的无效性

司法解决（judicial settlement）是指争端当事国将它们之间的争端提交给一个常设的国际司法机关进行审理，并根据国际法作出有约束力的判决。

（一）常设国际法院

第一次世界大战后，国际联盟通过了《常设国际法院规约》。1922年2月，常设国际法院（Permanent Court of International Justice）在荷兰海牙正式宣告成立。这是人类历史上第一个一般性的常设国际司法机构。

常设国际法院最初由11名法官和4名候补法官组成，法官由国联大会和行政院选举产生，任期为9年。常设国际法院成立后，共受理各类案件65件，其中作出裁决的有33件，提出咨询意见的有28项。1946年，常设国际法院解散，为联合国国际法院所取代。

（二）国际法院

国际法院（International Court of Justice）[①] 位于荷兰海牙。它于1946年2月成立。国际法院是联合国六大机关之一，也是联合国的主要司法机构。《国际法院规约》是《联合国宪章》的组成部分。

1. 法院的组织

按照《国际法院规约》，国际法院由15名法官组成，其中不得有两人为同一国家的国民。选任法官的条件是："不论国籍，就品格高尚并在各本国具有最高司法职位的任命资格或公认为国际法之法学家中选举之。"法官任期为9年，可以连选连任，每3年改选法官人数的1/3。

法官不得行使任何政治或行政职务，或执行任何其他职务性质的任务。法官对于任何案件，不得充任代理人、律师或辅佐人。法官在执行法院职务时，应享受外交特权与豁免。

法院应选举院长及副院长，其任期各为3年，可以连选连任。[②] 法院还可以随时设立一个或数个分庭，分庭由3名或3名以上的法官组成，以处理特种案件。

[①]　网站为 http://www.icj-cij.org。
[②]　史久镛曾任国际法院法官，2000年2月至2003年2月任国际法院副院长，2004年2月当选为国际法院院长。这也是国际法院成立以来首次由中国籍法官担任院长。

2. 法院的管辖权

国际法院的管辖权包括诉讼管辖权（contentious jurisdiction）和咨询管辖权（advisory jurisdiction）。

（1）诉讼管辖权。《国际法院规约》第 34 条规定："在法院得为诉讼当事国者，限于国家。"因此，国际组织、法人和自然人都不能成为国际法院的诉讼当事者。可以在国际法院提起诉讼的国家包括三类：第一类是联合国会员国，它们是《国际法院规约》的当然当事国；第二类是非联合国会员国而为《国际法院规约》当事国；第三类是其他国家，既非联合国会员国，也不是《国际法院规约》当事国的国家，它们成为国际法院诉讼当事国的条件，除现行条约另有特别规定外，由安理会决定。①

根据《国际法院规约》第 36 条，国际法院可行使诉讼管辖权的案件或事件有三类：一是各当事国提交的一切案件。国际法院对这类案件的管辖被称为"自愿管辖"（voluntary jurisdiction）。二是《联合国宪章》或现行条约及协定中所特定的一切事件。国际法院对这类案件的管辖被称为"协定管辖"（conventional jurisdiction）。三是按照《国际法院规约》第 36 条第 2 款的规定提交的案件。《国际法院规约》第 36 条第 2 款规定："本规约各当事国得随时声明关于具有下列性质之一切法律争端，对于接受同样义务之任何其他国家，承认法院之管辖为当然而具有强制性，不需另订特别协定：（子）条约之解释。（丑）国际法之任何问题。（寅）任何事实之存在，如经确定即属违反国际义务者。（卯）因违反国际义务而应予赔偿之性质及其范围。"国际法院对这类案件的管辖被称为"任意强制管辖"（optional compulsory jurisdiction）。②

（2）咨询管辖权。按照《联合国宪章》第 96 条，联合国五大机关及各专门机构，对于其工作范围内的任何法律问题，可以请求国际法院发表咨询意见。而国家和任何个人都无权要求国际法院发表咨询意见。

国际法院的咨询意见一般不具有法律约束力，但它从法律上为联合国组织提供了权威的参考意见，有利于国际争端的和平解决，并对国际法的发展也有重要的影响。2004 年 7 月 9 日，国际法院就以色列在巴勒斯坦被占领土上修建隔离墙是否合法发表的咨询意见，就是明显的一例。

拓展阅读

2004 年国际法院就以色列在巴勒斯坦被占领土上修建隔离墙是否合法发表的咨询意见

3. 法院适用的法律

《国际法院规约》第 38 条规定，国际法院对于陈诉各项争端，应依国际法裁判之，裁判时应将国际条约、国际习惯、一般法律原则、司法判例及各国权威最高的公法学家学说，作为确定法律原则的补助资料。此外，如果当事国同意，国际法院还可以适用"公允及善良"原则裁判案件。

---

① 参见《国际法院规约》第 35 条第 2 款。

② 1946 年 10 月，中国国民政府发表声明，表示接受国际法院的强制管辖权。然而，中华人民共和国恢复在联合国的合法席位以后，随即在 1972 年致函联合国秘书长，宣布对国民政府的上述声明不予承认。此外，中国从未与其他国家订立将争端提交国际法院的协定；在参加国际公约时，如果该公约含有将争端提交国际法院的条款，中国通常予以保留，仅对经贸、科技、航空、环境、文化等专业性和技术性国际公约中的类似规定视情况决定是否保留。迄今为止，中国也未曾向国际法院提交任何案件。

4. 法院的程序

《国际法院规约》第39—64条专门规定了国际法院的诉讼程序。在正式诉讼开始以前，争端当事国如果对法院的管辖有疑问，可以先提出"初步反对主张"（preliminary objection）。法院可以用判决书的形式，支持或驳回反对主张。

提起诉讼的程序分为书面程序（written proceedings）和口述程序（oral proceedings）两部分。书面程序包括争端当事国向法院提交的诉状、反诉状、答辩状以及可作证据的文件、公文等。口述程序是指法院讯问证人、鉴定人、代理人、律师和辅佐人。法院的审讯，应由院长主持，一般还应公开进行。法院正式使用的文字包括英文和法文。

5. 法院的判决

国际法院的判决由过半数出席法官决定作出。法院的判决对各当事国有约束力，但其效力只及于本案。法院的判决是终局性的，不得上诉。

第四节　国际组织与国际争端的解决

一、联合国与国际争端的解决

自联合国成立以来，和平解决国际争端就是其重要任务之一。

首先，从联合国的宗旨与原则来看，《联合国宪章》第1条第1项把"以和平方法且依正义及国际法之原则，调整或解决足以破坏和平之国际争端或情势"作为联合国的宗旨之一；宪章第2条第3、4项进一步把"各会员国应以和平方法解决其国际争端"和"各会员国在其国际关系上不得使用威胁或武力"作为联合国及其会员国应遵循的原则。

其次，《联合国宪章》第6章、第14章等具体规定了联合国和平解决争端的制度和一系列方法。

再次，联合国还通过了一系列有关和平解决国际争端的宣言和决议。

最后，联合国还具体参与了一些国际争端的解决。[①]

（一）大会

联合国大会在解决国际争端方面，拥有广泛的职权。

1. 讨论

《联合国宪章》第10条规定："大会得讨论本宪章范围内之任何问题或事项。"因此，任何国际争端问题都属于大会讨论的范围。

2. 建议

根据《联合国宪章》第14条，大会对于足以妨碍国际间公共福利或友好关系的任何情势，可以建议和平调整办法。但大会的这一建议权受到《联合国宪章》第12条的限制：对安理会根据《联合国宪章》的规定正在处理之中的任何争端或情势，大会不得提出任何建议，除非安理会请求大会提出建议。

---

① 参见邵津主编：《国际法》（第五版），北京大学出版社、高等教育出版社2014年版，第456页。

3. 调查

大会有与安理会同样的调查某项争端或情势的权力，并可以设立常设或临时调查委员会协助解决争端。事实上，在联合国的实践中，大会也设立了许多临时辅助机构，行使调查和斡旋等解决国际争端的职能。

4. 提请安理会注意

《联合国宪章》第 11 条第 3 项还规定："大会对于足以危及国际和平与安全之情势，得提请安理会注意。"

应该指出的是，联合国大会针对国际争端或情势所提出的建议或所通过的决议，只是一种政治和舆论上的力量，并不具有法律约束力。

（二）安理会

依照《联合国宪章》第 24 条，安理会是联合国对维持国际和平及安全负主要责任的机关。在解决国际争端方面，安理会的职权主要包括以下几个方面：

1. 建议

根据《联合国宪章》第 36 条，对于足以危及国际和平及安全的争端或情势，安理会在任何阶段，可以建议适当程序或调整方法。安理会的这种建议对当事国没有法律约束力。

2. 调查

《联合国宪章》第 34 条规定，安理会可以调查任何争端或可能引起国际摩擦或引起争端的任何情势，以断定该项争端或情势的继续存在是否足以危及国际和平与安全的维持。如果安理会断定争端的继续存在足以危及国际和平与安全的维持，应促请各当事国以谈判、调查、调停、和解、公断、司法解决、区域机关或区域办法的利用，或各该国自行选择的其他和平方法，求得解决。安理会为行使调查的职权，可以设立调查委员会。

3. 执行行动

《联合国宪章》第 39 条规定，当争端发展到威胁和平、破坏和平或构成侵略行为时，安理会有权采取以下具体办法，维持或恢复国际和平及安全。安理会在这一情况下作出的决定，不但有法律约束力，而且还应该强制执行。（1）武力以外的办法。此项办法包括经济关系、铁路、海运、航空、邮电、无线电及其他交通工具之局部或全部停止，以及外交关系之断绝。（2）武力行动。此项行动包括联合国会员国的空海陆军示威、封锁及其他军事举动。

（三）秘书长

秘书长是联合国的行政首长。秘书长在解决国际争端方面也拥有广泛的权力，其主要职权有：

（1）受委托进行解决国际争端的活动。《联合国宪章》第 98 条规定，秘书长受大会和安理会的委托，行使这两个机构在解决国际争端方面的职能。在联合国的实践中，秘书长在这方面的活动不胜枚举。

（2）提请安理会注意。《联合国宪章》第 99 条规定："秘书长得将其所认为可能威胁国际和平及安全之任何事件，提请安理会注意。"

此外，秘书长利用其特殊地位，采取斡旋、调解和国际调查的方式，在解决国际争端方面的作用也明显加强。①

二、区域机关或区域办法与国际争端的解决

《联合国宪章》第 33 条规定，国际争端也可以通过"区域机关"（regional agencies）或"区域办法"（regional arrangements），求得解决。《联合国宪章》第八章对"区域办法"作了专门规定，其主要内容有：

第一，"区域机关"或"区域办法"只适宜于区域性国际争端的解决（宪章第 52 条第 1 款）。

第二，区域性国际争端提交安理会以前，应先利用"区域机关"或"区域办法"解决（宪章第 52 条第 2 款）。

第三，如无安理会的授权，"区域机关"或"区域办法"不得采取任何执行行动（宪章第 53 条第 1 款）。

第四，依"区域机关"或"区域办法"已采取或正在考虑采取的行动，应向安理会充分报告（宪章第 54 条）。

值得注意的是，2004 年 12 月，"威胁、挑战和改革问题高级别小组"在其《一个更安全的世界：我们的共同责任》的报告中对"区域机关"或"区域办法"的利用，予以了较高的评价。该报告指出："自联合国成立以来，成立了相当多的一些区域和次区域集团。其中有一些集团对其成员的稳定和繁荣做出了重大贡献，也有一些集团已开始直接处理对和平与安全的威胁。我们认为，联合国应鼓励建立这类集团，特别是在世界上极易受到威胁而且目前并无有效的安全组织的地方，建立这类集团。最近的经验表明，区域组织可以成为多边体制的一个重要部分，区域组织的努力并不一定同联合国的努力背道而驰，它们也不免除联合国在和平与安全方面的主要责任。关键是要在《联合国宪章》和联合国宗旨的框架内安排区域行动，确保联合国和与之合作的任何区域组织采用比以往更为统一的方式，安排这种行动。"②

2005 年 3 月，时任联合国秘书长安南根据"威胁、挑战和改革问题高级别小组"的建议，在其《大自由：实现人人共享的发展、安全和人权》报告中也对"区域机关"或"区域办法"的作用予以了充分肯定。该报告认为："目前有相当多的区域和次区域组织在世界各地开展活动，对其成员的稳定与繁荣以及整个国际体系的稳定与繁荣作出重要贡献。联合国和区域性组织应发挥互补作用，面对国际和平与安全所受到的挑战。"该报告还建议："应修订联合国维持和平预算的细则，使联合国在非常特殊的情况下，可选择用摊款来为安理会授权的区域行动，或为区域组织参加联合国所统领的多方支助的维持和平行动提供资金。"③

---

① 参见叶兴平：《和平解决国际争端》（修订本），法律出版社 2008 年版，第 196—200 页。
② "威胁、挑战和改革问题高级别小组"的报告：《一个更安全的世界：我们的共同责任》（2004 年 12 月 1 日），载于联合国网站：http://www.un.org。
③ 联合国秘书长的报告：《大自由：实现人人共享的发展、安全和人权》（2005 年 3 月 21 日），载于联合国网站：http://www.un.org。

思考与探索

和平解决国际争端，近年来发展较快，也出现了很多新变化。和平解决国际争端的政治或外交方法的新发展、《联合国海洋法公约》和世界贸易组织争端解决机制对和平解决国际争端法律方法的影响、联合国国际法院的改革问题、如何进一步加强国际组织在和平解决国际争端中的作用、怎样更好地协调联合国与区域性国际组织在解决国际争端方面的关系、中国应如何应对近年来国际争端的法律化趋势等，都值得进一步研究。

复习题

1. 试比较国际争端的政治解决方法。
2. 论国际法院的诉讼管辖权。
3. 试述国际组织在和平解决国际争端中的作用。
4. 论国际法院的改革问题。
5. 试述区域机关或区域办法与国际争端的和平解决。

第十四章　武装冲突与国际人道法

引　言

2004 年 4 月 28 日，美国哥伦比亚广播公司在其王牌节目中公布了美军虐待伊拉克战俘的照片。紧随其后，《纽约客》周刊、《华盛顿邮报》、《纽约时报》及英国的《每日镜报》相继刊登了本国士兵在伊拉克虐待战俘的文字、消息和图片。虐囚消息一经发出，顿时引起了世界范围的强烈舆论震动。许多国家政府、立法机关对此表示强烈谴责，并要求严惩责任人，包括阿拉伯世界在内的许多民间组织，更是对此事表达了强烈的谴责与声讨。从国际法的角度看，美军虐待伊拉克战俘是违反国际人道法和日内瓦公约等的严重罪行。那么，什么是国际人道法？日内瓦公约对战俘又有怎样的规定？这些都是本章的重要内容。

第一节　概　　述

一、战争与武装冲突法的概念、内容与特征

（一）战争与武装冲突法的概念

在现代国际关系中，尽管人类渴望和平、并且和平已成为时代的主流，但不是不能完全避免武装冲突和战争的发生。因此，现代国际法不仅调整和平时期的国际关系，而且还调整武装冲突和战争期间的国际关系。前者被称为平时法，后者被称为战争与武装冲突法。①

所谓"战争与武装冲突法"（law of war and armed conflicts）是现代国际法的一个重要分支，是指在战争和武装冲突中，以国际条约和惯例的形式，调整各交战国或武装冲突各方之间、交战国与中立国之间关系的和有关战时人道主义保护的原则、规则和制度的总称。

国际法上的战争与武装冲突具有以下特征：

第一，战争与武装冲突既包括国际性的武装冲突，即国与国之间的武装冲突，也包括非国际性的武装冲突，即发生在一国国内的武装冲突。因此，战争与武装冲突的主体主要是国家，但不限于国家。民族解放组织和非国际性的武装冲突各方，都是国际法意义上合法的主体。

第二，战争与武装冲突既是事实状态，又是法律状态。依据传统国际法，战争是一种法律状态。法律意义上的战争的存在，除存在武装敌对行为的事实以外，还要看交战各方

---

① 战争与武装冲突法又称为"战争法"（law of war），或"武装冲突法"（law of armed conflicts）。有学者认为，现代国际法中的"武装冲突法"这一概念正在逐渐取代传统意义上的"战争法"概念。参见邵津主编：《国际法》（第五版），北京大学出版社、高等教育出版社 2014 年版，第 519 页。

是否有"交战意思"（animus belligerendi）和第三国的态度。如果交战一方或双方宣战，或事实上把对方的敌对行为看作是战争，或者非交战的国家宣布中立，这就意味着法律上战争状态的存在和交战双方和平关系的正式结束，战争法和中立法开始适用，并由此产生一系列的法律后果。

第三，战争是一定规模的长时间的武装冲突。并非一切武装冲突都构成国际法上的战争。如果武装冲突只是一般性的敌对行动，并且敌对行动是小规模的、在短时间内进行的，则不是战争。武装冲突只有持续较长的时间，发展到一定规模并产生一系列的法律后果，才构成国际法上的战争。

（二）战争与武装冲突法的内容

战争与武装冲突法的内容主要包括两大部分：一是关于武装冲突或战争本身的规则，即战争或武装冲突的开始与结束，海、陆、空战行为规则，交战国之间、交战国与中立国或非交战国之间法律关系的规则，对作战方法和作战手段的限制，对战争罪犯的惩处等。这属于传统战争法的范畴，它在第二次世界大战后变化不大。二是国际人道法，即从人道主义原则出发，给予战时平民、战斗员、战俘和其他战争受难者的待遇和必要保护等。"它是第二次世界大战以后唯一独立于联合国组织以外编纂、发展的法律，也是自成一种的法律体系。"①

（三）战争与武装冲突法的特征

第一，国际条约和习惯国际法规则同时适用。由于战争法是国际法中最古老的一个部分，因而战争法规的大部分是传统的习惯国际法规则，许多有关战争与武装冲突的重要条约只是在编纂已存在的惯例而已，因此，有的条约虽未被批准或生效，但可以适用公认习惯法规则。此外，由于科学技术的进步，作战手段的日新月异，战争法条约的规定也不可能详尽无遗，因而必要时适用习惯国际法规则具有更为重要的意义。

第二，新、旧条约并存。战争法中有些条约虽然已经被新的条约代替，但由于旧条约和新条约的批准国不尽相同，出现旧条约与新条约并存的局面。对未批准或加入新条约的国家而言，旧条约仍然有效。例如，1906年《日内瓦公约》虽然早已被1929年《日内瓦公约》所代替，但直到1970年哥斯达黎加加入1949年《日内瓦公约》，1906年《日内瓦公约》才正式失效，而1929年《日内瓦公约》却因缅甸未加入1949年《日内瓦公约》而仍然未完全失效。

二、战争与武装冲突法的形成与发展

纵观国际法的发展历程，国际法的产生和形成是与战争紧密相连的。中世纪的战争异常残酷，战争法随之发展。近代国际法的奠基人格劳秀斯所撰名著《战争与和平法》，就是以战争法为主要内容的。在19世纪以前，战争法规在国际法中所占的比重都比较大。为了减轻杀伤的残酷后果，国际社会为武装冲突和战争制定了各种规则，如限制作战手段等。到19世纪末20世纪初，随着1899年和1907年两次海牙和平会议的召开，战争法公约的制定和战争法的发展达到了高潮。第二次世界大战后，日内瓦四公约及其附加议定书的缔结，以及纽伦堡国际军事法庭和东京国际军事法庭对德、日法西斯战犯的审判及其所

---

① 王铁崖主编：《国际法》，法律出版社1995年版，第640页。

确定的国际法原则，标志着战争法又有了新的发展。

在战争与武装冲突法形成与发展的过程中，最引人注目的变化是对国家"诉诸战争权"（*jus ad bellum*）的限制。传统国际法并未从根本上限制战争，它为主权国家保留了诉诸战争的绝对权利。第一次对"诉诸战争权"作出限制的是 1899 年缔结的并于 1907 年修订的《海牙国际争端和平解决公约》（海牙第一公约）。该公约要求各国尽量用和平方法解决争端，并约定在请求有关国家斡旋或调停重大争端以前，不发动战争。

第一次世界大战后订立的《国际联盟盟约》对国家的战争权作了进一步的限制。它规定，"为促进国际间合作并保持和平与安全起见，特允承受不从事战争之义务"；"无论如何，非俟仲裁员裁决或法庭判决或行政院报告后 3 个月届满以前，不得从事战争"；"对于遵行裁决或判决之联盟任何会员国，不得进行战争"。然而，盟约的上述规定并不够彻底，只是对战争作了时间上的限制而已。

国际法上第一个明确规定废弃战争的国际条约，是 1928 年签订的《关于废弃战争作为国家政策工具的一般条约》（简称《巴黎非战公约》或《白里安—凯洛格公约》）。该公约规定，"缔约各方以它们各国人民的名义郑重声明，它们斥责用战争来解决国际纠纷，并在它们的相互关系上废弃战争作为实行国家政策的工具"；"缔约各方同意，它们之间可能发生的一切争端或冲突，不论其性质或起因如何，只能用和平方法加以处理和解决"。可见，该公约的规定比国际联盟限制战争权的体制又前进了一步。然而，在国际社会的实践中，非战争的武装冲突（non-war armed conflicts）的破坏性并不亚于战争，因此，《巴黎非战公约》对战争权的取缔仍然是有一定缺陷的。

经历了第二次世界大战的浩劫，人类进一步认识到全面禁止战争和非法使用武力行为的重要性。1945 年 6 月通过的《联合国宪章》明确规定，所有成员国在其国际关系中，不得以武力相威胁或使用武力来侵害任何国家的领土完整或政治独立，亦不得以任何其他同联合国宗旨不符的方式以武力相威胁或使用武力。可见，宪章关于禁止"使用武力"的规定，比《巴黎非战公约》关于禁止战争的规定更为广泛。实际上，宪章宣布了一切武装干涉、进攻或占领以及以此相威胁的行为，都是违反国际法的，因而也都是被禁止的。总之，宪章禁止一切非法使用武力的规定，是战争法的进一步发展。

三、战争与武装冲突法的编纂

自 19 世纪中叶起，国际社会开始了对战争法规和惯例的编纂，这种编纂在 19 世纪末 20 世纪初达到高潮。当时曾召开了一系列的国际会议，缔结了相当数量的公约、条约、议定书和宣言。第二次世界大战后，战争法规的编纂有了进一步的发展。

（一）第一次世界大战以前编纂的战争法规

第一次世界大战以前编纂的战争法规有：1856 年《关于海战的巴黎宣言》；1864 年《改善战地伤兵境遇的日内瓦公约》；1868 年《圣彼得堡宣言》；1878 年《布鲁塞尔宣言》；1899 年海牙诸公约和宣言：《陆战法规和惯例公约》及其附件《陆战法规和惯例章程》、《日内瓦原则适用于海战公约》、《禁止自氢气球上投掷投射物和爆炸物宣言》、《禁止使用专用于散布窒息性或有毒气体的投射物宣言》、《禁止使用在人体内易涨或易扁之子弹宣言》；1904 年《战时医院船免税公约》；1906 年《改善伤病员待遇的日内瓦公约》；1907 年海牙诸公约与宣言：《战争开始公约》、《战争法规和惯例公约》及其附件《陆战法规和惯例章程》、《陆战时中立国及中立人民之权利和义务公约》、《开战时敌国商船之地位公约》、《商船改充战舰公约》、《敷设机器自动水雷公约》、《战时海军轰击公约》、《日内瓦原则适用于海战公约》、《海战时限制捕获权公约》、《设立国际捕获法庭公约》、《海战时中立国之权利和义务公约》、《禁止自氢气球上放掷炮弹及炸裂品宣言》；1909 年《伦敦海战宣言》。

（二）两次世界大战期间编纂的战争法规

两次世界大战期间编纂的战争法规有：1922 年《关于在战争中使用潜水艇及有毒气体的华盛顿条约》；1925 年《关于禁用毒气或类似毒品及细菌方法作战的日内瓦议定书》；1929 年《关于改善战地武装部队伤者病者境遇的日内瓦公约》和《关于战俘待遇的日内瓦公约》；1930 年《关于海军作战的伦敦条约》；1936 年《关于潜艇作战规则的伦敦议定书》；1937 年《关于把潜艇作战规则推行于水面舰只和飞机的尼翁协定》。

（三）第二次世界大战以后编纂的战争法规

第二次世界大战以后编纂的战争法规有：1945 年《关于控诉和惩处欧洲轴心国主要战犯的伦敦协定》及其附件《欧洲国际军事法庭宪章》；1946 年《远东盟军最高统帅总部宣布成立远东国际军事法庭的特别通告》及其附件《远东国际军事法庭宪章》、《联合国大会确认纽伦堡宪章承认的国际法原则的决议》；1949 年日内瓦四公约：《改善战地武装部队伤病员待遇的日内瓦公约》《改善海上武装部队伤病员及遇船难者待遇的日内瓦公约》《关于战俘待遇的日内瓦公约》《关于战时保护平民的日内瓦公约》；1954 年《关于发生武装冲突时保护文化财产的海牙公约》；1961 年《禁止使用核及热核武器宣言》；1963 年《禁止在大气层、外层空间和水下进行核武器试验条约》；1967 年《关于各国探测及使用外层空间包括月球及其他天体活动所应遵守原则的条约》《拉丁美洲禁止核武器条约》；1968 年《不扩散核武器条约》《战争罪及危害人类罪不适用法定时效公约》；1971 年《禁止在海床、洋底及其底土安置核武器和其他大规模毁灭性武器条约》；1972 年《禁止细菌（生物）及毒素武器的发展、生产及储存以及销毁这类武器的公约》；1973 年《关于侦查、逮捕、引渡和惩治战争罪犯和危害人类罪犯的国际合作原则》；1974 年《在非常状态和武装冲突中保护妇女儿童宣言》《武装冲突中对人权的尊重》；1977 年《禁止为军事或任何其他敌对目的使用改变环境的技术的日内瓦公约》《日内瓦四公约关于保护国际性武装冲突受难者的附加议定书》《日内瓦四公约关于保护非国际性武装冲突受难者的附加议定书》；1980 年《禁止和限制使用某些可被认为具有过分伤害力或滥杀滥伤作用的常规武器公约》及其 4 个附加议定书：《关于无法检测的碎片的议定书》《禁止或限制使用地雷（水雷）、饵雷和其他装置的议定书》《禁止或限制使用燃烧武器议定书》《关于小口径武装系统的决议》；1987 年《苏美销毁中程和短程导弹条约》；1988 年《反对招募、使用、资助和训练雇佣军国际公约》；1992 年《禁止研制、生产、贮存和使用化学武器以及销毁此种武器公约》。

四、战时中立

（一）战时中立的概念

战时中立（war-time neutrality）是指在实际发生战争或武装冲突的情况下，非交战国所选择的不参加战争和不支持任何一方的法律地位。战时中立是中立最基本、最典型的表现形式。① 战时中立具有以下特征：

第一，战时中立具有临时性。战时中立地位可以在战争期间和战后随时宣布中止。战时中立不同于永久中立。永久中立国在战时遵守中立的义务是以国际条约为基础的永久性义务，其永久中立地位由他国保障，不能单方面废除。战时中立也不同于政治意义上的中立和中立主义。政治意义上的中立是指不参加各种联盟，它仅仅是一种政治行为或政治主张，不产生严格意义上的中立的法律后果。

第二，一国选择战时中立，可以采取多种方式。既可以明示表示，如在战争开始或战争期间临时发表中立宣言或声明；也可以采取默示方式，如事实上遵守中立义务。

第三，一国宣布战时中立，既是政治问题，又是法律行为。它将引起中立国与交战国之间的权利和义务关系。

（二）中立国的权利与义务

根据 1907 年《陆战时中立国及中立人民之权利和义务公约》《海战时中立国之权利和义务公约》以及有关日内瓦公约，中立国对交战国而言享有以下权利：交战国必须尊重中立国的主权，禁止交战国在中立国领土从事战争行为，禁止将中立国领水或领空作为作战基地或军队远征的出发点；禁止交战国在中立国领土或领水区域内将商船改装为军舰或武装商船，建立通信设施或捕获船只；禁止交战国的部队进入中立国的领土，禁止交战国的军舰及捕获物通过中立国的领海，中立国有权在战争期间拘留在限期内不离开的交战国的军舰；禁止交战国的军火押送队或供应品押送队通过中立国的领土等。

中立国对交战国的义务主要有：第一，不支持的义务。即中立国不得直接或间接地向任何交战国提供军事援助，如不得提供军队、武器、弹药或其他军用器材以及贷款，或给予情报的方便等。即使这种援助是平等地给予交战国双方，也是严格禁止的。第二，防止的义务。即中立国有义务在其领土或管辖范围内，防止交战国的一切战争行为以及同战争有关的一切行为，如招募兵员、备战或在其领土内设置军事设施等。第三，容忍的义务。即中立国必须容忍交战国对其所采取的有关措施，如遵守交战国有关封锁的规定，如果有违反，交战国有权惩罚中立国的商船或对之行使临检、搜索权直至最后拿捕；中立国要遵守交战国有关战时禁制品的规定，如果中立国违反规定，绝对禁制品一律没收。

（三）中立制度的新发展

在现代国际关系中，由于科技的进步、战争性质的变化，传统的战时中立制度受到了冲击，并发生了很大的变化。

1. 中立制度的危机

随着科技的发展，战争武器和其他军事技术的进步，尤其是航空器的出现，使战时中立国不能完全脱离交战国的作战区域。况且，现代战争一般是全面战争，需要打击敌国的经济，因而交战国不断扩大战时禁制品的范围和封锁区域。因此，战时中立国处于十分被动的局面，传统的战时中立制度受到很大的威胁。②

2. 联合国的集体安全制度使战时中立无法实现

传统的战时中立是以国家有权进行战争为依据的，《国际联盟盟约》开始动摇了这一

---

① 参见肖凤城：《中立法》，中国政法大学出版社 1999 年版，第 15 页。
② 参见［韩］柳炳华：《国际法》（下卷），朴国哲、朴永姬译，中国政法大学出版社 1997 年版，第 415 页。

基础，而《巴黎非战公约》废弃了战争和《联合国宪章》禁止非法使用武力，更使传统的战时中立制度发生了根本的变化。特别是《联合国宪章》规定的集体安全制度，是与战时中立不相容的。宪章第2条第5项明确规定："会员国对于联合国依本宪章规定而采取之行动，应尽力予以协助，联合国对于任何国家正在采取防止或执行行动时，各会员国对该国不得给予援助。"宪章第103条规定："联合国会员国在本宪章下之义务与其依任何其他国际协定所负之义务有冲突时，其在本宪章下之义务应居优先。"因而，联合国会员国应尽力协助安理会所采取的行动，支持受害的国家，而不得采取中立态度。此外，宪章第2条第6项还规定："本组织在维持国际和平及安全之必要范围内，应保证非联合国会员国遵行上述原则。"因此，当安理会作出有关强制措施时，不仅联合国会员国不能保持中立，而且非会员国也不能保持中立。

3. 非战争的武装冲突对战时中立的挑战

由于现代国际法摒弃了战争，国际社会出现了众多不宣而战的武装冲突。武装冲突既然不是传统意义上的战争，那么不参与冲突的国家显然就没有战争中的中立国那样严格的义务，也没有那样固定的权利。但是它们究竟有哪些权利和义务？对此，现代国际法还没有形成具体的规则。[①]

4. 战时中立的权限已经不适应国际法的发展

由于联合国集体安全制度、海洋法、航空法、空间法和国际人道法等方面的发展，战时中立的权限已经发生了变化，有些方面扩大了，而另外一些方面则受到了限制。[②]

第二节　战争与武装冲突的国际法调整

一、战争与武装冲突状态

（一）战争与武装冲突的开始

传统国际法认为，战争应以宣战的形式开始。格劳秀斯就曾经指出："开战前必须宣战是国际法的一个准则。"1907年《战争开始公约》第1条也规定："缔约各国承认，非有预先明确的警告，或用说明理由的宣战的形式，或用附有有条件的宣战的最后通牒的形式，彼此间不应开始敌对行动。"第2条规定："战争情形之存在，应从速通知各中立国。"

宣战作为一种法律程序，它宣告了交战国之间和平关系的结束和战争状态的开始。然而，从国际实践来看，第一次世界大战以后的不少战争都是不宣而战的。例如，1935年意大利进攻阿比西尼亚（埃塞俄比亚），1937年日本全面入侵中国，1939年德国入侵波兰，1941年日本偷袭珍珠港，1980年两伊战争等，都未事先宣战。

由于现代国际法禁止战争，因此各国都寻求各种借口，以其他名义使用武力。如果发生武装冲突的国家都不发表宣战声明，那么在法律上是否应视为战争呢？对此，学者们的意见有分歧。不过，一般认为如果发生了大规模的、全面的敌对行动，无论其是否经过宣

---

① 有学者指出，尽管人们对中立法的真正内容感到困惑，但两伊战争表明中立法仍很重要。See Dieter Fleck, *The Handbook of Humanitarian Law In Armed Conflicts*, Oxford University Press, 1999, p. 12.

② 参见肖凤城：《中立法》，中国政法大学出版社1999年版，第256页。

战程序均应视为战争。其实，由于战争法已扩大适用到国际性和非国际性的武装冲突中，因此，无论是战争还是武装冲突都需要遵守国际法义务，贯彻国际人道法原则。

总之，尽管宣战并未成为一项习惯国际法规则，但是战争与武装冲突状态的开始必然产生一系列的法律后果。

（二）战争与武装冲突开始的法律后果

战争开始使交战国之间的法律关系发生重大变化，它产生的法律后果主要有：

（1）外交与领事关系的断绝。战争开始后，交战国之间的外交和领事关系就完全断绝了，但外交和领事人员应得到尽快离境的便利，且在离境前仍享有外交或领事特权与豁免；使、领馆的馆舍、财产和档案应受到尊重；派遣国可以委托第三国保管馆舍、财产和档案，照看它的利益和它的侨民的利益。

（2）条约关系的变化。一般说来，交战国间双边的政治性的友好合作条约立即废止；一般的政治性条约和经济性条约停止执行；边界条约原则上不受影响；不限于交战国的多边条约，不因某些缔约国之间爆发战争而失效，但影响战争进行的条约停止实施。此外，关于战争和中立的条约开始实施。

（3）经贸关系的中断。战争开始后，交战国之间不论是政府间还是民间的经济贸易往来都予以禁止，交战国人民之间的契约关系则废止或停止执行。

（4）对交战国人民和财产的影响。战争发生后，处在敌国领土上的交战国人民一般被允许限期离境或被拘禁或被强制集中居住等。敌国国民的财产原则上不受侵犯，但可以扣押或代管，并禁止转移，必要时还可以征用。属于敌国国家的财产，如果是不动产，除使馆外，可以没收，也可以使用。属于军事性质的敌国不动产，可以破坏；如果是动产，则可以没收。

在非战争的武装冲突中，其法律后果有所不同，如武装冲突各方不一定断绝外交和领事关系，条约和其他关系也不一定中止，财产也不一定受到影响，中立法也不适用等。

（三）战争与武装冲突的结束

战争与武装冲突的结束是指停止战争行动、恢复和平关系。结束战争状态通常采取缔结和平条约的方式。和约的内容一般包括：完全停止敌对行动，释放和遣返战俘，部分或全部恢复战前条约的效力，恢复外交、领事和贸易关系等。有的和约还包括赔偿、割让领土等条款。有时，战争状态还可以通过战胜国单方面或同战败国联合发表声明的方式而结束。

值得注意的是，在第二次世界大战以后传统的停战协定（armistice agreement）被赋予了新的意义。按照传统的战争法，停战协定是指交战国之间以暂时停止敌对行为为内容而缔结的双边条约。仅签订传统的停战协定不改变战争继续存在的状态，只有签订和约才可以结束战争。而现代意义上的停战协定不仅长时间地中止全部武装冲突，而且成为一种事实上的结束战争的方法，并最后由和约加以确认。1953 年的《朝鲜停战协定》就是典型的例子。①

二、作战手段和方法

（一）作战手段和方法的基本原则

在任何战争或武装冲突中，有关各方选择作战手段和方法的权利，不是没有限制的。

---

① See I. A. Shearer, *Starke's International Law*, Butterworths, 1994, p. 518.

在战争与武装冲突法的发展过程中，形成了一些对作战手段和方法加以限制的基本原则，主要有：

（1）"军事必要"（military necessity）和条约未规定不能免除交战国尊重国际法义务的原则。这一原则首先要求交战国不能借口"军事必要"而取消战争法所规定的义务。即使一些战争法规则提到了军事情况许可时的条件，但在法律上对这些条件必须从严解释，只适用于那些明文提出这一限制的规定。另外，由于科技的进步、军事技术和新式武器的不断发展，在战争与武装冲突法尚无规定的情况下，交战者也不能为所欲为，而要遵守有关的习惯国际法规则。例如，在近些年的反恐行动中，"定点清除行动"的合法性及其规制问题，就引起了国际社会的广泛关注。

拓展阅读
"定点清除行动"的合法性及其规制问题

（2）区分原则。这一原则要求军事战斗行动只能针对战斗员和军事目标进行，而不得以平民和民用目标为攻击对象。值得注意的是，随着科技的进步，近年来出现了"网络战"。这种新型的作战手段不仅针对军事目标，也对民事设施进行攻击。例如，在 2008 年俄罗斯和格鲁吉亚的冲突中，俄罗斯在军事行动前攻击了格鲁吉亚的互联网，令格鲁吉亚政府、交通、通信和金融互联网服务瘫痪，被认为是第一次真正意义上的"网络战争"。又如，2010 年伊朗铀浓缩工厂的计算机系统遭到了据称来自美国和以色列制造的"震网病毒"（Stuxnet）的攻击。此外，2016 年美国政府公开宣布对"伊斯兰国"极端组织发动网络战。

（3）人道原则。这一原则要求尽量减少战争的残酷性，不能使用不必要的战斗方法，不能使用引起过多的苦难或损害的作战方法。

（二）禁止使用的作战手段和方法

根据上述原则和有关国际条约的规定，禁止使用的作战手段和方法主要有：

1. 极度残酷的武器

所谓极度残酷的武器是指超过使战斗员丧失战斗能力的程度而造成极度痛苦、必然死亡的武器。早在 1868 年《圣彼得堡宣言》就明确禁止使用重量在 400 克以下的燃烧弹和爆炸性硬壳子弹和子弹外壳不完全包住弹心或外壳上刻有裂纹的子弹；1899 年和 1907 年的海牙公约又明文规定禁止使用毒气和有毒武器；1972 年《禁止细菌（生物）及毒素武器的发展、生产及储存以及销毁这类武器的公约》进一步规定，"不仅禁止使用细菌生物武器，而且永远禁止在任何情况下发展、生产和储存这类武器"；1992 年《禁止研制、生产、贮存和使用化学武器以及销售此种武器公约》规定，全面禁止化学武器的研制、生产、贮存和使用，并且要销毁这类武器。

值得一提的是，1996 年 7 月，国际法院就"国际法是否允许在任何情况下以核武器相威胁和使用核武器"的问题发表了咨询意见："威胁和使用核武器总的来说是违反适用于武装冲突的国际法规则的，尤其违反人道主义法的原则和规则；但是就国际法目前的状况和法院所掌握的事实情况而言，法院对于在危及一国的生死存亡时进行自卫的极端情况下，威胁和使用核武器是否合法不能做出确定的结论。"①

---

① 凌岩：《国际法院关于核武器的使用和威胁是否合法的咨询意见》，载《中国国际法年刊》（1996），法律出版社 1997 年版，第 314 页。

2. 不分皂白的攻击

不分皂白的攻击是指不能区分平民与交战人员、军事目标与非军事目标的作战手段和方法。这种作战方法是战争法明确禁止的。例如，1907 年《陆战法规和惯例章程》规定，"不得以任何方式攻击或炮击不设防城镇、乡村或住宅"；"围攻及炮击时，凡关于宗教、技艺、艺术及慈善事业的建筑物、历史纪念物、病院及病伤者收容所等……务宜尽力保全"。1949 年《关于战时保护平民的日内瓦公约》也规定，不得攻击医院和安全地带。1977 年《日内瓦四公约关于保护国际性武装冲突受难者的附加议定书》更明确禁止"不分皂白的攻击"，并列举了"不分皂白的攻击"，如不以特定军事目标为对象的攻击、使用不能以特定军事目标为对象的作战方法和手段等。

拓展阅读

1996 年国际法院就"国际法是否允许在任何情况下以核武器相威胁和使用核武器"的问题发表的咨询意见

3. 改变环境的作战手段和方法

这种作战方法是指使用旨在或可能对自然环境引起广泛、长期而严重损害的作战手段，如使用改变环境的技术，引起地震、海啸，破坏生态平衡、破坏臭氧层等。1976 年《禁止为军事和任何其他敌对目的使用改变环境的技术的公约》规定，禁止使用具有广泛、长期或严重影响的改变环境的技术，对任何缔约国造成毁灭、破坏或损害。1977 年《日内瓦四公约关于保护国际性武装冲突受难者的附加议定书》也明确规定："在作战中，应注意保护自然环境不受广泛、长期和严重的损害。这种保护包括禁止使用旨在或可能对自然环境造成这种损害从而妨碍居民的健康和生存的作战方法和手段。作为报复对自然环境的攻击是禁止的。"

4. 背信弃义的作战手段和方法

这是指利用对方遵守战争法规或信义以达到自己目的所采用的手段。"背信弃义"与在战争中使用"诈术"不同。在战争中，为了迷惑敌人或诱使敌人作出轻率行为而使用诈术，如伪装、假目标、假行动和假情报等，只要不违反任何适用于武装冲突的国际法规则，都是不受禁止的。而 1907 年《陆战法规和惯例章程》则规定，禁止"以背信弃义的方式杀、伤属于敌国或敌军的人员"。1977 年《日内瓦四公约关于保护国际性武装冲突受难者的附加议定书》更加明确规定："禁止诉诸背信弃义行为，以杀死、伤害或俘获敌人。以背弃敌人的信任为目的而诱取敌人的信任，使敌人相信其有权享受或有义务给予适用于武装冲突的国际法规则所规定的保护的行为，应构成背信弃义行为。"该议定书还列举了下列背信弃义的事例：假装有在休战旗下谈判或投降的意图；假装因伤或因病而无能力；假装具有平民、非战斗员的身份；使用联合国或中立国家或其他非冲突各方的国家的记号、标志或制服而假装享有被保护的地位。

（三）海战特殊规则

传统战争法中大部分习惯规则和条约规则都是专指陆战的，当然，在原则上陆战法规与惯例也可以适用于海战和空战。然而，由于海战和空战在作战手段和方法上具有其本身的特点，形成了交战者应当遵守的一些特殊规则。

1856 年《关于海战的巴黎宣言》是第一个有关战争法规的国际法律文件。1899 年和 1907 年的海牙会议以及 1929 年、1949 年和 1977 年的历次日内瓦会议都专门订立了有关海战的特殊规则。

1. 战场和战斗员

海战的战场包括交战国的领水、专属经济区，甚至公海。交战国在公海上作战时，不应妨碍正常的国际航运，也不得侵犯中立国的合法权利。

海战部队不论是编入各种舰队还是编入海岸或要塞防卫队，都同样受战争法规与惯例的保护，并享有与陆战部队相同的权利，承担同样的义务。

2. 作战的主要工具

海军作战的主要工具有：军舰、潜水艇、商船改装的军舰以及水雷和鱼雷。

军舰是海战中的进攻工具，也是被攻击的目标。因此，军舰受战争法的制约与保护。潜水艇的法律地位与军舰基本相同。1922 年《关于在战争中使用潜水艇及有毒气体的华盛顿条约》规定：潜水艇拿捕商船时，应首先进行临检，只有在该商船拒绝临检或在拿捕后不按照指定航线行驶时，才得攻击；除非把商船上的船员及旅客安置在安全地方，潜水艇不得将该商船破坏；如果潜水艇不能按上述规则拿捕商船，现行国际法要求它放弃攻击和拿捕，并允许该商船不受阻挠地继续行驶；禁止使用潜水艇专为破坏通商之用；违反上述规范者将按海盗罪惩办。1930 年《关于海军作战的伦敦条约》、1936 年《关于潜艇作战规则的伦敦议定书》和 1937 年《关于把潜艇作战规则推行于水面舰只和飞机的尼翁协定》都一再重申了上述规则。

如果商船改装为军舰，则具有与军舰相同的法律地位，但必须符合 1970 年《商船改充战舰公约》规定的条件：必须在本国的直接权威和监督下改装；外部标志与本国军舰所特有的外部标志相同；指挥官必须由国家正式任命；船员受军纪约束；遵守战争法惯例；交战国应从速将改装好的军舰列入军舰表中。

关于水雷和鱼雷的使用，1907 年《敷设机器自动水雷公约》作了限制性的规定，如禁止敷设虽有系缆但离开系缆后仍能为害的水雷，禁止敷设击不中目标以后仍有危险性的鱼雷等。

3. 海军轰击。1907 年《战时海军轰击公约》对于海军的轰击作了如下的特殊限制：禁止轰击不设防的港口、城镇、村庄、居民区和建筑物，并且不得以港口设置自动触发水雷为设防；攻击处在不设防地点的军事设施前应通知有关当局限期撤除；如地方当局经正式警告后，拒绝为停泊在该地海军征集所急需的粮食和供应，则经正式通知后，海军可以轰击，但在轰击时必须尽力保全一切未用于军事目的的宗教、艺术、技艺、慈善事业所用之建筑、历史古迹及病院和伤病者收容所；禁止对突击占领的城市掠夺。

（四）空战特殊规则

迄今为止，国际社会还没有关于空战规则的专门条约。1923 年法学家委员会草拟了《海牙空战规则草案》。尽管该草案没有生效，但它对以后订立国际条约和指导实践仍具有参考价值。《海牙空战规则草案》共 8 章 62 条，其主要内容包括：飞机的外部标志和交战资格；燃烧性和爆炸性子弹的使用；飞机散发宣传品；空中轰炸；交战国警告中立国的飞机离开某一特定地带和以武力强使其离开的权利；对敌国非军用飞机和中立国飞机的待遇和对它们采取的军事行动；敌国军用飞机的人员的待遇；交战国对中立国和中立国对交战国的义务；关于与行使封锁和禁制品以及防止非中立义务的权利有关的临检、搜索、拿捕和判决没收的法律。该草案还规定，除了该规则本身以及依照条约应遵照海战规则办理的问题外，参加敌对行为的飞机人员应受适用于地面部队的战争和中立法规的支配。①

此外，一些有关战争法规的国际法律文件也有可以适用于空战的规则，如 1899 年《禁止自氢气球上投掷投射物和爆炸物宣言》、1907 年《禁止自氢气球上放掷炮弹及炸裂品宣言》、1937 年《关于把潜艇作战规则推行于水面舰只和飞机的尼翁协定》和《日内瓦四公约关于保护国际性武装冲突受难者的附加议定书》等。

尽管目前尚无有关空战规则的专门条约，但值得注意的是，许多国际法学家纷纷就空战规则提出了不同的建议：有的主张空战适用关于陆战的普通法律，有的建议空战适用的规则应与海战规则类比；有的甚至提出建立一个独立的空战规章等。②

值得注意的是，近年来网络攻击行为日益增多。如何规制这一新现象，国际社会也存在较大争议。美国政府认为，网络攻击行为等同于武力攻击，应受战争法和国际人道法的约束。③

三、战争犯罪及其责任

（一）战争犯罪的概念

依照传统国际法，战争犯罪（war crimes）是指交战国军队在战争中违反战争法规和惯例的行为。根据第二次世界大战后《欧洲国际军事法庭宪章》第 6 条和《远东国际军事法庭宪章》第 5 条，战争犯罪包括三类：

（1）反和平罪。反和平罪（crime against peace）是指计划、准备、发动或实施侵略战争或违反国际条约、协定或保证之战争，或参与为实现任何上述行为的共同计划或同谋。

（2）战争罪。战争罪是指违反战争法规与惯例的行为，包括虐待或放逐占领地的平民、杀害或虐待战俘或海上人员、杀害人质、劫掠公私财物、任意破坏城市、集镇或乡村的罪行。

（3）反人类罪。反人类罪（crimes against humanity）是指在战争发生前或战争进行中，对任何平民之谋杀、灭绝、奴化、放逐及其他非人道行为，或因政治、种族或信仰关系之迫害行为。

《欧洲国际军事法庭宪章》和《远东国际军事法庭宪章》还特别规定，凡参与策动或执行任何犯上述罪行的共同计划或同谋之领袖、组织者、教唆犯及共犯，对任何人在执行此项计划中所为之一切行为均应负责；被告的正式地位不应视为使其免责或减轻惩罚的理由；上级命令也不应作为免除被告责任的理由。

（二）纽伦堡审判、东京审判及其意义

根据《关于告发及惩处欧洲各轴心国家主要战犯的协定》和《欧洲国际军事法庭宪章》，纽伦堡国际军事法庭从 1945 年开始对法西斯德国主要战犯进行了国际审判。而根据

① 参见［英］劳特派特修订：《奥本海国际法》（下卷第二分册），石蒂、陈健译，商务印书馆 1973 年版，第 46—47 页。
② 参见［法］夏尔·卢梭：《武装冲突法》，张凝等译，中国对外翻译出版公司 1987 年版，第 275—276 页。
③ 参见美国《防务新闻》周刊网站 2012 年 9 月 18 日报道，转引自《参考消息》2012 年 9 月 20 日，第 6 版。

《远东国际军事法庭宪章》，由中、苏、美、英等 11 国代表组成的远东国际军事法庭，从 1946 年开始在日本东京对日本法西斯战犯进行了审判。

《欧洲国际军事法庭宪章》和《远东国际军事法庭宪章》及其司法实践，对战争法的发展产生了重大的影响。1946 年 12 月，联合国大会通过决议一致确认国际军事法庭宪章所包含的国际法原则。1950 年，联合国国际法委员会根据大会决议，编纂了这些原则：从事构成违反国际法的犯罪行为的人承担个人责任，并受惩罚；不违反所在国的国内法不能作为免除国际法责任的理由；被告的地位不能作为免除国际法责任的理由；政府或上级命令不能作为免除国际法责任的理由；被控有违反国际法罪行的人有权得到公平审判；违反国际法的罪行包括反和平罪、战争罪和反人类罪；共谋上述罪行是违反国际法的罪行。

1967 年和 1968 年，联合国大会又通过了决议，规定：战犯无权要求庇护，对他们不适用法定时效原则。

（三）前南斯拉夫国际刑事法庭

1993 年 5 月，安理会一致通过第 827 号决议，决定正式成立前南斯拉夫国际刑事法庭（International Criminal Tribunal for the Former Yugoslavia，简称"前南国际法庭"）[①]，以审判在前南斯拉夫境内的武装冲突中严重违反国际人道法的有关罪犯。

前南国际法庭由三部分组成：第一部分是分庭，其中包括两个初审分庭和一个上诉分庭，分庭由 11 名法官组成，其中任何两位法官不得为同一国籍，法官任期为 4 年；第二部分是检察官，负责调查和起诉 1991 年 1 月以来在前南斯拉夫领土境内犯下严重违反国际人道法行为的人；第三部分是书记官处，负责国际法庭的行政和服务工作。前南国际法庭的组成，反映了它将履行的职能。前南国际法庭的职权范围主要涉及属人管辖权、属地管辖权、属时管辖权以及并行管辖权等。

前南国际法庭的设立和运作具有十分重要的意义。首先，它进一步确认了纽伦堡审判和东京审判所确立的国际法原则，即个人不论其职位如何，必须为其违反国际人道法的行为负刑事责任。其次，它以判决的形式非常详尽地阐明了其管辖范围内的罪行的构成，从而澄清了不少很模糊的国际法问题。最后，它进一步推动了国际人道法的发展，如在胁迫下杀人决不能免除其责任、禁止酷刑是国际强行法规则、在武装冲突中发生的强奸也可按违反战争法或战争惯例予以惩罚等，都是明显的例子。[②]

（四）国际刑事法院

1998 年 7 月，联合国建立国际刑事法院全权代表外交会议，在意大利罗马通过了《国际刑事法院规约》。[③] 2002 年 7 月 1 日，国际刑事法院（International Criminal Court）[④]在海牙正式宣告成立。它将对灭绝种族罪、危害人类罪、战争罪和侵略罪等进行审理并作出判决。

---

① 网站为 http://www.icty.org。

② 参见凌岩：《跨世纪的海牙审判——记联合国前南斯拉夫国际法庭》，法律出版社 2002 年版，第 381 页。

③ 美国和以色列于 2002 年撤回了对《国际刑事法院规约》的签署，另有 11 个国家在签署后一直未批准该规约。俄罗斯于 2000 年签署了该规约，但未予批准，并于 2016 年 11 月 16 日宣布退出。此外，还有 30 个缔约国与美国签署了旨在排除国际刑事法院管辖权的双边协定。迄今《国际刑事法院规约》有 123 个缔约国。

④ 网站为 http://www.icc-cpi.int。

国际刑事法院由四大机关组成：（1）院长会议。它由院长、第一副院长和第二副院长组成，负责管理法院除检察官办公室以外的工作和履行《国际刑事法院规约》所赋予的其他职能。（2）上诉庭、审判庭和预审庭。上诉庭由院长和4名其他法官组成，审判庭由至少6名法官组成，预审庭也由至少6名法官组成。（3）检察官办公室。它是法院的一个单独机关，负责接受和审查提交的情势以及关于法院管辖权内的犯罪的任何有事实根据的资料，进行调查并进行起诉。（4）书记官处。它负责法院非司法方面的行政管理和服务工作。

国际刑事法院的管辖权是对国家刑事管辖权的补充，只有在一国的国内法院不愿意、不能够、不方便或不能有效地行使管辖权等特殊情况下，国际刑事法院才可以行使管辖权。国际刑事法院的设立，反映了"国际社会对以国际刑事司法审判机构的形式来预防、审判和惩罚国际犯罪的迫切需要"[1]。

然而，目前国际社会围绕国际刑事法院的管辖权和司法公正问题，存在较大争议。一些亚非国家对国际刑事法院运作过程中明显的政治化倾向表达了强烈的不满，菲律宾、布隆迪、南非和冈比亚等国已退出《国际刑事法院规约》。

第三节 国际人道法

一、国际人道法的概念

国际人道法（international humanitarian law），又称国际人道主义法或人道主义法，是指由国际条约和习惯法所构成的，目的是解决由国际性和非国际性武装冲突所直接引起的人道问题，以及出于人道方面的原因、为保护已经或可能受武装冲突影响的人员及其财产而对有关冲突方适用的作战手段或方法的选择进行一定限制的规则。

国际人道法与国际人权法不同。虽然两者有不少相似之处，如它们都有保护个人的法律规则，但它们之间的区别也很明显。国际人权法主要是在正常的、和平条件下适用，涉及的主要是一国及其公民之间的法律关系；国际人道法则相反，它主要是在异常的、发生武装冲突的情况下适用，涉及的是一国与敌国公民之间的法律关系。不过，国际人权法和国际人权法院的作用在武装冲突中正变得日益重要，尤其是在有关被占领土上。[2] 此外，就国际人权法而言，一国一旦加入某一人权条约，它就有义务按照该条约的要求对待其领土管辖范围内的所有人，甚至包括没有参加该条约的国家的国民；对国际人道法来说，在武装冲突中，一方违反了人道主义法并不意味着另一方就可以置人道主义法于不顾。况且，目前在武装冲突中适用某一人道主义条约，并不需要冲突中的各个国家都参加该公约。

二、国际人道法的形成与发展

国际人道法的形成与发展受宗教和哲学思想的影响较大。早在远古时期，就有一些限

① 高燕平：《国际刑事法院》，世界知识出版社1999年版，第53页。
② See Dieter Fleck, *The Handbook of Humanitarian Law In Armed Conflicts*, Oxford University Press, 1999, p. 9.

制战争行为等类似近代人道主义法规则的存在。① 到近代，特别是在 19 世纪，人道主义法获得了迅速发展。在克里米亚战争期间，英国护士南丁格尔（Florence Nightingale）通过自己的努力减轻了战争中伤病员的痛苦。后来她为英国民事和军事护士制度的革新作出了重要贡献。虽然南丁格尔对国际人道法的发展没有产生直接影响，但她为战场上的伤病员提供军事医疗和护士服务的实践，是有关对待伤病员的人道主义法产生的一个重要前提。

1862 年，瑞士人杜南特在目睹了梭鲁菲林洛战役的惨状后，发表了《梭鲁菲林洛战役回忆录》（Un Souvenir de Solferino）。他建议每个国家应当设立一个全国性的救护机构，这些机构再联合为一个国际性的组织，在各国政府的合作之下，从事战时救护工作。1863年，来自欧洲各国的 30 多名代表在日内瓦开会，创立了红十字国际委员会。此后，红十字国际委员会（International Committee of the Red Cross）在发展和实施人道主义法规则方面起到了中坚作用。② 1864 年，12 个国家在日内瓦举行国际会议，签署了《改善战地伤兵境遇的日内瓦公约》。这是国际社会第一次以国际公约的形式对改善战地武装部队伤病者境遇问题作出了规定。该公约只有 10 条，它规定伤员、救护车辆、医院和救护人员的不可侵犯性，并且采用红十字作为救护的标志。然而，这一公约也有些缺陷，如它没有规定战俘的待遇，也不曾对海战伤病者境遇作出规定，对它的补充和修改工作，直到 1906年订立的《改善伤病员待遇的日内瓦公约》才完成。

1863 年，美国公法教授理柏（Francis Lieber）草拟了《美国陆军管理训令》。这是用确定的规则来规范陆战的第一次尝试。尽管这一训令是美国的国内法，但它仍被作为 1899 年海牙《陆战法规和惯例公约》的蓝本。③

第一次世界大战以后，战俘待遇问题引起了国际社会的关注。1929 年，日内瓦会议在 1907 年海牙有关公约的基础上制定了《关于改善战地武装部队伤者病者境遇的日内瓦公约》和《关于战俘待遇的日内瓦公约》。第二次世界大战期间，由于战争受难者的悲惨境遇，人们深刻地认识到制定有关战时保护平民的公约的重要性。为了将人道主义原则进一步落实到各种类型的战争受难者的保护方面，1949 年国际社会召开了日内瓦会议，制定并通过了日内瓦四公约，从而扩大了战争受难者的保护范围：从陆地的伤者、病者，海战的伤者、病者和遇船难者、战俘，一直推及于平民。这样，日内瓦条约体系基本形成。

1949 年后，各种类型的武装冲突接连不断。为了适应新的国际社会实践的需要，在国际红十字委员会的努力下，1977 年 6 月在"关于重申和发展适用于武装冲突的国际人道法的外交会议"上，通过了两个附加议定书④。至此，一个比较完整的国际人道法律体系最终形成。

---

① See Dieter Fleck, *The Handbook of Humanitarian Law In Armed Conflicts*, Oxford University Press, 1999, pp. 12—13.

② See Dieter Fleck, *The Handbook of Humanitarian Law In Armed Conflicts*, Oxford University Press, 1999, p. 19.

③ 参见杨泽伟：《国际法史论》，高等教育出版社 2011 年版，第 85 页。

④ 有学者认为，1977 年两个附加议定书是国际人道法发展史中的一座里程碑。参见瑞内·科瑟尔尼科：《1977年议定书：国际人道法发展史中的一座里程碑》，载李兆杰主编：《国际人道法文选》，法律出版社 1999 年版，第84—103 页。

三、国际人道法的法律基础与主要内容

目前国际社会涉及国际人道法的公约，主要包括 1949 年四个日内瓦公约以及 1977 年两个附加议定书，它们构成了国际人道法的法律基础。这四个日内瓦公约和两个附加议定书分别是：《改善战地武装部队伤病员待遇的日内瓦公约》《改善海上武装部队伤病员及遇船难者待遇的日内瓦公约》《关于战俘待遇的日内瓦公约》《关于战时保护平民的日内瓦公约》和《日内瓦四公约关于保护国际性武装冲突受难者的附加议定书》《日内瓦四公约关于保护非国际性武装冲突受难者的附加议定书》。截至 2021 年 12 月，1949 年四个日内瓦公约有 196 个缔约方，1977 年第一附加议定书有 174 个缔约方，1977 年第二附加议定书有 169 个缔约方。我国早在 1949 年就批准了四个日内瓦公约，并于 1983 年批准加入了两个附加议定书。此外，1980 年联合国还制定了《禁止和限制使用某些可被认为具有过分伤害力或滥杀滥伤作用的常规武器公约》及其四个附加议定书。

国际人道法主要是有关伤病员待遇、战俘待遇和战时平民保护等方面的法律体系。因此，国际人道法的内容主要包括以下三个方面。

（一）伤病员待遇

根据 1949 年《改善战地武装部队伤病员待遇的日内瓦公约》，敌我伤病员在一切情况下应无区别地享有人道的待遇和照顾。交战国的伤病员如落入敌手，受日内瓦战俘公约的保护，亦即受双重保护。每次战争后，冲突各方应立即采取一切可能的措施搜寻伤员，对其予以适当照顾；在环境许可时，应商定停战或停火办法，以便搬运、交换或运送战场上遗落的伤员。冲突各方应尽速登记其手中的伤者、病者、死者，并交换名单，发还其本人物品，埋葬或火化死者。

海战中的伤病员待遇，原则上同于陆战。

（二）战俘待遇

依据 1949 年《关于战俘待遇的日内瓦公约》和 1977 年《日内瓦四公约关于保护国际性武装冲突受难者的附加议定书》的规定，战俘拘留国应对战俘负责，给予他们人道主义待遇和保护，禁止加以虐待和侮辱。战俘的自用物品，除武器、马匹、军事装备及军事文件外，仍应归战俘本人所有。战俘可加以拘禁，但除适用刑事和纪律制裁外，不得监禁。战俘的住宿、饮食及卫生医疗照顾等应得到保障。令战俘劳动，应考虑其年龄、性别、等级及体力，不得令战俘从事危险和屈辱的劳动。战俘应遵守居留国武装部队的现行法律、规则和命令，居留国对违反法令的战俘，可采取司法或纪律上的措施。实际战争停止后，战俘应立即释放并遣返，不得迟延。该公约还特别规定，在任何情况下，战俘不得放弃公约所赋予的权利的一部或全部；在就一个人是否具有战俘地位发生疑问的情况下，未经主管法庭作出决定，此人应享受公约的保护。

（三）对战时平民的保护

1949 年《关于战时保护平民的日内瓦公约》对战时平民的保护问题作出了详细规定：处在交战国一方领土上的敌国平民，应准予安全离境；未被遣返的平民的基本权利应得到保障，妇女应受到特别保护；不得把平民安置在某一地点或地区以使该地点或地区免受军事攻击；不得在身体上或精神上施加压力，强迫平民提供情报；禁止体刑和酷刑，特别是非为治疗的医学或科学实验；禁止集体惩罚和扣押人质；应给予平民维持生活的机会，但

不得强迫他们从事与军事行动有直接关系的工作；只有在居留国的安全有绝对需要时，才可以把有关平民拘禁或安置于指定居所；占领地平民的利益，不得在任何情况下或依任何方式加以剥夺；禁止把占领地的平民个别或集体移送或驱逐；属于私人的财产，属于国家或集体所有的动产和不动产都不得加以破坏；对占领地在占领前现行法律规定不处死刑的行为和 18 岁以下的人，不得判处死刑。

1977 年两个日内瓦附加议定书更加明确地重申了保护平民的规定，并且扩大了它的适用范围。

四、国际人道法的特征

第一，国际人道法不仅约束国家本身，而且也约束个人。国际人道法不仅约束国家及其政府机关，而且也约束个人，包括军队成员、国家元首、部长与官员们。[①] 如果军队成员或平民的行为违反了人道主义法，那么他们就要为该行为承担刑事责任。因违反人道主义法而承担的刑事责任对所有级别的军队成员都适用。况且，除非条约或习惯国际法规则另有规定，不得以军事需要为理由来为违反国际人道法的行为辩护。此外，联合国维和行动和联合国其他军事行动也均须遵守国际人道法规则。[②]

第二，尽可能扩大国际人道法的适用范围。从 1949 年日内瓦四公约共同的第 2、3 条和 1977 年第一附加议定书的第 1 条第 3、4 款、第 96 条和 1977 年第二附加议定书的第 1 条等条款可以看出，国际人道法有一个共同的特点是尽可能扩大其适用范围。[③] 例如，日内瓦四公约共同第 2 条规定："于平时应予实施之各项规定之外，本公约适用于两个或两个以上缔约国间所发生之一切经过宣战的战争或任何其他武装冲突，即使其中一国不承认有战争状态。凡在一缔约国的领土一部或全部被占领之场合，即使此项占领未遇武装抵抗，亦适用本公约。冲突之一方虽非缔约国，其他曾签订本公约之国家于其相互关系上，仍应受本公约之拘束。设若上述非缔约国接受并援用本公约之规定时，则缔约各国对该国之关系，亦应受本公约之拘束。"

第三，国际人道法适用于所有的武装冲突。首先，国际人道法能适用于任何国际性的武装冲突，不管冲突各方之间是否存在战争状态。宣战并不是适用国际人道法的必要前提。事实上，自 1945 年以来正式的宣战已经很少见了。其次，非国际性的武装冲突也不能变更需要遵守国际人道法规则的义务。换言之，在非国际性武装冲突中，冲突各方仍须遵守 1949 年日内瓦四公约中所体现的最基本的国际人道法的规定。

第四，国际人道法不受"普遍参加条款"的限制。现在，在武装冲突中适用有关国际人道主义的条约，并不一定以冲突各方都参加该公约为前提。这就改变了以往国际公约中所谓"普遍参加条款"（general participation clause）的约束。因为在传统国际人道主义条约中，只有交战各方都是某一公约的参加国，才能适用该公约。

第五，国际人道法受人权规则与标准的影响。近几十年来，国际人道法最显著的发展之一是将人权规则与标准引入武装冲突的法规之中。例如，1968 年在德黑兰举行的国际

① See I. A. Shearer, *Starke's International Law*, Butterworths, 1994, p. 500.
② See Dieter Fleck, *The Handbook of Humanitarian Law In Armed Conflicts*, Oxford University Press, 1999, p. 45.
③ 参见王铁崖主编：《国际法》，法律出版社 1995 年版，第 646—647 页。

人权会议曾作出决议，建议联合国大会对战时保护人权的现有规则加以研究；1968 年 12 月，联合国大会通过决议，要求秘书长进行此项研究；1969—1970 年秘书长关于在武装冲突中尊重人权的报告，等等。因此，有学者甚至指出，人权规则与在武装冲突中应遵守的规则有融为一体的趋势。①

五、国际人道法的实施

调查表明，几乎在每次武装冲突中，都存在违反国际人道法的情形。然而，在许多情况下，国际人道法中的防范措施能预防或减轻战争受难者的苦难。下列因素有助于国际人道法的实施：

（1）公众舆论。在大众传媒非常快捷、方便的今天，违反国际人道法的行为很快就会被人们知道，因此，冲突各方都希望对方违反国际人道法的行为被曝光后，对方军队的士气会受影响，从而导致战局的变化。越南战争、前南斯拉夫的武装冲突等，莫不受到公众舆论的影响。

（2）冲突各方的彼此利益。这是保证遵守国际人道法的一个重要原因。因为任何冲突一方都不能期望对方遵守战争规则而自己却不遵守。

（3）维持军纪的需要。军队指挥官命令或放任部下违反国际人道法，不仅会使部下怀疑己方行为的合法性，而且还会损害指挥官的权威，并可能导致军纪松散。

（4）担心报复。冲突的一方违反国际人道法会引起对方的报复，并有可能导致冲突的进一步升级。况且，日内瓦公约还允许在某种情况下实施报复。

（5）惩罚措施。违反国际人道法的武装部队的每个成员，都将根据刑事处罚或纪律的规定而受到指控。日内瓦公约对此作了详细的规定。

（6）害怕赔偿。根据 1977 年第一附加议定书，在武装冲突中，违反国际人道法规定的一方有支付赔偿的义务，并且它应对其武装部队的所有成员的行为负责。

（7）国际事实调查委员会。按照 1977 年第一附加议定书第 90 条，1991 年 6 月，国际事实调查委员会（the International Fact Finding Commission）正式成立。它由 15 名委员组成，在其职权范围内负责调查严重违反国际人道法的事件。

此外，国际红十字委员会的工作、外交活动、国内执行措施、人道主义法的传播和个人的刑事责任等因素，对国际人道法的实施都会产生一定的影响。②

值得注意的是，随着人工智能、大数据、云计算和量子科技等新一代信息技术的迅猛发展，无人飞行器、无人战车、无人舰艇、无人微平台等无人作战装备不断涌现，催生了无人作战这种崭新的作战方式。据有关资料，目前世界上已有 70 多个国家的军队装备了军用无人器，种类达 150 多种。这是对以往战争形态和作战观念的一种颠覆性革命，但也给国际人道法的实施带来了新的挑战。因此，制定一项新的"数字日内瓦公约"对其进行规制，迫在眉睫。③

① See I. A. Shearer, *Starke's International Law*, Butterworths, 1994, pp. 500-501.
② See Dieter Fleck, *The Handbook of Humanitarian Law In Armed Conflicts*, Oxford University Press, 1999, pp. 525-550.
③ 参见何雷：《崭露头角的无人化作战》，《参考消息》2018 年 11 月 5 日，第 10 版。

思考与探索

近年来，随着国际关系的发展，战争与武装冲突法、国际人道法再次引起人们的关注和重视。中立制度问题、美军虐囚事件所引发的国际人道法问题、前南国际法庭和卢旺达国际刑事法庭的若干国际法问题、国际刑事法院的管辖权和检察官制度、网络攻击的国际法规制问题、"定点清除行动"的合法性及其规制、人工智能武器（自主武器）、无人作战方式与国际人道法的关系问题等，都应加强研究。

复习题

1. 影响国际人道法实施的因素主要有哪些？
2. 国际人道法有哪些特征？它与国际人权法有何不同？
3. 试论设立纽伦堡国际军事法庭、远东国际军事法庭以及前南国际法庭的意义。
4. 中立制度有哪些新发展？
5. 你是如何看待美军虐待伊拉克战俘事件的？
6. "定点清除行动"合法吗？应如何对其进行国际法规制？
7. 武装冲突法和国际人道法如何在人工智能、无人作战领域适用？

附　录

一、拓展阅读书目

（一）国内学者著作

1. 周鲠生：《国际法》（上、下册），商务印书馆 1976 年版。

2. 程晓霞主编：《国际法的理论问题》，天津教育出版社 1989 年版。

3. 赵理海：《国际法基本理论》，北京大学出版社 1990 年版。

4. 李浩培：《国际法的概念和渊源》，贵州人民出版社 1994 年版。

5. 丘宏达：《现代国际法》，三民书局 1995 年版。

6. 王铁崖：《国际法引论》，北京大学出版社 1998 年版。

7. 陈致中编著：《国际法案例》，法律出版社 1998 年版。

8. 梁西主编：《国际法》（修订第二版），武汉大学出版社 2000 年版。

9. 杨泽伟：《主权论——国际法上的主权问题及其发展趋势研究》，北京大学出版社 2006 年版。

10. 梁西著、杨泽伟修订：《梁著国际组织法》（第六版），武汉大学出版社 2011 年版。

11. 杨泽伟：《国际法史论》，高等教育出版社 2011 年版。

12. 黄惠康：《中国特色大国外交与国际法》，法律出版社 2019 年版。

13. 杨泽伟：《国际法析论》（第五版），中国人民大学出版社 2022 年版。

（二）中文译著

1. ［奥］阿·菲德罗斯等：《国际法》（上、下册），李浩培译，商务印书馆 1981 年版。

2. ［日］寺泽一、山本草二主编：《国际法基础》，朱奇武等译，中国人民大学出版社 1983 年版。

3. ［苏联］Ф. И. 科热夫尼科夫主编：《国际法》，刘莎等译，商务印书馆 1985 年版。

4. ［美］汉斯·凯尔森：《国际法原理》，王铁崖译，华夏出版社 1989 年版。

5. ［韩］柳炳华：《国际法》（上、下卷），朴国哲、朴永姬译，中国政法大学出版社 1997 年版。

6. ［英］詹宁斯、瓦茨修订：《奥本海国际法》（第一卷第一、二分册），王铁崖等译，中国大百科全书出版社 1995 年、1998 年版。

7. ［德］沃尔夫刚·格拉夫、魏智通主编：《国际法》，吴越、毛晓飞译，法律出版社 2002 年版。

8. ［意］安东尼奥·卡塞斯：《国际法》，蔡从燕等译，法律出版社 2009 年版。

（三）英文原著

1. Mohammed Bedjaoui, general editor, *International Law: Achievements and Prospects*,

UNESCO, 1991.

2. I. A. Shearer, *Starke's International Law*, Butterworths, 1994.

3. Eric Heinze et al. (eds.), *Landmark Cases in Public International Law*, Kluwer Law International, 1998.

4. Antonio Cassese, *International Law*, 2nd edition, Oxford University Press, 2005.

5. D. J. Harris, *Cases and Materials on International Law*, 7th edition, Sweet & Maxwell, 2010.

6. Andrew Clapham, *Brierly's Law of Nations: An Introduction to the Role of International Law in International Relations*, 7th edition, Oxford University Press, 2012.

7. Rüdiger Wolfrum, *The Max Planck Encyclopedia of Public International Law*, 2nd edition, Oxford University Press, 2013.

8. Alexander Orakhelashvili, *Akehurst's Modern Introduction to International Law*, 8th edition, Routledge, 2019.

9. James Crawford, *Brownlie's Principles of Public International Law*, 9th edition, Oxford University Press, 2019.

10. Malcolm N. Shaw, *International Law*, 9th edition, Cambridge University Press, 2021.

二、常用国际法术语（英汉对照）

A

accession　加入

accretion　添附

act of state doctrine　国家行为主义

advisory jurisdiction　咨询管辖权

African Union　非洲联盟

air law　空气空间法

agreement　协定

amendment of treaties　条约的修正

application of treaties　条约的适用

arbitration　仲裁

archipelagic baselines　群岛基线

archipelagic state　群岛国

archipelagic waters　群岛水域

associate member　准成员

Association of South-East Asian Nations　东南亚国家联盟

assurances and guarantees of non-repetition　保证不重犯

asylum　庇护

aut dedere aut judicare　或引渡或起诉

B

baseline of territorial sea　领海基线

basic principles of international law　国际法基本原则

C

capacity to conclude treaties　缔约能力

cessation of wrongful act　停止不法行为

cession　割让

Charter of the United Nations　联合国宪章

classical international law　古典国际法

Clean Slate Doctrine　白板主义

codification of international law　国际法编纂

Commission on Human Rights　人权委员会

Commission on the Limits of the Continental Shelf　大陆架界限委员会

common heritage of mankind　人类共同继承财产

common interests of the international community　国际社会共同利益

compensation　补偿

competence to conclude treaties　缔约权

composite state　复合国

conciliation　调解

condominium　共管

confederation　邦联

conquest　征服

consensus　协商一致

Constitutive Theory　构成说

consular relations　领事关系

consultation　协商

contentious jurisdiction　诉讼管辖权

contiguous zone　毗连区

continental shelf　大陆架

covenant　盟约

convention　公约

conventional jurisdiction　协定管辖

countermeasures　反措施

crimes against humanity　反人类罪

crime against peace　反和平罪

D

Declaration on the Right to Development　发展权宣言

Declaratory Theory　宣告说

de facto recognition　事实上的承认

de jure recognition　法律上的承认

dependent state　附属国

differential treatment　差别待遇

diplomatic and consular relations law　外交和领事关系法

diplomatic asylum　外交庇护

diplomatic corps 外交团

diplomatic privileges and immunities 外交特权与豁免

diplomatic relations 外交关系

distress 危难

doctrine of absolute immunity 绝对豁免主义

doctrine of restrictive immunity 限制豁免主义

double nationality 双重国籍

dualism 二元论

E

Economic and Social Council 经济及社会理事会

elective members 纳入会员国

entry into force of treaties 条约的生效

European Union 欧洲联盟

exchange of notes 换文

exclusive economic zone 专属经济区

extradition 引渡

extraterritorial asylum 域外庇护

Extraterritoriality Theory 治外法权说

F

federation 联邦

final act 最后文件

Five Principles of Peaceful Co-existence 和平共处五项原则

flag of convenience 方便旗

force majeure 不可抗力

fragmentation of international law 国际法的碎片化

full powers 全权证书

Functional Necessity Theory 职务需要说

fundamental change of circumstances 情势变迁

G

general act 总文件

General Assembly 大会

general principles of law 一般法律原则

globalization of international law 国际法的全球化

good offices 斡旋

Grotians 格劳秀斯学派

H

high seas 公海

historic bays 历史性海湾

Human Rights Council 人权理事会

I

inquiry　调查

institutionalization of the international community　国际社会组织化

internal waters　内水

International Administrative Unions　国际行政联盟

International Civil Aviation Organization　国际民用航空组织

international comity　国际礼让

International Court of Justice　国际法院

International Criminal Court　国际刑事法院

International Criminal Tribunal for the Former Yugoslavia　前南斯拉夫国际刑事法庭

international custom　国际习惯

international disputes　国际争端

international humanitarian law　国际人道法

international human rights law　国际人权法

International Law Commission　国际法委员会

international legal responsibility　国际法律责任

international morality　国际道德

international organization　国际组织

international sea-bed area　国际海底区域

International Seabed Authority　国际海底管理局

international servitude　国际地役

International Tribunal for the Law of the Sea　国际海洋法法庭

interpretation of treaties　条约的解释

invalidity of treaties　条约的无效

J

joint communique　联合公报

joint statement　联合声明

judicial decisions　司法判例

judicial settlement　司法解决

jurisdictional immunities of states and their property　国家及其财产的管辖豁免

jus ad bellum　诉诸战争权

jus cogens　强行法

L

land territory　领陆

law of international organizations　国际组织法

law of the outer space　外层空间法

law of the sea　海洋法

law of treaties　条约法

law of war and armed conflicts　战争与武装冲突法

League of Arab States　阿拉伯国家联盟

lease　租借

Principle of Self-Determination of Peoples　民族自决原则
Principle of Sovereign Equality of States　国家主权平等原则
protected state　被保护国
protective jurisdiction　保护性管辖
provisional application of treaties　条约的暂时适用

R

ratification　批准
Reciprocal Treatment　互惠待遇
recognition　承认
recognition of government　政府承认
recognition of state　国家承认
referendum　全民公决
refugee　难民
regional agencies　区域机关
regional arrangements　区域办法
reparation　赔偿
Representative Character Theory　代表性说
reprisals　报复
reservations to treaties　条约的保留
resolutions of international organizations　国际组织的决议
responsibility of international organizations　国际组织的责任
responsibility to protect　保护的责任
restitution　恢复原状
retorsion　还报
revision of treaties　条约的修订
right of equality　平等权
right of hot pursuit　紧追权
right of independence　独立权
right of innocent passage　无害通过权
right of jurisdiction　管辖权
right of self-defense　自卫权
right of visit　登临权

S

satisfaction　抵偿
Sector Principle　扇形原则
Security Council　安全理事会
self-defence　自卫
signature　签署
sources of international law　国际法的渊源
sovereignty　主权
sovereign immunity　主权豁免

space law　空间法

specialized agencies of the United Nations　联合国专门机构

special missions　特别使团

sphere of influence　势力范围

state boundary　国家边界

state jurisdictional immunity　国家管辖豁免

state responsibility　国家责任

state sovereignty　国家主权

state sovereign immunity　国家主权豁免

state succession　国家继承

state territory　国家领土

statelessness　无国籍

statute　规约

straight baseline　直线基线

straits used for international navigation　用于国际航行的海峡

subject of international law　国际法主体

succession of governments　政府继承

suspension of the operation of treaties　条约的停止施行

T

termination of treaties　条约的终止

territorial airspace　领空

territorial asylum　领土庇护

territorial jurisdiction　属地管辖

territorial sea　领海

territorial sovereignty　领土主权

territorial waters　领水

Transit Passage　过境通行制度

treaty　条约

Trusteeship Council　托管理事会

U

United Nations　联合国

unitary state　单一国

Universal Declaration of Human Rights　世界人权宣言

universal jurisdiction　普遍性管辖

V

vassal state　附庸国

voluntary jurisdiction　自愿管辖

W

war crimes　战争罪

war-time neutrality　战时中立
weighted voting　加权表决
World Trade Organization　世界贸易组织

Y

Yalta Formula　雅尔塔方案

三、常用国际法网址

联合国　http://www.un.org
联合国大会　http://www.un.org/en/ga
联合国安理会　http://www.un.org/Docs/sc
联合国国际法院　http://www.icj-cij.org
联合国国际法委员会　http://legal.un.org/ilc
联合国人权理事会　http://www.ohchr.org/english/bodies/hrcouncil
联合国大陆架界限委员会　http://www.un.org/depts/los/clcs_new/clcs_home.htm
联合国海洋事务与海洋法司　http://www.un.org/Depts/los/index.htm
联合国视听图书馆　http://www.un.org/law/avl
国际海底管理局　http://www.isa.org.jm
国际刑事法院　http://www.icc-cpi.int
前南斯拉夫国际刑事法庭　http://www.icty.org
国际海洋法法庭　http://www.itlos.org
美洲国家组织　http://www.oas.org
欧洲联盟　http://europa.eu
非洲联盟　http://www.au.int
东南亚国家联盟　http://asean.org
海牙国际法学院　http://www.hagueacademy.nl
国际法研究院　http://www.idi-iil.org
国际法协会　http://www.ila-hq.org
中国国际法杂志　http://www.chinesejil.org
美国国际法学会　http://www.asil.org
欧洲国际法杂志　http://www.ejil.org